LA TRANSPARENCE

Colloques & Rencontres

Le secteur « Colloques et Rencontres » des éditions L'Harmattan s'est fixé pour but de publier des ouvrages universitaires à caractère collectif dans le cadre de trois rubriques thématiques : Lettres et sciences humaines ; Droit, économie et AES ; Sciences et santé. Ce secteur a la double vocation de donner un cadre éditorial cohérent aux chercheurs tout en permettant l'élargissement de leur audience.

Déjà parus

Florence Padovani et Benjamin Lysaniuk (dir.), *Les gestions des transitions. Anticiper, subir, réagir, planifier,* 2019.
Jules Lamarre et Édith Mukakayumba, *La question des régions en géographie. Perspectives internationales*, 2019.
Gwendolyne Lardeux et Odina Benoist (dir.), *PMA et GPA. Comprendre pour agir*, 2019.
Claire Chaplier & Anne-Marie O'Connell, *Epistémologie à usage didactique, Langues de spécialité (secteur LANSAD),* 2019.
Emmanuela Di Scala, *Science et société. Les représentations dans les controverses et les questions socio-scientifiques*, 2019.
Mauve Carbonell et Nathalie Rezzi (dir.), *L'enseignement de l'Europe et de l'Union européenne à l'école,* 2019.
Hassan Faouzi et Mimoun Hillali (dir.), *Gouvernance et « branding » des territoires touristiques,* 2019.
Jawad Kerdoudi et Dominique Martin (dir.), *La mondialisation face à la montée des nationalismes,* 2019.
Claire Dodane et Jacqueline Estran (dir.), *Genre et tradition(s). Regards sur l'Autre et sur Soi au XXe siècle,* 2019.
Sophie Hild et Louis Schweitzer (dir.), *Le bien-être animal : de la science au droit,* 2018.
Chelly-Zemni Alya et Fourtanier Marie-José (dir.), *Le mythe dans la pensée contemporaine,* 2018.
Lee Hsin-I et Xu Yiru (dir.), *Regards croisés sur la didactique, l'éducation et la culture sino-françaises,* 2018.

Sous la coordination de
Isabelle Bon-Garcin
et Chantal Rahalison Ramanankasina

La transparence

Éléments d'analyse en droit français et malgache

L'Harmattan

5-7, rue de l'École-Polytechnique ; 75005 Paris

http://www.editions-harmattan.fr/

ISBN : 978-2-343-17994-0
EAN : 9782343179940

Première partie

Transparence dans la vie publique et administrative

Transparence et élections

Christophe Chabrot
Maître de conférences de Droit public, Université Lumière-Lyon 2, Faculté de droit Julie-Victoire Daubié, Centre de recherches Droits, Contrats, Territoires (EA 4573)

La démocratie est une forme aboutie du pouvoir dans laquelle les décisions politiques sont prises sur la base d'un intérêt général au bénéfice des populations (« pour le peuple »), et par des personnes recevant d'elles le pouvoir de les commander dans cet objectif (« par le peuple »). Elle implique donc un double mouvement de délégation ascendante des pouvoirs du Peuple souverain vers les Gouvernants, et d'utilisation descendante de ces pouvoirs pour contraindre la population au nom de l'intérêt collectif, dans le respect des procédures préétablies et sous réserve de contrôles par des autorités indépendantes comme, par exemple, les juges.

Ce système politique ne repose donc pas sur la force mais sur la confiance que les citoyens ont dans l'exercice de ce pouvoir délégué. Cette confiance s'ancre alors sur l'honnêteté du processus de délégation des compétences et notamment sur la désignation des dirigeants et des juges, sur des modes impartiaux de détermination de l'intérêt général par le processus décisionnel, et sur une exécution des choix politiques respectant les droits des personnes.

La transparence est ainsi au cœur du système démocratique, car elle a pour effet de rendre visible l'exercice du pouvoir, y compris dans ses recoins sombres, pour en valider la légitimité et imposer le devoir de s'y soumettre. Dans un État de droit, tel que défini aujourd'hui, la contestation sociale d'une mesure politique ne saurait alors faire primer l'opposition de la rue sur l'acte juridique qui l'adopte, si celui-ci est pris dans le respect des procédures et en toute transparence. À l'inverse, si le processus décisionnel est désavoué dans ses fondements mêmes, parce que le pouvoir est issu d'un processus de désignation contesté ou que la détermination de l'intérêt général est trop liée à la protection d'intérêts privés par exemple, la contestation pourra dégénérer en révolution pour remplacer ce pouvoir qui a visiblement détourné le système à ses propres fins. Ce qui permet de distinguer les deux situations, c'est la transparence dans l'exercice du pouvoir, seule à même de garantir la crédibilité et la légitimité du processus décisionnel.

Les sociétés démocratiques occidentales, de plus en plus complexes et donc souvent par nécessité opaques, ont alors fait de la transparence un des piliers des dernières réformes institutionnelles, afin de renforcer cette confiance du Peuple envers ses gouvernants et d'accroître la légitimité du commandement politique. Ce mouvement de réforme affecte tant les pouvoirs publics nationaux que locaux, et tant les pouvoirs législatifs qu'exécutifs ou judiciaires. Il s'étend aux multiples moments de la vie démocratique, que ce soit lors de la désignation des autorités, durant l'exercice du pouvoir et dans le contrôle du respect des règles de l'État de droit. La France a connu, depuis les années 90 et à la suite de quelques scandales[1] et de rapports influents[2], de nombreuses réformes en la matière, et ce jusqu'à très récemment, rejoignant ainsi la plupart des autres pays occidentaux, sous l'influence notamment de l'Union européenne et du Conseil de l'Europe mais aussi d'organisations non gouvernementales qui poussent à perfectionner le fonctionnement démocratique de nos sociétés, comme Transparency International.

Une évolution de fond anime ainsi depuis quelques années l'Administration, qui doit être de plus en plus transparente dans son fonctionnement et les informations dont elle dispose. Notamment, la loi du 17 juillet 1978 a consacré un principe de libre accès des administrés aux documents administratifs les intéressant[3], créant une Commission d'accès aux documents administratifs (CADA) pouvant être saisie par eux en cas de litige. Ce principe ancien débouche aujourd'hui sur une politique ambitieuse en matière de diffusion des informations et des documents en accès libre par l'open data, que vient consacrer la loi n° 2016-1321 du 7 octobre 2016 pour une République numérique[4]. L'Administration s'est également engagée dans un processus de simplification et d'amélioration de ses rapports avec les

---

[1] Pour une liste non exhaustive des affaires politico-financières en France ayant suscité les réformes actuelles, voir https://fr.wikipedia.org/wiki/Liste_d%27affaires_politico-financi%C3%A8res_fran%C3%A7aises#cite_ref-18

[2] Aux rapports réguliers d'activité de la Commission pour la transparence de la vie financière depuis 1988, il faut ajouter notamment les rapports *Pour une nouvelle déontologie de la vie publique*, de la Commission de réflexion sur la prévention des conflits d'intérêts, présidée par J.-M. Sauvé, La Documentation française, 2011, ou *Pour un renouveau démocratique*, de la Commission pour la rénovation et la déontologie de la vie publique, présidée par L. Jospin, La Documentation française, 2012.

[3] Art. L. 300-1 qui ouvre le Livre III (*L'accès aux documents administratifs et la réutilisation des informations publiques*) du Code des relations entre le public et l'Administration, complété par l'art. L. 311-1 du même Code : « *les administrations mentionnées à l'article L. 300-2 sont tenues de publier en ligne ou de communiquer les documents administratifs qu'elles détiennent aux personnes qui en font la demande.* »

[4] Aujourd'hui, chaque administration dispose d'un site internet assez complet compilant les données, études et rapports qu'elle a en sa possession et qu'elle doit mettre en accès libre. La gestion globale et la diffusion des données administratives sont par ailleurs assurées par le service Etalab qui gère le site https://www.data.gouv.fr que des opérateurs ou administrés peuvent utiliser à des fins propres. Les actes législatifs mais aussi juridictionnels et administratifs sont rendus disponibles sur le site Legifrance (https://www.legifrance.gouv.fr/), complété par un site dédié spécialement à la diffusion des circulaires administratives (http://circulaire.legifrance.gouv.fr). Au niveau local, la gestion d'un Recueil des actes administratifs ouvert au public et accessible par Internet s'impose tant aux administrations déconcentrées que décentralisées.

administrés, fondé sur une transparence devant assurer le respect des droits des administrés[5].

Une même réflexion de fond sur l'indépendance, la qualité et la transparence du pouvoir juridictionnel est menée, et toujours en cours[6]. Au niveau politique, la contestation croissante des populations envers leurs dirigeants, que peuvent symboliser aujourd'hui la hausse de l'abstention électorale, la croissance des partis radicaux et contestataires ou le mouvement des Gilets jaunes de 2018-2019, se nourrissant de scandales récents, a suscité de nombreuses réformes pour imposer la transparence dans l'exercice des mandats électoraux mais aussi dans le processus électoral lui-même. Sur cette question en particulier, la France s'est dotée au fil des réformes d'un arsenal normatif assez complet qui encadre désormais la transparence des candidats eux-mêmes (I) ainsi que la gestion financière des élections et des partis politiques (II) pour lutter contre les dérives qui pouvaient fausser le système électoral, et renforcer la légitimité et la crédibilité du politique.

I. La transparence personnelle des candidats

La division du travail économique qui marque nos sociétés modernes s'accompagne par nécessité d'une division complémentaire du travail politique, par laquelle le Peuple souverain délègue à certaines personnes et autorités le soin de se consacrer à la gestion des intérêts collectifs. La faible disponibilité et compétence des électeurs limite en effet bien souvent leur possible participation au travail complexe et lent de la décision politique. Tout l'enjeu de la démocratie est alors de mettre en place un processus crédible de désignation de ces autorités représentatives, et donc d'instaurer un système électoral de confiance. Si la transparence matérielle des élections qui concerne, par exemple, l'établissement des listes électorales[7] ou les opérations

---

[5] L'Administration a initié depuis les années 2000 une simplification de son langage mais aussi de ses procédures (que viendra amplifier le fameux « choc de simplification » du Président F. Hollande). Depuis la **loi n° 2000-321 du 12 avril 2000 relative aux droits des citoyens dans leurs relations avec les administrations (dont le chapitre 2 du titre 1er porte sur la Transparence administrative), e**lle doit justifier plus explicitement ses décisions négatives et de rejet, en indiquant, par exemple, dans tout courrier le nom de l'agent traitant, les droits de l'administré et les délais et procédures de recours. Un défenseur des droits peut être saisi en cas de litige.

[6] La gestion du corps judiciaire par un Conseil supérieur de la magistrature de plus en plus indépendant et doté de pouvoirs autonomes, notamment quant à la nomination et la sanction des magistrats, la séparation organique des procureurs du ministre de la Justice, ou encore la motivation des décisions pénales des jurys ou la simplification du langage judiciaire font ainsi partie des évolutions en cours. Voir également la *loi organique n° 2016-1090 du 8 août 2016 relative* aux *garanties statutaires, aux obligations déontologiques* et *au recrutement* des *magistrats ainsi qu'au Conseil supérieur* de la *magistrature (Conseil constitutionnel n° 2016-732 DC du 28 juillet 2016).*

[7] En France, l'inscription sur les listes électorales est désormais automatique pour les électeurs venant d'obtenir 18 ans, âge de la majorité politique. Une démarche d'inscription spéciale est

de vote (isoloir, urnes transparentes, assesseurs indépendants) est pour l'essentiel acquise aujourd'hui en France[8], c'est sur la connaissance même des candidats que se sont portées les récentes réformes.

Certaines affaires ont en effet révélé à quel point des candidats pouvaient avoir un parcours et des secrets pouvant dénoter par rapport à leurs positions politiques ou pouvant éclairer leurs choix sous d'autres lumières. Ils sont désormais plus clairement identifiés dans leurs positions électorales (A) et dans leurs situations patrimoniales ou leur cursus professionnel (B).

A. L'identification politique des candidats

Si un candidat est vraisemblablement porteur d'une opinion qu'il veut défendre au poste pour lequel il se présente, il n'est pas obligé d'appartenir à un parti politique. Ces partis sont reconnus au niveau constitutionnel par l'article 4 de la Constitution du 4 octobre 1958 comme participant à la vie démocratique de la Nation et permettant l'expression des suffrages[9]. Mais bien sûr, ils ne sont pas obligatoires. Un candidat à une élection nationale ou locale peut donc se présenter sous ses propres couleurs, son propre nom, pour échapper, par exemple, au contrôle d'un parti[10] ou pour afficher une ouverture d'esprit pragmatique et non partisane en tant que « sans étiquette ». Mais

---

prévue pour les personnes ayant, par exemple, déménagé, pour les Français vivant à l'étranger ou pour les ressortissants européens. La loi n° 2016-1048 du 1er août 2016 rénovant les modalités d'inscription sur les listes électorales a modernisé le système, confiant la gestion d'un répertoire électoral unique à l'INSEE qui centralise toutes les informations sur les électeurs, qu'elle transmet ensuite aux commissions administratives locales qui arrêtent les listes par bureau de vote. Il est ainsi possible d'établir ces listes plus tardivement, juste avant une élection (inscription jusqu'au 31 mars 2019, par exemple, pour les élections européennes du 29 mai suivant). Sur ces nouvelles procédures, voir https://www.collectivites-locales.gouv.fr/revision-et-tenue-des-listes-electorales-0. L'établissement des listes électorales en Nouvelle-Calédonie pour le référendum portant sur son indépendance du 4 novembre 2018 a toutefois fait l'objet d'une procédure plus complexe et donné lieu à des litiges particuliers, au regard de la situation particulière de l'archipel. Sur le sujet, voir « La consultation sur l'accès à la pleine souveraineté et à l'indépendance de la **Nouvelle-Calédonie », H. Alcaraz, *RFDA* n° 2018-2, mars 2018, p. 291-300.**

[8] Voir notamment les dispositions relatives à la protection pénale de la sincérité du vote contenues dans les articles L. 86 à L. 117-2 du Code électoral.

[9] Article 4 modifié par les lois constitutionnelles du 8 juillet 1999 et du 23 juillet 2008 : « Les partis et groupements politiques concourent à l'expression du suffrage. Ils se forment et exercent leur activité librement. Ils doivent respecter les principes de la souveraineté nationale et de la démocratie.
Ils contribuent à la mise en œuvre du principe énoncé au second alinéa de l'article 1er dans les conditions déterminées par la loi.
La loi garantit les expressions pluralistes des opinions et la participation équitable des partis et groupements politiques à la vie démocratique de la Nation. »

[10] C'est souvent le cas pour les candidats qui ont été exclus de leur parti, comme Georges Frêche, maire de Montpellier exclu du Parti socialiste en janvier 2007 pour certains propos critiquables, qui se présente sur une liste en son nom propre aux élections régionales de 2010 (qu'il remporte d'ailleurs loin devant la candidate du PS).

l'électeur doit pouvoir disposer d'informations permettant de clarifier son positionnement politique, qu'il soit représentant d'un parti ou candidat libre.

Une des premières mesures a été de mettre en place un parrainage des candidats à l'élection présidentielle, comme cela se fait pour les élections locales italiennes. Dès la mise en œuvre de la nouvelle Constitution du 4 octobre 1958, il était prévu que tout candidat à cette élection, qui se faisait alors au suffrage indirect par les élus parlementaires nationaux et les élus des collectivités locales, soit un collège d'environ 80 000 personnes, devait recevoir le soutien officiel de cinquante membres de ce collège électoral. La révision constitutionnelle de 1962 qui a instauré l'élection au suffrage direct a porté cette liste à 100 parrains, relevée à 500 par la loi organique n° 76-528 du 18 juin 1976, ces parrains devant être élus dans au moins 30 départements ou territoires d'outre-mer différents sans que plus d'un dixième d'entre eux n'émane d'élus d'un même département. Cette disposition a pour objet premier d'éviter les candidatures farfelues ne disposant d'aucune assise politique ou locale, et de limiter ainsi le nombre final de candidats[11]. Mais elle permet aussi de connaître l'orientation et l'assise politique et territoriale des candidats, en fonction des parrains dont ils disposent. Elle permet à rebours de connaître la position des parrains réputés « sans étiquette » selon les candidats qu'ils soutiennent[12]. En 1981, il a été décidé de rendre publique la liste des noms et qualités de ces parrains, mais dans la limite imposée par la loi : 500 parrains étaient tirés au sort parmi ceux présentés par le candidat[13] et affichés huit jours avant la date du premier tour. Mais suite à de régulières remarques formulées en ce sens depuis 1974 par le Conseil constitutionnel garant de l'organisation de l'élection, la loi organique n° 2016-506 du 25 avril 2016 de modernisation des règles applicables à l'élection présidentielle impose désormais, par son article 3, la publicité de *tous* les parrains des candidats notamment par voie informatique, selon des modalités précisées par le Conseil dans sa décision n° 2016-135 ORGA du 8 septembre 2016. Cette

---

[11] La candidature étant libre, chaque élection présidentielle voit fleurir nombre de candidats sans fondements sérieux (jusqu'à une trentaine selon les élections). Ces candidatures sont souvent régulées par les grands partis politiques qui déterminent leur candidat unique par voie de primaire ou vote du bureau, mais persistent celles des petits candidats autonomes. Le parrainage permet de conserver les plus représentatifs et les mieux soutenus, un trop grand nombre de candidats posant des problèmes techniques d'organisation de la campagne et de dispersion des voix. Ce qui n'a pas empêché l'élection de 2017 de voir 11 candidats s'affronter au premier tour, le record étant de 16 pour l'élection de 2002 (qui a conduit à un deuxième tour opposant J. Chirac de la droite classique à J.-M. Le Pen de l'extrême droite, les voix de gauche s'étant diluées dans de très nombreuses candidatures).

[12] Un certain nombre d'élus locaux se font toutefois un devoir d'apporter leur soutien à un candidat dont ils ne partagent pas forcément les opinions mais qu'ils soutiennent au nom de la démocratie.

[13] Avec l'élargissement successif des parrains potentiels à vingt catégories différentes, près de 42 000 élus sont susceptibles de soutenir ainsi un candidat à l'élection présidentielle. Sur la question, V. *Parrainages et élection présidentielle : le statu quo*, de S. Pina, *RFDC* n° 96, 2013/4, p. 941-950.

disposition peut d'ailleurs avoir pour effet indirect de dissuader les parrains potentiels sans étiquette, ne voulant pas voir leur nom publiquement couplé avec un candidat aux positions politiques tranchées, ce qui ruinerait leurs efforts pour apparaître comme neutres.

Signalons par ailleurs que les élus d'une assemblée doivent, lorsqu'ils prennent siège, déclarer leur appartenance ou non à un groupe politique créé au sein de cet organe. Les élus qui ne s'affilient pas ou ne s'apparentent pas à un tel groupe siègent alors en tant que « non-inscrits ». Ils perdent certains droits appartenant à ces groupes officiels, mais conservent toutes leurs prérogatives politiques en tant qu'élus[14]. Cette officialisation du groupe d'appartenance d'un élu participe à la transparence de son positionnement politique, notamment lorsqu'un groupe rassemble une alliance de plusieurs partis dont la convergence n'était pas toujours apparente lors de l'élection.

La transparence des opinions politiques d'un candidat ou d'un élu nécessite également de rendre publiques et officielles ses prises de position. Durant la campagne électorale, par exemple, sont interdits les tracts anonymes qu'il pourrait diffuser ou cautionner, sous peine d'un an d'emprisonnement et de 15 000 euros d'amendes[15]. Toute affirmation politique doit être soutenue publiquement pour éclairer les électeurs dans leur choix. Dans le même sens, l'article 3 de la loi du 29 juillet 1881 sur la liberté de la presse, rendue applicable aux opérations électorales par l'article L.48 du Code électoral, impose d'apposer sur tout tract ou affiche le nom de l'imprimeur, permettant de remonter le cas échéant jusqu'à l'ordonnateur de la diffusion. Au regard des nouveaux moyens techniques informatiques, l'article L.163-1 du Code électoral oblige de même toute plateforme à visée politique diffusée sur Internet d'indiquer l'identité de son gestionnaire et ses liens avec tel candidat, afin de rattacher le cas échéant les propos tenus sur ces moyens de diffusion à une candidature en particulier.

---

[14] Un groupe parlementaire regroupe au moins 15 députés ou 10 sénateurs, généralement du même parti politique mais pouvant provenir de différents partis sur la base d'intérêts communs, un parlementaire ne pouvant appartenir qu'à un seul groupe. Ces groupes parlementaires sont représentés dans la Conférence des présidents, au bureau, et dans les commissions permanentes sur une base proportionnelle. Les non-inscrits ne sont pas éligibles aux postes à responsabilité et voient leur droit de questionnement au gouvernement et leur temps de parole réduit de fait. Ils conservent leur droit de vote et d'amendement, celui-ci restant moins protégé.

[15] Art. L. 97 du Code électoral. La campagne électorale présidentielle de 2012 a, par exemple, donné lieu à la diffusion par le Front national de plusieurs tracts anonymes discréditant le candidat de gauche radicale, J.-L. Mélenchon. La justice saisie a condamné la candidate M. Le Pen a une amende en 2014, le lien ayant pu être prouvé. Les campagnes électorales locales font de même souvent l'objet de tels tracts, donnant lieu à une même condamnation des responsables s'ils sont établis après enquête. La diffusion de ces tracts anonymes, ou l'abus de propagande de tracts officiels portant des termes injurieux, diffamant ou racistes, peuvent même conduire à l'annulation de l'élection ou des suffrages dans la circonscription si l'influence de ces tracts est telle qu'elle a pu fausser le scrutin (ex. : Cons. const., décision n° 2002-2676 du 14 novembre 2002, A.N., Essonne, 1re circ.).

Une fois l'élection remportée, l'élu doit pareillement agir en toute transparence et assumer ses propres choix politiques. Un recueil des délibérations et des décisions est ainsi tenu pour les assemblées parlementaires, rendant compte des prises de parole et le cas échéant des votes publics, publié au *Journal officiel*. Ces recueils et comptes rendus sont pareillement imposés aux assemblées locales, et également accessibles notamment par Internet. Ceci permet de connaître les points de vue et, lorsqu'autorisé, le vote des élus, ce qui permet de vérifier le respect des engagements de l'élu durant sa campagne et de clarifier ses décisions politiques.

B. L'identification patrimoniale et professionnelle des candidats

Plusieurs dispositions ont été prises en France pour mieux encadrer la transparence des candidatures, suite à des affaires soulevées lors des dernières élections présidentielles de 2012 et de 2017. La principale disposition consiste à obliger le candidat à faire état de sa situation financière et de son parcours professionnel, afin d'éclairer les électeurs sur sa situation patrimoniale, sa régularité, et sur les relations qu'il a pu entretenir notamment avec les milieux économiques.

Ainsi, depuis 1988[16], les candidats à un siège parlementaire ainsi qu'à la fonction de président de la République doivent remettre au bureau de leur assemblée, ou au Conseil constitutionnel pour ce qui est du candidat à la présidentielle, une déclaration de patrimoine mobilier et immobilier indiquant notamment la totalité de ses biens propres ainsi que, éventuellement, ceux de la communauté s'il est marié ou ses biens indivis[17]. La précision de cette liste patrimoniale s'est accrue dans le temps jusqu'à la dernière loi relative à la confiance dans la vie publique de 2017. Il faut signaler que si ces déclarations revêtaient un caractère confidentiel en 1988, elles sont désormais rendues publiques depuis la loi organique du 11 octobre 2013. Elles sont ainsi transmises à une Haute autorité pour la transparence de la vie publique (HATPV), créée par la loi en remplacement de l'ancienne Commission pour la transparence financière de la vie politique, qui les communique pour

---

[16] **Loi organique n° 88-226 du 11 mars 1988 relative à la transparence financière de la vie politique, plusieurs fois modifiée depuis** notamment par la loi organique n° 2013-906 du 11 octobre 2013 relative à la transparence de la vie publique (décision du Conseil constitutionnel n° 2013-675 DC du 9 octobre 2013) et la loi ordinaire n° 2013-907 du 11 octobre 2013 relative à la transparence de la vie publique (décision n° 2013-676 DC du 13 octobre 2013) et par la loi organique n° 2017-1338 du 15 septembre 2017 pour la confiance dans la vie politique (décision n° 2017-753 DC du 8 septembre 2017) et la loi n° 2017-1339 du 15 septembre 2017 pour la confiance dans la vie politique (décision n° 2017-752 DC du 8 septembre 2017).

[17] Art. LO 135-1 du Code électoral pour les députés, servant également de référence pour l'élection du président de la République par renvoi de l'art. 3 modifié de la loi du 6 novembre 1962.

vérification aux services fiscaux compétents et en assure la publicité assortie le cas échéant de ses appréciations, dans les conditions prévues par les articles LO 135-1 et LO 135-2 du Code électoral. Les élus locaux[18] sont pareillement concernés par cette obligation de déclaration patrimoniale.

Une nuance est cependant créée selon les élections. La publicité de la déclaration patrimoniale ne concerne que les seuls *élus* parlementaires et locaux qui doivent la déposer dans les deux mois suivant leur élection, et non les candidats. Cette déclaration est de plus consultable par les électeurs mais uniquement dans la préfecture du ressort de la circonscription et sans moyen de la dupliquer. Si les personnes qui la consultent peuvent faire ensuite remonter des observations à la HATVP, elles ne peuvent pas la diffuser en tout ou partie sous peine d'une amende de 45 000 €, sauf si l'élu l'a lui-même rendue publique. Pour l'élection présidentielle, les déclarations de patrimoine de tous les *candidats* sont par contre rendues publiques sans restriction, et ce au moins quinze jours avant la date du premier tour de scrutin. Ceci permet notamment d'apprécier la pertinence du discours d'un candidat au regard de sa situation financière et de sa régularité vis-à-vis du fisc. Pour éviter toutefois l'utilisation malveillante de ces informations, ces diverses déclarations de patrimoine ne comprennent pas les données précises qui permettraient d'identifier trop directement l'adresse de leurs biens. Il faut signaler que les élus doivent ensuite, à l'issue de leur mandat, faire état de la même manière de leur patrimoine, afin de vérifier notamment les conditions de leur enrichissement éventuel.

Selon ces mêmes articles du Code électoral[19], les candidats et élus doivent également communiquer une déclaration de leurs intérêts financiers détenus à la date de leur élection et dans les cinq années précédant cette date, ainsi que la liste de leurs activités professionnelles ou d'intérêt général, même non rémunérées (emplois et employeurs passés, activités de conseil, participations aux conseils d'administration d'établissements publics, de sociétés privées ou publiques, d'associations, etc.), en précisant celles qu'ils entendent conserver s'ils en ont le droit au regard du régime d'incompatibilité[20]. Cette liste permet d'établir le profil du candidat ou de l'élu au regard des liens qu'il a tissés avec le monde économique ou social, afin de mettre éventuellement en lumière sa

---

[18] Les maires de communes de plus de 20 000 habitants, les adjoints au maire des communes de plus de 100 000 habitants, les présidents d'établissements publics de coopération (EPCI) à fiscalité propre de plus de 20 000 habitants ou dont les recettes de fonctionnement sont supérieures à 5 millions d'euros et les vice-présidents d'EPCI à fiscalité propre de plus de 100 000 habitants titulaires d'une délégation de signature, ainsi que les présidents des exécutifs locaux (départements, régions, de collectivités d'outre-mer ou à statut particulier) notamment.

[19] Un régime similaire a été prévu pour les candidats à l'élection présidentielle par la loi organique du 25 avril 2016 de modernisation des règles applicables à l'élection présidentielle, modifiant la loi du 6 novembre 1962, et par le **décret n° 2018-518 du 27 juin 2018 qui la met en œuvre.**

[20] Sur les incompatibilités des mandats, voir notamment les articles L. 46, L. 46-1 et L. 46-2, ou LO 137 à LO 153 ou LO 297 du Code électoral.

proximité avec des réseaux de lobbys. Ces déclarations sont d'ailleurs élargies à de très nombreux responsables et agents publics, dont les ministres, et sont de plus consultables librement sur le site internet de la Haute autorité[21]. Toute omission ou mensonge dans cette déclaration donnera lieu à rectification et le cas échéant à une sanction pouvant aller jusqu'à trois ans d'emprisonnement et 45 000 € d'amende, éventuellement assortie d'une peine d'inéligibilité de 10 ans et de l'interdiction d'exercer une fonction publique. La consultation de ces déclarations est souvent très éclairante sur le profil du candidat et sur les activités politiques qu'il aura une fois élu (rédaction de rapports, votes, dépôts de propositions de lois ou d'amendements). Le Haut-Commissaire chargé de la réforme des retraites, J.P. Delevoye, a ainsi été très critiqué en décembre 2019 pour ses liens directs, publiés ou gardés secrets, avec des compagnies d'assurances pourtant directement intéressées par la réforme qu'il portait.

Mais le profil politique, professionnel et patrimonial du candidat n'est pas le seul aspect relatif à la transparence d'une élection, qui repose également sur son aspect financier.

II. La transparence financière des candidats

Les conditions de financement des campagnes électorales et des partis politiques ont également fait l'objet, depuis la fin des années 80, de nombreuses réformes visant à imposer leur transparence. En effet, jusqu'à la fin des années 80, l'absence d'encadrement du financement des partis politiques les avait souvent conduits à mettre en place des montages financiers douteux pouvant amener à un financement illégal des campagnes électorales et par la suite à des détournements d'argent public notamment à l'occasion de marchés publics[22]. Ces scandales ont conduit à deux types de réformes quant au financement lui-même d'une élection (A) et à la gestion des comptes de campagne (B).

A. Le financement surveillé des campagnes électorales

Le premier type de réformes accomplies concerne le financement des partis politiques et des candidats. Est en effet désormais assuré un financement public des partis politiques ayant obtenu un certain pourcentage de voix aux élections. Ce financement a été mis en place par les lois du 11 mars 1988 et du 15 janvier 1990. Il assure le versement proportionnel à chaque parti d'une certaine somme prévue par la loi de finances et répartie en deux catégories, en

[21] 15 000 responsables et agents déposent ainsi leurs déclarations d'intérêts et d'activités auprès de la HATPV, qui met en ligne sur son site près de 4 000 fiches nominatives, assorties de près de 8 000 déclarations d'intérêts et d'activités. À consulter sur le site https://www.hatvp.fr.

[22] Affaire Urba, affaire de la MNEF, affaire des marchés publics d'Île-de-France, des emplois fictifs de la mairie de Paris ou des HLM de Paris notamment, ayant conduit à la condamnation d'A. Juppé et J. Chirac notamment.

fonction d'une part de ses résultats aux élections législatives s'il a obtenu au moins 1 % des suffrages exprimés dans au moins 50 circonscriptions de métropole (ou 1 % des suffrages dans les circonscriptions d'outre-mer où leur candidat s'est présenté), et en fonction d'autre part du nombre d'élus affiliés à ce parti à l'assemblée parlementaire[23]. Un remboursement spécifique des dépenses de campagne pour l'élection présidentielle est également prévu pour les candidats présents au premier tour ayant obtenu au moins 5 % des suffrages ainsi que pour les candidats du second tour, dès lors qu'ils ont respecté le plafond de dépenses autorisé par la loi et que ces dépenses sont certifiées et validées[24]. Cette disposition vise à dissuader les candidatures non sérieuses ou anecdotiques tout en soutenant les petits partis représentatifs, et permet aux candidats de ne pas recourir à des financements occultes qui fausseraient leur indépendance et l'égalité de moyens entre les candidats.

Parallèlement, le financement privé est fortement encadré. Depuis la loi du 19 janvier 1995, les personnes morales autres qu'un parti politique ou un établissement bancaire reconnu ne peuvent plus financer un parti politique ou un candidat sous quelque forme que ce soit (dons, prêts, fourniture de biens ou de services, avantages directs ou indirects). Ce financement privé par des entreprises nationales ou étrangères notamment, ou par des États tiers, ouvre en effet à une trop grande dépendance des élus envers leurs financeurs, au risque notamment d'une ingérence étrangère dans la politique nationale, et à une inégalité entre les candidats n'ayant pas les mêmes réseaux de soutien. Dès lors, seules les personnes physiques nationales peuvent financer un parti politique à hauteur maximale de 7 500 €, ou un candidat à l'élection présidentielle à hauteur maximale de 4 600 €, déductibles des impôts[25]. Les dons ou financements divers d'États tiers sont interdits. Les emprunts ou garanties d'emprunts contractés auprès d'organismes financiers, qui ne peuvent être que nationaux, doivent être rendus publics et sont contrôlés par la Commission nationale des comptes de campagne et des financements politiques (CNCCFP).

Pour pallier l'éventuelle difficulté des petits partis à trouver un financeur acceptant de leur ouvrir un crédit risqué, les dépenses de campagnes n'étant pas remboursées en dessous de 5 % de suffrages obtenus, il a été un temps

[23] 32 millions d'euros et 34 millions d'euros sont ainsi respectivement prévus en 2019 pour chacune de ces deux catégories. La première tranche est amputée le cas échéant d'un certain montant si le parti n'a pas respecté la parité sexuelle parmi ses candidats.

[24] Loi organique du 6 novembre 1962, art. 3 II, modifié par les lois organiques du 5 février 2001, du 5 avril 2006 et du 28 février 2012. Ce plafond des dépenses électorales est prévu par l'art. L. 52-11 du Code électoral, et s'élève depuis 2012 à 13,7 millions d'euros pour le premier tour, et à 18,3 millions d'euros pour le second tour.

[25] En pratique, un particulier peut verser jusqu'à 19 600 € à un candidat à l'élection présidentielle : deux fois 7 500 € versés au parti durant la campagne qui chevauche deux années + 4 600 € spécifiquement au candidat, sans compter la participation éventuelle à des banquets de mécénat. F. Fillon avait récolté jusqu'à 3 millions d'euros pour lui-même au titre de son micro-parti *Force républicaine*, s'ajoutant aux sommes versées par le parti Les Républicains.

question de créer une « banque de la démocratie » pouvant prendre le relais des établissements privés. Mais ce projet a été abandonné à l'été 2018, les lois du 15 septembre 2017 pour la confiance dans la vie politique ayant toutefois créé un « médiateur du crédit aux candidats et aux partis politiques » chargé de faciliter le dialogue entre les candidats ou les partis politiques rencontrant des difficultés à se financer et les organismes bancaires ou de prêts[26]. La question de ce financement a été clairement posée à l'occasion de la dernière élection présidentielle de 2017, les candidats d'extrême droite, de gauche radicale et même du centre ayant rencontré des difficultés à obtenir des prêts auprès des banques, pouvant mettre en péril leur candidature ou les pousser à solliciter des organismes non nationaux ouvrant alors la porte à une ingérence étrangère dans la politique nationale[27].

B. La gestion encadrée des comptes financiers

Un deuxième type de réforme mis en place par les lois précédemment citées, et renforcé par les dernières lois du 15 septembre 2017, concerne la gestion des comptes financiers. Une campagne électorale, mettant en jeu des sommes importantes, doit être désormais tenue par un mandataire financier clairement identifié, qui peut être une association ou une personne physique, assisté d'un expert-comptable agréé. Ces personnes ne peuvent faire partie de la liste des candidats en cas de scrutin de liste. Ce mandataire financier est devenu l'unique receveur de l'ensemble des ressources de la campagne, qui doivent être déposées sur un compte bancaire unique et complet permettant de retracer la totalité des opérations financières[28]. Ce mandataire recueille, pendant les six mois précédant le premier jour de l'élection, les fonds destinés au financement de cette campagne en tenant à jour la liste descriptive des donateurs et du montant de leurs dons ainsi que des ressources diverses, et règle les dépenses propres au candidat (les dépenses propres au parti font l'objet d'un financement et d'un contrôle spécifique). À l'issue de l'élection, que le candidat ait été élu ou non, il remet dans les deux mois suivant l'élection les comptes de campagne au candidat et à la Commission nationale des comptes de campagne et des financements politiques (CNCCFP) qui vérifiera l'exactitude des comptes et le respect des dispositions légales, notamment la nature et le plafond des dépenses. En cas d'inexactitudes, la Commission

[26] **Décret n° 2018-205 du 27 mars 2018 relatif au médiateur du crédit aux candidats et aux partis politiques.**

[27] J.-M. Le Pen du Front national avait ainsi contracté un prêt de 9 millions d'euros en 2014 auprès d'une banque russe aux activités douteuses et proche du Kremlin, et dont la reprise après sa faillite a posé beaucoup de questions sur une possible ingérence russe dans la campagne présidentielle de 2017 portée par sa fille, qui devait rembourser ce prêt, et dans ses prises de position politiques.

[28] Art. L. 52-3-1 et suivants du Code électoral pour les élections parlementaires et locales, applicables à l'élection présidentielle (art. 3 II de la loi modifiée du 6 novembre 1962 et décret n° 2001-213 du 8 mars 2001).

pourra réévaluer les comptes de campagne, en réintégrant certaines dépenses, donnant lieu à sanction financière ou à restriction dans le remboursement des frais[29].

Il faut signaler qu'au-delà des campagnes électorales, un parti politique recevant de l'argent public est de même soumis à un contrôle accru en matière de transparence financière. Il fait désormais l'objet d'une comptabilité unique regroupant l'ensemble des finances, y compris localisées, du parti et certifiées par un commissaire aux comptes, voire deux pour les grands partis, selon les règles fixées par l'Autorité des normes comptables. Un mandataire financier unique centralise et perçoit ainsi toutes les ressources du parti (dons nominatifs et cotisations qui comprennent le montant et l'adresse de la personne pour vérification, versements publics, rentrées diverses) avant de les reverser au parti lui-même et de transmettre les comptes à la CNCCFP qui les contrôle et les rend publics de façon détaillée au *Journal officiel* et en open data[30]. En cas de fraude ou de non-respect des règles prescrites, le financement public pourra être réduit ainsi que la déductibilité fiscale des dons.

*

Ces dispositions détaillées promeuvent ainsi une transparence politique et financière qui encadre bien mieux les candidats et les élus que ne le faisait l'opacité antérieure qui ouvrait à toutes les illégalités et créait une inégalité certaine entre eux, même si tous les détournements ne sont pas encore totalement résorbés[31]. Un mouvement de fond est donc initié.

---

[29] Plusieurs affaires ont ainsi agité la sphère politique lors des dernières élections présidentielles, de la validation douteuse des comptes de campagne d'E. Balladur en 1995 à l'enquête sur le financement de la campagne électorale de N. Sarkozy en 2007 (affaire du financement libyen toujours en cours, ayant donné lieu à la mise en examen pour corruption passive de l'ancien Président) ou en 2012 (affaire Bygmalion). Si la Commission n'a invalidé aucun des comptes de campagne des 11 candidats de 2017, des enquêtes judiciaires ont cependant été ouvertes sur les frais de campagne de J.-L. Mélenchon ou de M. Le Pen notamment mais aussi d'E. Macron.

[30] **Loi n° 2017-286 du 6 mars 2017 tendant à renforcer les obligations comptables des partis politiques et des candidats et décret n° 2017-1795 du 28 décembre 2017 pris en application des articles 25 et 26 de la loi du 15 septembre 2017. La publication des comptes est faite au Journal officiel et sur le site internet de la CNCCFP (http://www.cnccfp.fr). Exemple : http://www.cnccfp.fr/docs/partis/comptes/cnccfp_comptes_2017.pdf**

[31] La députée européenne M. Le Pen a ainsi été mise en examen en octobre 2018 pour *« détournements de fonds publics », à l'occasion d'une enquête sur le financement de son parti Front national par le biais d'emploi fictif d'assistants parlementaires européens* qui travailleraient en fait au profit des activités nationales et non pas européennes de ce parti. La création de micro-partis par chaque élu complique de même la visibilité des dépenses, et peut donner lieu à des détournements supposés, comme le micro-parti *Jeanne* de M. Le Pen qui imposait aux adhérents de passer par lui pour obtenir un matériel de campagne à un prix surélevé, ou celui de F. Fillon, *Force républicaine*, qui a conservé les 3 millions de dons propres

Ces réformes n'ont d'ailleurs pas concerné que la seule élection, mais ont également étendu l'exigence de transparence à l'exercice même du mandat. Les lois organique et ordinaire pour la confiance dans la vie politique du 15 septembre 2017 ont ainsi amélioré les procédures de publicité et de contrôle de certaines pratiques. Il est, par exemple, devenu impossible pour un élu d'employer son conjoint ou un membre de sa famille comme stagiaire ou assistant parlementaire[32], les frais remboursés exigent maintenant des factures précises pour des dépenses mieux détaillées[33], et les contrôles sur la réalité de la situation patrimoniale des candidats et des élus ont été renforcés[34], notamment par la publication du patrimoine des élus sortants mis en rapport avec le patrimoine à l'entrée en fonction (art. LO 135-2 C. électoral), éventuellement assortie d'observations de la HATVP.

De même, les risques d'influence et de corruption des élus ont été mieux encadrés. A été supprimée par ces lois la « réserve parlementaire », qui donnait libre usage à chaque parlementaire d'une enveloppe financière par laquelle l'élu pouvait subventionner des associations locales ou des projets de collectivités territoriales, mais aussi en contrepoint s'attacher alors une certaine clientèle[35]. À l'inverse, la pratique du lobbying a pareillement été encadrée sur le modèle de l'Union européenne. Les règles relatives aux incompatibilités et au cumul des mandats et des fonctions ont ainsi été renforcées pour les élus comme pour les agents publics[36], afin de tracer une

---

au candidat levés pour sa campagne présidentielle de 2017, sans les reverser au parti *Les Républicains*.

[32] Affaire Fillon révélée en 2017, qui employait sa femme et ses enfants pour des emplois suspectés fictifs à l'Assemblée nationale (procès en cours). Une pratique détournée s'est alors mise en place, consistant à employer les conjoints ou enfants des collègues du parti, qui à leur tour emploient les siens.

[33] Voir l'arrêté du bureau de l'Assemblée nationale n° 12/XV du 29 novembre 2017 relatif aux frais de mandat des députés (http://www2.assemblee-nationale.fr/static/deontologue/12_XV_bureau_fdm_consolide.pdf).

[34] Suite à l'affaire dite « Cahuzac » de 2013, du nom de ce ministre possédant des comptes secrets en Suisse et dans des paradis fiscaux, mais qui les démentait officiellement à la tribune de l'Assemblée nationale.

[35] Cette enveloppe, créée au début des années 70, allait de 130 000 € à 200 000 € ou plus pour les députés et de 81 000 € à 150 000 € ou plus pour les sénateurs. Son attribution a longtemps été confidentielle et à la discrétion du président de la Commission des finances de chaque assemblée, certains élus ne sachant même pas qu'elle existait. Elle a été à partir de 2002 attribuée par les présidents de groupes politiques, mais toujours avec un usage secret par les parlementaires, avant que la loi relative à la transparence de la vie publique du 17 octobre 2013 n'oblige à rendre publique la liste des bénéficiaires de ces subventions par les élus. La réserve ministérielle, elle, n'a pas été supprimée.

[36] La corruption pouvant aussi venir de la pérennité des mandats (qui protègent par l'immunité qu'ils confèrent, ou qui permettent de mettre en place dans le temps un pouvoir personnel fondé sur l'institutionnalisation de réseaux, que connaissent bien les villes où le maire est élu depuis longtemps), la révision constitutionnelle du 23 juillet 2008 limite désormais à deux le nombre de mandats consécutifs d'un président de la République. Une même interdiction de cumul dans le temps du mandat des parlementaires ou élus locaux est en cours de discussion. Ces

frontière plus étanche entre le monde politique et le monde socio-économique. De même, les agents de bureaux de lobbying sont désormais obligés de se déclarer comme tels auprès des institutions concernées et de la HATVP, de tenir une liste précise des démarches effectuées et qui est rendue publique[37], ne pouvant plus offrir de cadeaux de plus de 150 €, pouvant être assimilés à un achat d'attention des élus, sans les déclarer. Leur accès aux lieux de pouvoirs est désormais réglementé[38]. Il faut toutefois noter qu'en réponse à cette évolution, les lobbyistes ont modifié leur comportement et ne cherchent plus à influencer *de l'extérieur* le pouvoir politique mais finissent par l'intégrer directement, par le va-et-vient entre la fonction publique et le secteur privé (pratique dite du « pantouflage » pour les fonctionnaires recrutés dans les entreprises privées, ou à l'inverse par le recrutement dans la fonction publique ou dans le personnel politique d'anciens agents du secteur privé[39]).

Mais sans doute, la lutte contre la corruption et le détournement et abus de fonctions doit avant tout s'ancrer dans une culture politique de l'honnêteté. Pour résoudre les difficultés rencontrées par les élus eux-mêmes dans l'acquisition de cette culture, un mécanisme de prévention a été mis en place à travers la création au sein des assemblées parlementaires et dans les grandes administrations d'un « déontologue »[40], chargé d'informer et de conseiller dans le secret de son bureau les élus se trouvant en indélicatesse ou dans le doute, la plupart du temps de bonne foi, et sur la base d'une définition

parlementaires sont de plus soumis à une interdiction de cumul des mandats simultanés de plus en plus stricte, ne pouvant plus être aujourd'hui parlementaires et chefs d'un exécutif local ou intercommunal notamment. Pour les contraintes pesant sur les agents publics, voir la loi **n° 2016-483 du 20 avril 2016 relative à la déontologie et aux droits et obligations des fonctionnaires.**

[37] Consulter, par exemple, le rapport de la HATVP du 3 juin 2019 sur les activités de lobbying 2018 sur son site : https://www.hatvp.fr/presse/repertoire-des-representants-dinterets-bilan-de-lexercice-2018/

[38] Loi **n° 2016-1691 du 9 décembre 2016 relative à la transparence, à la lutte contre la corruption et à la modernisation de la vie économique, dite Sapin II (Cons. const. n° 2016-741 DC du 8 décembre 2016, qui en assouplit toutefois le régime du contrôle).**

[39] On a pu estimer en 2018 que sur les 298 collaborateurs des cabinets ministériels du gouvernement d'E. Philippe, 43 provenaient directement de cabinets de lobbying, et que plusieurs députés ou sénateurs avaient une origine identique (enquête des journalistes M. Koch et I. Souquet pour l émission de radio Secret d'info sur France Inter le 1er juin 2018). Il est également connu que le Président Macron a travaillé pour la banque Rothschild et que le Premier ministre E. Philippe a été l'employé de l'entreprise nucléaire Areva. La démission-surprise du ministre N. Hulot le 28 août 2018 a été expliquée comme une réponse à l'impuissance de ce défenseur de l'écologie face aux puissants lobbys à l'œuvre dans le gouvernement.

[40] Créé par le bureau de l'Assemblée nationale le 5 avril 2011, ce déontologue astreint au secret est souvent un professeur de droit (J. Gicquel, puis F. Mélin-Soucramanien, et actuellement A. Roblot-Troizier). Voir également la résolution adoptée le 6 juin 2018 par le bureau du Sénat relative aux obligations déontologiques et à la prévention des conflits d'intérêts des sénateurs (Cons. const. décision n° 2018-767 DC du 5 juillet 2018).

désormais légale du conflit d'intérêts[41] et d'un Code de déontologie destiné à prévenir les fautes[42]. De même, la transparence se nourrit de l'information rendue publique, et un effort particulier a été fait pour protéger les « lanceurs d'alerte », qu'ils soient membres du corps dont ils dénoncent les agissements ou extérieurs[43]. Des institutions publiques comme la Cour des comptes ou les chambres régionales des comptes qui publient de nombreux rapports sur l'emploi des deniers publics, ou des organismes non gouvernementaux comme Transparency International France ou l'Observatoire citoyen de l'activité parlementaire[44], facilitent également l'accès au monde politique qu'ils contribuent à rendre plus transparent, au bénéfice de la démocratie.

Mais naît alors un paradoxe. Ce tourbillon de réformes destinées à assainir le fonctionnement politique fait apparaître de nombreuses pratiques jusque-là restées secrètes et qui débouchent de plus en plus sur des affaires poursuivies en justice. Si ces procès purgent au final le système électoral des candidats et élus fautifs, ils contribuent également à décrédibiliser cette classe politique dénoncée dans des scandales rendus plus visibles et plus fréquents par l'accroissement de la transparence, et donc à détourner les électeurs de leur confiance dans le système. Comble du problème, c'est donc au moment où la classe politique se dote des moyens de lutter plus efficacement contre la corruption et acquiert une culture de la transparence et de l'honnêteté qu'elle est le plus critiquée de la part des électeurs, comme en témoigne, par exemple, le mouvement des Gilets Jaunes. Ceci, d'autant que la transparence affectant désormais d'autres lieux de pouvoirs comme les syndicats, les affaires révélées au public semblent généraliser cette méfiance des citoyens envers l'ensemble de leurs institutions. Pour autant, cette démocratie de la transparence a encore du mal à pénétrer l'espace privé et le secteur marchand où, pourtant, les fraudes accomplies dans le secret des entreprises sont bien plus nombreuses notamment en matière fiscale et de prélèvements sociaux.

---

[41] Le conflit d'intérêts désigne *« toute situation d'interférence entre un intérêt public et des intérêts publics ou privés qui est de nature à influencer ou à paraître influencer l'exercice indépendant, impartial et objectif d'une fonction »* selon l'art. 2 de la loi n° 2016-483 relative à la déontologie précitée. Sur le sujet, voir l'intervention de J.-M. Sauvé, vice-président du Conseil d'État, le 27 septembre 2013 au colloque de Nancy (http://www.conseil-etat.fr/Actualites/Discours-Interventions/Les-lois-relatives-a-la-transparence-de-la-vie-publique#_edn8).

[42] http://www2.assemblee-nationale.fr/content/download/25883/244571/version/5/file/code-deontologie.pdf

[43] Loi n° 2013-316 du 16 avril 2013 relative à l'indépendance de l'expertise en matière de santé et d'environnement et à la protection des lanceurs d'alerte, loi **n° 2013-1117 du 6 décembre 2013 relative à la lutte contre la fraude fiscale et la grande délinquance économique et financière (Cons. const.** décision n° 2013-679 DC du 4 décembre 2013), loi **organique n° 2016-1690 du 9 décembre 2016 relative à la compétence du défenseur des droits pour l'orientation et la protection des lanceurs d'alerte (Cons. const. décision n° 2016-740 DC du 8 décembre 2016)** ou loi précitée n° 2016-1691 du 9 décembre 2016 complétée par une circulaire du 20 juillet 2018.

[44] https://www.nosdeputes.fr

L'exercice du pouvoir exige une certaine discrétion, permettant de prendre en toute indépendance, à l'abri des indiscrétions et pressions extérieures, les décisions utiles. Mais cette discrétion peut à son tour engendrer des dysfonctionnements qui peuvent porter atteinte à la légitimité du système. À l'inverse, si la transparence est bien une exigence démocratique, elle peut conduire à paralyser le Pouvoir n'ayant plus la liberté de ses agissements discrets nécessaires à sa fonction, et peut parfois faire empirer les situations. Tout doit-il être visible, comme dans le modèle norvégien, par exemple, où n'importe qui peut avoir accès aux avis d'imposition de tout le monde ? Tout doit-il être opaque au risque de permettre des abus de fonction ? Chaque société doit sans doute trouver son propre équilibre. Mais cet équilibre ne saurait non plus être trouvé de façon endogène, nul pouvoir n'acceptant volontairement de s'auto-limiter. Reste à savoir quelle autorité est le mieux à même de déterminer l'équilibre de la transparence. En démocratie il en est une, légitime : le Peuple.

Transparence des élections et secret du scrutin Le nouveau cadre juridique général des élections à Madagascar

Lovamalala Randriatavy
Professeur à la Faculté de droit et des sciences politiques
Université d'Antananarivo

1. Dans la société malgache ancienne, le Roi faisait de l'ordalie du tanguin « le révélateur » de son royaume pour conjurer le mal et découvrir les sorciers, les possesseurs d'amulettes et de charmes d'amour ainsi que pour distinguer les menteurs des gens sincères[45]. Le secret devait être révélé au grand jour au moyen de l'épreuve du poison, censée veiller soigneusement à la recherche de la vérité et à la restauration de l'harmonie sociale et de la confiance de la population[46]. Une opération de circoncision était, par exemple, l'une des occasions pour le Roi de procéder à « des sondages » par l'administration collective du tanguin, le *tavibe*, afin d'éliminer « les sorciers ». Ceux-ci étaient dénoncés par leurs concitoyens à travers un vote individuel. À cet effet, les représentants du Roi, les *olo-manga*, chargés de recueillir les votes, s'installaient dans des endroits assez distants mais visibles. Peu à peu, chaque habitant avançait et plaçait une pierre dans leur main. « Les pierres qui concernaient le même individu étaient mises ensemble. [...] Le chef des *olo-manga* expose son rapport qui consiste à présenter l'un après l'autre le groupe de pierres concernant un accusé contre lequel trois témoins au moins se sont déclarés. Le dépositaire des pierres interroge à nouveau les accusateurs. [...] Si les déclarations sont confirmées, celui qui en fait l'objet devra subir l'épreuve[47] ». Il ressort de cette incursion historique un constat de l'existence d'un rituel de vote qui revêt une forte charge symbolique : à Madagascar, les concepts de transparence et de publicité ont toujours permis à la communauté de participer activement à la vie sociale et de servir l'intérêt général qu'est la recherche de la vérité. La transparence a servi à traquer le secret au moyen de vote public.

---

[45] Champion (Bernard), « Le tanguin, poison d'épreuve à Madagascar », in *La culpabilité*. Actes des XXes journées d'histoire du droit, publié par Hoareau-Dodinau (Jacqueline), Texier (Pascal), PULIM, Limoges, 2001, p. 105.
[46] Raison-Jourde (Françoise), *Bible et pouvoir à Madagascar au XIXe siècle, Invention d'une identité chrétienne et construction de l'État. 1780-1880*, Collection « Hommes et Sociétés », Édition Karthala, CNRS, Paris, 1991, p. 107.
[47] In *Tantaran'ny Andriana*, cité par Champion (Bernard), *op. cit.*, p. 105.

2. Pendant la colonisation, la question de la participation du Malgache à des prises de décisions et à un débat tranché par le vote a suscité des controverses. Les auteurs révèlent l'absence d'égalité juridique et politique réelle entre les populations colonisées et les colons français[48]. Une participation embryonnaire et mince à la vie politique était d'abord accordée « aux notables et bons éléments choisis parmi les indigènes[49] ». Par la suite, la loi-cadre dite « loi Defferre » reconnut en 1956 l'égalité juridique entre les citoyens des colonies et accorde le droit de vote à tous les nationaux[50]. Le suffrage s'est ensuite élargi aux femmes, celles qui, jusqu'alors, ne jouissaient du droit de vote si elles n'avaient pas accédé à la citoyenneté[51]. Cette loi-cadre instituait le suffrage universel ainsi que le collège unique et fixait l'âge de vote à 21 ans. Le scrutin était secret. Les « indigènes », devenus électeurs, étaient amenés à désigner au suffrage universel leurs représentants[52].

3. L'accession à l'indépendance et l'admission de Madagascar à l'ONU en 1960 puis son intégration dans l'Organisation de l'Unité africaine en 1963 ont appelé de nouvelles figures de participation de la population à la prise de décision de la communauté et à la désignation de ses représentants, basées sur les droits et libertés fondamentaux. Les Constitutions des quatre Républiques qui se sont succédé ont consacré le droit du citoyen à la participation et à la gestion des affaires publiques. Le peuple, titulaire de la souveraineté – source de tout pouvoir –, l'exerce par ses représentants élus au suffrage universel direct ou indirect, ou par la voie du référendum, comme le confirme l'article 5 de la Constitution malgache de la IVe République[53]. La conquête de la démocratie fait de l'exercice du vote « un moment sacré[54] », symbole de la citoyenneté, de la liberté et de l'égalité de tous. Le scrutin secret apparaît comme la seule méthode compatible avec la liberté et la transparence des élections politiques[55]. L'aspiration portée à l'organisation d'élections

---

48 Andres (Hervé), *Droit de vote : de l'exclusion des indigènes colonisés à celle des immigrés*, revue *Asylon(s)*, n° 4, mai 2008, « Institutionnalisation de la xénophobie en France », URL de référence : http://www.reseau-terra.eu/article733.html, consulté le 13 mars 2019.

49 Fremigacci (Jean), *État, économie et société coloniale à Madagascar : de la fin du XIXe siècle aux années 1940.* Karthala, avril 2014, Paris, p. 120 et s.

50 Ravelonjatovo (Randriana), *Madagascar : l'apprentissage de l'indépendance*, Lulu.com, févr. 2015, p. 34.

51 Rajaonah (Faranirina) et Vacher (Odile), *Altérités et clivages en situation coloniale*, Études rurales, 194 | 2014, 145-172.

52 Abolou Camille-Roger, *La citoyenneté de parole en Afrique. Essai sur la fabrique des citoyens dans les États africains*, Éditions L'Harmattan, Collection Études africaines, Paris, 2016, p. 54.

53 Cf. Décret n° 2010-994 portant promulgation de la Constitution de la IVe République, *JO* n° 3350 du 20 janvier 2011, p. 85.

54 Bondo (Martine), « La conception du fichier électoral, enjeu pour l'organisation des élections libres et transparentes », Assemblée parlementaire de la francophonie (Rap.), 2003, https://apf.francophonie.org/IMG/pdf/2003_elections.pdf, consulté le 27 février 2019.

55 Crook (Malcolm) et Crook (Tom), « L'isoloir universel ? La globalisation du scrutin secret au XIXe siècle », *Revue d'histoire du XIXe siècle*, 43 | 2011, p. 41-45.

démocratiques découle des engagements internationaux pris par l'État malgache par la ratification de différents traités internationaux consacrant pour l'individu des droits civils et politiques. Ces instruments placent la transparence au cœur des principes cardinaux qui régissent les élections dites démocratiques. Partant, Madagascar a « fait sienne[56] » la Charte internationale des droits de l'homme[57] dont les grandes lignes reconnaissent l'expression de la volonté du peuple par un suffrage universel honnête, périodique, libre, à travers un scrutin secret et dans des conditions générales d'égalité[58]. Les dispositions de l'article 17 de la Charte africaine de la démocratie, des élections et de la gouvernance que l'État a ratifiée en 2016[59] réitèrent l'engagement des États « à tenir régulièrement des élections transparentes, libres et justes ». L'approche historique mobilisée ici met en exergue la conjugaison qui alterne conciliation et répudiation entre secret et transparence dans la société malgache. Un contraste se dégage avec évidence et mérite réflexion : la transparence des élections fonde la démocratie[60] tandis qu'en toile de fond, le secret du vote se profile pour en constituer le socle, le but ultime étant l'intégrité et la confiance de la population dans les résultats des élections.

4. En 2013, à l'issue du processus électoral de sortie de crise à Madagascar, la communauté des acteurs et des missions d'observation électorales nationales et internationales s'était exprimée sur l'utilité de l'amélioration de l'encadrement juridique des élections. À l'approche des échéances de 2018, il a fallu trouver en toute hâte l'habillage juridique de circonstance pour les élections à venir. Sur fond de crise de contestations, trois lois organiques ont été finalement adoptées le 11 mai 2018. Il s'agit de la loi organique n° 2018-008 relative au régime général des élections et des référendums[61], la loi organique n° 2018-009 relative à l'élection du président de la République[62] et la loi organique n° 2018-008 relative à l'élection des députés à l'Assemblée nationale[63]. Le collège électoral fut directement convoqué le mois de juin de la même année pour une élection présidentielle anticipée prévue cinq mois plus tard, en novembre. Ce qui a provoqué une avalanche improvisée de textes d'application des lois organiques ainsi adoptées. Si, en droit, l'urgence investit tous les domaines de l'activité juridique et sociale, pour reprendre François

---

[56] Disposition du Préambule de la Constitution de la IVe République.

[57] La réception de la Déclaration universelle des droits de l'homme (DUDH) par le droit interne s'est faite dès l'adoption de la 1re Constitution de Madagascar en 1959. Par la suite, l'État malgache a ratifié le Pacte international relatif aux droits civils et politiques (PIDCP), le 21 juin 1971.

[58] Cf. L'article 21 de la DUDH et l'article 25 du PIDCP.

[59] Cf. « La loi n° 2016-034 du 15 janvier 2016 autorisant la Charte », *JO* n° 3696 du 25 juillet 2016, p. 4345.

[60] Chrestia (Philippe), *Transparence et (est) démocratie*, AJDA, 2012, p. 841.

[61] *JO* n° 3814 du 16 mai 2018, p. 2071.

[62] *Idem*, p. 2121.

[63] *Ibid.*, p. 2130.

Ost, ce qui reste préoccupant, c'est la généralisation de la technique dérogatoire qu'entraîne l'urgence[64].

5. En termes de sécurité juridique, cette improvisation ne laisse rien présager de bon pour les acteurs électoraux dans la mesure où elle ne permet ni une information effective ni un temps de réception, d'appropriation et d'adaptation raisonnable aux lois et mécanismes électoraux adoptés[65]. Pour citer Gérard Bedos, les délais différenciés que l'on accorde doivent renforcer l'efficacité de la transparence[66]. Cela dit, les deux tours de l'élection présidentielle se sont tenus comme prévu successivement les 7 novembre et 19 décembre 2018. Avec 55,66 % de voix obtenues sur 97,49 % de suffrages exprimés au second tour, le candidat Andry Rajoelina remporte la victoire sur le candidat Marc Ravalomanana. La Haute Cour Constitutionnelle a noté un taux de participation de 48, 09 % et 2,51 % des votes ont été déclarés blancs et nuls.

6. « Dans un contexte fragile, le peuple malgache a voté dans le calme pour consolider la démocratie[67] », déclarera la mission d'observation de l'Union européenne dans son rapport préliminaire sur le processus électoral du premier tour. « Le scrutin du deuxième tour s'est ainsi déroulé dans des conditions opérationnelles acceptables comme au premier tour », relèvera, à son tour, la mission d'observation de l'Union africaine dans son rapport préliminaire d'observation du second tour du scrutin présidentiel[68]. Le travail de la Cour consiste à faire respecter le vrai choix des électeurs, rappellera la Haute Cour Constitutionnelle, et en matière électorale, dit-elle, « il n'y a ni miracle ni tour de magie[69] ». Une lueur de l'avancée démocratique se perçoit à travers la sérénité avec laquelle la proclamation officielle de résultats et l'investiture du nouveau président de la République ont été accueillies et vécues. Est-ce à dire que l'objectif de transparence que le législateur s'est fixé a été atteint ?

7. À ce sujet, l'arrêt n° 01-HCC/AR du 8 janvier 2019 portant proclamation des résultats officiels du second tour de l'élection présidentielle du 19 décembre 2018 interroge à bien des égards. De même, le volume de requêtes reçues par la Haute Juridiction lors de ce scrutin ne peut être passé

[64] Jan (Pascal), LPA, 26 sept. 2000, n° PA200019202, p. 8.

[65] De Gaudusson (Jean du Bois), « Les élections à l'épreuve de l'Afrique », *Cahiers du Conseil constitutionnel* n° 13, (Dossier : *La sincérité du scrutin*) – janvier 2003.

[66] Bedos (Gérard), *Transparence et marchés publics*, LPA, 13 sept. 1995, n° PA199511002, p. 14.

[67] « MOE UE Madagascar 2018 : Déclaration préliminaire sur le processus électoral du 7 novembre 2018 », SEAE, EOM Madagascar, Presse releases, Antananarivo, 9 novembre 2018, eeas.europa.eu

[68] « Déclaration préliminaire, 2e tour préliminaire », 21 décembre 2018, https://au.int/en/pressreleases/20181221/antananarivo-le-21-decembre-2018-mission-d%E2%80%99observation-electorale-de-l%E2%80%99union

[69] « Traduction du discours du président de la Haute Cour Constitutionnelle lors de la proclamation des résultats officiels du premier tour de l'élection présidentielle », Communiqué, 3 décembre 2018, HCC, hcc.gov.mg

sous silence : un total de 305 requêtes a été déposé au nom des candidats, d'électeurs et d'observateurs nationaux. Lesdites requêtes, si elles n'étaient pas rejetées pour irrecevabilité en raison de vice de forme, étaient déclarées infondées. Par ailleurs, à la lecture de l'arrêt, il apparaît que le juge constitutionnel n'a retenu aucun grief qui lui aurait permis de conclure à une atteinte à la sincérité du scrutin et, par voie de conséquence, d'annuler tout ou partie des élections.

8. Ferdinand Mélin-Soucramanien a trouvé une robuste justification à ce rigorisme typique du juge constitutionnel qui détient le pouvoir de réformation des résultats mais qui se garde, en revanche, de les invalider systématiquement. L'annulation des suffrages exprimés, affirmait-il, remettrait en cause la souveraineté des électeurs d'une part, et, d'autre part, mettrait également en danger la légitimité du juge dont la décision pourrait être contredite par un éventuel retour aux urnes[70]. Les recours contentieux, quel qu'en soit le motif, sont-ils donc perdus d'avance ? Dans ce cas, les électeurs ont d'emblée intérêt à maîtriser le rouage du système électoral et en amont, le législateur devrait produire un cadre juridique électoral sécurisant, clair, accessible et prévisible.

9. Le tableau contrasté qui vient d'être brossé autour des élections présidentielles de 2018 renvoie au cœur des débats sur la sécurisation des candidats et des électeurs. En effet, la mise en compétition saine des candidats permet et conforte la transparence des élections[71] mais l'électeur, en tant qu'élément clé du processus, doit être protégé et rassuré quant au sort de son *vato*, le choix qu'il a exprimé en allant voter. Poser des règles de concurrence efficaces pour asseoir une élection honnête tout en préservant la vérité des urnes et la fiabilité des résultats n'est pas une entreprise aisée pour le législateur. Ce dernier doit trouver la juste jonction entre les deux objectifs, en apparence contradictoires que sont l'exigence de transparence des élections et la défense du secret du scrutin (I). Par ricochet, la dynamique à l'œuvre dans la pratique électorale va requérir du juge électoral l'art de jongler entre le rééquilibrage du secret et le dosage de la transparence (II).

I. Le législateur organique, dans une tentative laborieuse de jonction entre transparence des élections et secret du scrutin

10. L'histoire renseigne que la démocratie s'est construite contre le secret[72]. Néanmoins, en matière électorale, le refoulement du secret par la

---

[70] Ferdinand (Mélin-Soucramanien), « Le Conseil constitutionnel, juge électoral », *Pouvoirs*, 2003/2 (n° 105), p. 117-131. DOI : 10.3917/pouv.105.0117.

[71] Cuibal (Michel), *Transparence et délégation de service public*, LPA, 13 sept. 1995, n°PA199511003, p. 16.

[72] Cavaillé (Jean-Pierre), « La face cachée de l'injonction de transparence », *Les Dossiers du Grihl* [En ligne], Les dossiers de Jean-Pierre Cavaillé, *Secret et mensonge*. Essais et comptes

transparence ne peut conduire aux objectifs fixés par le législateur organique, ceux de disposer d'une législation électorale cohérente, d'assurer un meilleur ancrage juridique de la légitimité démocratique des élus et de garantir un déroulement apaisé des cycles électoraux[73]. Comme le soulève P. Malaurie, la transparence peut être bonne ou mauvaise et doit se concilier avec le droit au secret qui, lui aussi, peut être bon ou mauvais, selon les époques et les circonstances. De même que l'opacité a son utilité, la transparence exige de la mesure et de la modération pour que ni son excès ni son défaut ne fassent mal[74]. L'articulation trouvée devrait pouvoir servir la démocratie. Le législateur organique malgache de 2018, en ayant conscience de cette dialectique incontournable entre la transparence et le secret, s'est résolu à faire de la transparence la clé de voûte du cadre juridique général des élections, en s'employant à placer le processus électoral à la fois sous le sceau du secret et au service de la transparence.

A. Placer la législation électorale sous le sceau de la transparence

11. Considérée comme un indicateur positif de la démocratie et de l'État de droit, la transparence électorale déborde du contexte réducteur d'obligation générale d'information de la société ou d'obligation de communication[75]. La transparence s'incarne au travers d'un champ sémantique, chargée de « connotation valorisante[76] » et « flatteuse[77] » qui en fait « une vertu[78] ». Le secret est à bannir dans la mesure où, s'opposant à la transparence, il renvoie les images du mensonge, de la dissimulation, de la malhonnêteté et parfois, de la honte, des situations opaques et non contrôlables[79]. La transparence ne cache donc rien ; elle donne une certaine visibilité pour gagner la confiance

---

rendus, mis en ligne le 3 décembre 2014, consulté le 10 octobre 2018. URL : http://journals.openedition.org/ dossiersgrihl/6212.

[73] Exposé des motifs de la loi organique 2018-008 portant cadre général des élections et des référendums.

[74] Malaurie (Philippe), *Transparence financière et réforme institutionnelle*, LPA, 22 août 2008, n° PA200816903, p. 3.

[75] Doyen Georges Burdeau parle d'une « fausse transparence des urnes », p. 36, in *Traité de science politique, la rébellion du social*, tome X, 2e édition, LGDJ, Paris, 1977, p. 103.

[76] Junod (Philippe), « Nouvelles variations sur la transparence », *Appareil* [En ligne], 7 | 2011, mis en ligne le 11 avril 2011, consulté le 10 octobre 2018. URL : http://journals.openedition.org/appareil/1197 ; DOI : 10.4000/appareil.1197

[77] Leblond (Diane), « Clear, de Nicola Barker : "A Transparent Novel" ? », *Études britanniques contemporaines* [En ligne], 44 | 2013, mis en ligne le 29 novembre 2013, consulté le 10 octobre 2018. URL : http://journals.openedition.org/ebc/500 ; DOI : 10.4000/ebc.500

[78] Fassert (Christine), *La transparence dans les organisations à risque : une approche ethnographique dans le contrôle de la navigation aérienne.* (Dir.) Gras (Alain), thèse pour l'obtention du grade de docteur en sociologie, Université de Paris I, Panthéon-Sorbonne, IUFR de philosophie, 2009, Paris, p. 185.

[79] *Ibid.*

de toutes les parties prenantes aux élections. Sous de multiples déclinaisons, la transparence transcende ainsi le nouveau cadre juridique des élections à Madagascar.

12. L'ouverture du processus : l'inclusion des électeurs – La transparence induit l'inclusion de tous les acteurs, y compris les électeurs, dans les différentes phases du processus électoral. L'ouverture du processus et la participation de la population sont à la base même de la démocratie[80]. Cette participation pleine et entière des citoyens transparaît dans les grandes lignes des lois organiques sur les élections et témoigne de la volonté du législateur organique à placer l'objectif de transparence parmi les premières de ses priorités. Ainsi, dans le cadre de la nouvelle législation électorale malgache, la visibilité des électeurs s'est vue améliorée à travers l'allégement de la cartographie électorale. En effet, les bureaux de vote ont été rapprochés des électeurs par la réduction de l'effectif des votants inscrits au niveau des circonscriptions. Par ailleurs, une procédure de recensement plus organisée des citoyens devait générer un fichier électoral actualisé, fiable, exhaustif, informatisé, accessible et perfectible jusqu'à son arrêtage définitif. Le principe du gel de la liste met fin aux révisions spéciales incontrôlées qui ont permis de gonfler la liste. Pour inciter la participation des électeurs, l'inscription à la liste électorale est devenue un devoir pour le citoyen, tout manquement reste cependant impuni. Heureusement, le législateur organique permet aux électeurs de contester la liste en leur ouvrant la voie à des procédures non contentieuses et contentieuses. L'électeur n'est donc plus ce citoyen qui va aller uniquement aux urnes pour voter le candidat de son choix. En tant qu'acteur clé de la vie publique, il dispose du pouvoir d'émettre son point de vue sur la préparation et le déroulement des élections[81]. Toutefois, le court délai de recours reste handicapant pour les requérants. Pour reprendre les propos de O. Dufour, quand on associe le public, le risque est toujours grand d'avoir des éléments « incontrôlés[82] ».

13. Un dispositif d'organisation, de gestion et de contrôle renforcé – La nouvelle « machinerie électorale » mise en place par le législateur organique développe une architecture renforcée d'organisation, de gestion et de contrôle qui essaie de répondre à l'exigence de transparence. Les élections sont désormais placées sous haute surveillance. D'abord, la Commission Électorale Nationale Indépendante (CENI), avec l'appui de ses démembrements territoriaux, est l'autorité administrative indépendante chargée de l'organisation et de la gestion de toutes les opérations électorales,

---

[80] Ejiogu (Amanze) and A., "The dark side of transparency", *The British Accounting Review*, https://doi.org/10.1016/j.bar.2018.10.004

[81] Tuken (Léon), *Problématique électorale en Afrique*, Édilivre [Extrait], https://www.edilivre.com/mag/frontwidget/preview/book/id/685583/, consulté le 18 février 2019.

[82] Dufour (Olivier), *La transparence est tout à l'avantage d'une institution*, LPA, 28 sept. 2011, n° PA201119303, p. 3.

de la préparation à la proclamation des résultats provisoires. En tant qu'autorité administrative indépendante, ses attributions sont étendues à la régulation du processus électoral. Pour combler les vides juridiques, le législateur organique a conféré à la CENI les missions d'autres autorités de régulation non encore mises sur pied. Il en est ainsi, par exemple, de la régulation des médias. Ces compétences dévolues à la CENI restent, à ce niveau, limitées au contrôle de l'accès aux médias et à la répartition des temps de parole des candidats mais n'abordent pas le contrôle des contenus. Une question se pose, par ailleurs, de savoir si le financement des activités de la Commission au moyen du *basket funding* permettra à long terme de préserver son indépendance.

14. Une gestion plurielle des irrégularités électorales – « La mise en place d'une réglementation du contentieux électoral est un signe, au moins formel, de la régulation d'élections disputées[83] ». C'est ainsi qu'en cas de contestation, différents contentieux s'ouvrent aux justiciables à toutes les phases du processus électoral. Il s'agit des contentieux de l'inscription sur la liste électorale, des réunions publiques électorales, de l'affichage électoral, de la régulation des médias audiovisuels, des opérations de vote, des résultats et du contentieux relatif à la disqualification du candidat. La Haute Cour Constitutionnelle statue sur toute requête contentieuse relative aux élections présidentielles, parlementaires et au référendum. Le rôle des Tribunaux administratifs en tant que juges en premier et dernier ressort de toutes les requêtes contentieuses relatives aux élections territoriales est redéfini. Le Conseil d'État reste le juge de cassation, sur tout pourvoi formé pour violation de la loi contre les jugements rendus par les Tribunaux administratifs. Le contentieux de liste qui ressort de la compétence judiciaire reste critiquable dans la mesure où, s'agissant d'une contestation d'un acte administratif, il pourrait revenir à la juridiction administrative d'en connaître l'issue. Enfin, l'apport nouveau emmené par le législateur organique réside dans l'introduction d'une passerelle procédurale entre le juge électoral et le juge pénal, en permettant désormais la transmission systématique des dossiers en cas de constatation d'une infraction de nature pénale. Le mécanisme prévu donne ainsi aux acteurs électoraux l'impression d'une sécurité juridique plus renforcée. Mais le nombre de décisions d'irrecevabilité et le volume restreint de requêtes des électeurs renvoient aux mêmes questionnements sur les difficultés d'accès à la justice à Madagascar[84]. Par ailleurs, le mécanisme mis

---

[83] Meledje Djedjro (Francisco), « Le contentieux électoral en Afrique », *Pouvoirs*, vol. 129, no. 2, 2009, p. 139-155.

[84] Esoavelomandroso (Faratiana) et Randriatavy (Lovamalala), *Vulnérabilité et accès au juge. Rapport Madagascar*, pour le compte de l'Association Henri Capitant, Centre d'Études et de Recherches juridiques, Faculté de droit – Université d'Antananarivo, *henricapitant.org/storage/app/media/pdfs/evenements/.../madagascar-acces.pdf, consulté le 10 janvier 2019.*

en place risque d'être peu sécurisant en ce que les délais de recours sont très courts.

15. La Transparence des finances électorales – « La transparence des fonds est un signal fort de bonne gouvernance[85] ». Or, point crucial des opérations électorales, le financement des campagnes électorales et l'utilisation des budgets sont l'objet de fréquentes contestations en raison de la rupture d'égalité qu'il pourrait occasionner entre les candidats ou les partis[86]. La déclaration de patrimoine et la déclaration de probité jointes au dossier de candidature ne sauraient suffire pour assainir les élections. Le législateur organique interdit et punit le financement des campagnes électorales par des éléments constitutifs de blanchiment de capitaux ou de toute autre infraction à caractère financier ainsi que par des institutions de droit public. Pour la traçabilité des transactions, un compte de campagne est créé et géré par un trésorier. En outre, la Commission de contrôle du financement de la vie politique est instituée afin de surveiller la transparence des sources et des transactions de fonds des candidats. L'objectif est de limiter les sources de financement illicites, d'éviter l'enrichissement sans cause des candidats et de réduire les contreparties indécentes ou les arrangements occultes entre les candidats et d'éventuels donateurs. La Commission vérifie également les comptes des candidats. Mais ses marges de manœuvre paraissent assez limitées. Au-delà de la possibilité de dénonciation, elle ne dispose d'aucun pouvoir coercitif ni de sanction en cas d'irrégularités.

16. Le déploiement massif des observateurs nationaux et internationaux – L'incapacité des institutions traditionnelles à surveiller le bon déroulé du processus électoral conduit à convoquer les acteurs sociaux concernés pour répondre à une demande sur la scène de l'action sociale et politique[87]. La transparence place alors l'élection dans le viseur des observateurs qui vont jouer un rôle important dans la protection de l'intégrité électorale par la légitimation du processus électoral, le renforcement de la confiance des électeurs, l'amélioration des perspectives de démocratisation, l'amélioration du processus électoral général et la réduction ou la prévention des conflits[88]. Des observateurs nationaux[89] agréés par la CENI et des

---

85 Ren (Xu), « Trois essais sur les fonds souverains. Les impacts des Fonds Souverains sur les marchés financiers mondiaux : la Transparence, la Réglementation et la Performance », thèse présentée et soutenue publiquement le 27 mars 2017 en vue de l'obtention du doctorat de science de gestion de l'Université Paris Ouest Nanterre La Défense, sous la direction de M. Professeur Philippe Dessertine, 2017.

86 Meledje Djedjro (Francisco), *op. cit.*

87 Froment (J.C.), Gleizal (J.-J.), Kaluszynski (M.), *Les États à l'épreuve de la sécurité*, PUG, Grenoble, 2003, p. 272.

88 Réseau du savoir électoral ACE, ACE Project, « Intégrité électorale », http://aceproject.org/ace-fr/topics/ei/eic/eic06, consulté le 10 mars 2019.

89 Il s'agit généralement des membres des organisations de la société civile jouissant d'une existence légale et des représentants d'autorités administratives indépendantes dont la compétence s'étend à l'observation des élections comme la Commission nationale

observateurs internationaux[90] invités par l'État malgache sont ainsi autorisés à accompagner le processus électoral. L'élection, au lieu d'être « la seule affaire de l'État » devient alors aujourd'hui « une affaire internationale[91] ». La mission d'observation peut couvrir les opérations préparatoires jusqu'au jour de vote ; elle suit également le déroulement du processus contentieux. Un formulaire est mis à la disposition des observateurs dans chaque bureau de vote pour signaler les irrégularités. Seuls les observateurs nationaux peuvent pourtant jouir du droit de réclamation reconnu aux électeurs et aux candidats ou délégués de candidats au sujet de la régularité des opérations de vote, dès le lendemain du jour du scrutin jusqu'à la publication des résultats provisoires par la Commission. Le législateur organique exige qu'au terme de sa mission et dans un délai de dix jours suivant la date du scrutin, tout observateur agréé dépose son rapport d'observations auprès de la Commission. Mais hormis la publicité de leur rapport, les observateurs ne semblent pas disposer d'autres moyens de coercition pour donner effet à leurs recommandations.

17. Un accès encadré à l'information – La transparence des élections impose le respect du principe de publicité, de production de l'information et d'accès aux données informationnelles[92]. Le citoyen doit être informé à tous les stades de la procédure[93] puisque de cela va dépendre son choix[94] et le sens de son vote. Les candidats, quant à eux, doivent jouir d'un libre et équitable accès à l'antenne pour échanger avec le public et son électorat, à travers un débat démocratique. De leur côté, les médias doivent se voir conférer une marge de liberté pour s'exprimer sans contrainte. Le nouveau cadre juridique des élections va dans ce sens et comble les insuffisances du Code de communication qui ne s'est guère attardé à prévoir des règles devant gouverner les médias en période électorale. Le législateur organique pose le principe d'impartialité du service public de la communication, assuré en même temps par les médias publics et privés. Les médias publics doivent permettre aux candidats un accès et une répartition équitables de temps d'antenne. Les médias privés jouissent de leur liberté d'entreprendre, dans la

---

indépendante des droits de l'homme ou le Haut Conseil pour la démocratie et la défense de l'État de droit ou encore le Conseil pour la réconciliation nationale malgache. « L'Observatoire des élections *Safidy* a déployé plus de 7 000 observateurs nationaux afin de couvrir la totalité des bureaux de vote dans les 34 districts répartis dans les sept régions de son intervention. Le Comité national d'observation des élections en partenariat avec la Commission épiscopale *Justice et Paix* ont pu s'appuyer sur un réseau de près de 5 500 observateurs pour couvrir le pays. »

[90] C'est le cas des missions de l'Union européenne, de l'Union africaine et de la Communauté de développement de l'Afrique australe, déployées lors de l'élection présidentielle de 2018.

[91] Djedjro Meledje (Francisco), *op. cit.*

[92] Libaert (Thierry), *La transparence en trompe-l'œil*, Éd. Charles Léopold Mayer, Descartes et Cie, Paris, 2003, p. 18.

[93] Bedos (Gérard), *Transparence et marchés publics*, LPA, 13 sept. 1995, n° PA199511002, p. 14.

[94] Philippe Malaurie, *op. cit.*

limite du respect de l'intérêt général, de l'ordre public, des bonnes mœurs et de l'environnement, n'étant pas soumis à l'obligation d'égalité des candidats. Cependant, ils doivent se limiter à leur rôle éducatif et informatif en période électorale. Ce qui passe quelque peu sous silence le droit du public d'investir les médias pour davantage et mieux participer au débat public. De même, le législateur organique ne s'est pas étendu sur l'encadrement des nouveaux médias alors que les dérives sur Internet en contexte électoral sont bien réelles et les risques sont élevés que des données personnelles d'utilisateurs des réseaux sociaux soient collectées et utilisées ensuite pour influencer des campagnes politiques et nourrir des controverses[95]. Le silence numérique électoral paraît également encore difficile à observer.

18. En définitive, « les véritables sources du secret » sont bien pour une part « les propres lacunes du droit[96] », mais comme le souligne Roberts, l'exigence de transparence ne marque pas la fin du secret[97]. Le secret reste omniprésent.

B. Mettre le secret du scrutin au service de la transparence électorale

19. Afin de laisser aux électeurs le soin d'exprimer leur souveraineté en toute sérénité au moyen du vote, le législateur organique a entouré l'opération électorale de mesures de garanties optimales de sécurité qui semblent, à première vue, entrer en contradiction avec l'objectif de transparence qu'il s'est donné mais qui, en définitive, se révèle nécessaire. La transparence à elle seule ne permet pas de sécuriser les élections. Dans son office, le législateur devait faire une économie générale du secret puisque le secret ne renvoie pas toujours une image négative, il peut présenter « une face noble[98] ». À Madagascar, l'élection est donc tout aussi régie par le secret.

20. Vote secret et secret de vote – Concernant la sécurisation du vote, les dispositions de la loi organique portant régime général des élections et des référendums sont d'une clarté et d'une concision rares. Le vote est personnel et il est secret. En effet, l'électeur doit pouvoir voter en son âme et conscience. Aucun électeur ne peut se faire représenter par procuration et le vote par correspondance reste interdit. Exceptionnellement, l'électeur atteint d'infirmités, le mettant dans l'impossibilité de prélever son bulletin unique,

---

[95] Mugnier (Alice), *Facebook : comprendre le scandale Cambridge Analytica*, Le Soir.be. Mis en ligne le 9/04/2018, http://www.lesoir.be/150181/article/2018-04-09/facebook-comprendre-le-scandale-cambridge-analytica, consulté le 19 juin 2018.

[96] Laveissière (J.), cité par Belorgey (Jean-Michel), « L'État entre transparence et secret », *Pouvoirs*, vol. 97, n° 2, 2001, p. 25-32.

[97] Roberts (Alasdair), « Wikileaks : l'illusion de transparence », *Revue Internationale des Sciences Administratives* 2012/1 (Vol. 78), p. 123-140. DOI 10.3917/risa.781.0123.

[98] Bredin (Jean-Denis), cité par Fassert (Christine), in *La transparence dans les organisations à risque : une approche ethnographique dans le contrôle de la navigation aérienne.* (Dir.) Gras (Alain), thèse pour l'obtention du grade de docteur en sociologie, Université de Paris I, Panthéon-Sorbonne, IUFR de philosophie, 2009, Paris, p. 26.

de marquer son choix et de le glisser dans l'urne, est autorisé à se faire assister par une personne de son choix. La loi organique précise que l'électeur qui refuse de se rendre dans l'isoloir ou qui préfère marquer son choix publiquement ne pourra pas voter et devra quitter le bureau de vote. Pour effectuer son choix, l'électeur bénéficie du secret de l'isoloir. Sans doute, « le secret aurait comme rôle celui de gardien de la pensée[99] ». Les rideaux cachent l'électeur mais aussi lui cachent le monde, affirment certains auteurs, ce qui lui permet d'insérer le bulletin de son choix sans aucune interférence. En outre, le procédé de vote permet de préserver l'anonymat du bulletin : « Le concept de secret du vote exige que les électeurs soient les seuls à valider leur bulletin dans l'intimité d'un isoloir sûr et de façon à ce que le bulletin ne puisse ensuite être vu avant son dépôt dans l'urne[100] ». Ainsi, sous peine d'invalidité, le choix du votant est exprimé par l'apposition du signe X ou de l'empreinte de l'un de ses index à l'emplacement réservé à cet effet sur le bulletin unique. L'enveloppe contenant le bulletin sera par la suite versée dans l'urne transparente et bien visible par tous, préalablement scellée et ne devant avoir qu'une ouverture destinée à laisser passer le bulletin. Bref, la confidentialité forte reste un principe fondamental du vote secret[101]. En conséquence, la transparence doit s'estomper le jour du vote. Néanmoins, la difficulté reste entière lorsque l'électeur, lui-même, décide de lever le voile sur son anonymat et sur la confidentialité de son vote hors de la vue des membres du bureau électoral. Il en est ainsi de l'électeur qui, dans le secret de l'isoloir, se photographie en train de cocher son bulletin et poste, par la suite, le contenu sur les réseaux sociaux[102].

21. Le silence électoral – La législation a prévu d'accorder aux électeurs un temps de recul, la veille du jour du scrutin jusqu'à la fin du vote. Ce silence électoral devrait raisonnablement permettre à l'électeur de déterminer ce que va être son choix, de se forger définitivement son opinion, de trouver un sens à son vote afin d'exercer son droit librement, d'une manière éclairée et sans pression. La durée de ce silence doit tenir compte de la liberté d'expression et d'opinion. En conséquence, le silence est temporaire. Cependant, la Haute Cour Constitutionnelle n'a pas manqué d'étendre cette période d'accalmie jusqu'à la proclamation des résultats. En l'espèce, le juge constitutionnel a invité les candidats à l'élection présidentielle de 2018 et leurs comités de soutien ainsi que les médias « à faire preuve de prudence et de retenue et à

---

[99] Levy-Soussan, cité par Martin (Marcienne), in *La notion de secret analysée à l'aune de ses valeurs licite et illicite et de la pensée*, ESSACHESS. 2013, vol. 6 Issue 2(12), p. 87-111. 25 p.

[100] *L'organisation pour la sécurité en Europe*, Manuel d'observation des élections, OSCE, 5e édition, BIDDH, Pologne, 2005, p. 19 et s.

[101] Mc Iver (Anabelle), Rabehaja (Tahiry), Wen (Rolan), Morgan (Caroll), « Privacy in elections : How small is "small" ? », *Journal of Information Security and Applications*, http://dx.doi.org/10.1016/j.jisa.2017.08.003.2214-2126/2017 Elsevier Ltd.

[102] « Rapport d'observation électorale de la Commission Nationale Indépendante des Droits de l'Homme », CNIDH, Premier tour de l'élection du 7 novembre 2018, Antananarivo, 2018.

éviter de procéder à des manipulations en vue d'induire en erreur l'opinion publique[103] ». La Haute Juridiction a par ailleurs rappelé que seules la CENI et la Haute Cour sont compétentes pour proclamer les résultats. La mission d'observation de l'Union européenne a soutenu la même approche en relevant que l'autoproclamation de victoire fragiliserait la consolidation de la démocratie pour laquelle le peuple malgache a voté dans le calme. Le silence électoral permet en conséquence de préserver l'intégrité du scrutin. La rupture du silence expose ainsi à des sanctions. Aussi, le législateur organique punit-il toute activité de propagande, toute déclaration publique en faveur ou contre un candidat, tout résultat de sondages d'opinion au moyen des médias, la veille et le jour du scrutin. Dans le cadre de l'élection présidentielle de 2018, un « sondage à la sortie des urnes » a été interdit par la CENI lors du second tour du scrutin aux motifs qu'il fallait préserver et respecter le secret des urnes. La veille du scrutin, aucune affiche ne peut également être apposée. L'écueil réside dans la régulation du « *silence numérique*[104] ». S'il est peut-être plus aisé d'imposer aux candidats ou aux partis de figer et de ne pas mettre à jour leurs sites, cela ne paraît pas évident de maîtriser les échanges entre les internautes. La description faite par A. Théviot est expressive : quand on réclame le silence, dit l'auteur, on demande à l'assistance de se taire et d'éviter de faire du bruit ; en revanche, le problème est que « figer une page internet permet de mettre en avant un contenu choisi ». Le silence, conclut-elle, revient quand même à un « bavardage[105] ». La nouvelle technologie de l'information constitue ainsi une menace sur le silence électoral. Face aux difficultés techniques de contrôle et de surveillance d'Internet, le silence électoral risque de perdre de son sens.

22. Le secret de la vie privée – Le respect de la vie privée implique pour le législateur de faire une économie de l'intimité du candidat. Ainsi, par exemple, il est vrai que la déclaration de situation patrimoniale imposée à tout candidat aux élections constitue un gage de la transparence de la vie publique. Cependant, l'opacité peut être parfois utile[106] lorsqu'il s'agit de préserver la vie privée de l'individu. La transparence doit s'éclipser lorsque les droits fondamentaux concurrents sont en jeu. Le législateur organique met de ce fait les candidats à l'abri d'actes malveillants et punit les immixtions. Dans sa démarche de protection, le législateur organique de 2018 a permis que la déclaration de patrimoine ne soit pas accessible au grand public pour ne pas

[103] Communiqué relatif à la publication et à la proclamation des résultats, 8 novembre 2018, http://www.hcc.gov.mg/election/communique-relatif-a-la-publication-et-a-la-proclamation-des-resultats/, consulté le 3 janvier 2019.

[104] Théviot (Anaïs), « Un silence numérique bavard. Controverses autour de l'interdiction de la propagande politique en ligne avant le vote », *Mots. Les langages du politique* [En ligne], 103 | 2013, mis en ligne le 16 décembre 2015, consulté le 15 mars 2019. URL : http://journals.openedition.org/mots/21482 ; DOI : 10 4000/mots.21482.

[105] *Ibid.*

[106] Malaurie (Philippe), *op. cit.*

donner un accès illimité à l'intimité des candidats. Ladite déclaration est jointe au dossier de candidature déposée devant la Haute Cour Constitutionnelle qui se charge juste de publier les noms des candidats déclarant s'étant acquittés de leur obligation. Ce fonctionnement en « *double blind*[107] », qui « *montre et cache* » à la fois, devrait offrir une garantie (aussi fragile soit-elle) de protection pour le candidat face aux dangers des intrusions. La Haute Cour Constitutionnelle est destinataire des informations, à charge pour lui de les conserver secrètement. De Maison Rouge parlerait dans ce sens d'une « résultante de la confidence du secret dévoilé[108] ». Il reste à vérifier la sincérité, l'exactitude et l'exhaustivité de la déclaration patrimoniale déposée par les candidats. Les subterfuges pour fausser les déclarations existent[109]. Comme le souligne M. Caron, il est toujours difficile de « faire la transparence sur le train de vie des élus[110] ». La publicité des sources et montants des financements des campagnes devrait permettre à l'électeur d'évaluer le degré de transparence des candidats afin de faire un choix éclairé le jour du scrutin. Malheureusement, la culture de la transparence politique reste à peine émergente. La réglementation sur la transparence de la vie politique gagnerait à être renforcée.

23. En définitive, le nouveau cadre juridique malgache des élections dévoile une législation en demi-teinte qui, d'un côté, affiche la volonté du législateur d'inscrire la transparence au cœur de ses travaux de réforme mais, de l'autre côté, cache un côté assombri par son propre laconisme ou par le vide qu'il laisse.

II. Le juge électoral, dans un essai ardu de rééquilibrage entre secret et transparence

24. En démocratie, écrit J. Marchand, la transparence et le secret sont centraux et s'articulent plus qu'ils ne s'excluent et peuvent servir la concrétisation d'une élection[111]. Cela s'est vérifié à travers notre analyse de la loi organique relative au régime général des élections. Cependant, dans la pratique électorale, à l'exemple des deux tours de l'élection présidentielle de

---

[107] Guittonneau (Mireille), *Le paradoxe d'une transparence « opaque », Cliniques méditerranéennes* 2015/1 (n° 91), p. 57-66, DOI 10.3917/cm.091.0057.

[108] De Maison Rouge (Olivier), « *Le renseignement économique obligé* ». *De l'information contrainte à la transparence*, dans Hermès, La Revue 2016/3 (n° 76), p. 137-142.

[109] Guiselin (Emmanuel-Pie), *Patrimoine des personnalités politiques et transparence (1re partie)*, LPA, 13 mars 2001, n° PA200105101, p. 4.

[110] Caron (Mathieu), *Faire la transparence sur le train de vie des élus : les pistes de réflexion du député Charles de Courson*, RFFP, mai 2017, n° 138, p. 199.

[111] Marchand (Jennifer), « Le droit d'alerter, entre transparence et secret », *La Revue des droits de l'homme*
[En ligne], 10 | 2016, mis en ligne le 27 juin 2016, consulté le 16 janvier 2017. URL : http://revdh.revues.org/2297 ; DOI : 10.4000/revdh.2297

2018, secret et transparence « se rivalisent[112] ». D'un côté, J.-P. Cavaillé a déjà décrit ce paradoxe : « Dès lors que chacun est en permanence exposé, dans ses actes, ses paroles, ses opinions, à la surveillance et au contrôle, il n'est plus de liberté. Le fait que l'instance de contrôle émane directement ou indirectement de la souveraineté populaire et puisse être, de ce point de vue, "démocratique", ne change rien à l'anéantissement de la liberté individuelle et collective que suppose le régime de transparence totale[113] ». L'exigence de transparence, ajoute l'auteur, incite au recours à des procédures secrètes et à des stratégies et luttes clandestines[114]. De l'autre côté, les propos de J.-D. Bredin sont tout aussi vérifiés : « Le secret est rassurant lorsqu'on peut y voir l'expression du silence, de l'intimité, de la discrétion ou par contre, inquiète et suscite la méfiance quand il désigne ce qui est opaque, clandestin, ténébreux[115] ». En conséquence, aussi bien l'excès de transparence que le surcroît de secrets annihilent les libertés individuelles, développent des pratiques occultes qui, en alimentant les fraudes et en contournant les lois, affectent l'honnêteté et la vérité des urnes. Indéniablement, « tout excès, toujours, finit par engendrer l'excès inverse[116] ». Ce revers de la transparence et cette dérive du secret se sont manifestés à plusieurs égards, lors de l'élection présidentielle de 2018. La Haute Cour Constitutionnelle s'est chargée de la lourde tâche de trouver le juste milieu entre la transparence et le secret en matière électorale.

A. Dans la pratique électorale, transparence et secret se rivalisent

25. Les méfaits de la complexité de l'articulation entre la transparence et le secret sont nombreux.

26. La pluralité d'acteurs : une configuration trouble – La multiplication du nombre d'acteurs constitue un facteur d'opacité du processus électoral, peut faire naître des contradictions et être source de tensions et de divergences improductives. Les relations entre les acteurs peuvent ne pas toujours être lisses, les logiques d'action peuvent être

---

[112] Delesalle-Nancey (Catherine), « "Through a Glass Darkly": the Opaque Transparence of "The Glass Coffin" by A. S. Byatt », *Études britanniques contemporaines* [En ligne], 44 | 2013, mis en ligne le 30 novembre 2013, consulté le 10 octobre 2018. URL : http://journals.openedition.org/ebc/484 ; DOI : 10.4000/ebc.484

[113] Cavaillé (Jean-Pierre), « La face cachée de l'injonction de transparence », *Les Dossiers du Grihl* [En ligne], Les dossiers de Jean-Pierre Cavaillé, *Secret et mensonge*. Essais et comptes rendus, mis en ligne le 3 décembre 2014, consulté le 10 octobre 2018. URL : http://journals.openedition.org/ dossiersgrihl/6212

[114] *Ibid.*

[115] Bredin (Jean-Denis), « Secret, transparence et démocratie », *Pouvoirs*, vol. 97, n° 2, 2001, p. 5.

[116] Carcassonne (Guy), « Le trouble de la transparence », *Pouvoirs*, 2001/2 (n. 97), p. 17-23. DOI 10.3917/pouv.007.0017.

différentes ; la coordination des actions reste alors un défi[117]. Par ailleurs, il est remarqué que le choix des zones de couverture des missions d'observation reste sélectif : les missions se limitent dans les grandes villes accessibles et sécurisées en évitant les zones difficiles d'accès ou à risque où les droits fondamentaux d'une population délaissée sont pourtant les plus foulés au pied. Ce qui, d'entrée, risque de biaiser les rapports publics présentés par les observateurs alors qu'il est exigé de la part des acteurs de surveillance et des organes de contrôle une bonne qualité des données pour asseoir la crédibilité requise par leur fonction[118]. L'on s'interroge d'ailleurs sur la réelle portée de leurs rapports publics dont les recommandations restent la plupart du temps lettre morte. Certains auteurs remettent même en cause le bien-fondé de la méthodologie des missions d'observations internationales. Le problème, critiquent-ils, viendrait de la tendance de « l'observateur occidental » à jauger les élections « d'ailleurs » à l'aune d'un étalon démocratique, idéal impraticable, même dans les démocraties occidentales. Il va de soi que grand nombre d'élections en Afrique sont déclarées imparfaites puisqu'elles sont rapportées aux canons occidentaux[119]. L'impossibilité pour les observateurs internationaux de recourir au juge constitue un autre obstacle. Une telle prudence, prise sans doute aux fins de préserver les bonnes ententes diplomatiques, fait de l'observation des élections un simulacre et entretient une situation d'impunité en cas d'irrégularités et de fraudes pourtant avérées. Pour exemple, en 2018, une mission d'observation internationale a dévoilé des cas de distribution d'argent par certains candidats en campagne, d'utilisation de matériels roulants de l'administration publique et de participation d'agents de l'État aux activités de campagne[120] ; l'alerte ne s'est plus faite discrète mais son écho s'est confondu dans l'indifférence générale.

27. Des citoyens laissés en marge du processus – L'objectif de la transparence poursuivi par le législateur organique de 2018 devait impliquer la prise en compte de l'ensemble du corps électoral qui constitue un « acteur politique essentiel[121] ». L'exigence de transparence devrait permettre de donner au votant un accès équitable au processus électoral. L'effort du législateur organique est perceptible dans l'inclusion des citoyens.

---

[117] Bonny (Yves), « Introduction. Les institutions publiques au prisme de la pluralité », p. 9-36 *in* Bonny, Yves et Lise Demailly. *L'Institution plurielle*, Villeneuve-d'Ascq : Presses universitaires du Septentrion, 2012, (p. 9-36), http://books.openedition.org.septentrion/9606/

[118] Lupia (Arthur), *Procedural transparency and credibility of election surveys*, Electoral studies 27(2008)732-739, Elsevier, 2008, doi : 10.1016/j.

[119] Darracq (Vincent) et Magnani (Victor), *Les élections en Afrique : un mirage démocratique ?* Politique étrangère, 2011/4 (Hiver), p. 839-850.

[120] R. (Arena), « Campagne électorale et scrutin du 1er tour. Une affaire de gros sous confirmée par les observateurs européens », *Madagascar Tribune*, lundi 12 novembre 2018, https://www.madagascar-tribune.com/Une-affaire-de-gros-sous-confirmee,24393.html, consulté le 13 mars 2019.

[121] Paquet (Gilles), « La grisaille institutionnelle », Faculté d'Administration, Université d'Ottawa, Canada, août 1996.

L'innovation importante apportée par la loi organique portant régime général des élections dispositions réside dans la reconnaissance de la plénitude des droits civiques aux femmes ayant acquis la nationalité malgache par mariage et les droits des étrangers naturalisés. Cependant, dans la pratique, il subsiste des catégories d'électeurs laissées en marge du processus électoral. C'est le cas des personnes vivant avec un handicap. Lors de l'élection présidentielle de 2018, la mission d'observation de l'Union européenne[122] a relevé l'insuffisante prise en compte de leurs droits : 36 % des bureaux de vote n'étaient pas accessibles aux personnes à mobilité réduite. L'éloignement, l'absence d'infrastructures adaptées constituaient un frein à la mobilité de ces catégories d'électeurs. La situation des femmes gagne également à être améliorée. Au titre de l'élection présidentielle de 2018, sur les 9 949 083 électeurs inscrits dans le registre électoral national, les femmes représentaient 42,36 %. La mission d'observation de l'Union européenne rapporte que, lors du second tour, la participation des femmes est restée faible et leur présence dans les postes de décision demeure marginale. Bien que le statut juridique des femmes se soit amélioré, l'accès des femmes aux instances de prise de décision reste assez limité à Madagascar. La législation électorale ne règle pas non plus la question du vote de la diaspora qui reste, de ce fait, des figures de l'ombre, le vote de la diaspora malgache à l'étranger commençant à peine à être revendiqué. Mais l'éventuelle reconnaissance de ce droit implique préalablement l'organisation d'un recensement général de cette diaspora. Or, les immigrants ne s'inscrivent pas toujours systématiquement auprès des ambassades. Par ailleurs, la mise en œuvre matérielle, financière et technique du vote – électronique ou par procuration – n'est pas encore à la portée de l'État. La législation reste tout aussi silencieuse au sujet du droit de vote des personnes en détention préventive qui occupent, pourtant, plus de la moitié de la capacité d'accueil des établissements pénitentiaires à Madagascar. Le cas des personnes admises dans des établissements hospitaliers n'est pas non plus inscrit au titre des priorités. Certaines populations de localités rurales sont aussi laissées en dehors du processus électoral. Les recensements ne sont pas toujours menés convenablement. Des personnes en âge de vote ne figurent pas dans la liste électorale faute d'inscription au registre d'état civil. L'absence d'informatisation de l'état civil ne permet pas d'identifier de façon sûre l'électeur. Par ailleurs, le déplacement interne des populations n'est pas géré ; les doublons dans la liste électorale sont généralement dus à l'absence de signalement de changement d'adresse des électeurs. L'allégement de la cartographie électorale ne résout pas l'autre aspect du problème qu'est la sécurisation des bureaux de vote enclavés. Des citoyens sont isolés dans des zones difficilement accessibles. Bien qu'il y ait eu une forme de coopération développée entre la population et l'ensemble des forces de sécurité dans le

[122] Rabenoro (Mireille), *Le mythe des femmes au pouvoir, arme de l'antiféminisme à Madagascar*, L'Harmattan, Cahiers du Genre, 2012/1 n° 52, p. 75-95.

cadre de l'élection présidentielle de 2018, la sécurisation de certaines zones enclavées est restée insuffisante[123].

28. L'opacité de la chaîne d'inscription à la liste électorale – Le principe du gel de la liste électorale empêche d'une part, l'inscription des jeunes en âge de voter à l'approche des élections et d'autre part, d'extraire les noms des électeurs décédés entre l'inscription et le moment de l'élection ; ce qui ouvre la voie aux fraudes par l'existence d'électeurs fantômes. L'informatisation de la liste électorale devrait compenser l'opacité[124]. Toutefois, la faible pénétration du réseau internet à Madagascar ne permet pas à tous d'y accéder[125]. Par ailleurs, cette vérification numérique ne donne pas droit à une demande de réouverture de la liste pour réexamen et toilettage. La vérification *in situ* semble plus pratique pour l'électeur. Néanmoins, l'absence de vérification dans le délai imparti entraîne ainsi la perte de son droit à la réclamation devant la commission locale de recensement et en cas de rejet, devant le Tribunal de première instance du ressort. Il est à craindre que l'éloignement de certaines localités ne permette pas toujours le respect du délai de réclamation. La double phase non contentieuse et contentieuse d'une réclamation portant sur la liste électorale cache ainsi une certaine ambiguïté. En effet, une question de cohérence procédurale pourrait ici se poser dès lors qu'on charge le juge judiciaire de connaître d'un acte administratif de rejet d'inscription sur la liste électorale. Ce débat est resté ouvert.

29. Les coulisses de l'isoloir et les dessous du vote secret – L'isoloir présente un intérêt incontestable, celui de préserver les électeurs du regard, des influences et des pressions extérieures. C'est à l'intérieur de l'isoloir que les électeurs effectuent leur choix sans avoir à rendre publiquement compte de ses actes et choix de vote[126]. Il est donc loin l'époque royale où, en toute publicité, le votant s'avançait pour remettre sa « pierre » entre les mains du dépositaire de vote. Mais la réalité démontre aujourd'hui que l'isoloir n'est pas seulement le théâtre où l'on peut croire que l'électeur joue librement,

---

[123] Manou (V.), « Befasy-Morondava : attaque de dahalo en pleine élection », *Les Nouvelles*, 8 novembre 2018. V. aussi, « Mampikony, une attaque armée annule le scrutin », *L'Express de Madagascar*, 21 décembre 2018, https://www.lexpressmada.com/21/12/2018/mampikony-une-attaque-armee-annule-le-scrutin/

[124] Cf. Enguehard (Chantal), *Transparence, élections et vote électronique*. Geslot (Elsa Forey et Christophe),
Machines à voter et Démocratie, L'Harmattan, p. 89-106, 2011, Questions contemporaines, 978-2-296-55365-1. <hal-00435966v2>.

[125] Union européenne, PEV Madagascar, Centre européen d'appui électoral, « Rapport de monitoring, La communication politique sur Facebook durant la campagne électorale de la présidentielle de 2018 à Madagascar. Période d'analyse : de 8 au 18 octobre 2018 », p. 3.

[126] Bushstein (Hubertus), Schorderet (Pierre Antoine), « Démocratie et secret du vote. La controverse entre scrutin public et vote secret dans les luttes électorales en Prusse ». *In* politix, vol. 14, n° 55, Troisième trimestre 2001, Analyses politiques allemandes, sous la direction de Jobard (Fabien) et Labordier (Pascale), p. 61-84.

d'une manière sereine son rôle politique de citoyen. Des « scènes »[127] plus subjectives de peur, d'angoisse, de tiraillement et d'indécision ne sont pas à exclure, lorsque l'électeur s'y engouffre, mal renseigné sur la procédure ou peu préparé et encore indécis quant au choix de voix à donner. Le procédé de vote n'est pas non plus toujours compris, surtout lorsque l'électeur est illettré. Ce qui a contribué à invalider des voix dans le cadre des deux tours de l'élection présidentielle de 2018. Sans conteste, le vote secret prive de leurs droits les électeurs analphabètes et pauvres[128]. En outre, la situation reste problématique lorsque l'électeur a vendu sa voix en échange d'une gratification soit marchandée à l'entrée, soit promise à la sortie des urnes. Pour reprendre N. Bobbio « La démocratie devient un grand marché libre et le vote en serait la principale marchandise[129] ». Le secret, disait E. Aubin, peut placer le diable du confessionnal dans l'isoloir[130]. C'est ainsi que « la démocratie meurt dans l'isoloir[131] ».

30. Les médias : foyers de tensions – La transparence devrait être une des conditions d'une élection apaisée, de la construction de la paix ainsi que de la prévention des conflits et violences électorales. Cependant, l'extension des moyens de communication des candidats n'a pas suffisamment permis de répondre à l'objectif qui est d'initier un débat constructif et apaisé. La quête de visibilité n'a fait que susciter les dérives et a créé divers foyers de tension. En effet, dans leur compétition à visée politique et électorale et face au besoin d'exister médiatiquement, les politiciens se sont approprié les médias pour disposer d'une couverture médiatique permanente, efficace, moins coûteuse et surtout favorable. Les médias se permettent indéniablement d'avoir mainmise sur les campagnes électorales. Mais la relation débordante entre politiciens et médias porte atteinte au pluralisme des médias qui réduisent la politique à des problèmes, à des rivalités, provocations débouchant sur des conflits. Pour reprendre les propos de P. Soriano, dans les médias, « le secret du candidat hante le discours » à tel point que lorsque les langues se délient, « toute information peut être entendue comme un secret dévoilé, et c'est bien ainsi que les professionnels du secteur vendent leur marchandise[132] ». Mis sur le devant de la scène, le candidat est désormais donné en spectacle. Celui qui détient le secret de son adversaire détient le pouvoir puisque l'efficacité de la communication politique se mesure en définitive à la répercussion des secrets

---

[127] Cf. Roy (A.) (1995). « Tout ce qui peut arriver dans l'isoloir mais à quoi vous n'avez jamais osé penser ». *Liberté*, 37(3), 83-89.
[128] Guenther, S. (2016). "Voting Alone: The Effects of Secret Voting Procedures on Political Behavior". *UC San Diego*. ProQuest ID : Guenther_ucsd_0033D_15881. Merritt ID : ark :/13030/m5kh592b. Retrieved from https://escholarship.org/uc/item/50p7t4xg
[129] Bobbio (Norberto), cité par Pitteau (Michel), « Ce qui compte n'est pas le vote. Mais comment on compte les votes », *Idées économiques et sociales*, 2016/1 (N° 183), p. 56-65.
[130] Aubin (Emmanuel), « Le cri de la gargouille », LPA, 8 juill. 2002, n° PA200213503, p. 12.
[131] Manesse (Mourad), « Isoloir », *Chimères*, vol. 65, no. 3, 2007, p. 166-172.
[132] Soriano (Paul), *Le secret, c'est le médium*, Médium 20 & 3/4-2014/1 (N° 37-38), pages 5 à 19.

percés puis dévoilés par l'adversaire[133]. La diffamation malmène l'honneur et l'intégrité des candidats. L'absence d'éthique abat « le mur de la vie privée[134] ». Le public, de son côté, s'il se laisse manipuler, ne parvient pas à se forger une opinion. La « maîtrise » de l'information par les candidats maintient le public dans un statut « d'assujetti[135] » qui le prive de son droit de savoir. Un débat public informé est pourtant censé contribuer à la qualité des échanges politiques[136]. Bref, le déploiement médiatique censé garantir la transparence finit par susciter beaucoup de méfiance[137]. L'usage des nouvelles technologies de l'information amène, par ailleurs, son lot de méfaits. Comme le dit Sjoberg, « plus la technologie évolue, plus les formes de fraude prennent d'autres tournures[138] ». Les échanges restent alors difficiles à réguler.

B. Le juge électoral : entre l'opacité de son office et sa politique d'ouverture

31. La Haute Cour Constitutionnelle est compétente pour proclamer le résultat définitif de l'élection présidentielle et pour connaître de toute requête ou contestation se rapportant aux opérations préliminaires électorales, au déroulement du scrutin et des résultats. C'est à ce titre que, par sa décision n° 01-HCC/AR du 8 janvier 2019, la Haute Cour Constitutionnelle statue sur toutes les requêtes qui lui étaient soumises avant de déboucher sur la proclamation des résultats officiels du second tour de l'élection présidentielle anticipée du 19 décembre 2018.

32. Dans le cas d'espèce, la Haute Juridiction s'est gardée dans son office de ne pas dépasser le délai, pourtant très court, des 9 jours impartis à partir de la publication des résultats provisoires par la Commission Électorale Nationale Indépendante. Le délai de deux jours accordés aux électeurs pour introduire leur recours en contestation du résultat questionnait déjà quant au degré de la garantie de sécurité juridique que cela pouvait leur offrir. La remarque reste la même pour tous les délais des recours contentieux prévus par le législateur organique. Le faible nombre de requêtes présentées par les électeurs dans le cadre des élections de 2018 ne serait-il pas lié à cette

---

133 *Ibid.*

134 Guedes (Claire), Marais (Astrid), « Avant-propos : secret et vie privée », *LPA*, 14 nov 2016, n° 119u4, p. 13.

135 Thiebaut (Nicolas), « La transparence par les archives », *LPA*, 16 mai 2018, n° 135w2, p. 13.

136 Pitseys (John), « Publicité et transparence. Le statut de la représentation et de la visibilité politique chez Kelsen et Schmitt », *Revue française de science politique*, 2016/1 (Vol. 66), p. 117-135. DOI 10.3917/rfsp.661.0117.

137 Leblond (Diane), « Clear, de Nicola Barker : "A Transparent Novel ?" », *Études britanniques contemporaines* [En ligne], 44 | 2013, mis en ligne le 29 novembre 2013, consulté le 10 octobre 2018. URL : http://journals.openedition.org/ebc/500 ; DOI : 10.4000/ebc.500

138 Sjoberg (Frederik M.), "Autocratic adaptation: The strategic use of transparency and persistence of election fraud", Electoral Studies; Elsevier, 2013, 33, 233-245, http://dx.doi.org/10.1016/j.elec.stud.2013.08.004

exigence de célérité ? Comme l'affirme G. Dumortier, l'urgence, l'anticipation et les contraintes de temps font de l'élection une véritable course[139].

33. Dans tous les cas, l'arrêt de Haute Cour est assez prévisible en ce sens que le juge électoral reste généralement dans le droit fil de sa ligne jurisprudentielle, en restant juge de la sincérité du scrutin. En effet, il est rare que le juge électoral annule dans son entièreté les résultats des élections. Tantôt, il les annule partiellement, tantôt, il s'applique à les corriger. Pour ce faire, il apprécie souverainement l'existence ou non d'une incidence d'une irrégularité ou d'une fraude sur le résultat du scrutin. B. Maligner explique que les techniques de cet exercice s'avèrent complexes[140] et pour les électeurs, cela risque de relever de l'opacité. Ils ne sont jamais sûrs que leurs requêtes aboutissent et préfèrent plutôt s'abstenir.

34. Force est de relever que cet arrêt de la Haute Cour Constitutionnelle étonne par le nombre d'irrecevabilités prononcées. Non pas que les motifs avancés soient critiquables ; le juge constitutionnel a été dans son bon droit puisqu'il s'est attaché aux textes de loi. Il en a même fait une application rigoureuse en rejetant certaines requêtes pour défaut de versement par le requérant de la copie de sa carte d'électeur. Or, l'on sait que la CENI a procédé, quelque temps avant le scrutin de 2018, à un vaste appel au vote des électeurs dépourvus de leur carte d'électeur, en se munissant tout simplement de leur seule carte d'identité nationale. Ce qui plutôt inquiète, c'est de savoir que les requêtes sont pour la plupart rejetées pour vice de procédure et, essentiellement, pour des pièces manquantes aux requêtes, à l'exemple du double de la requête. Par ailleurs, des requêtes sont rejetées parce qu'elles n'avaient pas d'objet ou pour défaut de qualité du requérant. Nombre de requérants se sont fait pourtant représenter par des conseils. En définitive, la question se pose de savoir si les électeurs se sont suffisamment approprié le nouveau cadre juridique général des élections. Cette situation propulse au cœur de la réflexion sur l'accès des citoyens à leur droit puis au questionnement sur l'accès de l'électeur à la justice.

35. Il semble que la Haute Cour Constitutionnelle ait détecté à l'avance les conséquences qu'allaient occasionner, sur les électeurs, les contraintes de temps suscitées par l'adoption à la hâte d'une législation électorale et l'organisation d'une élection anticipée. En effet, tout au long du processus électoral de 2018, jamais la Haute Juridiction n'a autant communiqué. Elle a décidé de déployer une stratégie de communication renforcée autour des questions en prise avec l'actualité. La multiplication des communiqués fait de

---

[139] Dumortier (Gaëlle), « La procédure devant le Conseil constitutionnel, juge électoral : sous les pavés, la plage ? », *Les Nouveaux Cahiers du Conseil constitutionnel*, vol. 41, no. 4, 2013, p. 33-45.

[140] Cf. Maligner Bernard, « Le Conseil constitutionnel, juge des opérations et des finances électorales », *Les Nouveaux Cahiers du Conseil constitutionnel*, vol. 41, no. 4, 2013, p. 47-98.

l'information du public l'une de ses missions devenues bien rodées. La tendance de cette Haute Juridiction à l'ouverture sur le public via son site internet révèle un objectif de recherche de visibilité et de renforcement du lien de proximité avec le justiciable. Son engouement à communiquer au-delà de son office classique donne l'impression que la transparence électorale lui est devenue un objectif à garantir au plus haut niveau de la hiérarchie des normes. À cet effet, dans la posture d'une véritable « institution communicante[141] », la Haute Cour Constitutionnelle apporte souvent des éclairages sur des dispositions législatives imprécises ou restées évasives. Il lui arrive de lever certaines ambiguïtés. Tantôt, les communiqués de la Haute Cour Constitutionnelle recouvrent un aspect purement informatif. Tantôt, les communiqués ont une visée pédagogique. Parfois, le juge constitutionnel répond à des questionnements qui pourraient remettre en cause la transparence de l'élection. Il tente, par exemple, de couper court à de fausses informations véhiculées par certains médias et sur les réseaux sociaux ou encore, essaie de rassurer l'opinion, d'apaiser les acteurs politiques en rappelant les principes qui gouvernent son office. Dans l'un de ses communiqués, il insiste sur le fait que les manipulations, mensonges, injures, diffamations, désinformations et autres ne peuvent en rien entraver sa noble mission de faire primer le choix des électeurs sur toute autre considération[142]. Le juge électoral en vient même à inviter chaque concitoyen à faire preuve de responsabilité et à éviter de s'induire en erreur avec de simples spéculations ou une volonté délibérée de véhiculer de fausses nouvelles[143]. Pour reprendre G. J. Guglielmi, il faut aussi reconnaître aux communiqués leur vertu à influer sur les comportements, à régler les conduites du public et à rassurer les autorités publiques organisatrices des scrutins du soutien fort d'un pouvoir public constitutionnel[144]. Mais les communiqués de la Haute Cour Constitutionnelle sont généralement rédigés en langue française et sont uniquement accessibles sur le site de l'institution. À défaut d'être relayés par les organisations de la société civile ou les médias, ces communiqués ne sont accessibles qu'à un public restreint. Par ailleurs, le risque est toujours grand que les communiqués des juridictions embarrassent s'ils laissent transparaître la position du juge[145].

[141] Cf. Bonnet (Jacques), Bonnet (Rosette) et Helaine-Pinsard (Sabrina), « Les organisations publiques : des institutions communicantes ? », Communication et organisation, 35 | 2009, 136-147.

[142] Communiqué de la Haute cour constitutionnelle du 11 du 21 novembre 2018.

[143] Communiqué de la Haute cour constitutionnelle du 7 décembre 2018.

[144] Guglielmi (Gilles J.), « Le droit s'écrit-il dans les communiqués de presse ? » *Mélanges*, Alain Fenet, 2008.

[145] *Ibid.*

Conclusion

36. Le dispositif de transparence électoral et le mécanisme de protection du secret du scrutin mis en place à travers le nouveau cadre juridique des élections à Madagascar traduisent un effort pavé de bonnes intentions de la part du législateur organique et du juge électoral malgache. Mais les mots de Dodzi Kokoroko sont de circonstance pour décrire la réalité de la mise en œuvre du régime général des élections, vu à travers les deux tours de l'élection présidentielle de 2018 à Madagascar : « le décor normatif et opératoire, la majesté apparente des textes et des institutions n'ont fait que masquer une réalité électorale faite de ruine secrète, tout compte fait, voilée[146] ».

[146] Kokoroko (Dodzi), *Les élections disputées : réussites et échecs*, Pouvoirs, vol. 129, n° 2, 2009, p. 115-125.

La transparence démocratique au service du droit à la liberté d'expression

Paul Loichot

Le 29 janvier 2019, la Cour européenne des droits de l'homme (ci-après Cour EDH) a conclu à la première violation de l'article 10 de la Convention européenne de sauvegarde des droits de l'homme et des libertés fondamentales du 4 novembre 1950 (ci-après Convention EDH) en application des critères dégagés dans son arrêt de Grande chambre *Magyar Helsinki Bizottsag contre Hongrie* du 8 novembre 2016[147]. Cet arrêt *Cangi c. Turquie*[148] offre l'occasion d'étudier l'un des nombreux pans de la jurisprudence relative à cet article, celui de la transparence démocratique[149] au service du droit à la liberté d'expression[150]. Il est également intéressant d'effectuer une comparaison avec la situation française.

Trois constatations doivent préalablement être effectuées. La première est celle d'un déséquilibre entre les deux objets d'étude. D'un côté, la contribution du droit à la liberté d'expression à la démocratie est sans cesse rappelée. Il constitue non seulement l'un de ses « fondements essentiels » et l'une des « conditions primordiales » de son progrès, au dire de la Cour EDH[151], mais aussi sa « condition », selon le Conseil constitutionnel[152]. De l'autre côté, la contribution de la transparence à la démocratie est sous-

[147] Cour EDH (GC), 8 nov. 2016, *Magyar Helsinki Bizottsag c. Hongrie*, n° 18030/11. Afin de faciliter la lecture, cet arrêt sera désormais simplement dénommé *Magyar Helsinki Bizottsag*.

[148] Cour EDH, 29 janv. 2019, *Cangi c. Turquie*, n° 24973/15.

[149] Cette dénomination est empruntée à la Commission d'accès aux documents administratifs (par ex. CADA, 8 févr. 2018, *Ministère de l'Intérieur*, n° 20175498). Elle désigne le droit d'accès aux informations détenues par les autorités publiques.

[150] Le droit à la liberté d'expression, dont « il n'existe pas à proprement parler de définition » (V. Ohannessian et E. Pierrat, *Code de la liberté d'expression*, Éd. Anne Rideau, Coll. « Portalis », 2018, p. 25), englobe la liberté de diffuser une expression et la liberté de la réceptionner.

[151] Cour EDH (Cour plén.), 7 déc. 1976, *Handyside c. Royaume-Uni*, n° 5493/72, § 49.

[152] Cons. const., 20 déc. 2018, *Loi relative à la lutte contre la manipulation de l'information*, déc. n° 2018-773 DC, § 3. Cette formulation remplace, depuis Cons. const., 10 juin 2009, *Loi favorisant la diffusion et la protection de la création sur Internet*, déc. n° 2009-580 DC, cons. 15, celle d'une des « garanties essentielles [...] de la souveraineté nationale » (Cons. const., 11 oct. 1984, *Loi visant à limiter la concentration et à assurer la transparence financière et le pluralisme des entreprises de presse*, déc. n° 184-81 DC, cons. 37).

estimée, bien qu'elle soit de plus en plus mentionnée dans le débat public[153] et dans la doctrine juridique[154].

Ce déséquilibre s'explique par l'assimilation de la démocratie à des élections libres, tant d'un point de vue formel que d'un point de vue substantiel avec la présence de débats politiques[155]. Pourtant, à partir du moment où l'on admet que le débat ne peut qu'être incomplet, voire vicié, sans une connaissance des enjeux publics, donc sans une transparence démocratique, on admet qu'elle aussi constitue une « condition nécessaire »[156] à la démocratie[157]. En revanche, au même titre que l'exercice nuisible du droit à la liberté d'expression est sanctionné[158], la transparence ne doit pas être absolue. Dans un cas comme dans l'autre, la démocratie en pâtit[159].

La deuxième constatation est celle d'une exclusion de la transparence démocratique du champ de protection du mécanisme européen. En se penchant tout d'abord sur la Convention EDH, on constate que le droit d'accès aux informations détenues par les autorités publiques n'est jamais mentionné,

---

153 Pèse malheureusement le risque d'une transformation de cet « idéal démocratique » en un simple « lieu commun du discours politique » (Y. Poirmeur, « La transparence dans le discours politique actuel », p. 101-114, *in* N. Droin et E. Forey (dir.), *La transparence en politique*, LGDJ, Institut universitaire de Varenne, Coll. « Colloques et Essais », 2013).

154 La transparence est rarement définie car elle est dépourvue d'unité conceptuelle. Elle est le signifiant de plusieurs signifiés (v. J.-F. Kerleo, *La transparence en droit. Recherche sur la formation d'une culture juridique*, Mare & Martin, Coll. « Bibliothèque des thèses », 2016, spéc. l'introduction).

155 Selon la Cour EDH, ce sont effectivement « les élections libres et [...] la liberté de débat politique [qui] constituent ensemble le socle de tout système démocratique. Les deux droits sont interdépendants et fonctionnent pour se renforcer mutuellement » (14 juin 2018, *Rungainis c. Lettonie*, n° 40597/08, § 53).

156 S. Monnier, « Droit d'accès aux archives publiques – Le statut dérogatoire des archives publiques présidentielles validé par le Conseil constitutionnel », *Droit Ad.*, n° 11, nov. 2017, comm. 47.

157 Plus généralement, « le droit de s'exprimer et le droit de recevoir de l'information conditionnent toute vie sociale et politique » (X. Bioy, « La protection renforcée de la liberté d'expression politique dans le contexte de la Convention européenne des droits de l'homme », *Les Cahiers de droit*, vol. 53, n° 4, déc. 2012, p. 743).

158 C'est pour cette raison que le titulaire du droit peut en être déchu devant la Cour EDH qui déclare sa requête irrecevable *ratione materiae* en application de l'art. 17 de la Convention EDH (v. F. Sudre, « L'interdiction de l'abus de droit de l'article 17 de la CEDH et les délits de presse », p. 153-166, *in* N. Droin et J.-B. Walter (dir.), *La réécriture de la loi de 1881 : une nécessité ?* Actes du colloque organisé les 3 et 4 novembre 2016 par le Centre de recherche et d'étude en droit et science politique de Bourgogne Franche-Comté, LGDJ, Coll. « Grands colloques », 2017).

159 V. not. G. Carcassonne, « Le trouble de la transparence », *Pouvoirs*, n° 97, 2001, p. 17 et R. Draï, « Transparence et démocratie sont-elles vraiment incompatibles ? », p. 19-32, *in* N. Droin et E. Forey (dir.), *op. cit.* La transparence et le secret constituent « les deux faces d'un même dilemme éthique fondamental » et doivent « s'articuler » puisque la protection de certains de ces derniers s'opère dans « l'intérêt non des décideurs publics, mais de la collectivité dans son ensemble » (J.-M. Sauve, « Transparence, valeurs de l'action publique et intérêt général », Colloque organisé par Transparency International France, *Culture du secret contre transparence sans limite : quel équilibre pour garantir l'intérêt général ?*, 5 juill. 2011).

contrairement à l'article 42 de la Charte des droits fondamentaux de l'Union européenne du 12 décembre 2007[160]. Il n'y a pas non plus d'équivalent à l'article 15 de la Déclaration des droits de l'homme et du citoyen (ci-après DDHC) du 26 août 1789 disposant que « la société a le droit de demander compte à tout agent public de son administration ».

En se concentrant ensuite sur l'article 10 de la Convention EDH, on constate que le droit à la liberté d'expression est composé de cinq sous-ensembles : la liberté d'opinion, la liberté de recevoir des idées, la liberté de communiquer des idées, la liberté de recevoir des informations et la liberté de communiquer des informations. Chaque composante a son importance. Par exemple, les deux références à la liberté de « recevoir » conduisent logiquement, dans l'arrêt *Dammann c. Suisse*, à ce que la phase préalable à l'expression soit protégée[161]. Un journaliste avait été condamné à une amende de 500 francs uniquement parce qu'il s'était enquis d'informations, finalement non utilisées, auprès d'une fonctionnaire. Ce qui a violé l'article 10. En ce qui nous concerne, un individu doit donc pouvoir recevoir et communiquer des informations.

La troisième constatation, conséquence inéluctable de la deuxième, est celle d'une carence. Le droit à la liberté d'expression, tel que garanti par la Convention EDH, ne comprend pas la liberté de « rechercher » des informations[162]. L'absence de cette sixième composante est la source d'un véritable « fossé normatif et partant jurisprudentiel »[163] avec les autres textes internationaux[164]. Ne serait-ce que d'un point de vue strictement lexical[165], le

---

[160] Cet article prévoit le « droit d'accès aux documents du Parlement européen, du Conseil et de la Commission ». Il est très intéressant de remarquer qu'il figure dans le chapitre V sur la « Citoyenneté », notamment au côté du droit de vote et d'éligibilité aux élections du Parlement européen (art. 39), du droit de vote et d'éligibilité aux élections municipales (art. 40) et du droit à une bonne administration (art. 41).

[161] Cour EDH, 25 avr. 2006, *Dammann c. Suisse*, n° 77551/01, § 50 à 58.

[162] *Magyar Helsinki Bizottsag*, § 117. Il en est de même dans la Charte des droits fondamentaux de l'Union européenne, puisque l'art. 11 sur la « Liberté d'expression et d'information » exclut lui aussi la liberté de « rechercher » du droit à la liberté d'expression.

[163] L. Burgorgue-Larsen, « Actualité de la convention européenne des droits de l'homme (août-décembre 2016) », *AJDA*, n° 3, 30 janv. 2017, p. 164. Pour des exemples., v. L. Hennebel et H. Tigroudja, *Traité de droit international des droits de l'homme*, Pedone, 2e éd., 2018, p. 1224 à 1127.

[164] Par exemple, l'art. 19 § 2 du Pacte international relatif aux droits civils et politiques du 16 déc. 1966 définit le droit à la liberté d'expression comme « la liberté de rechercher, de recevoir et de répandre des informations et des idées de toute espèce ».

[165] Dans son opinion dissidente jointe à l'arrêt *Magyar Helsinki Bizottsag c. Hongrie*, le juge islandais Robert Spano, rallié par le juge danois Jon Fridrik Kjølbro, insiste particulièrement sur ce point. Les travaux préparatoires témoignent en effet d'une soustraction délibérée, quoique non motivée, de la liberté de « rechercher » du contenu du droit à la liberté d'expression (§ 6, 9 et 10). À son avis, une interprétation de bonne foi du sens ordinaire dans son contexte du terme « recevoir » ne concerne que les « situations dans lesquelles une personne veut communiquer des informations à une autre personne ou entité » (§ 7).

cantonnement à l'action de « recevoir » n'induit que le fait d'« accepter, [de] prendre ce qui est fourni, procuré »[166].

Il s'ensuit que la Cour EDH a fort logiquement affirmé que l'article 10 ne confère pas un droit d'accès aux informations détenues par les autorités publiques[167], ce qui emporte deux conséquences. Il ne pèse sur l'État, ni une obligation de communiquer des informations détenues par les autorités publiques[168], ni une obligation positive de les collecter et de les diffuser *motu proprio*[169]. La Cour EDH n'est jamais revenue sur cette position de principe, qui a juste été clarifiée[170] et assortie d'exceptions[171], afin de réduire le déséquilibre mentionné dans la première constatation[172]. Deux brèches ont ainsi été ouvertes dans l'exclusion constatée dans la deuxième, ce qui comble, certes faiblement, la carence avec les autres systèmes de protection exposée dans la troisième.

Ces deux brèches constituent deux exceptions au principe d'absence de transparence démocratique *imposée*. Cette dernière précision est importante car les États européens consentent généralement à une certaine transparence démocratique, qu'elle soit ou non incorporée dans le droit à la liberté d'expression. Dans le cadre de cette étude, seules nous intéressent, les hypothèses d'un refus de transparence démocratique de la part de l'État. La première exception est celle d'une décision judiciaire devenue exécutoire qui

166 Neuvième édition du dictionnaire de l'Académie française [en ligne]. Comme l'a écrit Patrick Wachsmann, « laisser faire et devoir faire ne sauraient se confondre » (« La Convention européenne des droits de l'homme met-elle une obligation de transparence à la charge des États ? », p. 168, *in* N. Droin et E. Forey (dir.), *op. cit.*).

167 Cour EDH, 26 mars 1987, *Leander c. Suède*, n° 9248/81, § 74. Dans l'arrêt *Magyar Helsinki Bizottsag*, la Cour EDH admet que cela reposait sur une « lecture littérale de l'article 10 » (§ 133).

168 Cour EDH, 26 mars 1987, *Leander c. Suède*, n° 9248/81, § 74 ; Cour EDH (cour plén.), 7 juill. 1989, *Gaskin c. R-U*, n° 10454/83, § 53 ; Cour EDH, 11 déc. 2018, *Rodionov c. Russie*, n° 9106/09, § 196.

169 Cour EDH (GC), 18 févr. 1998, *Guerra e. a. c. Italie*, n° 14967/89, § 53 ; Cour EDH, 15 juin 2004, *Sîrbu e.a. c. Moldova*, § 17 à 19.

170 *Magyar Helsinki Bizottsag c. Hongrie*, § 154.

171 *Idem*, § 131.

172 La Cour EDH reconnaît dans son arrêt *Magyar Helsinki Bizottsag* que la « transparence sur la conduite des affaires publiques et sur les questions présentant un intérêt pour la société de manière générale [relève de l'intérêt public] et permet […] la participation de l'ensemble de la collectivité à la gouvernance publique » (§ 161). Tout en expliquant, dans son opinion dissidente, être favorable au rejet de la requête pour irrecevabilité *ratione materiae* (§ 47), le juge islandais Robert Spano considérait aussi que « la transparence et l'ouverture sont des valeurs fondamentales dans une société démocratique » (§ 2). Il l'avait par ailleurs déjà écrit au § 2 de son opinion concordante jointe à l'arrêt Cour EDH, 23 juin 2016, *Brambilla et autres c. Italie*, n° 22567/09. En somme, il partageait la conception des juges majoritaires selon laquelle « une société pleinement transparente et ouverte […] favorise un débat plus éclairé sur des questions d'intérêt public et améliore la capacité du public à surveiller efficacement l'exercice de la puissance publique » (§ 16), mais a considéré que cette conception, *qu'eux* jugent optimale (§ 2), n'aurait pas dû prévaloir sur le texte dont ils doivent assurer la protection (§ 4 à 12).

impose la communication de l'information. Il est évident que le refus de s'y conformer viole l'article 10[173], sauf si l'information est introuvable[174]. Dans cette hypothèse, une transparence démocratique existe mais n'est pas respectée par certains acteurs.

La seconde exception est celle d'une information qui est déterminante pour l'exercice du droit à la liberté d'expression mais dont l'accès est refusé par une autorité publique. C'est elle qui a été consacrée, sans que cela constitue un « pas de géant »[175], dans l'arrêt de Grande chambre *Magyar Helsinki Bizottsag*[176]. Cet arrêt affirme que « la question de savoir si et dans quelle mesure le refus de donner accès à des informations a constitué une ingérence dans l'exercice par un requérant du droit à la liberté d'expression doit s'apprécier au cas par cas à la lumière des circonstances particulières de la cause »[177]. Il convient donc d'étudier simultanément le « si » et le « dans quelle mesure ».

Le « si » n'est autre que l'applicabilité de l'exception, c'est-à-dire la question de savoir si, oui ou non, une ingérence découle du refus de communiquer une information. Cette applicabilité est étroite (I). Le « dans quelle mesure » regroupe l'application de l'exception. L'ingérence a-t-elle violé, ou n'a-t-elle pas violé, l'article 10 ? Cette application est souple (II).

I. L'applicabilité étroite de l'exception

L'applicabilité de l'exception nécessite que l'accès à l'information revête un caractère déterminant pour l'exercice du droit à la liberté d'expression. Elle est forcément étroite puisqu'il faut vouloir *recevoir* des informations – dignes d'intérêt – pour les *communiquer*[178]. Cela suffit à expliquer la consécration tardive de cette exception (A) et sa faible mobilisation depuis 2016 (B).

A. La cause de la consécration tardive de l'exception

La jurisprudence de la Cour EDH pouvait sembler dénier *systématiquement* la présence d'un droit d'accès à l'information dans le droit à la liberté d'expression, hors les cas où l'État y consent, du fait de trois

[173] Cour EDH, 26 mai 2009, *Kenedi c. Hongrie*, n° 31475/05, § 45 ; Cour EDH, 25 juin 2013, *Youth Initiative for Human Rights c. Serbie*, § 43 ; Cour EDH (GC), 3 avr. 2012, *Gillberg c. Suède*, § 93.

[174] Cour EDH (déc.), 28 sept. 2004, *Loiseau c. France*, n° 46809/99. En l'occurrence, c'est l'art. 6 § 1 de la Conv. EDH qui n'a pas été violé.

[175] L. Burgorgue-Larsen, *op. cit.*, p. 165.

[176] *Magyar Helsinki Bizottsag c. Hongrie*, § 156.

[177] *Idem*, § 157.

[178] *Ibidem*, § 155 et 158.

arrêts[179]. Toutefois, si la Cour EDH avait exclu l'article 10 alors qu'il aurait pu entrer en jeu, il semble que ce fut uniquement à cause d'une absence de volonté de *communiquer* les informations. Dans les trois cas, l'individu souhaitait uniquement les *recevoir*. La Cour EDH avait d'ailleurs consciencieusement précisé que c'était *dans les circonstances précises*[180] de l'espèce que l'article 10 n'était pas mobilisé.

Dans l'arrêt *Leander c. Suède*, un charpentier voulait obtenir les informations ayant justifié l'exclusion de sa candidature dans un secteur sensible de la fonction publique. Il n'ambitionnait pas de les communiquer. La Cour EDH a considéré qu'il n'y avait pas eu d'atteinte à l'article 10[181] « dans [l]es circonstances du genre de celles de la présente affaire »[182]. Grâce à la large marge nationale d'appréciation conférée à l'État suédois et aux garanties adéquates et suffisantes contre les abus, l'article 8 n'a pas été violé.

Dans l'arrêt *Gaskin c. Royaume-Uni*, un adulte anciennement placé dans des familles nourricières souhaitait obtenir son dossier confidentiel. Cela uniquement dans une optique personnelle, sans projet de *communiquer* quoi que ce soit. Le refus n'a pas porté atteinte à l'article 10 « dans les circonstances de la présente cause non plus »[183]. En revanche, l'article 8 a été violé parce qu'il n'y avait pas d'organe indépendant habilité à vérifier que le refus n'était pas abusif[184].

Enfin, dans l'arrêt de Grande chambre *Guerra et autres c. Italie*, une violation de l'article 8 a été prononcée à l'unanimité des 20 juges à cause de l'absence d'information des habitants sur les nombreux risques causés par l'activité d'une entreprise[185], tandis que l'article 10 a été déclaré inapplicable à 18 voix contre deux[186] « dans [l]es circonstances telles que celles de l'espèce »[187].

La lecture des opinions séparées est totalement révélatrice de l'absence de volonté d'exclure, par principe, une transparence démocratique comme composante du droit à la liberté d'expression dans certains cas. Tout d'abord, le juge irlandais Brian Walsh a déclaré qu'il était plus judicieux d'appliquer l'article 8 « au vu des faits de la cause », puis le juge slovène Peter Jambrek a précisé qu'une ingérence était possible dans l'article 10 si un individu demandait à l'État des informations et que ce dernier refusait de les lui fournir. Ensuite, la juge suédoise Elisabeth Palm, rejointe par cinq autres juges, a écrit

---

[179] Cour EDH, 26 mars 1987, *Leander c. Suède*, n° 9248/81, Cour EDH (Cour plén.), 7 juill. 1989, *Gaskin c. R-U*, n° 10454/83 et Cour EDH (GC), 18 févr. 1998, *Guerra et autres c. Italie*, n° 14967/89.

[180] *Idem*, respectivement § 64, § 52 et § 53.

[181] Cf. particulièrement les § 9, 12, 13, 59, 60 et 74.

[182] § 74.

[183] § 52.

[184] Cf. particulièrement les § 10, 11, 49 et 53.

[185] § 60.

[186] § 54.

[187] § 53.

que dans d'autres circonstances, l'État pourrait avoir l'obligation positive de fournir des informations non accessibles au grand public, ce que le paragraphe 53 de l'arrêt n'excluait nullement selon elle. Enfin, le juge islandais Davíd Thor Björgvinsson a considéré que l'affaire aurait dû être traitée sous l'angle de l'article 10.

En somme, avant même les années 2000, la jurisprudence ne proscrivait pas de but en blanc la reconnaissance conditionnée d'un droit d'accès à l'information détenue par les autorités publiques inhérent au droit à la liberté d'expression. L'explication la plus plausible consiste en une occasion qui ne s'était pas encore présentée. Deux arrêts postérieurs peuvent confirmer cette approche pragmatique.

Dans l'arrêt *Társaság a Szabadságjogokért c. Hongrie*, une association avait besoin d'obtenir le contenu d'un recours en révision devant la Cour constitutionnelle afin d'informer le public. Autrement dit, il fallait cette fois-ci *recevoir* l'information pour ensuite la *communiquer*. À cette occasion, la Cour EDH a admis que le public avait le droit de recevoir des informations d'intérêt général et qu'il était nécessaire de retenir une « interprétation plus large »[188] de cette composante du droit à la liberté d'expression. C'est à l'unanimité que le refus, quoique légal et légitime, a débouché sur un constat de violation de l'article 10 pour disproportion[189].

Puis, dans l'arrêt *Österreichische Vereinigung zur Erhaltung, Stärkung und Schaffung c. Autriche*, une autre association souhaitait étudier l'influence de certains transferts de propriété de terres agricoles et forestières, des sujets d'intérêt général, en ayant accès aux informations permettant à une commission de rendre ses décisions. Encore une fois, sa volonté de *recevoir* les informations visait à les *communiquer* afin de contribuer au débat public. C'est derechef que la Cour EDH a expliqué qu'il convenait d'adopter une interprétation plus large de la notion de « recevoir des informations »[190]. L'ingérence était légale et légitime mais elle reposait sur des motifs insuffisants quoique pertinents, donc l'article 10 a été violé[191].

En somme, la consécration d'une exception dans l'arrêt de Grande chambre *Magyar Helsinki Bizottsag* n'était pas une surprise mais un aboutissement. Elle a prouvé que la Convention EDH n'est « pas un manuscrit de la mer Morte, mais un instrument vivant pertinent dans le contexte de nos sociétés contemporaines »[192]. Il n'empêche que la rédaction de l'article 10

---

188 Cour EDH, 14 avr. 2009, *Társaság a Szabadságjogokért c. Hongrie*, n° 37374/05, spéc. § 6, 7, 9, 13, 15, 26, 27, 28, 29 et 35.

189 *Idem*, § 32, 34 et 39.

190 Cour EDH, 28 nov. 2013, *Österreichische Vereinigung zur Erhaltung, Stärkung und Schaffung c. Autriche*, n° 39534/07, spéc. § 1, 34, 35 et 41.

191 *Idem*, § 38, 39, 42 et 48.

192 F. Tulkens, « La Cour européenne des droits de l'homme : le chemin parcouru, les défis de demain », *Les Cahiers de droit*, vol. 53, n° 2, juin 2012, p. 422. Sur ce point, la Cour EDH a

étant ce qu'elle est, l'applicabilité de l'exception ne peut être qu'étroite, donc il ne peut qu'y en avoir une faible mobilisation (B).

B. La cause de la faible mobilisation de l'exception

Dans l'arrêt *Magyar Helsinki Bizottsag c. Hongrie*[193], l'accès à l'information permettait d'informer le public sur le fonctionnement du système des commissions d'office des avocats[194]. Sans l'accès, il était impossible d'obtenir « des données fiables et précises »[195] dans la réalisation de la recherche. La transparence démocratique était donc déterminante pour l'exercice du droit à la liberté d'expression. Elle le conditionnait.

Plusieurs auteurs ont considéré que l'article 10 avait été réécrit[196] par cette « interprétation évolutive »[197], ce qui coïncide finalement avec les reproches formulés par le juge islandais Robert Spano dans son opinion dissidente. À rebours de son argumentation, le juge grec et actuel président de la Cour EDH, Linos-Alexandre Sicilianos, a rédigé une opinion concordante, à laquelle s'est rallié le juge italien et ancien président de la Cour EDH, Guido Raimondi. À son sens, l'intention présumée d'un État qui ratifie un traité sans limite de durée et aux termes génériques consiste en l'acceptation d'une interprétation évolutive de la part des juges tant que trois conditions sont respectées[198]. Tout d'abord, la « règle d'or » impose une interprétation conforme à l'objet et au but du traité, ce qui a été le cas. Ensuite, l'interprétation ne doit pas être *contra legem*. Elle n'a été que *praeter legem*. Enfin, il est nécessaire qu'elle reflète des conditions de vie actuelles et non futures. La Cour EDH, prorogeant sa « stratégie de « globalisation » des sources »[199], a pleinement justifié en quoi

---

d'ailleurs reconnu que c'est « en développant sa jurisprudence et en renforçant les normes de protection » qu'elle en a fait ainsi (11 déc. 2018, *Brisc c. Roumanie*, n° 26238/10, § 21).

193 Dans le § 156, l'arrêt cantonne bien le droit d'accès aux informations à la « liberté de recevoir et de communiquer des informations » avant de préciser au § 164 que certains requérants ont un « rôle particulier de "réception et de communication" au public ». En tout état de cause, il faut vouloir s'exprimer, donc *recevoir* pour *communiquer*, comme l'explique le § 159 limitant l'applicabilité de l'article 10 à la recherche d'informations « réellement nécessaires à l'exercice de la liberté d'expression ».

194 § 180.

195 § 175.

196 V. notamment F. Sudre, « Droit de la Convention européenne des droits de l'homme », *JCP G*, n° 1-2, 9 janv. 2017, chron. 32, p. 57-58 et H. Surrel, « La consécration bienvenue du droit d'accès des "chiens de garde" aux informations d'intérêt public détenues par les autorités », *RTDH*, n° 3, 2017, p. 623-637 ; « Le droit d'accès à l'information enfin consacré », *JCP A*, n° 49, 12 déc. 2016, act. 950 ; « Le droit… », *JCP G*, n° 50, 12 déc. 2016, act. 1361.

197 F. Sudre, en collab. avec L. Milano et H. Surrel, *Droit européen et international des droits de l'homme*, PUF, Coll. « Droit fondamental », 14e éd., 2019, p. 810.

198 Opinion concordante, spéc. § 6, 7, 10 et 14.

199 F. Sudre, « L'interprétation constructive de la liberté syndicale, au sens de l'article 11 de la Convention EDH », *JCP G*, n° 5, 28 janv. 2009, comm. 10018. Comme l'auteur le démontre, pour le premier arrêt la révélant (Cour EDH (GC), 12 nov. 2008, *Demir et Baykara c. Turquie*,

cela était le cas[200]. Elle considère en effet que « la Convention ne peut s'interpréter dans le vide mais doit autant que faire se peut s'interpréter de manière à se concilier avec les autres règles du droit international, dont elle fait partie intégrante »[201].

Au-delà de la problématique du texte même, parmi les trois écueils mis en évidence par le juge Robert Spano, figurait celui d'une potentielle dérive en l'absence de « limite conceptuelle suffisamment cohérente »[202]. Il craignait une applicabilité trop fréquente de l'exception. De ce point de vue, les arrêts ultérieurs peuvent le rassurer. Mis à part dans les arrêts *Bubon c. Russie*, où l'information permettait de renseigner le public sur la lutte contre la prostitution dans une région russe[203], puis *Cangi c. Turquie*, où elle éclairait le public sur le déroulement d'une réunion et sur les décisions prises par les autorités[204], il n'y a pas eu d'autres cas de reconnaissance de son applicabilité.

La Cour EDH semble d'ailleurs avoir pleinement confirmé que l'absence de volonté de *communiquer* des informations, pour uniquement les *recevoir*, empêche l'applicabilité de l'exception et donc la reconnaissance de l'ingérence. Dans la décision *Sioutis c. Grèce*, la requête a été déclarée irrecevable pour incompatibilité *ratione materiae* en vertu des paragraphes trois et quatre de l'article 35[205]. Un particulier souhaitait obtenir la copie d'une décision de justice rendue sur un litige qui ne le concernait pas. Il ne revendiquait aucune volonté de les communiquer. On peut finalement en

n° 34503/97), cette stratégie permet à la Cour EDH de mobiliser une diversité de sources qu'elle combine dans une certaine optique.

[200] À cette fin, elle a précisé que « des consensus se dégagent » (§ 124), avec notamment 30 États du Conseil de l'Europe sur les 31 étudiés qui disposent d'un certain droit d'accès aux documents publics (§ 64). Elle a également étudié les droits des Nations Unies (§ 36 à 43), du Conseil de l'Europe (§ 44 à 53), de l'Union européenne (§ 55 à 59), de la Cour interaméricaine des droits de l'homme (§ 60 et 61) et du système africain (§ 62 et 63). En somme, tout cela lui a permis de constater une « tendance claire vers une norme européenne » (§ 145).

[201] *Magyar Helsinki Bizottsag*, § 123.

[202] *Idem*, § 46. Il prend l'exemple suivant : « Qu'en est-il d'une personne intéressée qui souhaite [...] obtenir [d]es informations pour elle-même, pour sa propre éducation, par esprit civique et non pour qui que ce soit d'autre, sans aucune intention de diffuser ses pensées ou ses opinions sur la question ? Ne bénéficierait-elle pas du nouveau droit qui est reconnu dans l'arrêt d'aujourd'hui ? Si la réponse est négative, quelle en serait la raison, étant donné que, selon la jurisprudence bien établie de la Cour, la liberté d'expression ne vise pas seulement à stimuler le discours politique ou le débat public, mais aussi à favoriser l'épanouissement individuel ? » (§ 44). Selon nous, la réponse est effectivement négative, pour les mêmes raisons que dans les arrêts antérieurs à l'arrêt *Magyar Helsinki Bizottsag*.

[203] Cour EDH, 7 févr. 2017, *Bubon c. Russie*, n° 63898/09, § 7 et 8.

[204] Cour EDH, 29 janv. 2019, *Cangi c. Turquie*, n° 24973/15, § 32.

[205] Cour EDH (déc.), 29 août 2017, *Sioutis c. Grèce*, n° 16393/14, § 24 à 33.

conclure que le droit d'accès aux informations est dépendant[206] du droit à la liberté d'expression puis autonome dans ses effets en cas de violation[207].

Malgré l'applicabilité étroite de l'exception, la position de la Cour EDH est plus avantageuse pour le droit à la liberté d'expression que celle du Conseil constitutionnel. Les Sages ont affirmé que les exceptions au principe du libre accès aux informations détenues par les autorités publiques, en l'occurrence aux archives publiques, « ne portent pas d'atteinte à l'exercice de la liberté d'expression »[208]. Pourtant, la décision de renvoi du Conseil d'État[209] ne mentionnait pas l'article 11 de la DDHC. Quant au requérant, il invoquait uniquement ses articles 15 et 16[210]. Le commentaire autorisé[211] précise ainsi que ne résultent de l'article 11, ni « un droit général des citoyens à pouvoir accéder à tout type d'informations et à obtenir la communication de tout document », ni « un droit constitutionnel à accéder à tout document au nom de la recherche de la vérité historique »[212].

La transparence démocratique découle donc uniquement de l'article 15[213]. D'apparence anecdotique, si ce n'est qu'il manifeste une conception

---

[206] Il est également possible de mentionner un « droit conditionné » (W. Monzala in J. Andriantsimbazovina (dir.), « Chronique de jurisprudence des juridictions supranationales en matière de droits de l'homme (juillet 2016-juin 2017) (4e partie) », *LPA*, n° 138, 10 sept. 2018, p. 4).

[207] L'art. 18 de la Convention EDH, qui sanctionne le détournement de pouvoir, fonctionne sur un mode similaire. Il n'est invocable par un requérant que si une violation d'un ou de plusieurs droit(s), dont la restriction est possible, est conjointement alléguée. Il est donc dépendant. Toutefois, sa violation peut être constatée sans que le ou les droit(s) allégué(s) ne l'ai(ent) été, si elle porte sur un aspect fondamental de l'affaire et que le but détourné, même unique, a été prédominant. Il est donc autonome (Cour EDH (GC), 15 nov. 2018, *Navalnyy c. Russie*, n° 29580/12, 36847/12, 11252/13, 12317/13 et 43746/14). V. aussi Cour EDH, 19 avr. 2018, *Mammadli c. Azerbaïdjan*, n ° 47145/14, § 287-289, reprenant les principes dégagés dans Cour EDH (GC), 28 nov. 2017, *Merabishvili c. Géorgie*, n° 72508/13.

[208] Cons. const., 15 sept. 2017, *Accès aux archives publiques émanant du Président de la République, du Premier ministre et des autres membres du gouvernement*, déc. n° 2017-655 QPC, § 10. Il est probable qu'une solution semblable aurait été rendue pour des documents administratifs (v. en ce sens, S. Hutier, « La discrète entrée de la transparence administrative dans la jurisprudence constitutionnelle », *Constitutions*, n° 4, 21 mars 2018, p. 599, mentionnant une « parenté »). Certains y voient une décision pragmatique cherchant à éviter que les intéressés rechignent à déposer leurs archives (E. Aubin, « La protection constitutionnelle de la transparence administrative », *Les nouveaux Cahiers du Conseil constitutionnel*, n° 59, 2018/2, p. 35).

[209] CE, 28 juin 2017, *M. François G.*, n° 409568.

[210] Il alléguait que la violation résultait du « pouvoir [du mandataire] de s'opposer seul, et sans explication, au droit […] d'accéder librement aux archives publiques » et d'une façon « discrétionnaire » empêchant « l'exercice du droit à un recours effectif » (cons. 4). C'est bel et bien le Conseil constitutionnel qui a « ajouté le grief tiré de l'article 11 de la DDHC » (M. Verpeaux, « Première utilisation effective de l'article 15 de la Déclaration des droits de l'homme et du citoyen de 1789 », *JCP A*, n° 43-44, 30 oct. 2017, comm. 2265), pour le rejeter au même titre que celui tiré de l'art. 16 (Cons. const., 15 sept. 2017, *op. cit.*, § 11).

[211] Le commentaire mentionne un « paragraphe de principe inédit » (p. 10).

[212] Commentaire, p. 12.

[213] Cons. cons., 15 sept. 2017, *op. cit.*, § 4.

« restrictive [du droit à la liberté d'expression] par rapport à celle du juge européen »[214], ce choix est préjudiciable au droit à la liberté d'expression. En l'état actuel, « il est loisible au législateur d'apporter [...] des limitations liées à des exigences constitutionnelles ou justifiées par l'intérêt général, à la condition qu'il n'en résulte pas d'atteintes disproportionnées »[215]. Les justifications d'intérêt général étant innombrables, le contrôle de l'objectif poursuivi[216] se rapproche d'une formalité[217].

Le contrôle de proportionnalité se cantonnant à la disproportion, il suffit que les limites bénéficient « d'un lien rationnel entre le dispositif législatif et l'objectif poursuivi »[218] et ne soient pas « sans commune mesure avec le résultat recherché »[219]. Si le principe de libre accès aux archives publiques avait été rattaché à l'article 11, ses limitations auraient dû être justifiées par des exigences constitutionnelles uniquement[220], bien moins nombreuses. Surtout, le Conseil constitutionnel aurait pu contrôler la nécessité de ces limites[221], en plus de leur adéquation et de leur proportionnalité *stricto sensu*.

---

214 H. Surrel, « Chronique Conseil constitutionnel et jurisprudence de la Cour EDH », *Les nouveaux cahiers du Conseil constitutionnel*, n° 58, janv. 2018, p. 138. Ce choix peut donc surprendre car d'ordinaire, « tout est fait pour s'assurer de la cohérence de la jurisprudence constitutionnelle avec le standard européen dans le cadre du contrôle de constitutionnalité » (L. Burgorgue-Larsen, « Actualité de la convention européenne des droits de l'homme (janvier-août 2018) », *AJDA*, n° 31, 24 sept. 2018, p. 1770), dont témoigne l'européanisation progressive du contrôle du Conseil constitutionnel (v. V. Goesel-Le Bihan, « Les griefs d'inconstitutionnalité dans la jurisprudence récente du Conseil constitutionnel : entre objectivation, rationalisation et européanisation », *RFDA*, n° 6, 9 janv. 2017, p. 1251).

215 Cons. const., *op. cit.*, déc. n° 2017-655 QPC, § 4. Ces caractéristiques incluent l'art. 15 de la DDHC dans « les droits de "second rang" » (pour la présentation complète de leur régime, v. V. Goesel-Le Bihan, *Contentieux constitutionnel*, Ellipses, Coll. « Cours magistral », 2e édition refondue, 2016, p. 194-196, 216-219 et 228-234).

216 En l'occurrence, la limitation permet d'« accorder une protection particulière » aux documents pouvant « comporter des informations susceptibles de relever du secret des délibérations du pouvoir exécutif et, ainsi, favoriser [leur] conservation et [leur] versement » (Cons. const., *op. cit.*, déc. n° 2017-655 QPC, § 7).

217 Le Conseil constitutionnel a d'ailleurs admis la substitution de motifs (v. V. Goesel-Le Bihan, « Le Conseil constitutionnel, l'erreur de droit et la substitution de motifs », *AJDA*, n° 16, 18 juill. 2016, p. 1417).

218 V. Goesel-Le Bihan, *Contentieux constitutionnel*, *op. cit.*, p. 218.

219 *Idem*, p. 215.

220 Le Conseil constitutionnel s'est parfois contenté d'un simple objectif d'intérêt général de recherche de la paix sociale (Cons. const., 20 mai 2011, *Exception de vérité des faits diffamatoires de plus de dix ans*, déc. n° 2011-131 QPC, cons. 3 et CC, 7 juin 2013, *Exception de vérité des faits diffamatoires constituant une infraction amnistiée ou prescrite, ou ayant donné lieu à une condamnation effacée par la réhabilitation ou la révision*, déc. n° 2013-319 QPC, cons. 5) avant de revenir à sa position initiale (v. V. Goesel-Le Bihan, *op. cit.*, p. 192 et 193 et « Une grande décision : la décision 2016-611 QPC », *AJDA*, n° 8, 6 mars 2017, p. 433).

221 Le contrôle de la nécessité est rare. Concernant le droit à la liberté d'expression, v. Cons. const., 26 janv. 2017, *Loi relative à l'égalité et à la citoyenneté*, déc. n° 2016-745 DC, § 195 ; Cons. const., 10 févr. 2017, *M. David P. [Délit de consultation habituelle des sites internet terroristes]*, déc. n° 2016-611 QPC, § 13 et Cons. const., 15 déc. 2017, *M. David P. [Délit de consultation habituelle des sites internet terroristes II]*, déc. n° 2017-682 QPC, § 13. Ce

Or, la nécessité exige qu'il n'existe aucune possibilité moins attentatoire que celle qui est envisagée de remplir l'objectif poursuivi, ou aucune autre modalité de cette possibilité. Elle permet un contrôle extrêmement exigeant[222] et, contrairement à la proportionnalité *stricto sensu*, inhérent à une « neutralité politique et axiologique légitimant le pouvoir des juges à contrôler les choix d'un législateur démocratiquement élu »[223].

En refusant d'incorporer l'accès aux informations détenues par les autorités publiques dans le droit à la liberté d'expression, le Conseil constitutionnel n'a pas élargi sa substance[224] et s'est privé de cette norme de référence pour son contrôle. La prise en compte de la jurisprudence européenne, dans l'hypothèse où elle deviendrait plus exigeante, sera plus complexe. Un renforcement de l'exigence serait d'ailleurs d'autant moins surprenant, malgré l'applicabilité étroite, que l'application de l'exception est souple (II).

II. L'application souple de l'exception

Tout laisse à penser que la Cour EDH s'est inspirée de sa jurisprudence antérieure (A) afin de systématiser des critères de contrôle avantageux pour la transparence démocratique (B).

A. L'inspiration de la jurisprudence antérieure

Comme n'importe quelle ingérence dans l'exercice du droit à la liberté d'expression, le refus de l'accès à l'information, qui présente un caractère déterminant pour son exercice, doit être conforme au second paragraphe de l'article 10[225]. La Cour EDH commence donc par s'assurer de sa légalité, qui

contrôle induit que la mesure « ne doit pas excéder – par sa nature ou ses modalités – ce qu'exige la réalisation du but poursuivi » (V. Goesel-Le Bihan, *Contentieux constitutionnel, op. cit.*, p. 215).

[222] Quand bien même le contrôle de la nécessité n'a présentement jamais permis à lui seul de déclarer une loi inconstitutionnelle (v. V. Goesel-Le Bihan, « Drôle de nécessité », *AJDA*, n° 6, 19 févr. 2018, trib.), il confère au juge constitutionnel une grande latitude de contrôle.

[223] E. Dubout, « Le côté obscur de la proportionnalité », p. 186, in *Mélanges en l'honneur de Frédéric Sudre, op. cit.* Lorsqu'il bénéficie à un droit subjectif à visée purement individuelle, le contrôle de la nécessité peut donner le « sentiment de la priorité de l'intérêt individuel sur l'intérêt commun » en ce qu'il « implique structurellement le primat de l'intérêt individuel » (p. 187). Lorsqu'il bénéficie au droit à la liberté d'expression au travers d'une transparence démocratique, il poursuit un intérêt collectif. Il implique structurellement le primat de la connaissance collective si l'on paraphrase l'auteur. Le risque de critique est donc annihilé.

[224] Il est difficilement contestable que « reconnaître le principe d'une liberté d'expression sans garantir les moyens de rechercher l'information est un leurre ». Sinon c'est une liberté « vidée *de facto* de tout contenu » (C. Bigot, *La liberté d'expression en Europe. Regards sur douze ans de jurisprudence de la Cour européenne des droits de l'homme (2006-2017)*, PUF, Victoires SA, Coll. « Légipresse », p. 32).

[225] Déjà dans l'arrêt Cour EDH, 26 mai 2009, *Kenedi c. Hongrie*, n° 31475/05, § 43, la Cour EDH avait expliqué qu'« une ingérence dans les droits d'un requérant au titre de l'article 10 § 1

postule la clarté, l'accessibilité et la prévisibilité de la norme appliquée[226]. Elle poursuit en vérifiant sa légitimité, ce qui exige qu'elle ait pour finalité l'un des buts légitimes énumérés, dont la teneur doit être interprétée étroitement[227]. Elle termine en contrôlant sa « nécessité dans une société démocratique », c'est-à-dire la présence d'un besoin social impérieux[228].

Il n'y a aucune singularité dans le contrôle de la légalité et de la légitimité mais il y en a une dans l'application. Toutefois, c'est justement la singularité de cette troisième étape du contrôle qui est orthodoxe dans la jurisprudence de la Cour EDH qui élabore des critères suivant les domaines, tels le conflit de droits entre les articles 8 et 10[229] ou la divulgation d'informations confidentielles[230]. En plus de l'orthodoxie formelle qui vient d'être mentionnée, l'arrêt *Magyar Helsinki Bizottsag* repose sur une orthodoxie substantielle. Tout laisse à croire que la Cour EDH a élaboré les trois autres critères au terme d'une rétrospective de sa jurisprudence.

Dans la décision *Sdružení Jihočeské Matky c. République tchèque*, la Cour EDH a rejeté la requête pour défaut manifeste de fondement en vertu des paragraphes trois et quatre de l'article 35 de la Convention EDH. Elle a jugé l'ingérence proportionnée aux buts poursuivis. Prenant acte du fait que « l'étendue du droit d'accès aux informations [...] est limitée par le libellé du paragraphe 2 de l'article 10 », elle a constaté que des informations sur les « détails techniques » de « construction d'une centrale » ne relevaient pas de l'intérêt général[231]. Que manquait-il ? Un intérêt pour le public. Il n'y avait, en effet, aucun intérêt public à divulguer les détails techniques de la

---

enfreindra la Convention si elle ne remplit pas les conditions énoncées au paragraphe 2 de l'article 10 ». Ce qu'elle a, par exemple, rappelé dans l'arrêt Cour EDH, 28 nov. 2013, *Österreichische Vereinigung zur Erhaltung, Stärkung und Schaffung c. Australie*, n° 39534/07, § 37. V. le § 181 dans l'arrêt *Magyar Helsinki Bizottsag*.

226 Le cas contraire, l'art. 10 est violé par l'illégalité de l'ingérence (Cour EDH, 15 mai 2018, *Unifaun Theatre Productions Limited and Others c. Malte*, n° 37326/13, § 89). Par exemple, si une décision de justice exige l'accès aux documents publics, le maire qui les détient ne peut pas retarder excessivement la communication au prétexte que la loi n'impose pas de délai spécifique, sous peine d'une illégalité par imprévisibilité de la base légale (Cour EDH, 17 févr. 2015, *Guseva c. Bulgarie*, § 57 à 61).

227 Cour EDH, 31 janv. 2006, *Giniewski c. France*, n° 64016/00, § 51. Le cas contraire, l'art. 10 est violé par l'illégitimité de l'ingérence, comme dans l'arrêt Cour EDH, 23 janv. 2018, *Magyar Kétfarkú Kutya Párt c. Hongrie*, n° 201/17, § 3, 6, 17 et 45, où le prononcé d'une amende aux développeurs d'une application permettant de photographier et de commenter son bulletin blanc lors d'un référendum sur la réinstallation des migrants dans leur pays d'origine ne répond à aucun but légitime.

228 Malgré la présence d'un besoin social impérieux, une violation de l'art. 10 peut découler de la disproportion de la sanction (pour un exemple récent, v. Cour EDH, 7 mars 2019, *Sallusti c. Italie*, n° 22350/13, spéc. § 56, 63 et 64).

229 V. Cour EDH (GC), 7 févr. 2012, *Von Hannover c. Allemagne (n° 2)*, n° 40660/08 et 60641/08, § 108 à 113.

230 V. Cour EDH (GC), 12 févr. 2008, *Guja c. Moldova*, n° 14277/04, § 69 à 77.

231 Cour EDH (déc.), 10 juill. 2006, *Sdružení Jihočeské Matky c. République tchèque*, n° 19101/03, § 1.1.

construction d'une centrale qui ne relèvent pas de la transparence démocratique.

Dans l'arrêt *Társaság a Szabadságjogokért c. Hongrie*, la Cour EDH a conclu à l'unanimité à une violation de l'article 10 en raison du refus de la Cour constitutionnelle de communiquer le contenu d'un recours en révision à une association de promotion des droits de l'homme. Elle exerçait pourtant une fonction de chien de garde social, d'où une exigence de protection identique à celle de la liberté de la presse[232], qui est, rappelons-le, très élevée. Qu'est-ce qui faisait défaut ? L'insuffisante prise en compte du rôle de la requérante. La Cour EDH en a profité pour préciser « l'importante contribution de la société civile à la discussion des affaires publiques »[233].

Enfin, dans l'arrêt *Roşiianu c. Roumanie*, la Cour EDH a conclu à l'unanimité à une violation de l'article 10 du fait du refus des autorités publiques de communiquer des informations, pourtant disponibles, alors qu'une décision de justice l'exigeait[234]. Sur quoi la Cour EDH a-t-elle insisté ? La disponibilité de l'information.

En somme, la Cour EDH avait déjà dégagé de façon éparse certains critères de contrôle. Dans son arrêt de Grande chambre *Magyar Helsinki Bizottsag*, elle a bénéficié de l'opportunité de les systématiser (B).

B. La systématisation de la jurisprudence antérieure

La Grande chambre de la Cour EDH, qui exerce une « fonction régulatrice »[235], semble avoir profité du dessaisissement[236] en sa faveur pour systématiser les éléments du contrôle déployés dans des arrêts précédents. Elle a dégagé quatre critères cumulatifs[237]. Le premier, qui vise le but de la demande d'information, se confond avec la phase de l'applicabilité[238]. Il reste à présenter les trois autres[239].

---

[232] Cour EDH, 14 avr. 2009, *Társaság a Szabadságjogokért c. Hongrie*, n° 37374/05, § 26 à 29.

[233] *Idem*, § 27.

[234] Cour EDH, 24 juin 2014, *Roşiianu c. Roumanie*, n° 27329/06, § 67.

[235] H. Surrel, « La Grande chambre joue-t-elle son rôle régulateur dans la détermination des limites de la liberté d'expression ? », in *Les Droits de l'homme à la croisée des droits. Mélanges en l'honneur de Frédéric Sudre*, LexisNexis, 2018, p. 751.

[236] En vertu de l'art. 30 de la Conv. EDH, le dessaisissement est possible lorsque se soulève « une question grave relative à l'interprétation de la Convention ou de ses protocoles, ou si la solution d'une question peut conduire à une contradiction avec un arrêt rendu antérieurement ».

[237] *Contra*, S. Jamal, « Chronique de jurisprudence de la Cour européenne des droits de l'homme (année 2016) », *Journal du droit international (Clunet)*, n° 3, juill. 2017, chron. 9, § 30.

[238] « Pour savoir si l'article 10 trouve à s'appliquer, il faut déterminer si les informations recherchées étaient réellement nécessaires à l'exercice de la liberté d'expression » (§ 159), donc si elles permettaient d'être communiquées une fois reçues.

[239] Dans cet arrêt, il n'y a donc pas de mise en balance entre les art. 8 et 10 (§ 196 : « les intérêts invoqués par le Gouvernement, qui se réfère à l'article 8 de la Convention, ne sont pas d'une nature et d'un degré propres à justifier l'application de cette disposition et leur mise en balance

Premièrement, il faut analyser la nature de l'information qui doit répondre au « critère d'intérêt public »[240]. Cela coïncide avec la notion de débat d'intérêt général[241], purement prétorienne[242], qui est devenue « l'emblème »[243] de la jurisprudence de la Cour EDH et « l'expression la plus évidente du principe de proportionnalité »[244]. « Particulièrement élastique et appréhendée de manière extensive »[245], elle se définit en fonction des circonstances de l'affaire[246]. En sa présence, la marge nationale d'appréciation des États membres est réduite et la nécessité dans une société démocratique est appréhendée de façon restrictive. Ce qui appartient à la transparence, soit explicitement[247], soit implicitement[248], en relève. Dans la décision *Sioutis c. Grèce*, la Cour EDH a expliqué qu'une information qui assure la transparence sur la manière de conduire les affaires publiques ou qui favorise la participation du public à la gouvernance publique répond au critère d'intérêt public[249].

Plus largement, « ont trait à un intérêt public les questions qui touchent le public dans une mesure telle qu'il peut légitimement s'y intéresser, qui éveillent son attention ou le préoccupent sensiblement, notamment parce qu'elles concernent le bien-être des citoyens ou la vie de la collectivité. Tel

---

avec le droit de la requérante découlant du paragraphe 1 de l'article 10 »). *Contra*, P. Piot, « La remise de documents publics par les autorités peut être une exigence conventionnelle fondée sur le droit à exercer sa liberté d'expression », *Gaz. Pal.*, n° 7, 14 févr. 2017, p. 32.

240 § 161 et 162.

241 H. Surrel, « La consécration bienvenue du droit d'accès des "chiens de garde" aux informations d'intérêt public détenues par les autorités », *RTDH*, n° 3, 2017, p. 633. La Cour EDH admet en l'occurrence que « la position privilégiée accordée [...] au discours politique et au débat sur les questions d'intérêt public est un facteur à prendre en compte. La raison pour laquelle l'article 10 § 2 de la Convention laisse peu de place pour des restrictions à ce type d'expression [...] milite de même pour l'octroi d'un droit d'accès à ce type d'informations en vertu de l'article 10 § 1 lorsqu'elles sont détenues par les autorités publiques » (§ 163).

242 Sous une autre dénomination, elle est née dans l'arrêt Cour EDH, 26 avr. 1979, *Sunday Times c. Royaume-Uni*, n° 6538/74. V. F. Sudre (dir.), *Les Grands Arrêts de la Cour européenne des droits de l'Homme*, PUF, 7e éd. mise à jour, 2015, p. 700.

243 L. François, « Le débat d'intérêt général dans la jurisprudence de la Cour de Strasbourg (1re partie) », *Légipresse*, 2014, n° 317, p. 339.

244 C. Bigot, « La protection de la vie privée des hommes politiques dans la jurisprudence de la Cour européenne des droits de l'Homme », *Legicom*, n° 54, 2015/1, p. 152.

245 H. Surrel, « La consécration bienvenue... », *op. cit.*, p. 633.

246 Cour EDH (GC), 10 nov. 2015, *Couderc et Hachette Filipacchi associés c. France*, n° 40454/07, § 97.

247 Par ex., Cour EDH, 18 mai 2004, *Éditions Plon c. France*, n° 58148/00, § 44, Cour EDH, 27 mai 2004, *Vides Aizsardzības Klubs c. Lettonie*, n° 57829/00, § 42 et Cour EDH (GC), 8 nov. 2016, *Magyar Helsinki Bizottsag c. Hongrie*, n° 18030/11, § 161.

248 Par ex., sous la forme d'une « affaire d'État » (Cour EDH, 7 juin 2007, *Dupuis et autres c. France*, n° 1914/02, § 39), du « non-respect éventuel par un personnage public, fut-ce dans la sphère privée, de lois et règlements visant à protéger des intérêts publics importants » (Cour EDH, 17 avr. 2018, *Ergündoğan c. Turquie*, n° 48979/10, § 27) ou plus largement de la corruption (Cour EDH, 17 avr. 2018, *Ostanina c. Russie*, n° 22169/11, § 21).

249 Cour EDH (déc.), 29 août 2017, *Sioutis c. Grèce*, n° 16393/14, § 28.

est le cas également des questions qui sont susceptibles de créer une forte controverse, qui portent sur un thème social important, ou qui ont trait à un problème dont le public aurait intérêt à être informé »[250]. Sont exclues les informations liées au sensationnalisme, au voyeurisme ou à la vie privée d'autrui[251].

Deuxièmement, il faut prêter attention au rôle du requérant, notamment s'il constitue un « chien de garde »[252]. La Cour EDH y incorpore la presse, les organisations non gouvernementales, les chercheurs universitaires, les auteurs d'ouvrages sur des sujets d'intérêt public, les blogueurs et les utilisateurs populaires des médias sociaux, donc la société civile[253]. Si d'aucuns ont pu « reste[r] perplexe[s] »[254] devant cette assimilation, elle mérite d'être saluée. On connaît les risques à exclure les citoyens du débat public, ou tout du moins à leur dénier une légitimité pour leur prétendue incompétence ou leur supposée incompréhension des enjeux[255]. On sait également qu'un microcosme, comme le champ journalistique, tend inévitablement à s'homogénéiser[256]. Il est donc primordial que n'importe quel citoyen compétent puisse se comporter en chien de garde, sachant que sa « capacité performative à véridire »[257] est globalement inférieure à celle de la presse ou d'une ONG.

Troisièmement, il faut vérifier la disponibilité de l'information[258]. Dans l'arrêt *Bubon c. Russie*, un avocat voulait obtenir des données statistiques sur la prostitution et sa lutte dans une région russe. Elles étaient disponibles mais « une charge de travail considérable » en aurait découlé puisqu'il demandait aux autorités elles-mêmes de « traiter » et « résumer » les informations selon des « critères spécifiques »[259]. C'est donc à l'unanimité que la Cour EDH a conclu à la non-violation de l'article 10.

---

[250] § 162. V. aussi Cour EDH (GC), 10 nov. 2015, *Couderc et Hachette Filipacchi associés c. France*, n° 40454/07, § 97.

[251] Par ex., Cour EDH (déc.), 29 août 2017, *Sioutis c. Grèce*, n° 16393/14, § 28. Cela permet d'équilibrer la transparence, utile lorsqu'elle relève de la sphère démocratique au sens large, mais néfaste lorsqu'elle n'est pas bornée.

[252] § 168.

[253] § 165 à 168.

[254] F. Sudre, « Droit de la Convention européenne des droits de l'homme », *JCP G*, n°s 1-2, 9 janv. 2017, chron. 32, p. 57.

[255] V., par ex., C. Lasch, *La Révolte des élites et la trahison de la démocratie*, Flammarion, coll. « Champs essais », 2018, spéc. p. 15 à 34 et 89 à 100.

[256] V., par ex., P. Bourdieu, *Sur la télévision* suivi *de L'emprise du journalisme*, Raisons d'agir, 44e éd., 2008, spéc. p. 9 à 78. « Quand on fait de la sociologie, on apprend que les hommes ou les femmes ont leurs responsabilités mais qu'ils ou elles sont grandement définis dans leurs possibilités et leurs impossibilités par la structure dans laquelle ils sont placés et par la position qu'ils occupent dans cette structure » (p. 62).

[257] L'expression est empruntée à Frédéric Lordon dans *La Condition anarchique. Affects et institutions de la valeur*, Seuil, coll. « L'ordre philosophique », 2018, p. 42.

[258] § 170.

[259] Cour EDH, 7 févr. 2017, *Bubon c. Russie*, n° 63898/09, not. les § 6, 8, 40, 43 et 45.

Dans l'arrêt de Grande chambre *Magyar Helsinki Bizottsag*, l'article 10 a été violé parce que « les informations demandées étaient les noms des avocats commis d'office et le nombre de fois où ils avaient été commis dans certains ressorts », afin d'étudier « l'efficacité du système des commissions d'office », ce qui constituait un « sujet d'intérêt public légitime ». La requérante suspectait un « schéma de désignations récurrentes » à cause du caractère « dysfonctionnel » du dispositif, ce qui nuirait le cas échéant au droit à un procès équitable, donc à « l'essence même d'un droit garanti par la Convention »[260].

Dans l'arrêt *Cangi c. Turquie*, un avocat membre d'une ONG, donc un « chien de garde public », souhaitait informer le public sur un sujet d'intérêt général, en l'occurrence un « projet de conservation du site antique d'Allianoi et [...] la construction du barrage de Yortanli ». Les informations étaient disponibles et ne faisaient pas peser de charge particulièrement lourde sur les autorités publiques[261]. Le rejet de sa demande « visant à obtenir une copie officielle du procès-verbal [d'une] réunion » a donc violé l'article 10[262].

La jurisprudence européenne peut désormais exposer la France au risque d'une condamnation. Certes, le libre accès aux informations détenues par les autorités publiques est relativement vaste[263], parce qu'il fait partie des « garanties fondamentales accordées aux citoyens pour l'exercice des libertés publiques »[264], mais la France demeure rétive à certaines formes de transparence démocratique. Par exemple, il ne pèse toujours aucune obligation de transparence auprès de la population concernant les donations que les partis politiques obtiennent de personnes privées[265].

Imaginons un individu qui conteste le refus d'accéder à une information parmi les « mesures d'instruction, rapports et diverses communications de la Cour des comptes », qui « ne sont pas communicables »[266]. Le droit français ne prévoit pas d'application au cas par cas, suivant certains critères, de cette exclusion. Or une violation de l'article 10 est possible même si l'ingérence est

260 *Magyar Helsinki Bizottsag*, § 194 et 197.
261 Cour EDH, 29 janv. 2019, *Cangi c. Turquie*, n° 24973/15, not. les § 32, 34, 35, 36, 44 et 45.
262 *Idem*, § 21 et 45. Plus précisément, « l'ingérence litigieuse n'était pas "prévue par la loi" au sens du paragraphe 2 de l'article 10 de la Convention » (§ 44).
263 V. M. Puybasset, « Le droit à l'information administrative », *AJDA*, n° 25, 14 juillet 2003, p. 1307. Guy Braibant y percevait même la 3e génération des droits de l'Homme (« Droit d'accès et droit à l'information », *in Service public et libertés. Mélanges offerts au professeur R.-E. Charlier*, Éditions de l'Université de Paris, 1981, p. 703).
264 CE, 29 avr. 2002, *M. Gabriel Ullmann*, n° 228830, *Lebon*. Ces dispositions relèvent donc de l'art. 34 de la Constitution (V. P. Raimbault, « L'accès aux documents administratifs consacré comme nouvelle garantie fondamentale », *AJDA*, n° 9, 9 sept. 2002, p. 691).
265 Sur ce point, v. J. Cage, *Le Prix de la démocratie*, Fayard, 2018, spéc. p. 57 à 133.
266 Art. L141-3 du Code des juridictions financières, confirmé par l'art. L311-5 du Code des relations entre le public et l'Administration.

légale, donc prévue par une loi claire, accessible et prévisible[267], et légitime, donc répondant à un des buts énumérés au second paragraphe de l'article 10[268]. Rappelons que dans l'arrêt de Grande chambre *Magyar Helsinki Bizottsag*, le droit hongrois excluait lui aussi, de façon légale et légitime, les données à caractère personnel[269]. Ce qui n'a pas empêché une violation de l'article 10. Et la Cour EDH de préciser clairement que « le droit hongrois pertinent, tel qu'interprété par les juridictions internes compétentes, excluait toute appréciation sérieuse du respect du droit de la requérante à la liberté d'expression au regard de l'article 10 [...]. Or, dans le cas d'espèce, toute restriction à la démarche de l'intéressée visant à publier l'étude en question – qui avait pour but de contribuer à un débat sur une question d'intérêt général – aurait dû faire l'objet d'un contrôle minutieux »[270].

Somme toute, quoique la Cour EDH n'impose pas de régime législatif particulier pour la transparence démocratique, ce qu'elle a affirmé clairement dans la décision *Times Newspapers Limited et Kennedy c. Royaume-Uni*, elle tient à ce qu'il corresponde aux exigences de l'article 10 « lu à la lumière de la jurisprudence la plus récente »[271]. Pèse donc sur la France l'épée de Damoclès du « rapport raisonnable de proportionnalité entre la mesure litigieuse et le but légitime poursuivi »[272].

---

[267] Dans l'arrêt *Magyar Helsinki Bizottsag*, la Cour EDH a refusé de trancher (§ 184) la « divergence d'opinions » (§ 183) entre le Gouvernement, pour qui les avocats étaient des personnes privées et la requérante, pour qui ils faisaient partie des « autres personnes accomplissant une mission publique » (§ 182 et 183). Dans le premier cas, il n'y avait pas de droit d'accès aux informations, dans le second cas si (§ 182). Elle a donc admis la conception du Gouvernement qui reposait sur celle de la Cour suprême de Hongrie (§ 185). Il n'y avait donc pas, en droit hongrois, de transparence démocratique sur ce point, ce qui a constitué « l'élément central sur lequel repos[ait] le grief de la requérante » (§ 188).

[268] Dans l'arrêt *Magyar Helsinki Bizottsag*, « les arguments avancés par le Gouvernement sont pertinents mais non suffisants » (§ 200). Pertinents parce que le refus de l'accès permettait effectivement de remplir le but légitime de protection des droits d'autrui (§ 186), à savoir la vie privée des avocats commis d'office qui ne constituent pas des personnes accomplissant une mission de service public (§ 182). Insuffisants parce que leurs noms étaient des données à caractère personnel qui ne relevaient pas de leur vie privée. Ils concernaient « principalement la conduite d'activités professionnelles dans le cadre de procédures publiques » (§ 194), d'autant qu'il était possible d'y accéder autrement mais de façon bien plus complexe (§ 195).

[269] V. F. Sudre, « Droit de la Convention européenne des droits de l'homme », *JCP G*, n° 1-2, 9 janv. 2017, chron. 32, p. 57-58. C'est d'ailleurs l'un des trois écueils du juge islandais dans son opinion dissidente jointe à l'arrêt *Magyar Helsinki Bizottsag* (§ 39 et 40).

[270] *Magyar Helsinki Bizottsag*, § 199.

[271] Cour EDH (déc.), 13 nov. 2018, *Times Newspapers Limited et Kennedy c. R-U*, n° 64367/14, § 81 et 82.

[272] *Magyar Helsinki Bizottsag*, § 200.

Autorité administrative indépendante, entre indépendance et transparence

Carole Razafindrakoto
Assistant d'Enseignement Supérieur

« *Le secret, ce n'est pas un objet en tant que tel, c'est ce qui recouvre l'objet, c'est ce qui rend celui-ci inaccessible à la connaissance : le secret ce n'est pas l'objet, c'est le mystère de l'objet.* » Frisson – Roche M. A., *Secret et profession, Secret professionnel*, Édition Autrement, 1999[273].

Rechercher la transparence de l'objet implique de dévoiler l'objet dans son entièreté, ce « mystère » qui l'entoure. La transparence devrait commencer par cette aptitude à reconnaître l'objet dans son fonctionnement, à en identifier les rouages, à en déceler les moindres vices. Pour pouvoir parler de transparence, il faut ainsi commencer par identifier l'objet dont il est question. Et la transparence prend tout son sens quand le sujet porte sur les Autorités Administratives Indépendantes ou AAI. Longtemps considérées comme « *objet administratif non identifié* »[274], les Autorités administratives indépendantes (AAI) se sont imposées dans le paysage institutionnel de plusieurs pays à l'instar de la France et de Madagascar et brillent par leurs hétérogénéités que ce soit dans leurs statuts, leurs compositions, leurs modes de rémunération ou encore le pouvoir qu'elles exercent. Leur singularité, mise à part leur indépendance vis-à-vis de tous les systèmes hiérarchiques, réside justement dans cette diversité incroyable et cette capacité de disposer d'autant de latitude dans la fixation de son régime juridique. Dans son rapport de 2001[275], le Conseil d'État français constate qu'« *aucune logique d'ensemble préétablie ne guide le mouvement de création des autorités administratives indépendantes ; le recours à la formule ne fait que répondre à chaque fois à un problème spécifique* », une position que partage l'Assemblée nationale française qui a été à la fois actrice et spectatrice de la prolifération des AAI.

---

[273] Citée par http://www.justice.gouv.fr/art_pix/scpc2003-1.pdf, p. 1.

[274] « Qu'est-ce qu'une AAI, sinon un objet administratif non identifié, qui exerce des fonctions relevant de la compétence du gouvernement, et qui est donc issu d'un abandon de ses attributions par ce dernier ? Il n'existe pas de définition ; le législateur est hésitant : il y a des "autorités administratives" qui ne sont pas "indépendantes" et des "autorités indépendantes" pas "administratives". Pourquoi certaines AAI sont-elles dotées de la personnalité morale et pas d'autres ? Mystère. » (Cf. Rapport d'information n° 616 (2013-2014) de M. Patrice Gélard, au nom de la commission des lois, Autorités administratives indépendantes – 2006-2014 : un bilan, 11 juin 2014, p. 62).

[275] Conseil d'État, Rapport public pour 2001, « Les autorités administratives indépendantes, Études et documents n° 52 », 30 novembre 2000, p. 263.

Le foisonnement des AAI semble toutefois correspondre et répondre à une logique d'attentes étatiques, des « considérations légitimes »[276] et servir aux États quand les circonstances s'y prêtent. Il est en effet constaté que, mis à part quelques exceptions[277], l'État reste le premier précurseur de la création de ces institutions, un état de fait résultant du caractère administratif de l'institution mais également et surtout pour des raisons d'ordre politique et juridique : les AAI constituaient des « *réponses médiatiques à des scandales* »[278] et servaient ainsi à réguler des secteurs sensibles de la vie sociale pouvant menacer la liberté des citoyens. De par leur caractère indépendant, leur création permettait en effet un désengagement de l'État dans certains domaines où l'intervention directe de l'État est désormais jugée inopportune. La méfiance des citoyens envers une administration trop présente et parfois jugée partiale a conduit cette dernière à rechercher de nouveaux modes de régulation sociale[279] permettant des actions répondant à de nouvelles exigences. Tout en étant exemptées du système hiérarchique de l'Administration, les AAI disposent de moyens d'expression plus diversifiés alliant pouvoirs juridiques classiques et pouvoirs plus souples et/ou plus concertés (avis, observations, conseils, rapport, etc.). C'est ainsi que le juge constitutionnel malgache définit l'AAI comme étant : « [...] *une institution administrative de l'État, chargée en son nom, d'assurer la régulation de certains secteurs considérés comme essentiels et pour lesquels le Gouvernement veut éviter d'intervenir trop directement* »[280]. La diversité – ou l'absence – des règles entourant les AAI se justifie par le fait que la création de ces institutions d'un genre nouveau résulte surtout de conjonctures spécifiques.

---

[276] Assemblée nationale, Jean-Luc Warsmann, « Rapport fait au nom de la commission des lois constitutionnelles, de la législation et de l'administration générale de la République, sur la proposition de loi organique, adoptée par le Sénat, relative aux autorités administratives indépendantes et autorités publiques indépendantes n° 3477, et la proposition de loi, adoptée par le Sénat, portant statut général des autorités administratives indépendantes et des autorités publiques indépendantes (n° 3476) », n°s 3689 et 3693, 26 avril 2016. p. 14.

[277] La CADA ou Commission d'accès aux documents administratifs, instituée par la loi n° 78-753 du 17 juillet 1978 portant diverses mesures d'amélioration des relations entre l'administration et le public, résulte d'une initiative des Parlementaires français. En effet, la création de cette AAI fait suite à un amendement apporté par le Sénat en première lecture au projet de loi proposé par le gouvernement français, amendement qui fut relayé et renforcé par l'Assemblée nationale en deuxième lecture, sous l'impulsion notamment du député Michel Aurillac, membre de la Commission des lois et rapporteur du projet initial du gouvernement à l'Assemblée nationale.

[278] Sénat, « Rapport n° 126 fait au nom de la commission d'enquête (1) sur le bilan et le contrôle de la création, de l'organisation, de l'activité et de la gestion des autorités administratives indépendantes », Session ordinaire 2015-2016, France, p. 9.

[279] De Villiers M. (dir.), *Droit public général*, Litec, 2002, p. 221.

[280] Décision de la Haute cour constitutionnelle n° 07-HCC/D3 du 22 janvier 2018 concernant la loi n° 2017-047 sur le Développement de l'Industrie (LDI).

Espérer l'uniformisation du modèle juridique unique des AAI semble alors utopique et contraire à l'esprit même qui guide la création des AAI qui est d'« *apporter une réponse adaptée à un problème spécifique* »[281]. Cependant, le besoin d'uniformisation des règles régissant les AAI s'est fait ressentir dans la mesure où « *l'établissement d'un cadre général apporterait donc une plus grande lisibilité au régime des AAI, satisfaisant ainsi l'objectif constitutionnel d'intelligibilité de la loi* »[282] sans pour autant remettre en cause l'adaptabilité propre à chaque AAI. C'est en ce sens que l'Office parlementaire de 2006[283] propose en sa 9e recommandation d'« *Adopter un cadre législatif définissant les caractéristiques communes des AAI au regard de leur indépendance, de leurs procédures de sanction et de la publication d'un rapport annuel.* »

Ce n'est cependant qu'en 2017 que la France décide de légiférer sur les AAI et les Autorités Publiques Indépendantes par la loi organique n° 2017-54 du 20 janvier 2017 relative aux autorités administratives indépendantes et autorités publiques indépendantes et la loi n° 2017-55 du 20 janvier 2017 portant statut général des autorités administratives indépendantes et des autorités publiques indépendantes. Cet essai d'uniformisation est, selon l'Assemblée nationale, rendu nécessaire et vise à « *définir un cadre juridique commun à l'ensemble des AAI et API sans pour autant effacer les spécificités de chacune lorsque ces dernières sont pertinentes* »[284].

Cependant, malgré la démarche d'harmonisation entreprise par le législateur, une grande hétérogénéité des AAI est toujours palpable. Dans son rapport de 2017, la Cour des comptes estime que cette hétérogénéité répond au caractère « sur mesure » de chaque AAI[285]. Et si l'indépendance des AAI ne peut être remise en cause, l'hétérogénéité des AAI crée une opacité de son régime, ce qui pose la difficulté fondamentale de toute notion de contrôle.

Or, bien qu'« indépendance » exclut en principe et par nature le « contrôle », dissocier les AAI de toute notion de contrôle au profit de leur caractère fondamentalement indépendant serait les considérer comme étant « un État dans l'État »[286] avec ses propres règles et ses propres limites et

---

281 Conseil d'État, Rapport public pour 2001, « Les autorités administratives indépendantes, Études et documents n° 52 », 30 novembre 2000, p. 328.

282 Rapport n° 404 (2005-2006) de M. Patrice Gélard, au nom de l'Office parlementaire d'évaluation de la législation, « Les autorités administratives indépendantes : évaluation d'un objet juridique non identifié », 15 juin 2006, p. 83.

283 Rapport n° 404 (2005-2006) *op. cit.*, p. 12.

284 Assemblée nationale, Jean-Luc Warsmann, « Rapport fait au nom de la commission des lois constitutionnelles, de la législation et de l'administration générale de la République, sur la proposition de loi organique, adoptée par le Sénat, relative aux autorités administratives indépendantes et autorités publiques indépendantes n° 3477, et la proposition de loi, adoptée par le Sénat, portant statut général des autorités administratives indépendantes et des autorités publiques indépendantes (n° 3476) », nos 3689 et 3693, 26 avril 2016. p. 13.

285 Cour des comptes, Autorités administratives et publiques indépendantes : politiques et pratiques de rémunération (2011-2016) – décembre 2017.

286 Sénat, Rapport n° 126, *op. cit.*

auquel cas, l'État – pour ainsi dire, traditionnel, n'aurait aucune emprise. Opter pour ce montage juridique d'anti-contrôle innoverait les relations entre les différents acteurs du système administratif lesquels ont toujours trouvé leurs spécificités dans l'existence de contrôle[287]. Et que ce soit dans le cadre de la décentralisation ou de la déconcentration ou toute autre forme de système administratif, l'objectif reste le même, celui de défendre l'unité de l'État, une unité qui ne peut être atteinte que si toutes les entités qui s'y trouvent sont soumises aux mêmes règles : l'État de droit. Cet « État de droit » suppose par-là même, l'existence de contrôle assurant son respect. Et une notion persiste également au-delà de cette indépendance, celle de la redevabilité envers les administrés. Elle est d'ailleurs consacrée par l'article 15 de la Déclaration universelle des droits de l'homme et des citoyens lequel précise que « *La société a le droit de demander compte à tout agent public de son administration* ». La nécessité de transparence de l'administration est ainsi consacrée. Deux notions tout aussi essentielles l'une que l'autre sont donc en présence. Une conciliation est inévitable mais elle ne peut être parfaite au risque de dénaturer la raison d'être de ces Autorités administratives dites indépendantes. Ironiquement, un nombre non négligeable d'AAI œuvrent pour une meilleure transparence de l'administration à l'instar de la Commission d'accès aux documents administratifs (CADA)[288] qui est l'autorité de régulation chargée de veiller à l'application du principe de droit à l'information consacré par la loi relative aux relations entre l'administration et le public. Le CADA participe donc activement à l'introduction d'une culture de la transparence dans l'administration publique[289]. Existent également la Commission nationale des débats publics (CNDP)[290] dont la mission consiste à veiller à la bonne information et participation du public à l'élaboration des plans et programmes d'aménagement et d'équipement d'intérêt national ou local[291], la Haute autorité pour la transparence de la vie publique (HATVP)[292] issue d'un long processus de recherche de la probité des responsables publics qui a débuté dans les années 90, ou encore la Commission nationale informatique et liberté (CNIL)[293] qui est le fruit de réforme d'une administration se voulant plus transparente dans ses actions.

---

287 De Villiers M. (dir.), *Droit public général*, Litec, 2002, p. 163.

288 CADA créée par la loi du 17 juillet 1989 relative aux relations entre l'administration et le public.

289 Lassere B., Lenoir N., Stirn B., *La transparence administrative*, PUF, 1988.

290 CNDP créée par la loi n° 2002-276 du 27 février 2002 relative à la démocratie de proximité.

291 Cf. http://www.ifrap.org/etat-et-collectivites/focus-sur-la-commission-nationale-du-debat-public

292 Créée par les lois n° 2013-906 et n° 2013-907 du 11 octobre 2013 relatives à la transparence de la vie publique.

293 Créée par la loi n° 78-17 du 6 janvier 1978 relative à l'informatique, aux fichiers et aux libertés.

Mais si la transparence est *« érigée en véritable axiome »*[294] dans le langage administratif traditionnel, il en va autrement avec les AAI sur lesquelles pèse une grande complexité qui le détache de toute emprise, même celle de la transparence. La transparence administrative s'est imposée dans le fonctionnement des AAI (I) mais l'indépendance nécessaire à l'existence des AAI ne peut conférer qu'une portée limitée à la nécessité de transparence (II).

I. La transparence comme condition de légitimité d'une nouvelle administration

Au fil des réformes administratives, la transparence est devenue une valeur phare des idéaux démocratiques[295]. Selon le concept de Jacques Chevallier, la transparence administrative allie trois types de signification[296] : la communication[297], la publicité[298] et la proximité[299]. Le principe de la transparence est établi (A) et son application au niveau des Autorités administratives indépendantes est sollicitée (B).

A. Un idéal, une vision, une nécessité d'une époque en quête d'une administration moins bureaucratique

Remettre en cause la nécessité de la transparence administrative à l'époque actuelle serait comme discuter de la véritable rotondité de la Terre tant le principe est acquis. En effet, la transparence s'est imposée face à l'opacité entourant l'administration[300], ses règles prétoriennes, changeantes, imprécises où l'unilatéralité est le maître mot. L'opacité administrative n'est plus admise dans une ère où tout est accessible, où le monde tient en un clic. Les administrés ne se contentent plus d'accepter les règles, ils réclament de comprendre, de participer[301], voire de contrôler. Le culte du silence – qui était auparavant, l'assurance de l'efficacité administrative, est devenu source de

---

[294] Chevallier J., « Le mythe de la transparence administrative », in *Information et transparence administratives*, PUF, 1988, p. 239.

[295] Pour J.-J. Rousseau, « La transparence est la vertu des belles âmes », *in* J. D. Bredin, *Secret, transparence et démocratie*, Seuil, 1997.

[296] Chevallier J., *op. cit.*, p. 252.

[297] « Une administration qui se laisse pénétrer, qui accepte de faire connaître le sens de ses décisions », Chevallier J., *op. cit.*, p. 252.

[298] « Une administration qui laisse apparaître aux yeux de tous sa logique interne d'organisation et de fonctionnement, les ressorts cachés de son action, en devenant une "administration au grand jour", une "maison de verre" », Chevallier J., *op. cit.*, p. 252.

[299] « Une administration qui adhère à la société, au point que toute distance effective entre elles s'efface », Chevallier J., *op. cit.*, p. 252.

[300] « *C'est la transparence qui semble l'emporter sur le secret au fil des évolutions de notre société et des réformes législatives et administratives qui l'ont érigée en principe fondamental de l'action publique.* » (Cf. Sauve J.-M., « La transparence et efficacité de l'action publique », Assemblée générale de l'Inspection générale de l'administration, 3 juillet 2017).

[301] Chevallier J., *op. cit.*, p. 245.

méfiance à l'égard des administrés[302]. Une des critiques traditionnelles récurrentes subie par l'administration est en effet ce manque ou absence de lisibilité de ses actions[303]. La transparence appelle une nécessaire modernisation de l'administration. C'est en ce sens que la clarification des répartitions de compétences entre administrations a été opérée, une meilleure coordination entre les administrations ainsi qu'une politique de communication plus efficace[304] sont alors envisagées. L'on assiste alors à l'émergence d'une *citoyenneté administrative*[305] où les droits des administrés tournent autour de deux axes stratégiques : « le droit de comprendre » et « le droit au service public »[306]. Les politiques nationales ont alors évolué en ce sens à l'instar de celle de Madagascar[307]. Pour le cas français, de nouvelles législations au profit des administrés ont vu le jour : création du médiateur de la République (1973), accès aux documents administratifs (1978), protection des droits des particuliers en matière d'informatique et de fichiers (1978), motivation des actes administratifs (1979)[308] ou encore le Code des relations entre le public et l'administration. Intégrer le concept de la transparence implique en effet la volonté d'informer, de communiquer avec les citoyens, d'expliquer sa manière de gouverner[309], d'éviter qu'il n'y ait plus de zone d'ombre dans le fonctionnement de l'administration.

Le concept de la transparence administrative ne concerne pas que l'administration en tant qu'institution juridiquement organisée, dotée de compétences, de moyens et de personnels et chargée d'une mission ou d'une fonction[310], il touche également les autorités œuvrant pour l'administration[311], lesquelles doivent faire preuve de dignité, probité et intégrité et veiller à prévenir ou à faire cesser immédiatement tout conflit d'intérêts[312]. En effet, cet aspect de la transparence est consacré par la législation française de par la loi n° 2013-907 du 11 octobre 2013. Et au vu de ce texte de loi, la transparence

---

302 Sauve J.-M., *op. cit.*

303 Oberdorff H., *Les Institutions administratives*, Éd. Armand Colin, 1998, p. 169.

304 *Ibid.*, p. 171.

305 *Ibid.*, p. 191.

306 *Ibid.*

307 En effet, promouvoir et renforcer la culture de la transparence et de la redevabilité fait partie des objectifs du Plan national de développement 2015-2019 malgache dans son volet « Administration publique et territoriale efficiente et efficace ». La transparence de l'administration malgache a comme visée la réhabilitation de l'administration et l'instauration de l'autorité de l'État. Cf. Plan national de développement 2015-2019, Madagascar, p. 66.

308 De Villiers M. (dir.), *op. cit.*, p. 178.

309 Zetlaoui T., « Les mirages technologiques de la transparence administrative ». *In* Quaderni, n° 52, Automne 2003. *Secret et pouvoir : les faux-semblants de la transparence*. p. 67-76.

310 Oberdorff H., *op. cit.*, p. 1.

311 L'article premier de la loi n° 2013-907 du 11 octobre 2013 relative à la transparence de la vie publique précise qu'il s'agit des membres du gouvernement, des personnes titulaires d'un mandat électif local ainsi que celles chargées d'une mission de service public.

312 Cf. art. 1 de la loi n° 2013-907 du 11 octobre 2013 relative à la transparence de la vie publique.

peut s'acquérir au travers de plusieurs principales obligations : obligation d'abstention[313], obligation de déclaration de la situation patrimoniale et des intérêts détenus par l'autorité concernée[314] mais également une obligation de transparence des rapports entre le représentant d'intérêts et le pouvoir public à travers la publication d'un répertoire numérique faisant état d'information concernant leurs relations[315].

Ces réformes ou modernisation ayant comme visée la transparence ont contraint l'administration à la création d'une entité apte à veiller au respect de ce principe en la dotant de pouvoirs de réglementation, de contrôle et de répression, une entité qui sera la clé de voûte de la réforme : les Autorités administratives indépendantes[316]. En effet, l'indépendance des AAI leur permet – dans une logique très poussée, d'être le « gendarme de l'administration »[317]. Néanmoins, même si elles revêtent le rôle d'administration de régulation, cette régulation est plus portée vers l'atteinte des objectifs qui sont assignés aux entités contrôlées, voire les parfaire vers toute idée de sanction. C'est au vu de cette considération que ces autorités se

---

[313] Cf. art. 2 de la loi n° 2013-907 du 11 octobre 2013 relative à la transparence de la vie publique (modifié par la loi n° 2017-1339 du 15 septembre 2017 – art. 6) : « I. – Au sens de la présente loi, constitue un conflit d'intérêts toute situation d'interférence entre un intérêt public et des intérêts publics ou privés qui est de nature à influencer ou à paraître influencer l'exercice indépendant, impartial et objectif d'une fonction.
Lorsqu'ils estiment se trouver dans une telle situation :
1° Les membres des collèges d'une autorité administrative indépendante ou d'une autorité publique indépendante s'abstiennent de siéger ou, le cas échéant, de délibérer. Les personnes qui exercent des compétences propres au sein de ces autorités sont suppléées suivant les règles de fonctionnement applicables à ces autorités ;
2° Sous réserve des exceptions prévues au deuxième alinéa de l'article 432-12 du Code pénal, les personnes titulaires de fonctions exécutives locales sont suppléées par leur délégataire, auquel elles s'abstiennent d'adresser des instructions ;
3° Les personnes chargées d'une mission de service public qui ont reçu délégation de signature s'abstiennent d'en user ;
4° Les personnes chargées d'une mission de service public placées sous l'autorité d'un supérieur hiérarchique le saisissent ; ce dernier, à la suite de la saisine ou de sa propre initiative, confie, le cas échéant, la préparation ou l'élaboration de la décision à une autre personne placée sous son autorité hiérarchique [...] ».

[314] Cf. art. 4 de la loi n° 2013-907 : « *Chacun des membres du Gouvernement, dans les deux mois qui suivent sa nomination, adresse personnellement au président de la Haute Autorité pour la transparence de la vie publique prévue à l'article 19 de la présente loi une déclaration exhaustive, exacte et sincère de sa situation patrimoniale concernant la totalité de ses biens propres ainsi que, le cas échéant, ceux de la communauté ou les biens indivis. [...] Dans les mêmes conditions, chacun des membres du Gouvernement adresse au président de la Haute Autorité, ainsi qu'au Premier ministre, une déclaration faisant apparaître les intérêts détenus à la date de sa nomination et dans les cinq années précédant cette date* [...] ».

[315] Cf. art. 18.1 de la loi n° 2013-907 : *« Un répertoire numérique assure l'information des citoyens sur les relations entre les représentants d'intérêts et les pouvoirs publics. Ce répertoire est rendu public par la Haute Autorité pour la transparence de la vie publique* [...] ».

[316] De Villiers M. (dir.), *op. cit.*, p. 181.

[317] Oberdorff H., *op. cit.*, p. 32.

trouvent à mi-chemin entre le contrôle direct par l'État et le contrôle juridictionnel[318].

Les AAI constituent ainsi un élément essentiel de la transparence administrative tant et si bien qu'elles semblent bénéficier d'une « *irréfragable présomption d'impartialité* »[319]. Ce gage d'indépendance dont elles font figure n'a cependant pas empêché le législateur de les inclure dans les maillons des institutions administratives dont la transparence est à surveiller... de près.

B. Les AAI : Autorités Administratives Indépendantes se devant d'être transparentes

« *La transparence devient alors la règle, l'opacité, l'exception et le secret positif puisque délimité et contrôlé* [...] »[320]. Les AAI n'ont pas échappé à la réforme dont elles sont elles-mêmes les outils. Et il est constaté que les autorités gardiennes de la transparence sont loin d'être des modèles en la matière. L'approche « transparence » ne peut en effet être abordée que sous les auspices d'une culture d'information de l'administré[321], un de ses concepts phares. Ce n'est en effet que de par l'information qui lui a été donnée que l'administré peut identifier les incartades de l'administration et agir en conséquence. En ce sens, les informations fournies par l'administration doivent pouvoir faire ressortir les règles auxquelles elle entend se soumettre. Ces règles telles que la durée des mandats, les règles d'incompatibilité, les exigences de compétence auxquelles doivent être soumises les personnalités qualifiées et le respect des règles déontologiques[322], serviront alors des références pour l'administré afin de pouvoir jauger l'efficacité de l'administration, que ce soit directement ou par autorité interposée, à savoir le Parlement et les juridictions.

C'est dans cette optique que, dans son rapport d'activité de 2016, la Haute Autorité pour la Transparence de la Vie Publique (HATVP) estime que « *l'absence d'un cadre général définissant avec exhaustivité le champ et le régime juridique des AAI et API était facteur d'insécurité juridique pour les personnes soumises aux obligations déclaratives* ». En effet, certaines AAI et

---

[318] De Villiers M. (dir.), *loc. cit.*

[319] Conseil d'État, Rapport public pour 2001, *op. cit.*, p. 275.

[320] Zetlaoui T., « Les mirages technologiques de la transparence administrative ». In : *Quaderni*, n° 52, Automne 2003. *Secret et pouvoir : les faux-semblants de la transparence*, p. 67.

321 L'information de l'administration est définie par l'OCDE comme étant une relation unidirectionnelle dans laquelle l'administration produit et fournit des informations à l'intention des citoyens. Elle englobe à la fois la fourniture « passive » d'informations, qui résulte d'une demande des citoyens, et les mesures « actives » de diffusion de l'information aux citoyens prises par les pouvoirs publics (Cf. Note OCDE, *Impliquer les citoyens*, juillet 2001, p. 2).

[322] « Office parlementaire d'évaluation de la législation », Patrice Gélard, Rapport n° 404 (2005-2006) et n° 3166 sur Les autorités administratives indépendantes, 2006, p. 9.

Autorités Publiques Indépendantes (API) sont soumises aux obligations de déclaration prévues par la loi n° 2013-907 du 11 octobre 2013 relative à la transparence de la vie publique. Toutefois, la HATVP constate que ces autorités ne sont pas clairement identifiées par la législation en vigueur de l'époque. Aussi, pour pallier ce vide juridique, la HATVP a dû prendre comme référence la liste des AAI recensées sur Légifrance. Ce n'est qu'à la suite de ce constat qu'a été modifié par deux fois l'article 11 de la loi n° 2013-907 et qu'une liste limitative des AAI et API a été établie[323].

Cette soumission des AAI aux prescriptions de la HATVP est d'ailleurs reprise principalement aux articles 9[324] et 12 de la loi n° 2017-55 du 20 janvier 2017 portant statut général des autorités administratives indépendantes et des autorités publiques indépendantes. Et si la transparence est imposée aux membres vis-à-vis du public, cette transparence est également imposée entre les membres des AAI. En effet, l'article 11 de la loi n° 2017-055 précise que la déclaration d'intérêts déposée par un membre est mise, de manière permanente, à la disposition des autres membres de l'autorité au sein de laquelle il siège.

Selon la Cour des comptes française, le corollaire de la liberté dont les AAI sont tributaires devrait être un autocontrôle exigeant[325]. Dans le même ordre d'idées, l'Office parlementaire d'évaluation de la législation estime que les garanties d'autonomie des autorités administratives indépendantes ne pouvaient être maintenues ou fortifiées que si ces autorités faisaient parallèlement l'objet d'un contrôle approfondi du Parlement[326]. L'article 21 de loi n° 2017-55 du 20 janvier 2017 portant statut général des autorités administratives indépendantes et des autorités publiques indépendantes semble œuvrer dans ce sens en ce qu'il énonce que : « *Toute autorité administrative indépendante ou autorité publique indépendante adresse chaque année, avant le 1er juin, au Gouvernement et au Parlement un rapport d'activité rendant compte de l'exercice de ses missions et de ses moyens* [...] *Le rapport d'activité est rendu public.* »

De même, le Sénat français préconise le renforcement du contrôle parlementaire dès la nomination des membres des AAI, tout du moins celle du

[323] Art. 11.6° et 6°bis de la loi n° 2013-907.

[324] Art. 9 de la loi n° 2017-55 du 20 janvier 2017 portant statut général des autorités administratives indépendantes et des autorités publiques indépendantes : « *Les membres des autorités administratives indépendantes et des autorités publiques indépendantes exercent leurs fonctions avec dignité, probité et intégrité et veillent à prévenir ou à faire cesser immédiatement tout conflit d'intérêts, au sens de la loi n° 2013-907 du 11 octobre 2013 relative à la transparence de la vie publique.* [...] »

[325] Cour des comptes, « Autorités administratives et publiques indépendantes : politiques et pratiques de rémunération (2011-2016) » – décembre 2017, p. 7.

[326] « Office parlementaire d'évaluation de la législation », Patrice Gélard, loc. cit.

Président[327] : « *Proposition n° 9 : Soumettre systématiquement la nomination des présidents d'autorités administratives indépendantes à la procédure d'audition et de vote préalable des commissions permanentes du Parlement au cinquième alinéa de l'article 13 de la Constitution* ». L'Assemblée nationale fait siennes lesdites propositions et opte pour un contrôle plus poussé à travers l'audition régulière des AAI ainsi que la faculté pour les parlementaires de demander la publication de tout avis émis par les AAI et API sur un projet de loi[328]. Ces propositions ont ensuite été consacrées par la loi n° 2017-55 en son article 22[329].

Dans cette même optique de contrôle, les actes des AAI – en tant qu'actes émanant d'autorité d'abord « administrative », sont – en principe[330] – soumis au contrôle des juridictions administratives. En effet, dès lors que leurs actes sont portés devant lesdites juridictions, elles se doivent de les justifier comme le ferait tout justiciable[331]. Aussi, toute personne voulant contester la légalité ou se sentant lésée par les décisions des AAI peut les porter devant la juridiction administrative pour annulation comme dans le cadre de tout contentieux administratif. Et dans la mesure où les AAI ne sont soumises à aucune autorité hiérarchique empêchant ainsi l'administration centrale d'annuler de son propre chef les décisions des AAI, la voie contentieuse offre la possibilité à l'administration centrale d'en demander l'annulation.

Dans le contexte malgache, la soumission des AAI à un contrôle juridictionnel n'est plus remise en cause à l'instar de l'Autorité de Régulation de l'Électricité (ARELEC) érigée en AAI par la loi n° 2017-020 du 10 avril 2018 portant Code de l'Électricité et dont la soumission audit contrôle est expressément prévue à l'article 58 de la loi précitée : « [...] *L'Autorité de Régulation de l'Électricité est soumise à un contrôle juridictionnel, en particulier dans l'exercice de son pouvoir de sanction* ».

---

327 Sénat, M. Jacques Mézard, Rapport fait au nom de la commission d'enquête sur le bilan, le contrôle de la création, de l'organisation, de l'activité et de la gestion des autorités administratives indépendantes, n° 126 (2015-2016).

328 Assemblée nationale, M. Jean-Luc Warsmann, Rapport fait au nom de la commission des lois constitutionnelles, de la législation et de l'administration générale de la République, sur la proposition de loi organique, adoptée par le Sénat, relative aux autorités administratives indépendantes et autorités publiques indépendantes (n° 3477), et la proposition de loi, adoptée par le Sénat, portant statut général des autorités administratives indépendantes et des autorités publiques indépendantes (n° 3476), 2016, p. 20.

329 Art. 22 : « *À la demande des commissions permanentes compétentes de l'Assemblée nationale et du Sénat, toute autorité administrative indépendante ou autorité publique indépendante rend compte annuellement de son activité devant elles. L'avis d'une autorité administrative indépendante ou d'une autorité publique indépendante sur tout projet de loi est rendu public.* »

330 La compétence de la juridiction administrative n'est pas absolue. En effet, à titre d'exemple, relèvent de la juridiction judiciaire les décisions du Conseil de la concurrence, du conseil du marché à terme, du conseil des bourses de valeurs et celles de la Commission des opérations de bourse.

331 Cf. CE, SSR, 31 mars 2004, société ETNA FINANCE SECURITIES.

Et récemment, il est remarqué une évolution notable de la notion de ce contrôle juridictionnel des AAI en ce que le juge déclare recevable toute demande d'annulation d'acte – même non décisoire ou « soft law », à savoir les avis, recommandations, mises en garde et prises de position adoptées par les autorités de régulation dès lors qu'ils revêtent le caractère de dispositions générales et impératives ou lorsqu'ils énoncent des prescriptions individuelles ou encore qu'ils sont de nature à produire des effets notables, notamment de nature économique, ou ont pour objet d'influer de manière significative sur les comportements des personnes auxquelles ils s'adressent[332]. En décidant de prendre en compte les « soft law » qui constituent le pré carré des AAI, les juges tendent vers la reconnaissance de la nécessité de transparence et ainsi de contrôle concret des activités de ces administrations d'un nouveau genre. Dans une même visée, le juge opère un contrôle de proportionnalité des sanctions prononcées par les AAI. Il ne se contente alors pas d'annuler la décision attaquée mais va jusqu'à réformer ladite décision, instituant ainsi un système de « recours en réformation » et non plus en annulation[333].

Toujours dans cette optique de transparence via la mise en œuvre de contrôle des AAI, le concept de l'AAI en tant qu'autorité quasi juridictionnelle ne l'exclut pas du contrôle des juridictions administratives « classiques ». Le juge constitutionnel impose cependant une stricte séparation entre l'autorité de poursuite et la formation de jugement au sein de l'autorité administrative indépendante lorsqu'elle inflige une sanction administrative (cf. À propos de l'Autorité de régulation des communications électroniques et des postes : Conseil constitutionnel, 5 juillet 2013, n° 2013-331 QPC).

La transparence est également exigée aux AAI par l'obligation de motivation des décisions qu'elles ont à prendre. En effet, cette nécessité de motivation résulte de la prescription de l'ordonnance n° 2015-1 341 du 23 octobre 2015 relative aux dispositions législatives du code des relations entre le public et l'administration[334]. L'obligation de motiver les décisions constitue un des points d'ancrage de la transparence en ce qu'il permettra aux administrés une meilleure compréhension des décisions et actions de l'administration.

De ce qui précède, la transparence est nécessaire et son application est largement avalisée, voire fortement consacrée par les textes. Les propos de Jacques Chevallier selon lesquels l'encadrement de la transparence par les textes la fait sombrer dans le formalisme et contribue à sa dépersonnalisation,

---

[332] Cf. CE, 21 mars 2016, Société Fairvesta International GMBH et autres ; CE, 21 mars 2016, Société NC Numericable ; CE, 13 décembre 2017, Société Bouygues.

[333] Decoopman N., *Le contrôle juridictionnel des Autorités administratives indépendantes*, https://www.u-picardie.fr/curapp revues/root/31/nicole_decoopman.pdf_4a07e02582e00/nicole_decoopman.pdf

[334] Cf. art. 211-2 alinéa 1 de l'ordonnance n° 2015-134 : « *Les personnes physiques ou morales ont le droit d'être informées sans délai des motifs des décisions administratives individuelles défavorables qui les concernent.* »

excluant ainsi toute idée d'interactivité[335], planent cependant comme une épée de Damoclès au-dessus du fragile équilibre entre la transparence et l'indépendance des AAI.

II. L'indépendance des AAI comme gage de leur transparence

La transparence imposée semble légitimer les zones d'ombre entourant les AAI que le législateur a expressément contournées (A) étant donné que la légitimité des AAI était acquise sans texte (B).

A. Une opacité des AAI consacrée par le législateur

La Haute Cour Constitutionnelle malgache apporte des précisions concernant l'indépendance des AAI : « [...] *les autorités administratives indépendantes doivent être soustraites aux pouvoirs hiérarchiques, de tutelle ou de contrôle ; qu'en la matière, l'indépendance des autorités administratives indépendantes est à la fois organique et fonctionnelle ; que cette indépendance est fondée sur le principe constitutionnel d'indépendance posé à jurisprudence constante par la Cour de céans* [...] ». Pour sa part, le Sénat français[336] préconise onze recommandations visant une meilleure indépendance fonctionnelle et budgétaire des AAI. L'indépendance des AAI peut ainsi être ventilée en trois catégories : indépendance organique, fonctionnelle et budgétaire[337].

Et si le législateur a imposé des règles de transparence aux AAI, il est remarqué une protection inébranlable de ces trois aspects d'indépendance des AAI. En effet, les sujétions prévues par la loi n° 2013-907 du 11 octobre 2013 et reprises par l'article 9 de la loi n° 2017-55 du 20 janvier 2017 concernant les obligations de déclaration au niveau de la HATVP sont directement tempérées par un alinéa du même article prévoyant une possibilité de passer outre à cette obligation de déclaration en invoquant le « secret des délibérations » et le « secret professionnel auquel les membres sont soumis »[338]. Cette obligation de discrétion des membres – adoubée par le législateur – va à l'encontre du principe de transparence voulant être véhiculé en ce que l'Institution peut aisément faire le tri dans les informations qu'elle

---

[335] Chevallier J., *op. cit.*, p. 265.

[336] Office parlementaire d'évaluation de la législation, Patrice Gélard, *op. cit.*, p. 9.

[337] L'indépendance budgétaire regroupe trois notions d'indépendance : indépendance financière, qui vise les ressources de l'autorité, l'indépendance d'exécution budgétaire, qui permet à l'autorité de décider de l'utilisation de son budget, et l'autonomie de gestion budgétaire, qui désigne la capacité de l'autorité à effectuer ses dépenses. (Cf. https://www.senat.fr/rap/r05-404-1/r05-404-18.html)

[338] Art. 9 in fine de la loi n° 2017-055 : « *Les membres et anciens membres des autorités administratives indépendantes et des autorités publiques indépendantes sont tenus de respecter le secret des délibérations. Ils sont soumis au secret professionnel, dans les conditions prévues aux articles 226-13 et 226-14 du Code pénal.* »

entend partager et ainsi, garder une mainmise sur celles qui ne servent pas forcément ses intérêts. Dans le même ordre d'idées, l'alinéa 3 du même article interdit aux membres de prendre des positions publiques qui iraient à l'encontre des intérêts de l'institution. Une telle instruction concourt à donner l'image d'une administration *monolithique* qui reflète tout sauf la réalité des débats qui s'y déroulent.

De même, l'article 18.2.4° de la même loi limite la qualité de « représentant d'intérêt » aux personnes privées ayant un lien avec les AAI disposant de pouvoir de sanction. En ce sens, il semblerait que le lien ou relation entre les représentants d'intérêt et certains AAI puisse être maintenu secret. Dans cette optique, le législateur admet que seules les informations que l'Institution aura décidé de divulguer aux administrés leur seront communiquées. Ces derniers seront alors en contact avec l'administration selon des modalités strictement encadrées[339].

Au demeurant, un des points qui fait montre de la prépondérance de l'indépendance des AAI au-delà du concept de la transparence se trouve être l'indépendance budgétaire des AAI. En effet, en posant à l'article 18 alinéa 1 que le Président de l'AAI est l'ordonnateur des recettes et des dépenses de l'institution, le législateur lui octroie une autonomie de gestion budgétaire impliquant ainsi qu'il va gérer un budget globalisé qu'il va alors utiliser aux dépens des besoins de l'institution.

Dans un même contexte, le législateur consacre l'absence de tout contrôle budgétaire de droit commun sur le budget des AAI. Dans les faits, la lecture de l'article 18 alinéa 2 de la loi n° 2017-055 est sans équivoque : « *La loi du 10 août 1922 relative à l'organisation du contrôle des dépenses engagées n'est pas applicable à la gestion des autorités administratives indépendantes et des autorités publiques indépendantes* ». Cet article implique dès lors que l'AAI bénéficie d'une plus grande marge de manœuvre que les services administratifs des ministères dans l'engagement de la dépense publique en ce qu'elle ne se heurte pas au contrôle a priori réalisé par le contrôleur financier de l'administration centrale en amont de la dépense[340]. Cependant, elle se doit de joindre au rapport d'activité annuel un schéma pluriannuel d'optimisation de ses dépenses[341].

Une autre subtilité du législateur, qui d'ailleurs peut s'expliquer par l'hétérogénéité des AAI, est le flou entretenu dans la rédaction de la loi proprement dite. En effet, dès l'article 4, le législateur pose les destinataires ainsi que les limites de l'application des prescriptions législatives. Pour ce faire cependant, il ne cite pas tous les AAI, laissant alors le lecteur sur une interprétation large de sa compréhension de l'article. Concrètement, l'alinéa 1er de cet article dispose que les titres Ier à IV s'appliquent au Défenseur des

---

339 Chevallier J., loc. cit.
340 Assemblée nationale, Jean-Luc Warsmann, *op. cit.*, p. 99.
341 Cf. art. 21 de la loi n° 2017-55.

droits, au Contrôleur général des lieux de privation de liberté et au médiateur national de l'énergie, laissant ainsi supposer que les dispositions contenues dans ces titres ne sont limitativement applicables qu'aux AAI mentionnées explicitement. Par la suite, l'article 4 en ses différents alinéas n'est que succession de dérogations. Une logique qui semble aller à l'encontre de la transparence qui vise une harmonisation des régimes juridiques des AAI afin d'optimiser sa compréhension et sa lisibilité par les administrés.

En offrant une certaine transparence, voire un semblant de transparence préfabriquée aux administrés, le législateur calme leur velléité de creuser les réalités étouffées par l'administration tout en rendant légitimes les zones d'ombre. Le secret est ainsi délimité par les propres contours de la transparence[342]. C'est ce que semble expliquer J. Chevallier dans ses écrits à propos du mythe de la transparence administrative : « *L'information donnée n'est qu'une information purement technique, instrumentale, qui ne donne pas prise sur l'administration et sa divulgation dépend du bon vouloir de l'administration qui dispose d'une entière maîtrise sur son utilisation ; la transparence apparaît dans ce cas davantage comme le produit d'une stratégie calculée que comme un instrument de transformation de la relation administrative.* »

Le comportement du législateur de vouloir garder une opacité malgré la recherche de la transparence peut s'expliquer par le fait que les missions imparties à l'administration imposent qu'une zone irréductible de secret soit maintenue, et que l'État ait intérêt à se préserver et à ne pas tout divulguer ni à tout révéler s'il veut perdurer[343]. En effet, dans la mesure où le concept de transparence a été introduit suite à la méfiance des administrés vis-à-vis de l'administration, la transparence pourra être détournée d'une de ses finalités qui est de rassurer l'opinion publique et devenir la source d'une plus grande défiance des citoyens à l'égard de l'administration et de ses agents et dirigeants[344]. Par ailleurs, selon POIRMEUR, laisser l'information librement circuler réduirait la marge de manœuvre de l'administré vis-à-vis des administrés et des citoyens[345]. C'est en sens qu'est préconisée une pondération de l'application de la transparence.

La recherche d'une transparence effective a conduit l'administration à créer les AAI mais l'indépendance effective des AAI permet, d'une certaine manière, à occulter leur propre opacité.

---

342 Zetlaoui T., *op. cit.*

343 *Ibid.*, p. 72.

344 Sauve J.-M., *op. cit.*, p. 8.

345 Poirmeur Y., « Transparence et secret administratifs dans le débat politique », p. 183 in *C.U.R.A.P.P.*

B. L'indépendance comme l'unique facteur de légitimité nécessaire aux AAI

Comme il a été souligné tout le long du présent article, le processus de création de cette administration d'un nouveau genre est issu d'une défaillance des structures traditionnelles de l'État qui n'étaient alors plus aptes à persuader l'opinion publique de son efficacité. Cet échec de la bureaucratie administrative était devenu manifeste suite à de scandales politiques au milieu desquels le gouvernement s'est retrouvé impuissant[346]. En ce sens, les AAI sont les réponses données à un *ras-le-bol* du système classique. De ce fait, leur simple création suffit à leur octroyer une « légitimité de naissance » qui leur fait bénéficier d'une « irréfragable présomption d'impartialité »[347].

La confiance ainsi aveuglément offerte résulte en grande partie de l'absence de lien hiérarchique entre les AAI et l'administration traditionnelle, de cette indépendance. Et espérer que ces entités effectueront des tâches spécifiques et essentielles à la protection de secteurs clés, telles que la protection des libertés publiques ou le secteur financier sans que l'administration dite *traditionnelle* ne puisse intervenir, suffit à l'opinion publique à leur octroyer leur lettre de noblesse. Pour le cas de Madagascar, le juge constitutionnel érige l'indépendance des AAI en principe à valeur constitutionnelle lors de sa décision n° 22-HCC/D3 du 12 décembre 2017 concernant la loi n° 2017-020 portant Code de l'Électricité à Madagascar. En effet, par ladite décision, la HCC rappelle que « [...] *une autorité administrative indépendante est une institution administrative chargée, en son nom, d'assurer la régulation de secteurs considérés comme essentiels et pour lesquels le gouvernement veut éviter d'intervenir directement* » et souligne que « *le principe de l'indépendance d'un organe de contrôle constitue un principe à valeur constitutionnelle* ».

Elle peut également s'expliquer par le caractère résolument administratif de l'institution. En effet, le caractère administratif donne plus de poids aux actions des AAI car bien que l'administration soit fortement critiquée, sa présence rassure en ce qu'elle préserve malgré tout cette unicité de l'État, ce respect inébranlable de l'État de droit. Et en tant qu'administration, les AAI se doivent d'être animées par le même objectif. Les AAI présentent ainsi tous

---

346 À l'exemple de la mise en place de la Commission nationale des comptes de campagne et des financements politiques (1990) dans le contexte des procès sur le financement illégal des partis politiques, de la Commission nationale de contrôle des interceptions de sécurité (1991), à la suite de la condamnation de la France par la Cour européenne des droits de l'Homme mais sur fond de scandale des écoutes de l'Élysée, de la Haute Autorité pour la transparence de la vie publique en 2013 créée sous l'influence de l'affaire Cahuzac (cf. Sénat, Rapport n° 126 fait au nom de la commission d'enquête (1) sur le bilan et le contrôle de la création, de l'organisation, de l'activité et de la gestion des autorités administratives indépendantes, Session ordinaire 2015-2016, France, p. 24).

347 Conseil d'État, Rapport public pour 2001, *op. cit.*, p. 275.

les atouts de l'administration traditionnelle sans son passif, ce qui lui vaut les faveurs sans conteste des administrés.

En ce sens, la nécessité du caractère « transparent » de ces nouveaux arrivants sur la scène administrative ne relève pas de l'urgence. En effet, il leur faut d'abord répondre à ce à quoi ils ont été créés.

Néanmoins, bien que leurs créations soient légitimes, leur hétérogénéité pose un souci majeur de transparence qui ne peut être occulté. SAUVE J.-M. l'a mentionné lors de son audition : « *Même utilisée à bon escient, la formule de l'AAI crée des besoins nouveaux de communication, de coordination et de pilotage, qui méritent d'être traités avec attention* »[348]. Cette hétérogénéité se retrouve dans toutes les dimensions des AAI, que ce soit organique, fonctionnelle ou budgétaire, et même la juridiction compétente pour connaître des AAI diffère d'une entité à une autre[349]. Un traitement fondamentalement inégalitaire vient s'ajouter à cette hétérogénéité. À titre d'exemple, l'Agence Française de Lutte contre le Dopage emploie 62 personnes et paie son Président 23 900 € sans avantages tandis que le Défenseur des Droits emploie 220 personnes et rémunère son Président à hauteur de 155 525 € de rémunération brut et 4 182 € à titre d'avantages[350].

En ce sens, la transparence des AAI ne pourra être concrète que si leur hétérogénéité se range dans les rangs d'un même régime juridique valable pour tous les AAI. Or, « *toute organisation a besoin de s'entourer d'un certain secret, d'un certain mystère, non seulement pour asseoir son pouvoir sur son environnement, mais encore pour marquer et affermir son identité propre* [...] »[351]. Et si l'administration traditionnelle a des difficultés à trouver une application équilibrée de la transparence, la recherche d'un régime de parfaite conciliation où les exceptions ne seront plus aussi palpables relève d'une simple vue de l'esprit dans la mesure où les AAI ont été créées pour une situation spécifique ayant nécessité une intervention tout aussi spécifique. En effet, en les ajustant dans les rangs, le législateur leur enlèvera leur *raison d'être.*

« *Le mensonge est utile aux hommes, comme une espèce de pharmakon dont l'emploi doit être réservé aux médecins et interdit aux profanes. C'est donc aux gouvernants de l'État qu'il appartient de tromper les ennemis et les citoyens dans l'intérêt de l'État et personne d'autre n'y doit toucher.* » PLATON, *La République,* Œuvre complète, Baccou R., Garnier Frères, Paris, p. 82.

La transparence administrative est nécessaire, rendue nécessaire en ce que l'opacité administrative ronge la confiance des administrés. Tout comme les

---

[348] Cf. Audition de M. Jean-Marc Sauvé, 29 septembre 2015.

[349] Decoopman N., *Le contrôle juridictionnel des Autorités administratives indépendantes,* https://www.u-picardie.fr/curapp-revues/root/31/nicole_decoopman.pdf_4a07e02582e00/nicole_decoopman.pdf, p. 220.

[350] Source : Rapport sur les autorités administratives indépendantes, annexe au PLF, 2019.

[351] Chevallier J., *op. cit.*, p. 263.

AAI, la transparence est surtout requise par les circonstances. Elle fait partie d'un de ces principes à la mode qui chamboulent les époques, presque un fait social où la démocratie emporte tout, détruit tout sur son passage et reconstruit les principes autour du citoyen qu'il érige en maître. Elle reste cependant timorée face au monstre d'indépendance qu'elle a elle-même créé. Ces AAI qui sont apparues avec elle et par elle, défendent également des valeurs qui – même sans être contradictoires aux siennes – ne peuvent pas être parfaitement conciliables sans concessions notables. Recherchant actuellement une assise juridique plus concrète[352], les AAI sont – pour ainsi dire – dans une phase expérimentale et semblent être ouvertes aux grandes innovations et évolutions. Aussi, intégrer le concept de la transparence dans celui de l'indépendance pourrait être opportun mais requiert des aménagements visant les points phares des deux concepts. En effet, pour pouvoir aborder convenablement la transparence, les AAI se doivent d'être uniformes dans leurs organisations, leurs fonctionnements ainsi que les procédures qui leur sont applicables. Seulement, il faut identifier les besoins de la société actuelle : une AAI hétérogène mais efficace ou une AAI uniforme, transparente mais ne répondant pas aux spécificités des secteurs qu'elle est censée réguler.

[352] La recherche d'assise ici fait référence à l'adoption récente des lois n° 2017-054 et 055.

Les allées de la consécration et de l'évanescence de la transparence administrative à Madagascar

Chantal Rahalison Ramanankasina
Maître de conférences à la Faculté de droit et de sciences politiques de l'Université d'Antananarivo

1. La transparence est un mouvement général qui a envahi des pans entiers de la vie de nos sociétés contemporaines au point qu'il en devient difficile de s'y opposer si l'on veut rester dans la bien-pensance moderne.

L'administration n'a bien évidemment pas échappé au mouvement. Le discours de la transparence administrative est en réalité *ancien tout en restant d'actualité* car l'administration a été par excellence la citadelle du secret ; secret dont les travers sont décriés depuis longtemps. Dans *L'œil du pouvoir*, M. Foucault décrit « *une peur [qui] a hanté la seconde moitié du XVIIIe siècle : c'est l'espace sombre, l'écran d'obscurité qui fait obstacle à l'entière visibilité des choses, des gens, des vérités. Dissoudre les fragments de nuit qui s'opposent à la lumière, faire qu'il n'y ait plus d'espace sombre dans la société, démolir ces chambres noires où se fomentent l'arbitraire politique, les caprices du monarque, les superstitions religieuses, les complots des tyrans et des prêtres, les illusions de l'ignorance, les épidémies* »[353].

C'est dans la seconde moitié du XVIIIe siècle, début du XIXe, que se structure un discours élaboré sur la transparence (à l'époque, on parle plus de publicité), porté par des auteurs tels que Jean-Jacques Rousseau, Emmanuel Kant, Jeremy Bentham, Benjamin Constant. Ces philosophes ont en commun un projet de réhabilitation de la transparence dans la vie publique. L'exigence de la transparence, comme valeur émergente, coïncide avec une contestation du pouvoir absolu, dont l'un des ressorts est le secret d'État[354].

Plus près de nous, les débats sur une administration plus transparente se sont surtout développés dans la deuxième partie du XXe siècle, notamment parce que les formes traditionnelles d'exercice du pouvoir et d'administration marquées par l'asymétrie, l'inégalité, l'unilatéralité sont largement remises en cause car ne coïncidant plus avec les nouveaux équilibres recherchés par les sociétés contemporaines.

353 M. Foucault, « L'œil du pouvoir », in *Dits et écrits II*, 1976-1988, Paris, Gallimard, 2001, p. 197.

354 V. S. Baume, « La transparence dans la conduite des affaires publiques. Origines et sens d'une exigence », http://www.raison-publique.fr/

Opacité et secret sont désormais perçus comme synonyme d'autoritarisme administratif, de système trop distant du reste de la société, d'entrave aux nécessités du bon fonctionnement de l'administration dans la mesure où ils permettent parfois aux agents de couvrir leurs erreurs ou leur incompétence. Pire, secret peut aller de pair avec favoritisme, arbitraire, corruption car propice au développement des tentations, à l'institutionnalisation des pressions, à la multiplication des passe-droits.

M. Hauriou écrivait il y a déjà un siècle que « *la conscience moderne exige que l'administration agisse au grand jour. On a pendant très longtemps toléré des décisions secrètes. Maintenant, on veut que toutes ses décisions et toutes ses actions soient publiques et l'on a le sentiment que ce qui n'a pas été fait publiquement n'est pas régulier* »[355].

Dans la perspective d'un passage d'un ancien monde où tout se taisait à un nouveau monde où tout devrait se dire, la transparence administrative est présentée comme un principe idoine.

Le pouvoir d'attraction de la transparence administrative réside dans les vertus préventives et curatives qu'une grande partie de la doctrine s'accorde à lui attribuer :

– pour la moralisation de la vie publique : la transparence peut venir modifier le comportement des autorités publiques pour les amener à respecter des obligations d'honnêteté, de sincérité, voire de vertu ;

– pour la réalisation de la démocratie administrative[356] et l'exercice de la citoyenneté administrative[357] qui va faire passer l'administré d'une situation « d'assujetti » à un statut de titulaire de véritables droits vis-à-vis de l'administration[358] et transformer une administration de commandement en une administration de concertation ;

La participation plus active des citoyens à la gouvernance de l'État exige en effet une information de plus grande qualité et en plus grande quantité[359] ;

– pour le renforcement de l'efficacité de l'administration : la transparence peut être gage de rectitude de l'action administrative et permet de protéger l'administration contre elle-même. La transparence administrative peut pallier le caractère arbitraire de la conduite des affaires au travers de l'application d'une démarche plus rationnelle lors de la prise de décision. Elle permet de développer le contrôle de l'administration par les usagers car il est vrai qu'il

---

[355] M. Hauriou, note sous CE 27 mars 1914, Laroche, S.1914, III, 9.

[356] V. J. Rivero, « À propos des métamorphoses de l'administration d'aujourd'hui : démocratie et administration », in *Mélanges offerts à R. Savatier*, Librairie Dalloz, Paris 1965, p. 821-833. A. Mestre « La démocratie administrative », in *Mélanges offerts à P. Couzinet*, Université des Sciences sociales de Toulouse, 1974, p. 561-575.

[357] V. notamment G. Dumont, « La citoyenneté administrative », Thèse de Droit. Université Panthéon-Assas, Paris 2, 2002.

[358] *Ibid.*

V. aussi V. Kapsali, « Les droits des administrés dans la procédure administrative non contentieuse, Étude comparée des droits français et grec », LGDJ, thèses, 2015.

[359] M. Pasquier, *Communication politique*, Éditions de Boeck, 2011, p. 85 et suivant.

n'y a pas d'administration efficace sans contrôle et pas de contrôle sans information ;

– pour l'amélioration des relations administration-administré et l'établissement d'une relation de confiance : la transparence administrative est un des pivots pour faire évoluer le droit des administrés dans le sens d'un rééquilibrage des rapports entre la puissance publique et la population. Elle est un élément « du droit à une bonne administration »[360] et tend à modifier en profondeur le sens de la relation administrative en plaçant l'administration sous le regard du public[361].

La transparence administrative s'inscrit ainsi dans un mouvement plus général de la reconsidération d'un droit administratif jusqu'à présent largement protecteur des prérogatives de l'administration afin qu'il s'affirme aussi comme un droit protecteur des administrés.

Il n'existe cependant pas de définition légale de la transparence administrative. C. Debbasch la définit comme le mouvement d'ouverture de l'administration sur l'extérieur[362]. On peut y voir un « processus tendant à rendre l'action administrative plus accessible et plus compréhensible »[363].

La transparence administrative ne répond donc pas à proprement parler à une définition juridique précise car le concept est plus un contenant dont le contenu va varier en fonction des objectifs à atteindre. La doctrine identifie trois objectifs pour qualifier cette notion : « d'une part, la transparence administrative suppose que les individus soient en mesure de connaître l'action des autorités publiques [...] D'autre part, l'administré doit pouvoir comprendre la décision que lui impose l'administration [...] Enfin, le développement de la transparence administrative exige que les administrés soient associés à la prise de décision »[364].

Au départ, transparence et publicité étaient quasiment assimilées. Par la suite et il y a encore quelques années, transparence a pu signifier droit d'accès des citoyens à l'information. Aujourd'hui, la transparence va bien au-delà pour être un amalgame de devoirs à la charge de l'administration, de droits subjectifs accordés à l'administré, de procédures, de pratiques plus ou moins nombreuses et diverses[365] faisant de cette transparence un concept gigogne pas

---

[360] Le droit à une bonne administration est formulé à l'article 41 « Charte des droits fondamentaux de l'Union européenne » (Charte UE). Sur la question, v. notamment M.-C. Runavot, La « bonne administration » : consolidation d'un droit sous influence européenne, RFDA – mars-avril 2010, p. 395-403.

[361] J. Chevallier, « Les pratiques administratives », *in* I.F.S.A./C.A.D.A., *Transparence et secret. Colloque pour le XXV*[e] *anniversaire de la loi du 17 juillet 1978 sur l'accès aux documents administratifs*, La Documentation française, Paris, 2003, p. 83.

[362] C. Debbasch (sous dir.), *La transparence administrative en Europe*, CNRS, 1990, p. 12.

[363] *Dictionnaire élémentaire de droit administratif*, Bruylant, 2006.

[364] L. Coudray, « La transparence et l'accès aux documents », *in* Auby J.-B., J. Dutheil de la Rochère (sous dir.) : *Traité de droit administratif européen*, Bruylant, 2 éd., 2014, p. 699.

[365] V. notamment G. J. Gugielmi, E. Zoller (dir.), *Transparence, démocratie et gouvernance citoyenne*, Éditions Panthéon-Assas, 2014, p. 15.

toujours simple à saisir. Un concept mirage, diront certains quand d'autres parleront de « l'impossible transparence » ou d'un « mythe »[366]. Autant d'expressions qui traduisent la difficulté d'appréhender le concept et qui vont contribuer à son évanescence ; les réfractaires à l'idée pouvant surfer entre les eaux de sa plurivocité pour en éviter la déferlante.

2. La transparence administrative a affleuré aux quatre coins du monde. À partir de la fin des années 1980, un large mouvement de modernisation des administrations s'empare des États occidentaux[367] reposant essentiellement sur le triptyque « droits de l'homme-démocratie pluraliste-État de droit » et passant par la transparence. Ce modèle deviendra rapidement hégémonique[368].

Dans les pays en développement, la diffusion du concept de transparence administrative est principalement le fait des politiques menées par les institutions financières internationales (en l'occurrence la Banque mondiale et le FMI) dans les années 90.

Après l'échec des réformes première génération menées au sein des pays en développement et basées essentiellement sur des conditionnalités économiques, les institutions financières internationales vont s'insérer dans un nouveau paradigme qui va les amener à lier la question du développement à celle de l'administration publique. La bonne gouvernance est désormais considérée comme facteur de croissance. On est ainsi entré dans l'ère des conditionnalités politiques.

L'objectif d'instauration de la bonne gouvernance suppose la réalisation de conditions identifiées par la Banque mondiale et reprises par l'ensemble des agences de coopération[369]. Ces conditions, au nombre de quatre, sont

---

366 J. Chevallier, *Le mythe de la transparence administrative* : https://www.u-picardie.fr/curapp-revues/root/21/chevallier.pdf

367 À titre d'illustration :

– Aux États-Unis, du Freedom Information Act de 1966 jusqu'au mémorandum du Président américain en 2009 « Transparency and Open Government ».

– La mise en place en 2010 d'un Public Sector Transparency Board au Royaume-Uni.

– La conclusion, le 22 juillet 2011, d'un accord entre le Parlement européen et la Commission européenne sur l'établissement d'un registre de transparence.

– En France, le mouvement commence véritablement avec les lois de 1978, 1979, se poursuivant avec les lois du 11 octobre 2013 relatives à la transparence de la vie publique, créant la Haute autorité pour la transparence de la vie publique (HATVP), jusqu'à l'ordonnance 2015 1341 relative aux dispositions législatives du code des relations entre le public et l'administration, la loi du 9 décembre 2016 relative à la transparence, à la lutte contre la corruption et à la modernisation de la vie économique, ainsi que les lois organiques et ordinaires du 15 septembre 2017 pour la confiance dans la vie publique, qui complètent les missions de la HATVP notamment.

368 J. Chevallier, « Mondialisation du droit ou droit de la mondialisation ? », in *Le droit saisi par la mondialisation*, (dir. Charles-Albert Morand), Bruylant, Bruxelles, 2001, p. 40.

369 V. notamment B. Boumakani, « La “bonne gouvernance” et l'État en Afrique », in *Revue juridique et politique*. Indépendance et coopération, 2002, n° 1, p. 21-45. 334.

toutes axées autour du fonctionnement de l'administration : État de droit, bonne administration, responsabilité et imputabilité, transparence[370].

En instiguant la promotion de la bonne gouvernance et de l'État de droit, c'est le modèle démocratique occidental et les standards juridiques qui le sous-tendent qui sont ainsi propagés.

L'Organisation des Nations Unies contribua à diffuser largement le nouveau paradigme institutionnel du développement marquant un véritable tournant dans la façon d'aborder la réforme de l'administration publique dans le contexte international. Cette vision se concrétisa à travers l'adoption de la résolution de l'Assemblée générale du 28 février 1995[371].

L'Union européenne n'est pas restée en lice. Elle conditionna politiquement son partenariat avec le groupe des États ACP de manière progressive et insista en conséquence sur la nécessaire adoption, par les pays bénéficiaires, de structures publiques répondant aux valeurs qu'elle défendait.

L'Accord de Cotonou marque en cela une étape majeure. L'article 33 § 3 de l'Accord de Cotonou précise que *« La coopération appuie les efforts des États ACP pour développer leurs institutions publiques comme facteur dynamique de croissance et de développement... Dans ce contexte, la coopération soutient la réforme, la rationalisation et la modernisation du secteur public... La coopération se concentre plus précisément sur : a) la réforme et la modernisation de la fonction publique... »*

La bonne gouvernance est considérée comme un élément fondamental qui engage les parties et devient une condition politique à l'aide de l'Union européenne[372].

Ainsi, par l'établissement de leurs programmes de développement accompagnés de conditionnalité politique pour leur financement, les partenaires techniques et financiers des pays en développement parviennent à imposer leurs vues aux pays aidés en fournissant des standards de référence.

---

370 V. J. Chevallier, *L'État de droit*, coll. Clefs, Montchrestien, Paris 2003, p. 126. L'auteur écrit : « La "good governance" implique ainsi aux yeux de la Banque mondiale : que la sécurité des citoyens soit assurée et le respect de la loi garanti, notamment par l'indépendance des magistrats (État de droit) ; que les organismes publics gèrent de façon correcte et équitable les dépenses (bonne administration) ; que les dirigeants politiques rendent compte de leurs actions (responsabilité et imputabilité) ; que l'information soit disponible et accessible à tous (transparence) ».

371 Résolution adoptée par l'Assemblée générale A/RES/49/136, Administration publique et développement – 28 février 1995.

372 À Madagascar, l'Union européenne, avec l'ensemble des partenaires techniques et financiers, a été amenée pour la première fois à suspendre ses appuis budgétaires pour des raisons de gouvernance en décembre 2008 en raison d'« un manque de transparence dans la manipulation du budget de l'État en attendant des clarifications sur la gestion des finances publiques et sur un certain nombre de transactions budgétaires pour vérifier leur régularité ». Parmi les transactions incriminées, l'Union européenne a notamment cité la « mise en place proposée de sociétés d'État pour lesquelles le capital n'était pas prévu au budget » et un « achat décidé par la présidence ».

En fait, ainsi que le met en relief J. Chevallier, les partenaires techniques et financiers des pays en développement diffusent toute une doctrine de réforme administrative : celle du New Public Management, doctrine anglo-saxonne qui postule l'existence de principes de gestion administrative universellement applicables[373] et qui comprend la logique de transparence.

C'est comme cela que Madagascar s'est inscrit dans la contemporanéité mondiale. L'attitude de suivisme par rapport à la transparence lui est indirectement contrainte mais lui est aussi nécessaire s'agissant de conditionnalités politiques pour pouvoir bénéficier de l'aide de ses bailleurs dont le pays a fortement besoin et dont il est fortement dépendant. Peu de discours politique, de documents de stratégie de développement où la transparence ne soit évoquée. Le concept va être également consacré dans des textes juridiques et pourtant malgré cela, le pays va accuser beaucoup de retard dans sa mise en œuvre.

3. Consécration juridique de la transparence administrative

La transparence administrative étant d'abord présentée comme un impératif de la démocratie et ne faisant pas bon ménage avec les régimes autoritaires ou totalitaires, rien d'étonnant que ce soit au moment où Madagascar voit souffler un vent de libéralisme et de démocratisation qu'y apparaît le concept.

3.1 Une évocation constitutionnelle :

Le concept de transparence fut introduit pour la première fois dans le dispositif constitutionnel avec la Constitution du 18 septembre 1992 et repris sans interruption dans les Constitutions qui ont suivi et aujourd'hui encore dans la Constitution datant de 2010 :

« Le Peuple malagasy souverain,... Considérant que l'épanouissement de la personnalité et de l'identité de tout Malagasy est le facteur essentiel du développement durable et intégré dont les conditions sont, notamment :... – la bonne gouvernance dans la conduite des affaires publiques, grâce à la transparence dans la gestion et la responsabilisation des dépositaires de la puissance publique ;... déclare... »

Certes, il s'agit d'une évocation furtive et unique figurant dans le préambule. La formulation plutôt littéraire conduit à y voir une simple déclaration philosophique, une vue idéale sur l'ordre désiré ou désirable. On retrouve ainsi une reprise du discours des bailleurs de fonds faisant le lien entre bonne gouvernance et transparence. S'agissant de considérations très générales, voire génériques, la transparence ici évoquée ne permet pas de lui donner une valeur juridique normative ou une forme d'impérativité sur laquelle l'on pourrait s'appuyer pour imposer des obligations à l'État ou garantir un droit quelconque en faveur des administrés ; ce, en dépit du fait

---

[373] J. Chevallier, Peut-on encore parler d'un « modèle français d'administration ? », in *La conscience des droits. Mélanges en l'honneur de Jean-Paul Costa*, Dalloz, Paris 2011, p. 136.

que l'on ne peut contester la valeur juridique du préambule auquel la Haute Cour Constitutionnelle a déjà été amenée à faire référence[374].

Mais pour la transparence, la Constitution s'arrête là et ne comporte aucune autre disposition sauf à évoquer le droit à l'information à l'article 11[375].

3.2 Le décret 2003-1158 du 17 décembre 2003 portant code de déontologie de l'administration et de bonne conduite des agents de l'État[376].

De par son caractère général et puisqu'il touche l'ensemble de l'action administrative, ce décret peut être regardé comme étant le texte fondateur de la transparence administrative dans sa conception moderne. Ce sont principalement les articles 6 et 7 du décret de 2003 qui servent de référence en la matière. Ces deux articles sont d'ailleurs précédés de l'intitulé « Transparence ».

Selon l'article 6 : *« Les décisions administratives doivent toujours être prises selon des procédures transparentes, simples et compréhensibles, assorties d'une obligation de rendre compte ».* C'est la transparence synonyme de garantie d'intelligibilité des règles, de possibilité pour l'administré d'accéder à la démarche intellectuelle de l'administration et donc une supposée garantie de légalité. Implicitement, cet article 6 appelle à la définition d'une procédure administrative non contentieuse ou tout au moins à l'adoption de règles afférentes à l'édiction des actes administratifs qui recouvriraient une palette diversifiée de garanties procédurales au bénéfice des personnes dans leurs relations avec les administrations : – règles générales relatives au régime des actes administratifs, – règles organisant les démarches des usagers auprès des services publics, règles fixant les conditions de leur consultation ou de leur participation. Quelques-unes de ces règles peuvent déjà exister mais elles sont éparpillées et non organisées de manière cohérente aboutissant parfois à des contrariétés[377].

---

[374] À titre d'exemple : – Décision n° 12-HCC/D1 du 29 juillet 2016 relative à la loi n° 2016-008 autorisant la ratification par Madagascar de la Charte africaine des Valeurs et des Principes de la Décentralisation, de la Gouvernance locale et du Développement local : « … Considérant que la Constitution prévoit dans son Préambule *"la mise en œuvre de la décentralisation effective, par l'octroi de la plus large autonomie aux collectivités décentralisées tant au niveau des compétences que des moyens financiers… "* ». – Décision n° 01-HCC/D3 du 23 janvier 2019 concernant la loi n° 2018-027 relative à l'état civil. – Décision n° 23-HCC/D3 du 14 août 2018 concernant la loi n° 2018-020 portant refonte de la loi sur la concurrence.

[375] Cf. *infra*.

[376] *JO* : 2885 du 16 février 2004, p. 938.

[377] Un exemple symptomatique est la règle relative au silence de l'administration.
Si le décret 2003 1158 stipule dans son article 22 : « *Afin de rompre avec la pratique du silence qui vaut refus, tout agent de l'État investi de pouvoir, doit savoir que, suite à une demande écrite, sa décision favorable est acquise à l'usager passé un certain délai fixé par l'administration.* », la loi 2004-036 du 1er octobre 2004 relative à l'organisation, aux attributions, au fonctionnement et à la procédure applicable devant la Cour Suprême et les trois Cours la composant, pose dans son article 137 – 4° que « *Le silence gardé pendant plus de quatre mois sur une réclamation par l'autorité compétente vaut une décision de rejet* ».

L'article 7 du décret 2003-1158 pose que « *Toute administration doit rendre publiques les informations nécessaires sur les actes et procédures relevant de sa compétence, ainsi que les informations permettant d'apprécier sa gestion, afin de permettre, d'une part, aux intéressés d'en prendre connaissance de manière complète et suffisante et, d'autre part, l'évaluation de ses actions* ». Apparaissent ici en filigrane des éléments essentiels liés à la transparence administrative et que sont l'accès des administrés à des informations publiques et l'exercice de la citoyenneté administrative. La notion d'administré, concept passif, va vers un concept d'administré actif qui pourra évaluer l'action de l'administration.

Il reste que cet article 7 demeure encore trop imprécis et soulève des questionnements notamment sur la notion « d'information publique » qui va se trouver en amont d'un droit d'accès des administrés aux documents administratifs. S'agit-il d'informations institutionnelles, organisationnelles et de planification (programme d'activités…), d'informations de portée juridique (projets de lois et règlements…), d'informations économiques, budgétaires et statistiques ? Cet article 7 implique-t-il une obligation pour l'administration de créer certains documents ? Si oui, quels types de documents doivent être obligatoirement créés ?

La transparence administrative est réitérée dans l'article 16 du décret de 2003-1158 qui dispose que *« L'agent de l'État doit assumer sa mission en toute intégrité et en toute transparence. Il doit éviter toute situation ou attitude incompatible ; avec ses obligations professionnelles ou susceptible de jeter un doute sur son intégrité et de discréditer le service public »*. C'est la transparence de l'instrument de lutte contre la corruption et les conflits d'intérêts, mais rien n'éclaire des modalités et garanties de mise en œuvre si bien que l'on en reste encore dans l'incantation.

Le décret de 2003 consacre encore la transparence administrative à travers sa section VI intitulée *« De l'obligation d'information du public »*.

L'article 24 stipule que *: « Il est du devoir de l'agent de l'État de fournir aux usagers les informations dont ils ont besoin et qu'ils sont en droit d'obtenir dans le respect de la législation et de la réglementation en vigueur. »*

Pour l'article 25 *: « Tout agent de l'État, en sa qualité de serviteur de l'intérêt général, doit aider le public en l'orientant vers l'autorité compétente ou le service concerné.*

Il doit faciliter les démarches des usagers en mettant à leur disposition tous les renseignements disponibles, fournis par l'administration à l'usage du public. »

On est ici dans un des tout premiers degrés de la transparence. L'information qui oblige l'administration est en réalité synonyme de simples renseignements pratiques. Mais même ici, les articles ne sont assortis d'aucune indication de mise en œuvre et d'aucune sanction pour l'administration. L'existence d'un « Référentiel du Standard de Service »[378] donnant des orientations sur la démarche à adopter par les services publics dans l'information du public ne vient guère pallier cette carence puisque ce document n'est doté d'aucune juridicité.

Mais la limite principale du décret de 2003 réside dans le fait que s'agissant de déontologie de l'administration, se pose la question de la valeur juridique à lui donner.

La déontologie se définit avant tout comme une éthique comportant une somme de devoirs et d'obligations, un ensemble de bonnes pratiques qui joue vis-à-vis de l'institution, une exigence envers elle-même et qui généralement s'abreuve de la morale.

La forme décrétale du code de déontologie n'emporte pas nécessairement que les devoirs ainsi énumérés soient pour autant véritablement constitutifs d'obligations juridiques[379]. Ils ne sont d'ailleurs pas corrélés à des droits des administrés et l'on ne voit pas de sanction au non-respect de cette déontologie. Jhering disait qu'une règle de droit sans contrainte « c'est un feu qui ne brûle pas, c'est un flambeau qui n'éclaire pas »[380]. Ce code de déontologie n'était que le point de départ pour la transparence et non pas l'aboutissement et il est d'ailleurs finalement peu appliqué comme le reconnaît l'administration elle-même[381].

3.3 Des textes sporadiques

Pour reprendre l'antienne des discours politiques et rester dans la bien-pensance politico-juridico-administrative, le concept de transparence administrative va être repris dans nombre de textes juridiques adoptés ces

---

378 V. http://www.mfptls.gov.mg/wp-content/uploads/2016/11/manuel-de-standard-de-service.pdf
Le standard de service parle d'information du public qui permette de répondre aux conditions et capacités des différents usagers bénéficiaires. Pour cela, plusieurs canaux et supports y sont proposés notamment affichages, Internet, brochure et tout autre moyen pouvant faciliter l'accessibilité aux informations décrivant les procédures et démarches à suivre pour le traitement de leurs dossiers ainsi que les pièces nécessaires dans la constitution des dossiers. Le référentiel va jusqu'à indiquer des modalités pratiques telles que : – port de badge – affichage des plans de masse et tableau d'indication des portes – affichage des numéros de portes – affichage par porte des attributions de chaque service.

379 V. R. Bousta, *Essai sur la notion de bonne administration en droit public*, L'Harmattan, 2010, p. 206.

380 R. von Jhering, *L'évolution du droit*, traduit par O. de Meulenaere, Paris, Chevalier-Marescq, 1901, p. 216 cité *in* C.-A. Morand, « Sanction », in *APD*, T. 35, 1990, p. 295.

381 V. Stratégie et plan d'action pour le développement de l'éthique et de la déontologie dans l'administration publique, http://www.dgfop.gov.mg.
Il ressort du document que « … le taux de couverture du code de déontologie de l'Administration et de bonne conduite des agents de l'État reste relativement faible. Il est estimé à 30 % du nombre total des agents de l'État… Il est en effet, indéniable que les comportements éthiquement et disciplinairement répréhensibles ont ternis durant longtemps l'intégrité de l'image de l'Administration. Et pourtant nous voilà, une décennie révolue après, les mêmes comportements non éthiques sont toujours d'actualité, voire qu'ils se sont aggravés… »

vingt dernières années. L'on ne peut évoquer ici que ceux qui nous apparaissent les plus emblématiques.

i) Au préalable, il importe de rappeler que la transparence administrative revêt une forme plus ancienne avec l'obligation de publier les lois et règlements.

La publication des lois et décrets dans le journal officiel, prévue par l'ordonnance n° 62-041 du 19 septembre 1962[382] peut être considérée comme une des expressions première de la transparence administrative bien que les juristes y voient plus un impératif juridique qui subordonne l'entrée en vigueur des actes législatifs et réglementaires.

Si le journal officiel demeure le support de cette publication, le système malgache présente l'originalité de pouvoir en utiliser d'autres[383] en l'occurrence le « kabary » (discours prononcé à haute voix devant un public) ou l'insertion dans les « dinam-pokonolona[384] » ; signe d'une volonté d'adapter le droit au contexte socioculturel mais dont on saisit très vite la fragilité et l'insécurité qu'ils emportent. Le journal officiel lui-même ne remplit pas pleinement son rôle de publicité dans la mesure où son tirage est restreint (variant de 350 à 1 500 exemplaires maximum selon les époques) avec des périodicités changeantes.

De plus, l'ordonnance de 1962 n'a pas expressément prévu la question de la diffusion des circulaires, décisions et notes dont l'administration malgache fait souvent un usage abusif pour modifier l'ordonnancement juridique et qui resteront ainsi dans l'opacité. Or, on ne peut non plus s'appuyer totalement sur le site du CNLEGIS qui reste très incomplet et accuse de grands retards dans la publication[385].

ii) La notion de transparence est également présente notamment dans la loi portant code des marchés publics[386] et dans la loi 2015-039 du 3 février 2016

---

[382] Ordonnance relative aux dispositions générales de droit interne et de droit international privé, *JO* n° 244 du 28 septembre 1962, p. 1989.

[383] Article 7 de l'ordonnance n° 62-041.

[384] V. H. Raharijaona, « Le droit malgache et le développement rural », *Bulletin de Madagascar*, 1963 p. 717740.

Selon l'auteur « le dinam-pokonolona est une sorte de convention collective passée entre les membres d'une même communauté familiale ou villageoise qui s'impose à tous les membres de la communauté et dont l'inobservation peut être sanctionnée… »

[385] Le CNLEGIS (Centre national d'information et documentation législative et juridique) a été créé par le décret 97 1201 du 2 octobre 1997. Le CNLEGIS a pour mission principale de moderniser la collecte, la gestion et la diffusion du droit malgache dans une perspective nationale, régionale et internationale. Il est une direction au sein du Secrétariat Général du Gouvernement. Le CNLEGIS dispose ainsi d'un site internet. Depuis 2012, le public peut avoir accès à environ 30 000 références de textes de portée générale parus au journal officiel depuis 1897 et environ 6 000 textes dans leur version intégrale (datant de 1998 à nos jours). Le site CNLEGIS serait l'équivalent du site LEGIFRANCE.

[386] Loi n° 2016-055 portant Code des marchés publics du 25 janvier 2017, *JO* : 3739 du 6 mars 2017, p. 1266.

sur le Partenariat Public Privé[387]. Cette transparence se manifeste par l'énonciation expresse du principe mais également par la définition relativement claire d'obligations pesant sur l'administration dans la procédure de passation des contrats[388]. Ce souci de clarté et de détail s'imposait plus qu'ailleurs car c'est dans ces domaines que se rencontrent souvent la corruption, l'enrichissement personnel illicite, les financements occultes des partis politiques...

iii) Le dispositif juridique afférent aux collectivités territoriales décentralisées[389] n'est pas en reste par rapport à la transparence. Le principe y est posé clairement, lien y est fait avec la démocratie participative et la citoyenneté administrative[390] et les modalités y sont variées.

Ainsi, les actes des autorités des collectivités territoriales sont soumis à publicité. La loi 2014-020 prévoit pour cela « l'affichage dans les placards administratifs »[391]. En pratique, ces placards se situent dans les locaux des administrations territoriales. On saisit immédiatement la difficulté d'accès auxdits actes dans la mesure où elles impliquent obligatoirement pour l'administré de se rendre aux bureaux de la collectivité concernée dans un pays où les déplacements s'avèrent encore bien difficiles. Or, il s'agit bien du seul moyen de publicité dont disposent les administrés, aucune des collectivités territoriales, pas même la commune urbaine d'Antananarivo, ne disposant de bulletin officiel.

La loi 2014-020 pose également le caractère public des séances du Conseil des collectivités territoriales décentralisées (Art. 91), l'obligation pour le Chef de l'exécutif des Collectivités territoriales décentralisées de rendre compte périodiquement de ses activités à la population locale par voie de presse, *kabary* ou par tous autres moyens appropriés (Art. 37) jusqu'à l'octroi d'un droit d'accès au compte administratif de la collectivité en faveur des administrés (Art. 173).

---

[387] *JO* : 3675 du 14 mars 2016, p. 1696.

[388] Sur les marchés publics, V. notamment : Article 5. – Principes généraux régissant les marchés publics – Art 32 : Organisation de la publicité – Article 52 : Information des candidats non retenus.

Sur les partenariats publics privés, V. notamment : Art. 7. **Principes généraux de la passation** – Art. 17 sur **la publicité préalable**.

[389] V. notamment – loi organique 2014-018 du 12 septembre 2014 régissant les Collectivités territoriales décentralisées ainsi que celles de la gestion de leurs propres affaires – loi 2014-020 du 27 septembre 2014 relative aux ressources des Collectivités territoriales décentralisées, aux modalités d'élections, ainsi qu'à l'organisation, au fonctionnement et aux attributions de leurs organes.

JO : 3578 du 3 octobre 2014, p. 3690 et p. 3700.

[390] Art. 15 L 2014 018 – La mise en œuvre des compétences et des attributions des Collectivités territoriales décentralisées s'exerce de manière participative et en toute transparence.

[391] V. articles 20, 21, 27 de la loi 2014 020.

iv) Enfin, la loi 2016 020 du 22 août 2016 sur la lutte contre la corruption[392] intègre une forme de transparence administrative interne comme un instrument de cette lutte et pour le rétablissement de la confiance des administrés :

– d'une part en imposant une obligation générale de mise en place d'une politique interne de lutte contre la corruption et relative à la transparence au niveau du fonctionnement, des procédures à suivre au sein des ministères, administrations générales déconcentrées et décentralisées et, établissements publics, des sociétés à participation publique en permettant leur accessibilité[393] ;

– d'autre part en obligeant la déclaration de patrimoine et d'intérêts économiques pour certaines catégories d'agent de l'administration[394]. Les déclarations de patrimoine restent confidentielles. Seul le Bureau indépendant anti-corruption (BIANCO) y a accès mais les statistiques relatives à la gestion de la déclaration de patrimoine sont disponibles et communiquées au public (art. 4 loi 2016 020).

4. La récurrence de la transparence administrative dans nombre de textes n'en fait pas pour autant un vécu quotidien. L'évanescence de la transparence administrative tient d'abord à des causes juridiques qui entravent la transparence, voire génère son contraire.

4.1 La transparence administrative ne constitue pas un droit intrinsèquement reconnu aux administrés. La polysémie de l'expression rendait difficile la consécration d'un droit à la transparence administrative. Seules certaines de ses composantes pouvaient être érigées en droit.

---

[392] *JO* : 3711 du 12 octobre 2016, p. 5838.

[393] Il est précisé que les ministres, les chefs des structures administratives centrales, déconcentrées et décentralisées, les directeurs généraux au sein des établissements publics, des sociétés à participation publique peuvent être tenus administrativement et personnellement responsables des dommages causés en cas de manquement à cette obligation.

[394] Selon l'article 2 de la loi, sont concernés notamment :
– tous magistrats de l'ordre judiciaire, administratif et financier ;
– les chefs de province, commissaires généraux des provinces, préfets de région, chefs de région, chefs de district et maires ;
– tout agent public occupant des postes de haute responsabilité de niveau égal ou supérieur à celui de directeur de ministère ;
– membres des Corps d'administrateurs, d'inspecteurs et de commissaires dans l'Administration publique ;
– chefs de formation militaire supérieure à l'échelon compagnie ;
– inspecteurs de l'Inspection générale de l'État, de l'Inspection générale de l'Armée malagasy et de l'Inspection générale de la gendarmerie nationale ;
– toute personne exerçant les fonctions d'officier de police économique ou judiciaire ;
– toute personne exerçant les fonctions d'ordonnateurs et comptables publics ;
– dirigeants sociaux qui siègent au sein des établissements publics, des sociétés à participation publique.

On ne peut pas non plus voir dans la transparence administrative un principe général de droit au sens de la jurisprudence[395].

Certes, la consécration du droit à l'information (Art. 11 de la Constitution) participe à la remise en cause de la tradition de secret et de confidentialité et vient compenser l'absence d'un droit à la transparence administrative. Mais le droit à l'information apparaît plus restreint que la transparence administrative. En effet, l'article 11 de la Constitution, tel qu'il est rédigé, apparaît beaucoup plus lié à la liberté de la presse et met plus l'accent sur le droit d'informer et de produire des informations que sur le droit d'être informé[396].

Ce droit à l'information n'est pas pensé comme un droit – créance qui serait associée à un droit subjectif. On est plutôt dans la pensée de L. Duguit pour qui les « droits sociaux » ne sont pas des droits subjectifs appartenant à l'individu, mais la simple contrepartie des « devoirs sociaux » que l'État a la charge d'assumer par l'intermédiaire des services publics[397].

Mais même dans une acception beaucoup plus large comme l'entend G. Braibant[398], le droit à l'information se heurte à un ensemble de difficultés et a besoin de relais[399]. Comme tout « droit à... », le droit à l'information ne prendra tout son sens pour l'administré que s'il est complété par des « droit de… » et notamment le droit d'accéder aux documents administratifs ; droit à l'information et droit d'accès à l'information ne se confondant pas mais constituant deux éléments d'un ensemble plus large : le « droit de savoir[400] ».

4.2 L'arsenal juridique malgache ne comporte pas la reconnaissance générale d'un droit d'accès aux documents administratifs. Il s'agit pourtant du noyau dur de la transparence administrative. La doctrine française et la jurisprudence y voient véritablement une liberté publique[401] et non plus une simple garantie procédurale.

---

[395] CE 26 juin 1959, Syndicat général des ingénieurs-conseils ; Rec. Lebon, p. 364 : « Les PGD, résultant notamment du Préambule de la Constitution, s'imposent à toute autorité réglementaire même en l'absence de dispositions législatives. Ils se placent ainsi au-dessus des actes administratifs individuels et réglementaires. »

[396] Article 11. Tout individu a droit à l'information. L'information sous toutes ses formes n'est soumise à aucune contrainte préalable, sauf celle portant atteinte à l'ordre public et aux bonnes mœurs. La liberté d'information, quel que soit le support, est un droit. L'exercice de ce droit comporte des devoirs et des responsabilités, et est soumis à certaines formalités, conditions ou sanctions prévues par la loi, qui constituent des mesures nécessaires dans une société démocratique. Toute forme de censure est interdite. L'exercice de la profession de journaliste est organisé par la loi.

[397] L. Duguit, *Traité de droit constitutionnel*, 2e éd. 1923, t. 3, p. 564.

[398] G. Braibant, « Droit d'accès et droit à l'information », in *Service public et libertés. Mélanges offerts au Professeur R. E. Charlier*, éd. de l'Université et de l'enseignement moderne, Paris 1981, p. 703-704.

[399] J. Chevallier, *Le mythe de la transparence administrative*, *op. cit.*, p. 249.

[400] G. Braibant, *ibid.*

[401]– H. Maisl, « Une nouvelle liberté publique : la liberté d'accès aux documents administratifs », in *Service public et libertés : mélanges offerts au Professeur R.-E. Charlier*, Paris, éd. de l'Université et de l'enseignement moderne, 1981, p. 831 s.

L'article 7 du décret 2003-1158 évoqué plus haut ne peut que rester lettre morte s'il n'est pas complété par un droit d'accès aux documents administratifs. Or, rien ne vient réglementer l'accès aux documents administratifs : pas un minimum de modalités, pas de définition du contenu de l'obligation de diffusion des informations pour satisfaire « la curiosité » des citoyens. La seule disposition qui traduit un droit d'accès reste finalement l'article 173 de la loi 2014 020 sur la décentralisation évoquée plus haut et relatif au compte administratif des collectivités territoriales.

Certes, il existe une Charte d'accès à l'information et au partage de connaissances élaborée par le Conseil supérieur de l'intégrité (CSI) en 2013[402] qui pose 12 principes en la matière en reprenant les standards communément admis.

Cette charte reconnaît ainsi un droit d'accès à l'information et comprend tout un dispositif qui définit des modalités d'exercice du droit d'accès aux documents administratifs et les mécanismes de protection de ce droit. Y sont ainsi énumérés les organismes publics qui pourront être concernés[403], ce qu'il faut entendre par information publique[404], le statut de cette information publique qui est ainsi communicable de plein droit (principe 4)[405].

Cette charte présente toutefois des limites tenant d'abord à sa qualité de « soft law ».

Dans un pays où l'état de droit reste encore fragile, l'efficacité de la « soft law » est loin d'être assurée. De surcroît, on connaît le danger de laisser les puissants fixer la norme de leur propre comportement. L'adhésion à la charte risque de ne servir que de façade pour les quelque peu nombreuses administrations signataires qui soigneraient leur image pour cacher leurs éventuelles turpitudes. Le manque de normativité et d'impérativité peut tout simplement aboutir au non-droit ou au mieux d'un droit à l'état gazeux[406].

– CE 29 avril 2002, Ullmann, RFDA, 2003, p. 135, conclusions D. Piveteau, AJDA, 2002, p. 691, note Ph. Raimbault.

[402] Le CSI est créé par le décret 2006 207 du 21 mars 2006 (*JO* : 3029 du 15 mai 2006, p. 2791). Il s'agit d'une structure qui se charge notamment de promouvoir la bonne gouvernance y compris la transparence.

[403] • les administrations publiques ; • les collectivités territoriales ; • les établissements publics ; • les entreprises publiques ; • les autorités de régulation ; • le Parlement ; • les autorités judiciaires.

[404] Par information publique, toutes données ou toutes connaissances produites ou reçues, dans le cadre de leurs missions, par les services publics, acquises par l'étude ou l'expérience, sous la forme d'écrits, de graphiques ou présentées sur supports papier, audio, vidéo et audiovisuels, ou sous format électronique.

[405] Principe 5 : Sont considérés comme informations ou documents administratifs communicables au sens de la présente Charte, tous dossiers, rapports, études, documents d'orientation ou de politiques publiques, comptes rendus, procès-verbaux, statistiques, directives, instructions, circulaires, notes de service et réponses ministérielles qui comportent une interprétation du droit ou une description des procédures administratives, les avis, les prévisions et les décisions.

[406] Conseil d'État, « De la sécurité juridique », Paris, Doc.fr EDCE n° 43, 1991, p. 32.

On décèlera aussi des carences de la Charte quant à son contenu proprement dit :

i) l'accès aux documents administratifs ne porterait que sur les « documents achevés » et exclut d'emblée tous les documents préparatoires sans exception prévue alors même que la compréhension des tenants et aboutissants d'un acte de l'administration peut parfois exiger l'accès à de tels documents ;

ii) les recours dont dispose un administré sont limités : recours hiérarchique, recours gracieux et recours devant le médiateur de la République. L'absence de possibilité d'un recours juridictionnel contre les administrations pourtant signataires de la charte confirme, si besoin était, que l'on n'est pas encore dans un droit opposable et que l'engagement des signataires de la charte serait faible ;

iii) un droit d'accès aux documents administratifs est nécessairement lié à la création et à la conservation des dits documents. L'absence d'une obligation de documenter constitue une carence. En effet, sans document, les organismes publics peuvent en éviter efficacement la divulgation et, par conséquent, se soustraire à l'examen du public. Il suffit d'invoquer l'inexistence de documents en réponse aux demandes d'accès ;

iv) un droit à l'information ne prend véritablement son sens que si l'information, les données, documents disponibles ne sont pas altérés, qu'ils soient de qualité, fiables et pertinents. Cette question est passée sous silence par la Charte alors que l'on sait qu'il s'agit d'un véritable problème à Madagascar qui vient biaiser la transparence administrative[407] ;

---

[407] V. M. Razafindrakoto F., Roubaud J.-M. Wachsberger, *L'énigme et le paradoxe : économie politique de Madagascar* ; Éditions Institut de recherche pour le développement, Collection Synthèses, Marseille, 2017, p. 27.
Les auteurs notent que « dans le cas africain, des données ont été très sévèrement critiquées pour leur manque de fiabilité et de transparence… » L'incertitude qui entache les chiffres de croissance en Afrique a conduit l'un des spécialistes de la question à intituler un de ses articles « Random Growth in Africa »… Madagascar n'échappe pas à la règle. Nos travaux, conduits à la fin des années 1990, montraient à quel point le PIB, sa croissance et plus largement l'ensemble des comptes nationaux étaient sujets à caution… La divergence des mesures de croissance du PIB en 2009 (estimée officiellement à + 0,6 % par l'INSTAT, mais que le FMI établissait à -5 %) montre que le problème n'a pas disparu… Quel crédit accorder aux comptes nationaux malgaches, quand on sait que des pans entiers de l'économie ne sont pas mesurés directement par la statistique (comme la consommation des ménages, le secteur informel, l'investissement privé), et que même les zones les plus visibles de l'économie, liées au secteur formel (public et privé), ne sont que partiellement appréhendées. Même le commerce extérieur est mieux connu par les « statistiques miroir » des pays fournisseurs (pour les importations) et de destination (pour les exportations) que par les statistiques nationales.
V. aussi communiqué SEFAFI du 7 octobre 2017 évoquant les sites web des administrations publiques « À quelques exceptions près, les contenus se résument à des comptes rendus des agendas des chefs et membres d'institution, si bien que les informations relayées sont loin d'être pertinentes et utiles pour le public », https://www.sefafi.mg/main/post/article/175.

v) la charte a omis de donner des indications sur les délais de délivrance de l'information et de communication des documents administratifs alors même qu'une information peut perdre de sa valeur et son utilité avec le temps (sujet hors d'actualité) ;

vi) il reste et non des moindres la question du management de l'information et des documents administratifs.

En raison de ses missions et prérogatives, l'administration est une grosse productrice d'information et de données de plusieurs types couvrant tous les secteurs allant des fonctions régaliennes à celles de service public : informations juridiques, informations socio-économique, technique, voire scientifique. Dans cette multitude, il faut que l'administré puisse se retrouver et donc qu'on lui reconnaisse le droit d'être informé sur l'existence de documents administratifs. Il en découlerait l'obligation pour l'administration à publier ou à signaler les documents qu'elle produit. Il s'agit là d'un complément indispensable de la liberté d'accès. Comment peut-on en effet demander la communication d'un document si on en ignore l'existence même ou ses références ?

De plus, un agent public peut perdre beaucoup de temps dans la recherche de l'information au milieu d'une montagne de dossiers. Cela rallonge à l'infini le temps des procédures qui finirait par décourager les administrés.

La faiblesse de la charte ne lui enlève pas le mérite d'exister faute d'une loi d'accès aux documents administratifs. On pourra toujours en attendre qu'elle puisse cultiver la transparence au sein de l'administration et de ses agents, et modifier et orienter en conséquence leurs comportements en suscitant dans la mesure du possible leur adhésion car tel est un des avantages de la soft law[408].

4.3 L'évanescence de la transparence administrative découle également de l'absence d'obligation de motivation des actes administratifs.

La motivation des actes administratifs s'inscrit dans la logique de recherche de transparence.

Selon R. Chapus[409], la motivation des actes administratifs est apte à satisfaire trois exigences : *« celle de la démocratie car il est conforme à ses principes que les administrateurs rendent compte aux administrés des raisons pour lesquelles ils se sont déterminés, celle d'une bonne administration car l'obligation de motiver contraint les autorités administratives à examiner attentivement le bien-fondé des décisions qu'elles projettent [...] celle enfin d'un bon contrôle de l'administration : la connaissance des motifs des*

La SEFAFI, association régie par l'Ordonnance n° 60-133 du 3 octobre 1960, a pour vocation d'identifier et d'approfondir les problèmes de société, de diffuser les résultats de ses travaux en vue d'une meilleure pratique de la démocratie et de l'État de droit.

408 V. notamment Conseil d'État, Dossier de presse Étude annuelle 2013 « Le droit souple », http://www.conseil-etat.fr/content/download/3612/10864/version/1/file/2-16q-16_r_161013.pdf

409 R. Chapus R., *Droit administratif général*, T. 1, 15e éd., 2001, Montchrestien, p. 1131.

décisions permet aux intéressés de mieux apprécier s'il y a pour eux matière à réclamation ou à recours car la motivation fait entrer l'administré dans le raisonnement administratif »[410].

L'accès à la démarche intellectuelle de l'administration que sous-entendait l'article 6 du décret 2003 laissait augurer que Madagascar allait s'acheminer vers une obligation de motivation des actes administratifs. Pourtant, rien de cela n'a été fait et le pays reste encore dans le droit fil de la jurisprudence française de 1880, *Harouel et Morin*[411] avec le principe de non-motivation que continue de maintenir le Conseil d'État malgache[412]. Dès lors, ce n'est que dans le principe des droits de la défense consacrés depuis longtemps par le juge administratif malgache[413] que l'on peut attendre une information de l'administré.

Par ailleurs, la non-obligation de motivation doit s'appréhender avec les questions du pouvoir discrétionnaire et du silence de l'administration qui viennent aussi biaiser la transparence administrative :

– le pouvoir discrétionnaire permet à l'administration de décider librement ou de ne pas décider et de choisir le moment où elle décidera. Autrement dit, lorsqu'elle dispose de ce pouvoir, rien ne peut théoriquement l'obliger à adopter un comportement qu'elle devra justifier. Plus grave encore, le contrôle du juge ne s'exerce dans ce cadre qu'à minima : contrôle de ce qui est manifestement illégal pour ne pas s'ériger en administrateur. Madagascar se situe ainsi dans un certain passé du droit administratif français ;

– le silence de l'administration reste encore une décision de rejet après un délai de quatre mois[414] et comme le dit P. Delvolvé, la protection du silence ne se différencie pas, dans certains cas, de la protection du secret[415].

4.4 La levée de l'anonymat administratif ne figure dans aucune réglementation malgache. Alors que la levée de l'anonymat dans l'administration constitue une modalité de la transparence qui permet d'améliorer les relations entre celle-ci et les usagers ne serait-ce qu'en modifiant la perception de l'administré qui n'aura peut-être plus le sentiment d'être en face d'une machine abstraite, d'un appareil froid et inhumain ; aucune réglementation ne vient imposer la levée de l'anonymat dans l'administration. Celle-ci n'est guère contrainte de faire connaître le nom des agents chargés de traiter un dossier d'un administré comme rien n'oblige

---

[410] I. Papadamaki, « L'obligation de motivation en droit administratif français sous l'influence du droit de l'Union européenne », *Revue du droit public*, n° 5, 2017, p. 1262.

[411] CE 30 avril 1880, *Harouel et Morin*, Lebon, p. 419.

[412] À titre d'exemple, CE Ramahafaly Mbohohainy, 27 avril 2011.

[413] V. Arrêt Rasolofonjoa Charles du 18 janvier 1975, Bulletin et recueil des arrêts de la Cour suprême de Madagascar, 1975, p. 131.
Arrêt Société Ouest Indien Océan Recréation du 2 novembre 2005, Recueil de jurisprudence de la chambre administrative de 2004 à 2007, Éditions Jurid'ika, p. 86.

[414] V. *supra*, note (25).

[415] P. Delvolvé, « Le silence en droit public », *Revue de droit public* n° 4-2012.

juridiquement un fonctionnaire à décliner son identité à la demande d'un administré. En la matière, il incombe finalement à chaque ministre de prendre les dispositions qu'il juge utiles concernant l'identification des agents du service. C'est ainsi que chevalets nominatifs, port de badge... peuvent se retrouver ou pas dans les différentes administrations.

5. Si la transparence administrative souffre de l'absence de dispositif juridique adéquat, elle se heurte aussi à la persistance d'entrave juridique qui favorise l'opacité et le secret.

5.1 En tête de ces entraves figure l'obligation de discrétion professionnelle qui pèse sur les agents de l'administration.

L'article 15 du statut général des fonctionnaires[416] veut que *« tout fonctionnaire est lié par l'obligation de discrétion professionnelle. Tout détournement et toute communication, contraires aux règlements, de pièces ou documents de service à des tiers, sont formellement interdits et passibles de sanctions disciplinaires jusque et y compris la révocation. En dehors des cas expressément prévus par la réglementation en vigueur, le fonctionnaire ne peut être délié de cette obligation de discrétion ou relevé de l'interdiction... qu'avec l'autorisation de l'autorité compétente dont il relève et dans le cadre d'une procédure judiciaire. »*

Cet article 15 reprend in extenso l'article 13 du Statut général des fonctionnaires français de 1946 dont le Conseil d'État français avait donné une interprétation extensive à travers l'arrêt Delle Faucheux[417]. O. Bui-Xuan note que les agents administratifs l'ont d'ailleurs appliqué de manière zélée trouvant dans cette obligation un fondement au secret de l'administration et à l'absence d'obligation d'information des usagers ; la discrétion se transformant en véritable mutisme[418]. C'est ce même comportement que l'on retrouve encore aujourd'hui dans les travées de l'administration malgache. Face à une demande de documents administratifs, il est difficile pour un fonctionnaire d'arbitrer ce qu'il peut communiquer. Entre son obligation et un droit de l'administré, face à l'incertitude sur la conduite à tenir, le fonctionnaire adopte plutôt l'attitude la plus prudente pour lui et applique le secret. La crainte de sa hiérarchie ne peut que prédominer car le fonctionnaire a une propension à se considérer comme un agent au service de sa hiérarchie plutôt qu'au service des administrés.

5.2 La transparence administrative se heurte aussi aux secrets protégés :

Transparence et secret sont, l'un comme l'autre, essentiels à l'action publique. Ils sont ainsi « *les deux faces d'un même dilemme éthique*

---

[416] Loi n° 2003-011 portant statut général des fonctionnaires du 3 septembre 2003, *JO* 2858 du 15 septembre 2003, p. 2933.

[417] CE 6 mars 1953, Delle Faucheux, RDP 1953, 1030, note M. Waline. Le texte vise tous les documents connus par le fonctionnaire dans le service, que cette connaissance soit liée ou non à l'exercice de ses fonctions. L'obligation de discrétion professionnelle doit s'exercer aussi bien à l'égard des administrés qu'à l'intérieur de l'administration.

[418] O. Bui-Xuan, *Les secrets de l'administration*, p. 1121, RDP 2012, n° 4, p. 1119-1132.

fondamental qui ne trouve de voie de résolution que dans la recherche d'une articulation, d'un équilibre »[419].

Il y a d'abord le secret-défense défini d'une manière large par l'article 78 du Code pénal[420]. Il faut y ajouter le classique secret professionnel évoqué par l'article 378 du Code pénal et l'article 15 du statut général des fonctionnaires dont le contenu n'est pas vraiment déterminé sauf, faute de jurisprudence malgache en la matière, à se référer à la position du Conseil d'État français qui avait adopté une conception large des informations soumises au secret professionnel[421] :

La Charte d'accès à l'information élaborée par le Conseil supérieur de l'intégrité dresse, elle aussi, une liste d'autres informations couvertes par le secret dans la mesure où elles ne seraient pas communicables[422]. Il est vrai que la liste ne trouve pas encore sa véritable utilité car les informations évoquées restent couvertes par la discrétion professionnelle et l'absence d'un droit d'accès aux documents administratifs juridiquement consacrés.

---

[419] Exposé d'ouverture par Jean-Marc Sauvé, Culture du secret contre transparence sans limite : quel équilibre pour garantir l'intérêt général ? Colloque organisé par Transparency International France, http://www.conseil-etat.fr/content/download/2597/7819/version/1/file/discours-transparence-international.pdf

[420] – Seront réputés secrets de la défense nationale pour l'application du présent Code : 1° Les renseignements d'ordre militaire, diplomatique, économique ou industriel qui, par leur nature, ne doivent être connus que des personnes qualifiées pour les détenir, et doivent, dans l'intérêt de la défense nationale, être tenus secrets à l'égard de toute autre personne ; 2° Les objets, matériels, écrits, dessins, plans, cartes, levés, photographies ou autres reproductions, et tous autres documents quelconques qui, par leur nature, ne doivent être connus que des personnes qualifiées pour le manier ou les détenir, et doivent être tenus secrets à l'égard de toute autre personne comme pouvant conduire à la découverte de renseignements appartenant à l'une des catégories visées à l'alinéa précédent ; 3° Les informations militaires de toute nature, non rendues publiques par le gouvernement, et non comprises dans les énumérations ci-dessus, dont la publication, la diffusion, la divulgation ou la reproduction aura été interdite par une loi ou par un décret en Conseil des ministres ; 4° Les renseignements relatifs soit aux mesures prises pour découvrir et arrêter les auteurs et les complices de crimes ou délits contre la sûreté extérieure de l'État, soit à la marche des poursuites et de l'instruction, soit aux débats devant la juridiction de jugement.

[421] Le Conseil d'État dans son avis du 6 février 1951 [*Grands avis du Conseil d'État*, 2e édition, Dalloz, 2002] parle d'« informations qui se rapportent à des faits confidentiels par leur nature ou confiés sous le sceau du secret et que les agents des services publics ont connus en raison de leurs fonctions ».

[422] Principe 6 : Ne sont pas communicables : 1. Les informations relatives à : – la défense nationale ; – la sûreté interne et externe de l'État, à la sécurité publique ou à la sécurité des personnes ; – la vie privée des individus ou à des intérêts privés ; – le secret des délibérations du Conseil des ministres et du Conseil de gouvernement. 2. Les informations dont la divulgation cause un tort : – aux autres pays ou organisations internationales et à la conduite de la politique extérieure de Madagascar ; – au déroulement des procédures engagées devant les juridictions ou d'opérations préliminaires à de telles procédures, sauf autorisation donnée par l'autorité compétente ; – aux droits de propriété industrielle, droits d'auteur et droits voisins ; – à la concurrence loyale et juste.

En réalité, ce n'est pas tant l'existence de secrets qui doit être remise en cause mais le secret qui entoure ces secrets. En effet, le secret a besoin, à son tour, d'une certaine publicité pour que « son existence soit reconnue, mais son contenu ignoré »[423].

L'enjeu n'est donc pas d'abolir le secret mais d'en circonscrire la sphère et lui donner un statut clair. La transparence ne peut plus se satisfaire d'un concept d'information qui « par nature » serait secrète. Il s'agit d'éviter que les desseins des secrets qui doivent être légitimement protégés ne basculent dans la protection des simples secrets de l'État en fournissant à ce dernier un alibi pour continuer de faire du secret la règle et réduire la transparence à l'exception. Car telle est la tentation naturelle de l'administration et des tenants du pouvoir qui en s'entourant de plus de secrets : – renforcent leurs prérogatives face aux citoyens ; – rendent impossible tout contrôle de leurs agissements – encouragent le développement de formes dévoyées d'information, de la publicité mensongère à la propagande à l'état pur ; – maximisent les inégalités en matière d'accès aux informations – ; nourrissent les tentations d'arbitraire, de concussion, de corruption, de patrimonialisation du pouvoir, d'accaparement par celui-ci et par ses proches de toutes les formes de richesses et d'influences[424].

La facilité avec laquelle les agents de l'administration malgache apposent le cachet « confidentiel » sur toute sorte de documents même les plus anodins, révèle l'utilisation galvaudée et dévoyée du secret.

Au-delà de tout ce qui précède, le dispositif administratif malgache recèle encore bien des recoins qui bloquent le processus de transparence et que l'on pourrait continuer à rechercher. On peut encore évoquer ici la loi n° 2007-019 relative aux archives de Madagascar du 27 juillet 2007[425]. Tout en reconnaissant dans son article 4 que la consultation des archives est un droit fondamental pour tout citoyen, la loi peut réduire à néant ce droit compte tenu des délais relativement longs au terme desquels les documents d'archives publiques pourront être consultés. (30 ans à compter de la date de leur création et pouvant aller même jusqu'à 100 ans pour certains types de documents). On relève ici une contradiction avec la Charte du CSI qui indique que « Le dépôt aux archives nationales des documents administratifs communicables ne fait pas obstacle au droit à la communication, à tout moment, desdits documents » (principe 4).

6. Les causes juridiques dont quelques-unes ont été évoquées dans le présent propos n'expliquent pas à elles seules l'évanescence de la transparence administrative à Madagascar. Sans doute existe-t-il beaucoup d'autres

423 R. Bertrand cité par H. Bissot, « La transparence sacrée ou le secret révélé : le principe dialogique comme mode de légitimation du pouvoir », http://www.dhdi.free.fr/recherches/etudesdiverses/articles/bissot.pdf

424 J.-M. Belorgey, « L'État entre transparence et secret », in Transparence et secret, *Pouvoirs 97-2001*, p. 25-32.

425 *JO* : 139 du 15 octobre 2007, p. 5839.

explications théoriques et pratiques d'ordre politique, sociologique et culturel qui entravent le mouvement.

6.1 La transparence administrative recèle en son sein ses propres limites. L'exigence de transparence quand elle se généralise à l'excès n'est plus la quintessence de la démocratie mais son antipode[426] puisque la démocratie concrète n'est pas un « régime de lumière excluant tout secret de la part des autorités publiques »[427].

6.2 Vient ensuite la critique récurrente des modèles importés souvent présentés comme des modèles idéaux. Le mimétisme rend l'administration surréaliste en accentuant en permanence le décalage entre la norme et la réalité[428]. L'approche technocratique des bailleurs de fonds, dictant plus ou moins ouvertement le modèle à suivre, déclenche une résistance dissimulée. On est alors sur un marché de dupes où les autorités font semblant d'en accepter le principe pour éviter les conséquences néfastes d'une rupture avec leurs bailleurs sans se donner véritablement les moyens de la mener à bien d'autant que pour certaines d'entre elles, elles auraient beaucoup à perdre dans l'instauration d'une administration efficace, intègre.

6.3 Lien peut aussi être recherché entre résistance des autorités publiques à la transparence et des théories de l'action politique qui ont accompagné la naissance des États contemporains et que résume la sentence de Richelieu « *le secret est l'âme des affaires publiques* ». Cette culture séculaire qu'incarnaient des penseurs comme Machiavel imprègne encore les gouvernants actuels et impacte sur les pratiques politico-administratives ; la transparence n'en devient que contrainte pour les autorités publiques à leur corps défendant.

Ainsi, les opportunités de transparence ne sont guère saisies, voire sont déviées. Le contenu des sites de la plupart des administrations est très révélateur à cet égard car ils sont plus des instruments de communication politique que de véritables espaces d'information.

6.4 D'un point de vue sociologique et culturel, on peut légitimement se poser la question de savoir si la transparence administrative coïncide avec la conception du pouvoir et du rapport administration-administré qu'ont les administrés. La société malgache telle que nous la ressentons et la vivons accepte encore la profonde inégalité entre une administration toute-puissante et des administrés-sujets au nom de l'État providence et d'un interventionnisme étatique sollicité quotidiennement par la population qui en vient à sacraliser le pouvoir et les autorités qui l'incarnent.

---

[426] G. Carcassonne, « Le trouble de la transparence », in Transparence et secret, *Pouvoirs 97-2001*, p. 17-23. V. aussi J.-M. Belorgey, *op. cit.*

[427] J.-M. Auby cité par J.-M. Belorgey, *ibid.*

[428] V. notamment D. Darbon, « À qui profite le mime ? Le mimétisme institutionnel confronté à ses représentations en Afrique », in *Les politiques du mimétisme institutionnel. La greffe et le rejet*, p. 113-133 (dir. Y. Mény), L'Harmattan, 1993.

La société malgache accepte dès lors et sans état d'âme la division du travail entre gouvernés et gouvernants au point que l'on peut se demander si la transparence administrative répond à l'heure actuelle à une véritable demande, un désir ou un besoin social.

6.5 Il peut exister aussi des difficultés purement matérielles à la transparence. La production de certaines informations et leur diffusion représentent indubitablement un coût pour l'administration alors que la frange de la population qui peut s'y intéresser est minime surtout en ce qui concerne la littérature grise (études, rapports…).

Autant de raisons qui font que le concept de transparence administrative se retrouve, comme le dit M. Pasquier, dévié, entravé ou laborieux[429] restant ainsi évanescent dans nombre de ses aspects. Quand elle est, la transparence administrative à Madagascar apparaît encore trop souvent comme un simple jeu d'écriture juridique ou un élément de langage du discours politique.

L'évanescence de la transparence administrative traduit également à bien des égards la difficile évolution du droit administratif malgache pour s'inscrire dans une nouvelle logique prenant mieux en compte les droits de ceux que l'on nommait les administrés, ensuite les citoyens et qu'il faudrait mieux appeler les personnes[430].

Il reste que l'inertie du droit à un moment T ne condamne pas la dynamique inhérente à sa nature évolutive. La transparence administrative malgache est encore à la recherche d'un ancrage plus solide et de constructions juridiques plus élaborées et adaptées, à inventer ou à réinventer et sans tomber dans des excès que peuvent induire l'idéalisation ou la sacralisation de la transparence. C'est ainsi à la faveur du mouvement qui continue à essaimer, de l'élévation, certes lente, du niveau d'exigence de population lassée des différentes formes d'abus des autorités publiques et du réveil de la Commission de réforme du droit administratif (COREDA)[431] qu'une réelle évolution peut être attendue.

---

[429] M. Pasquier, *op. cit.*

[430] D. Truchet, *Le droit administratif vu par un professeur de droit*, p. 404-406, AJDA 7-2013, 25 février 2013.

[431] La COREDA a été mise en place par le décret n° 2011-168 du 19 avril 2011. Cette Commission de réflexion sur le droit administratif est présidée par le garde des Sceaux.
L'arrêté 21439/2011 a mis en place une cellule technique chargée de la réalisation des travaux définis par la COREDA mais cette dernière était en dormance. Il a fallu attendre septembre 2018 pour qu'elle soit relancée sans que l'on puisse pour l'heure préjuger de sa remise sur rail définitive et de l'aboutissement de ses travaux.

La transparence dans la gestion du foncier à Madagascar : entre ambition et illusion

Arielle Tsiazonangoly
Doctorante

De prime abord, s'intéresser aux questions de la gouvernance foncière peut sembler anodin. Toutefois, il se trouve qu'actuellement, la question foncière atteint une autre dimension, elle dépasse la sphère nationale et empiète énormément le domaine de l'international[432]. La gestion du foncier n'est plus désormais délimitée par le territoire ; l'engouement de certains États à vouloir s'immiscer dans la gestion nationale du foncier des pays disposant encore de grandes surfaces exploitables en donne une parfaite illustration. À cela s'ajoutent des problèmes majeurs qui retiennent l'attention de la communauté mondiale depuis quelques années, à savoir les problèmes liés à la sécurité alimentaire[433] ou ceux relatifs à l'environnement qui présentent des liens étroits avec le foncier, justifiant ainsi l'intérêt porté aux questions foncières.

Néanmoins, même si le foncier intéresse le domaine de l'international, sa gestion relève avant tout de la compétence nationale et touche une question sensible : la souveraineté nationale. Dans plusieurs pays, la maîtrise du pouvoir politique (public) est encore conditionnée par la maîtrise de la terre[434] ; par conséquent, la gestion de la terre soulève continuellement de grandes difficultés. À l'origine de plusieurs crises sociales, économiques et même politiques[435], la gestion de la terre constitue une préoccupation majeure des gouvernants des pays d'Afrique. Ces pays s'attellent actuellement à mettre en place un nouveau régime foncier avec comme maître mot la bonne gouvernance ou encore la gouvernance responsable[436].

---

432 Cf. « Gouvernance foncière et sécurisation des droits dans les pays du Sud », Comité Technique – Foncier et Développement, septembre 2008.

433 « Politiques de sécurité alimentaire : établir des liens avec les écosystèmes », Union Internationale pour la Conservation de la Nature (UICN).

434 La doctrine parle de la relation intime entre la puissance sociale et la puissance foncière. Cf. en ce sens, Sandron F., « L'enjeu du foncier pour les populations rurales », in *Population rurale et enjeux fonciers à Madagascar*, Cite Karthala. Voir aussi Club de Sahel et de l'Afrique de l'Ouest, « Les réformes foncières en Afrique de l'Ouest », août 2006.

435 Il est démontré que souvent dans les pays africains, « La politisation des questions foncières est l'un des facteurs sous-jacents de la crise et de l'escalade de la violence », cf. « Les Réformes foncières en Afrique », Club du Sahel et de l'Afrique de l'Ouest, août 2006.

436 Vincent (B.), et Ouedraogo (H.), « La sécurisation foncière : un défi majeur pour le nouveau siècle », in www.inter-reseaux.org

Pour Madagascar, ce processus se trouve encore au stade de ses prémices. Domaine de prédilection de la corruption et de la discrimination[437], la gestion du foncier se fait à Madagascar dans l'ignorance et la violation de nombreux principes fondamentaux de droit. Et si actuellement, l'instauration d'une gouvernance foncière responsable[438] est préconisée, c'est justement parce que le mode de gouvernance adopté depuis ne répond pas aux exigences des nouveaux principes de redevabilité, de participation et particulièrement le principe de transparence[439], consacré mère de la bonne gouvernance. La mise en place d'une « bonne gouvernance foncière » doit ainsi impérativement débuter par l'instauration de la transparence dans la gestion du foncier. Mais qu'est-ce qu'on entend par gestion foncière transparente ? Avancer une définition précise de la notion de transparence s'avère assez difficile. Cette complexité est d'autant plus grande si en plus, on doit délimiter le concept de transparence dans un domaine spécifique tel celui du foncier. Dans ce secteur particulier, des propositions de définition ont été avancées ; ainsi la transparence est conçue comme le fait de « définir clairement et diffuser largement les politiques, les lois et les procédures [...] et faire largement connaître les décisions [...][440] ». Deux points importants peuvent être retenus de cette conception de la transparence : la définition claire des politiques et des lois d'une part et la diffusion des lois et procédures d'autre part. Transposée dans le domaine de la gestion foncière proprement dite, une gestion foncière transparente doit prévoir, en amont, une réelle implication de la population et de toutes les parties prenantes dans la définition des politiques et des lois. En aval, la gestion foncière transparente doit s'appuyer sur un système transparent qui repose d'abord sur des lois et réglementations simplifiées, cohérentes et adaptées aux besoins de la majorité de la population. Un système foncier transparent propose ensuite des procédures claires, vulgarisées et accessibles à tous. Le but ultime étant de permettre à tout citoyen de jouir pleinement de son droit à la propriété foncière.

En partant de cet essai de définition, la question se pose de savoir si le système foncier malgache actuellement en vigueur préconise réellement une gestion transparente et : si l'Administration foncière malgache s'implique effectivement à instaurer cette gestion transparente du foncier. La crise

---

[437] Le secteur foncier fait partie des 9 secteurs prioritaires ciblés pour la lutte contre la corruption, in Rapport annuel 2017 du Comité de Sauvegarde et de l'Intégrité, www.csi.gov.mg

[438] Cf. « Directives volontaires pour une gouvernance responsable des régimes fonciers applicables aux terres, aux pêches et aux forêts dans le contexte de la sécurité alimentaire nationale », in www.fao.org/nr/tenure/fr

[439] La bonne gouvernance « fait référence à la transparence, à l'obligation de rendre compte, à l'obligation de résultats... », in Rapport annuel 2017 de la Comité de Sauvegarde et de l'Intégrité, www.csi.gov.mg

[440] Cf. Directives volontaires pour une gouvernance responsable des régimes fonciers applicables aux terres, aux pêches et aux forêts dans le contexte de la sécurité alimentaire nationale, *op. cit.*

foncière qui touche le pays[441] depuis des années d'une part, et la décision prise par l'État d'entamer une réforme foncière d'autre part révèlent l'absence de transparence dans la gestion du foncier en général à Madagascar (I). Il faut néanmoins admettre que l'État a entrepris et entreprend encore d'énormes efforts dans le but de mettre en place un système foncier efficace et transparent ; le problème de transparence dans la gestion du foncier semble cependant empirer plutôt qu'il ne s'améliore (II).

I. Absence générale de transparence dans la gouvernance foncière

L'absence de transparence dans la gouvernance et la gestion du foncier n'est pas un cas isolé de Madagascar, elle touche plusieurs autres pays d'Afrique[442]. Les pays disposant d'importantes ressources naturelles sont souvent confrontés au fléau de « mauvaise gouvernance » qui se manifeste particulièrement par l'absence de retombées économiques et sociales suite au caractère opaque de la gestion et de l'exploitation des ressources. Pour le cas de Madagascar, avec plus de cinq millions d'hectares de terrains arables[443], l'absence d'une gouvernance transparente dans la gestion de cette ressource exceptionnelle fait que cette bénédiction est devenue une malédiction[444] impliquant de graves troubles sociaux dans la société malgache[445]. Cette absence de transparence dans la gouvernance foncière se manifeste principalement par une gestion unilatérale du foncier par l'Administration (A) et par un important déséquilibre entre les pouvoirs de différents acteurs appelés à intervenir dans le domaine du foncier (B).

A. Absence de transparence à travers une gestion unilatérale du foncier par l'Administration

Il peut arriver que l'Administration soit elle-même un obstacle à l'institution d'une bonne gouvernance des affaires publiques. S'il est légitime que certaines questions soient verrouillées par l'Administration, telles les questions liées à la sécurité nationale, la gestion unilatérale par

441 Cf. Lettre de politique foncière 2005. Voir aussi « La réforme foncière à Madagascar », Thalgott (E.) in www.fig.net

442 Un document thématique de la plateforme OSC-LPI intitulé « Transparence et redevabilité dans la gouvernance foncière » affirme que « La gouvernance foncière en Afrique est généralement caractérisée par un manque de transparence et de redevabilité ».

443 Cf. article de Ratsiazo (L.), « 5 millions d'hectares disponibles dans tous Madagascar », du 29 septembre 2015, in www.madagascar-tribune.com

444 On a tendance à oublier que la terre constitue une ressource naturelle, au même titre que les mines ou encore les forêts, le phénomène de malédiction des ressources naturelles peut être étendu au domaine du foncier.

445 « La crise foncière a des impacts forts sur la vie économique et sociale du pays : réticences à l'investissement, dégradation du climat social, [...], perte de crédibilité de l'État [...] », cf. « La réforme foncière à Madagascar », Thalgott (E.), *op. cit.*

l'Administration de certains domaines laisse présager son refus à se conformer aux principes d'ouverture et de transparence. Tel est justement le cas du secteur foncier à Madagascar dont la gestion demeure entièrement, et cela depuis toujours, sous le monopole total de l'État[446].

De prime abord, il est légitime que la gestion du foncier soit assurée par une institution publique[447] : il y va de l'intégrité territoriale même de l'État. L'État dispose ainsi de certaines prérogatives dans cette gestion. Il est maître de ses Domaines et agit tel un véritable propriétaire[448]. L'Administration foncière représente l'État dans la gestion de ces Domaines ; et en tenant compte des prérogatives administratives qu'elle peut soulever, l'instauration d'une gestion foncière transparente n'est pas chose aisée. Comment exiger d'un « propriétaire », d'expliquer ou de rendre compte publiquement des décisions prises concernant l'utilisation des biens composant son patrimoine[449] ? Néanmoins, même si l'Administration dispose des droits et prérogatives, la qualité de véritable propriétaire des Domaines nationaux revient à l'ensemble de la population. Il faut rappeler que l'État n'est qu'un simple mandataire des pouvoirs et prérogatives que la loi[450] lui accorde. Ainsi, la gestion de certaines ressources, socle de l'économie nationale tel le foncier, ne devrait pas se faire conformément à la culture de secret[451], sans aucun

446 L'existence de gestion communautaire (coutumière) du foncier peut soulever la question de savoir qui gère réellement le foncier à Madagascar. Mais la question est vite élucidée puisque la non-reconnaissance de ces institutions coutumières par l'Administration d'une part et l'ignorance par elle des modes de gestion établis par ces institutions d'autre part, font qu'au final la charge de gérer le foncier lui incombe de manière unilatérale. Cette pratique de monopole dont l'État fait preuve n'est pas typiquement malgache, en effet, des analyses ont démontré qu'« il semble bien que partout, l'État tente de garder le contrôle de la terre », Rochegude, 1998 ; 2000, cité in *Quelles politiques foncières intermédiaires en Afrique rurale francophone* de Chauveau (J.-P.) et Lavigne Delville (P.)

447 « Un système foncier ne peut fonctionner que garanti par un système d'autorité, qui définit les règles et veille à leur application […] », Chauveau (J.-P.) et Lavigne Delville (P.), *ibid.*

448 En ce sens, cf. exposé des motifs, Loi 2008-014 du 23 juillet 2008 sur le Domaine privé de l'État, des Collectivités décentralisées, et des personnes morales de Droit public.

449 Si l'on considère l'État comme « présumé propriétaire » du patrimoine foncier malgache, tel le principe adopté en 1960, aucun doute, la redevabilité de l'État envers le peuple malgache sur les décisions prises concernant la gestion du foncier constitue une évidence. Si par contre, on considère l'État tel le véritable « propriétaire » du domaine privé national, tel que préconisé par les textes actuellement en vigueur, toute décision que l'État est amené à prendre concernant la gestion de ce domaine doit être légitimée par la notion d'intérêt général. Mais, le concept d'intérêt général demeure un concept flou, parfois même subjectif et peut être sujet à différentes interprétations. Ce que le pouvoir public qualifie d'intérêt général peut ne pas être perçu comme tel par l'ensemble de la population.

450 La loi en tant qu'« expression de la volonté générale ».

451 Curtin (D.) et Mendes (J.), « Transparence et participation : Des principes démocratiques pour l'administration de l'Union européenne ».

contrôle de la population, selon l'usage dans la gestion des affaires publiques[452].

Aussi, une gestion non publique, non transparente des affaires publiques, est ce que nous qualifions de gestion unilatérale. Cette gestion unilatérale se manifeste souvent par l'exclusion des autres acteurs concernés par le domaine dans le processus de prise de décision et particulièrement l'exclusion des réels représentants[453] de la population. En ce qui concerne le domaine du foncier à Madagascar, l'administration des domaines et des services fonciers a monopolisé l'exercice des droits fonciers[454] dans le pays. L'existence d'autres modes de gouvernance et de gestion du foncier a été ignorée et mésestimée par l'administration foncière nationale. Or, à Madagascar, la gestion du foncier ne doit pas être l'affaire de la seule administration, elle est l'affaire de tous les Malgaches sans distinction[455] ; le caractère exceptionnel du lien qui unit cette population à la terre[456] justifie l'existence de plusieurs institutions foncières locales et coutumières, qui contribuent efficacement à la gestion du foncier au niveau de base.

Par conséquent, la cohabitation entre l'administration foncière et ces institutions foncières de base « ou coutumières » constitue une nécessité, ce qui n'est réellement pas le cas à Madagascar. Dans ce pays où l'utilisation de la terre est d'abord réglementée par la culture à travers les différentes règles coutumières, avant d'être régulée par le droit ; l'ignorance de ces instances coutumières engendre d'énormes complications. Bien que leur importance soit parfois négligée[457], ces institutions coutumières jouent un rôle central dans

---

[452] L'État malgache, en tenant compte de cette situation, propose de « Promouvoir et de renforcer la culture de transparence et de redevabilité », Politique Nationale de Développement, axe 1 « Gouvernance », sous objectif 1115.

[453] Les personnes désignées ou élues comme devant être les représentants du peuple ne remplissent pas forcément leur mission. Il y a celles qui ne s'intéressent qu'à leurs intérêts personnels, et celles qui défendent tout simplement des intérêts privés au lieu et place de l'intérêt général.

[454] Bertrand (A.) *et al.*, « Le statut juridique des terres : perspectives historiques et sociales », in *Population rurale et enjeux fonciers à Madagascar*, éd. Cite et Karthala, 2008.

[455] « Foncier : une affaire publique selon la SIF », in www.observatoire-foncier.mg ; voir aussi Communiqué du Collectif Tany du 15 avril 2015 : La politique foncière, c'est l'affaire de tous les citoyens.

[456] Dans la tradition malgache, la terre est conçue comme « la première femme du créateur » ; on peut aussi évoquer l'existence des mythes « terre-mère », « terre-divinité », cf. René Rarijaona, « Le concept de propriété en droit foncier de Madagascar ».

[457] À travers l'institution de la Commission de Reconnaissance Locale (CRL) par la loi 2006-031 du 24 novembre 2006 fixant le régime de la propriété foncière non titrée, on assiste actuellement à un début de reconnaissance de manière officielle par les structures administratives foncières de ces instances coutumières. L'article 11, al 2 de cette loi prévoit l'intégration dans la CRL des « Raiaman-dreny du Fokontany » (ou les notables de la localité) et préconise la collaboration entre les institutions coutumières et les services en charge du foncier au niveau des collectivités décentralisées.

la gestion du foncier[458]. De ce fait, l'engouement de l'administration à vouloir assurer seule la gestion du foncier relève de l'illusion et constitue un des principaux obstacles à la mise en place d'une bonne gouvernance foncière à Madagascar.

B. Absence de transparence à travers le défaut de participation et de contrôle du public dans la gestion du foncier

Dans le secteur foncier, la bonne gouvernance repose sur deux piliers : la transparence et la participation du public. Il est démontré que pour déterminer le niveau d'une gouvernance foncière, il importe de vérifier si elle « confère davantage de transparence et de participation aux décisions[459] ». Ces deux principes sont interdépendants : l'un ne peut exister sans l'autre[460]. Si l'instauration d'un système foncier transparent permet à la population de suivre et contrôler les actions de l'Administration dans le domaine du foncier, servant ainsi de balise contre les éventuels abus dans l'utilisation de certaines prérogatives administratives ; le principe de consultation et de participation du public, s'il est respecté, permet au public d'intervenir dans la gestion du foncier, soit en participant à la prise de décision, soit à travers des interpellations pendant la mise en œuvre des décisions et politiques.

Mais le législateur malgache semble ne pas avoir favorisé ces deux principes. Les textes malgaches sur le foncier ne définissent pas clairement les procédures de consultation et de participation du public dans ce domaine. Certains textes y font référence sans avancer des précisions claires[461]. Si la consultation du public est prévue dans certains domaines, sa portée est limitée à l'information du public[462]. Or, la transparence et la participation du public ne devraient pas se limiter à une simple information. Bien que l'accès à l'information, un droit fondamental pour tout citoyen, soit une étape importante, elle s'avère insuffisante pour instaurer un système foncier réellement transparent.

---

[458] La gouvernance foncière pour les femmes et les hommes, Guide technique pour la gouvernance des régimes fonciers, FAO.

[459] « Directives volontaires pour la gouvernance foncière : d'un coup d'œil », FAO, 2012.

[460] Il ne peut y avoir de transparence sans la participation effective du public ; or, pour que le public puisse participer, émettre son avis, la disponibilité et l'accessibilité des informations s'imposent.

[461] Il s'agit des circulaires n° 321-10 du 25 octobre 2010 sur les instructions concernant la procédure à suivre en matière de demande de terrain de grande superficie, et n° 621-10 du 14 décembre 2010 sur les instructions concernant les procédures à suivre en matière d'ouverture des guichets fonciers communaux et intercommunaux.

[462] La circulaire sur les instructions concernant la procédure à suivre en matière de demande de terrain de grande superficie prévoit, par exemple, une étape de « sensibilisation, information du public et prospection de terrain ». La quatrième étape dans les modalités d'ouverture des guichets fonciers consiste aussi à des séances d'information et de sensibilisation de la population et des autorités locales.

La transparence nécessite que le public, une fois informé, puisse réagir en intervenant de manière directe ou indirecte à la mise en œuvre de la politique définie. Qu'il soit en mesure de comprendre les raisons justifiant la prise de décision ainsi que les impacts éventuels sur lui, public concerné d'abord, mais aussi et surtout sur le pays tout entier. Le lien étroit entre le principe de transparence et celui de participation du public constitue ainsi une évidence. Le degré de participation du public relate le niveau de transparence dont l'Administration fait preuve dans la gestion des affaires publiques. Ce niveau paraît encore très faible en ce qui concerne le secteur foncier à Madagascar. L'ineffectivité des textes fonciers et le rejet par la population du système foncier légal[463] instauré par l'État montrent encore le caractère très timide de la participation du public dans la gestion du foncier[464].

Pourtant, le foncier constitue un des domaines où cette participation du public doit réellement être effective pour que la transparence soit réellement instaurée. Elle ne doit pas être uniquement formelle[465]. Le déséquilibre entre le pouvoir de l'administration et celui du public est d'autant plus renforcé s'il n'existe qu'un semblant de participation du public comme il est d'usage à Madagascar. Ainsi, il ne suffit pas d'organiser des assises nationales ou régionales[466], ou de procéder à des affichages que la majorité de la population ne consulte même pas[467].

---

[463] L'invention par la population des « petits papiers pour prouver leur droit », cf. Ariel Elyah et Nicole Andrianirina, « Les petits papiers : une pratique de sécurisation locale des droits fonciers », in www.observatoire-foncier.mg ; sous un autre angle, voir aussi Randrianjatovonarivo (S.) « Certificat foncier : garantie faiblement reconnue par les Institutions financières », www.observatoire-foncier.mg

[464] L'absence de textes définissant les modalités et procédures de participation du public constitue un réel obstacle au respect de ce droit du public à la participation. À Madagascar, le texte auquel on peut se référer en la matière est l'arrêté n° 6830/2001 fixant les modalités et les procédures de participation du public à l'évaluation environnementale. Ce texte prévoit 3 modalités de participation de public qui « se fait soit par consultation sur place des documents, soit par enquête publique, soit par audience publique » avec « une phase d'information [...] et une phase de consultation durant laquelle il est procédé au recueil des avis du public. Il serait, de ce fait, erroné de croire que par une simple phase de sensibilisation et d'information, comme il est indiqué dans les textes fonciers plus haut cités, le principe de participation du public soit respecté, que le droit du public à l'information reconnu et encore moins que l'administration agisse entièrement dans la transparence. »

[465] Dans la majorité des cas, la consultation du public dans le secteur foncier « apparaît comme juste une formalité », cf. « Madagascar, Cadre d'analyse de la gouvernance foncière », Rapport final, World Bank.

[466] L'adoption des lettres de politique foncière (ou encore du Programme National Foncier) a été précédée par des ateliers, assises et forums nationaux et régionaux. Exemple : atelier du 14 février 2014 ayant démarré le processus d'élaboration de la LPF acte 2, cité dans le document « Programme National Foncier, 2016-2020 ».

[467] Il importe de rappeler que le taux d'alphabétisation est encore assez faible à Madagascar, surtout en milieu rural. Or, en matière foncière, la population rurale est la plus concernée, vu qu'elle vit généralement de l'exploitation de la terre (taux d'alphabétisation : 65,9 % des jeunes hommes, 64 % des jeunes femmes entre 15 à 24 ans, entre 2008-2012), in www.unicef.org

Il importe d'abord de définir l'identité du véritable « public » dont il faut recueillir l'avis[468]. Si on se réfère au texte plus haut cité, il s'agit du public « qui est touché ou qui risque d'être touché par les décisions prises […] ou qui a intérêt à faire valoir à l'égard du processus décisionnel[469] ». La question se pose de savoir si ce public est véritablement approché ou réellement représenté pendant les phases de consultation et d'information prévues par les documents et textes sur le foncier. Il importe ensuite de vérifier si le public concerné est réellement informé des tenants et aboutissants du projet. Au-delà du droit à l'information, il faut le rappeler, la transparence prône aussi « la moralité et la vérité[470] » dans les informations communiquées afin de permettre au public destinataire, d'émettre des avis objectifs et consciencieux[471]. Confrontée à ces principes, la réalité de la gestion foncière à Madagascar ne reflète pas totalement une transparence. On déplore souvent l'insuffisance de l'implication du public dans l'élaboration des politiques et stratégies du système foncier[472] et souvent leurs avis et propositions ne sont pas véritablement considérés[473]. D'énormes doutes pèsent ainsi sur le caractère consensuel et inclusif de la gestion du foncier. Les actions de l'administration foncière manquent souvent de légitimité, par défaut de transparence. La corruption qui règne au sein de l'institution administrative foncière malgache[474] dévoile l'exclusion des administrés dans la gestion du

---

468 Le public ne se limite pas aux représentants des services déconcentrés ou des collectivités décentralisées ou encore des organisations de la société civile… D'autres acteurs doivent être impliqués, notamment « les notaires, privés, institutions académiques… » qui sont aussi des « acteurs-clés » ; or, ils n'ont pas été impliqués dans la conception de la Lettre de Politique Foncière, cf. « Cadre d'analyse de la Gouvernance Foncière à Madagascar », World Bank, juin 2012.

469 Cf. article 2 al 3 de l'arrêté n° 6830/2001 fixant les modalités et les procédures de participation du public à l'évaluation environnementale.

470 Cf. Vidal-Naquet (A.) « La transparence », *in* Auby (J.-B.) (dir.), *L'influence du Droit européen sur les catégories du Droit public*, Dalloz, 2010.

471 Il arrive que les réelles informations communiquées au public ne relatent pas entièrement la vérité, et induisent ce dernier en erreur, l'empêchant d'émettre des avis réfléchis et consciencieux. On peut citer, par exemple, les informations communiquées au public concernant la véritable valeur juridique du certificat foncier ; cf. « Madagascar/Certificat foncier : clarification sur sa valeur juridique », publié in https://landportal.org/fr/news/2018/09/ (24 septembre 2018), voir aussi « Foncier, polémique sur la valeur des certificats fonciers », in https://lexpress.mg/22/09/2018/

472 Comme il est d'usage dans plusieurs pays d'Afrique, dont Madagascar, « les politiques publiques continuent d'agir par en haut, même lorsqu'il s'agit de reconnaître les pratiques locales de droit et de gestion » ; Chauveau (J.-P.) et Lavigne Delville (P.), *op. cit.*

473 La validation de la LPF acte 2 a causé d'énormes discordes qui ont opposé la société civile et l'administration foncière. Des zizanies ont aussi été constatées entre les agents de l'administration foncière eux-mêmes. Si les organisations de la société civile ont dénoncé la non-considération de leur avis, certains agents de l'administration foncière ont usé de leur droit de grève pour montrer leur crainte.

474 L'administration foncière est parmi les institutions administratives les plus décriées en termes de pratique de corruption à Madagascar, cf. Rapport annuel 2016, Bureau Indépendant Anti-Corruption (BIANCO).

foncier. Désormais, il existe des domaines, tellement sensibles, tel celui du foncier, où le recours à une démocratie plus participative s'impose[475].

II. Tentative de mise en place d'une gestion foncière transparente

« Une stratégie de bonne gouvernance efficace doit s'appuyer a priori sur une volonté politique forte ». L'État malgache a manifesté cette forte volonté politique d'instaurer une gouvernance responsable dans le domaine du foncier à travers le processus de réforme foncière entamée depuis 2005. La confusion du système foncier, l'imprécision du droit foncier et la décision de faire du foncier un levier de développement ont conduit à cette réforme dont un des objectifs consiste à promouvoir la transparence dans la gestion de la terre[476] (A'). Les différentes orientations et stratégies formulées par la lettre de politique foncière tiennent effectivement compte des règles de gouvernance et de transparence[477], mais leur mise en œuvre semble s'en éloigner, laissant les efforts entrepris au stade d'une simple vision (B').

A. Promotion d'un système foncier transparent par la Lettre de Politique Foncière

Il est patent que l'administration publique malgache se trouve en situation de crise et rencontre ainsi d'énormes difficultés à remplir ses missions. Le cas n'est pas isolé, et pour y remédier, Madagascar, comme quelques pays d'Afrique, suit la tendance, et se voit plus ou moins imposer de mettre à jour leurs politiques et stratégies conformément aux « modèles de développement[478] » conseillés par les bailleurs de fonds. À ce propos, la transparence figure parmi les grandes lignes du modèle imposé dans le domaine du foncier. En bon élève, l'État malgache a initié une réforme foncière et a adopté une lettre de politique foncière définissant les stratégies et orientations de la réforme. Ce document de référence dresse un tableau chaotique du mode de gestion foncière pratiqué à Madagascar depuis des

[475] D'autant plus qu'à Madagascar, la démocratie représentative semble en éternelle souffrance car mise à mal par des questions d'ordre purement politique : « La corruption au niveau des députés et sénateurs », in www.lexpressmada.com (5 septembre 2016), « Suspicion de corruption à l'Assemblée nationale », in www.madagascar-tribune.com (4 avril 2018).

[476] Cf. Lettre de politique foncière acte 2, 2015-2030, orientation cinq (05) : « S'engager sur la transparence et la redevabilité. »

[477] Les principes tirés des documents internationaux « Directives volontaires pour une gouvernance foncière responsable » semblent avoir servi de référence pour l'élaboration de la lettre de politique foncière acte 2 (2015-2030).

[478] Les déséquilibres dans les relations internationales conduisent les pays du sud à toujours courir derrière le dernier modèle de développement « conseillé » par le nord. Cf. « Un diagnostic de gouvernance en Afrique à partir des expériences concrètes des acteurs ». Cahier n° 200702, in www.afrique-gouvernance.net

années[479] et qualifie « le manque de transparence dans les informations et dans la gouvernance foncière » comme « un frein » à l'instauration d'un système foncier efficace. L'État malgache fait ainsi de cette réforme, le noyau du processus de mise en place d'une « gestion foncière concertée et transparente… », un moyen pouvant mener le pays vers un développement économique et social durable.

Deux volets majeurs sont touchés par la promotion du principe de transparence dans le secteur foncier : le volet institutionnel et le volet juridique. Sur le plan institutionnel, le « fonctionnement transparent » des institutions administratives foncières est préconisé. Face à l'évolution de la société, les modèles de gestion des affaires publiques sont appelés à changer. Dans le domaine du foncier, ce changement se manifeste principalement par le passage d'« un mode de gouvernance patriarcal » à la promotion d'« un mode de gouvernance plus démocratique[480] » où le respect des règles de transparence est de rigueur. L'idée transparaît à travers l'esprit de la lettre de politique foncière qui a repensé le postulat d'une administration foncière transparente, comme une administration qui veille au respect des droits des usagers et particulièrement de leur droit à l'information et à la participation[481], mais aussi une administration qui est accessible, tant au niveau territorial qu'au niveau procédural. Il s'agit, de ce fait, d'une administration « proche » de la population, et loin de la corruption, où la proximité des services devrait en principe garantir la transparence de leur fonctionnement. Plus les services fonciers se rapprochent de la population, plus l'accès des usagers à l'information concernant les procédures de régularisation de leur droit sera facilité et le contrôle des actes des agents des services fonciers assuré. La décentralisation foncière, grande innovation du nouveau système foncier malgache, est ainsi vue comme le garant de ce mode de gouvernance plus démocratique et plus transparent.

Sur le volet juridique, la cohabitation difficile du droit foncier légal et du droit foncier coutumier est un obstacle à l'institution d'un système foncier transparent et efficace à Madagascar. Le droit foncier coutumier, bien que très présent dans la gestion de la terre, a toujours été laissé dans l'ombre sur le plan

---

479 Cf. point numéro « 03 » de la lettre de politique foncière 2015-2030 et point numéro « 01 » de la lettre de politique foncière 2005 relatant l'état des lieux de la régulation foncière à Madagascar.

480 Cf. Document Stratégique pour la Réduction de la Pauvreté (DSRP, 05/06/03).

481 Dans cette optique, la direction « Observatoire du foncier » est instituée au sein du ministère en charge du foncier, pour servir d'« outil de promotion de la gouvernance foncière ». Un de ses principaux objectifs consiste à porter « à la connaissance de tous les acteurs concernés et de l'opinion publique, les résultats et le niveau d'avancement de la réforme foncière » et « la mise en débat élargie des résultats de ses observations », in (www.observatoire-foncier.mg). L'initiative est louable mais son efficacité est limitée principalement par des problèmes d'accessibilité. Les résultats des études réalisées sont souvent mis en ligne sur le site de l'Observatoire, or, l'accès aux informations en ligne n'est pas encore à la portée de tous les Malgaches.

textuel. Le refus de reconnaître légalement l'existence des droits fonciers coutumiers constitue incontestablement un affront aux règles de transparence, puisque cela revient à laisser de manière délibérée dans le non-droit des pratiques pourtant bien légitimes. Sur ce plan, la reconnaissance de la diversité des droits fonciers[482] que l'orientation « une (01) » de la lettre de politique foncière se fixe comme objectif, semble vouloir penser la situation[483].

Mais cette promotion de la transparence dans la gestion du foncier est aussi étendue dans le domaine de l'accès au foncier. L'orientation « trois (03) » de la lettre de politique foncière se fonde sur la gestion renouvelée du domaine privé de l'État, « pour satisfaire les besoins en terres pour le renforcement ou le développement d'activités à dimensions socio-économiques et environnementales ». La réalisation de cette orientation est d'une grande importance eu égard à l'opacité de la gestion du domaine privé de l'État à Madagascar[484]. Les informations sur l'étendue réelle du domaine privé ne sont pas accessibles à l'ensemble de la population. Pour défaut de délimitation claire et d'inventaire précis, l'administration foncière elle-même semble ne pas disposer d'informations exactes sur la question[485]. Ces informations sont pourtant primordiales pour une gestion transparente du domaine privé national, seul moyen pouvant garantir l'accès équitable de tous au foncier[486].

Cette faiblesse de transparence dans le domaine du foncier rend légitime l'initiative de la réforme, d'autant plus qu'elle s'oriente vers l'institution d'une gestion foncière plus transparente. Néanmoins, le processus de la

---

[482] L'orientation « 01 » a pour objectif de reconnaître la diversité des droits fonciers et de leur fournir une protection légale. (Lettre de politique foncière 2015-2030 – Orientations et axes stratégiques).

[483] Si l'initiative est louable, la méthode adoptée pour la formalisation des droits non écrits soulève des incertitudes et mérite d'être vérifiée. L'invention de nouveau statut des terres, « propriété privée occupée non titrée » et l'institution de la nouvelle procédure de certification foncière peuvent entraîner l'effet inverse, notamment « l'érosion de la propriété sans titre ». Cf. Ramarolanto-Ratiaray, « Propriété sans titre ou l'érosion de la propriété coutumière », (Plaidoyer pour les droits coutumiers de propriété) in www.rjoi.fr

[484] La décision de suspendre toute attribution du domaine privé de l'État pendant un certain délai au cours de l'année 2014, avancée par l'arrêté numéro 24731-2014 du 31 juillet 2014, fixant les mesures relatives à la gestion du domaine privé de l'État, confirme les doutes sur l'existence des pratiques abusives dans la gestion du domaine privé national.

[485] « Un début d'inventaire a quand même été réalisé [...]. Mais dans l'ensemble, on ne dispose pas de données complètes et fiables sur l'importance des terrains titrés au nom de l'État, des régions ou des communes », in « Cadre d'analyse de la Gouvernance Foncière à Madagascar », World Bank, juin 2012.

[486] Le document « Cadre d'analyse de la Gouvernance Foncière à Madagascar », World Bank, juin 2012 rapporte que la liste de l'infime partie des terrains domaniaux titrés, « n'a pas été rendue accessible au public ». De telle situation, illustre le défaut de transparence dans la gestion du foncier dans le pays et par la même occasion, fait état du non-respect par l'État d'un droit fondamental reconnu à tous, à savoir le droit d'accès à la propriété foncière.

réforme foncière n'est pas complètement accompli à Madagascar[487], et la situation génère des incertitudes et des confusions, faisant ainsi obstacle à l'institution d'une gestion foncière efficace et transparente.

B. L'illusion de transparence dans le nouveau système foncier malgache

La réforme foncière engagée par l'État malgache depuis 2005 a le mérite d'avoir non seulement dévoilé le dysfonctionnement de l'administration foncière, mais aussi d'avoir rendu publiques les stratégies proposées pour y remédier[488]. La démarche se veut ainsi transparente, toutefois, son étendue est limitée au stade d'une simple vision[489] dont la concrétisation demeure plus au moins utopique. Les documents politiques consacrés au secteur foncier[490], relatent tous l'aspiration de l'État à rendre efficace et transparente la gestion du foncier. La mise en œuvre de ces instruments implique toutefois de grandes difficultés liées entre autres au problème de transparence[491].

La vision de l'État malgache lorsqu'il a entrepris la réforme foncière en 2005 « consiste à mettre en place un régime foncier qui soit transparent, inclusif, équitable et efficace[492] ». Pourtant, une quinzaine d'années après le début du processus, la situation foncière à Madagascar demeure de plus en plus confuse. Le nouveau cadre juridique institué par la réforme soulève d'énormes zones d'ombre[493] faisant ainsi obstacle à la mise en place d'un système foncier réellement transparent. La mise en œuvre de la décentralisation foncière, considérée comme le garant d'une gestion foncière

---

487 Une revue sur le foncier à Madagascar avance que « La réforme juridique et réglementaire n'est pas encore complète », in « Madagascar : Revue du secteur foncier et des droits de propriété », juin 2006.

488 La lettre de politique foncière de 2005 révèle surtout « la paralysie du service public » et « la panne de dispositif juridique », celle de 2015 insiste beaucoup sur le manque de transparence dans les informations et la gouvernance foncière.

489 Si la lettre de politique foncière fait la promotion de la gestion transparente du foncier, cette initiative n'est pas concrétisée par des dispositifs juridiques. Étant un simple « document d'engagement politique de l'État », la lettre de politique foncière, ne dispose pas de véritable valeur juridique, et il est difficile de se référer à ce document pour contraindre l'Administration à agir conformément aux principes qu'il évoque.

490 Lettre de politique foncière, Programme national foncier (2016-2020), ou encore le Plan national de développement (2015-2019), etc.

491 Des études ont démontré que « des gouvernements ont initié des réformes politiques et juridiques, mais soit ils ne vont pas jusqu'au bout, soit ils tardent dans l'application ou la mise en place des capacités requises pour assurer la transparence [...] dans la gouvernance foncière », cf. « Transparence et redevabilité dans la gouvernance foncière », in Document thématique de la Plateforme OSC-LPI, Civil Society Platform, mai 2016.

492 *Revue du droit foncier et des droits de propriété* – juin 2006.

493 Parmi les zones d'ombre du nouveau système foncier malgache, on peut citer : l'opacité de gestion des terrains à statut spécifique, des questionnements non élucidés sur les zones d'investissement économique (ZIE), les conditions réelles d'attribution de terrains à des étrangers, des incertitudes sur la gestion foncière décentralisée et sur la procédure de certification foncière...

transparente, demeure problématique[494]. Le pari de la gestion foncière décentralisée[495] ainsi lancé semble ne pas avoir véritablement réussi, et a engendré « doute, méprise et questionnements[496] ». La réticence de la population[497] et de certains acteurs du foncier[498] à adopter les nouvelles procédures issues des nouveaux textes fonciers reflète le caractère ambigu du nouveau régime foncier malgache attestant ainsi un manque de transparence aussi bien lors la formulation des orientations à suivre[499] que pendant la phase de leur mise en œuvre[500].

La faiblesse de transparence dans la gestion du foncier demeure ainsi entière à Madagascar et se manifeste principalement par : l'insuffisance de consultation et participation du public[501], le caractère incomplet et mensonger des informations communiquées, le défaut de vulgarisation des textes et des procédures administratives et la non-appropriation des nouvelles règles établies. La mainmise de la politique est aussi fortement présente dans la gestion du foncier, faisant d'une part obstacle à l'effectivité de la gestion transparente promue par le nouveau système foncier, et favorisant d'autre part

---

494 Il s'agit principalement de problème d'appropriation et de problème de moyens. Problème d'appropriation dans le sens où l'Administration foncière elle-même est partagée quant à l'opportunité de la décentralisation foncière. Si certains responsables et agents de cette administration sont convaincus par ce nouveau système, d'autres font preuve de tolérance, voire d'indifférence (« La réforme foncière ou le pari de la compétence locale », *op. cit.*). Cette divergence de positions compromet inévitablement l'instauration d'un système foncier efficace et transparent. Pour ce qui est du problème de moyens, ayant été entièrement financées et appuyées par les institutions de financements, les Communes ne disposent pas de moyens propres pour le fonctionnement des Guichets fonciers. Certaines ont dû fermer le service (environ 11 % en 2012), cf. Andrianirina-Ratsialonana (R.) *et al.*, « Guichets fonciers : quels déterminants pour leur viabilisation ? », in www.observatoire-foncier.mg. Ces constats laissent une perspective très sombre de la décentralisation foncière et rendent de plus en plus confus le système foncier malgache.

495 Teyssier (A.) *et al.*, « La réforme foncière ou le pari de la compétence locale », in *Population rurale et enjeux fonciers à Madagascar*, *op. cit.*

496 Ramarolanto-Ratiaray, « Nouveaux regards sur l'accès à la terre en droit foncier de Madagascar », in https://hal.archives-ouvertes.fr

497 Selon le collectif pour la défense des terres malgaches – Tany, 120 000 demandes en certificats fonciers ont été déposées par les ménages visés entre 2006 à 2009, in « Nos propositions concernant l'Acte 2 de la réforme foncière », 10 février 2015, http://terresmalgaches.infos

498 Cf. Randrianjatovonarivo (S.), « Certificat foncier : garantie faiblement reconnue par les Institutions financières », www.observatoire-foncier.mg

499Cf. « Informations complémentaires sur les divergences de vues actuelles concernant deux lettres de politique foncière 2015-2030 », Document réalisé par la Solidarité des Intervenants sur le Foncier (SIF) et collectif pour la défense des terres malgaches.

500 Sur ce point et pour illustrer l'absence de transparence dans la mise en œuvre effective des orientations soulevées par la lettre de politique foncière, on peut citer « l'absence de base de données centrales pour les données foncières… » ou encore l'absence d'« échange périodique d'informations entre les guichets fonciers et les services fonciers » (cf. « Cadre d'analyse de la Gouvernance Foncière à Madagascar », World Bank, juin 2012).

501 Cf. « Cadre d'analyse de la Gouvernance Foncière à Madagascar », World Bank, juin 2012.

des pratiques discriminatoires qui augmentent la méfiance des usagers à l'endroit des services publics en charge de la gestion du foncier. Ainsi, bien que des acquis plus ou moins positifs aient été rapportés[502], le problème de transparence dans la gouvernance foncière semble s'enraciner plus qu'elle ne s'améliore. On retrouve dans les nouvelles structures administratives foncières, les pratiques corruptives et abusives ayant contribué au dysfonctionnement de l'ancien système foncier[503]. Les améliorations proposées par le nouveau système foncier héritent ainsi des mêmes phénomènes, dévoilant actuellement une illusion de transparence dans l'encadrement juridique et institutionnel du foncier à Madagascar.

[502] Lettre de politique foncière 2015-2030, les acquis de la réforme de 2005.

[503] Selon Transparency International, « la corruption se matérialise à la fois au niveau des services fonciers déconcentrés […] et des Guichets communaux ». Il a été rapporté que « les principaux risques de violation des procédures sont observés le long des procédures de certification », in *Terre et corruption en Afrique*, Transparency International Madagascar.

Deuxième partie

Transparence dans la vie privée

La transparence : une notion clef du droit de la famille ?

Louis Perdrix
Professeur à l'Université Lumière Lyon 2

Le temps des secrets de famille serait-il révolu ? Alors que la famille est le terreau propice aux secrets, qu'ils concernent les origines, comme l'a illustré Guy de Maupassant dans *Pierre et Jean*, ou les sentiments, comme l'a montré ce même auteur dans *Une vie* ou encore François Mauriac dans *Le Nœud de vipères*, l'évolution du droit de la famille s'oppose au culte du secret, que la préservation d'un certain ordre pouvait justifier. En effet, le droit contemporain, marqué par « *le pullulement des droits subjectifs* »[504] lié au développement des droits fondamentaux, se caractérise par une nette évolution allant de la prééminence de la famille sur les individualités qui la composent vers l'affirmation de l'individu au sein du groupe. Désormais, la famille n'est plus perçue comme « *la pépinière de l'État* »[505] organisée autour de la puissance maritale et de la puissance paternelle, mais comme « *un groupe de personnes* »[506] innervé par de grands principes tels que la liberté, l'égalité et le respect d'autrui, et par des « *notions à contenu variable* »[507] telles que l'intérêt de l'enfant, « *la tarte à la crème du droit de la famille* »[508], ou l'intérêt de la famille. Avec l'affirmation de ces principes et de ces notions, le droit positif a pris en considération les revendications des personnes au sein du groupe familial. Cette pleine reconnaissance des droits et libertés des individus s'est notamment traduite par une plus grande recherche de la transparence en droit de la famille aussi bien dans les relations de couple que dans les relations parentales. Ainsi, il ne faudrait plus cacher la réalité d'une filiation extraconjugale au motif qu'elle pourrait remettre en cause le modèle de la famille fondée sur le mariage et subséquemment l'ordre social. Cette idée s'est traduite par un assouplissement des règles d'établissement d'un lien de filiation, quel que soit le statut matrimonial des parents. De même, il ne faudrait plus admettre qu'un époux puisse dissimuler à son conjoint, lors de la conclusion du mariage, une qualité essentielle sans encourir le risque de voir son mariage remis rétroactivement en cause. Cette idée est à l'origine de

---

[504] J. Carbonnier, *Droit et passion du droit sous la Ve République*, Flammarion, 2006, p. 124.

[505] J.-E.-M Portalis, « Discours préliminaire prononcé lors de la présentation du projet de la commission du gouvernement », *in* P.-A. Fenet, *Recueil complet des travaux préparatoires du Code civil*, Videcoq, 1836, t. 1, p. 498.

[506] A. Bénabent, *Droit de la famille*, LGDJ, 2014, 3e éd., n° 1.

[507] J. Carbonnier, *Les Notions à contenu variable dans le droit français de la famille*, Travaux du Centre national de recherches de la logique, 1984, p. 99.

[508] Ph. Malaurie et H. Fulchiron, *Droit de la famille*, LGDJ, 2018, 6e éd., note 123, p. 36.

l'admission plus large de la nullité du mariage pour erreur. En somme, à l'instar de Teilhard de Chardin qui écrivit, dans un autre domaine, « *il suffit, pour la Vérité, d'apparaître une seule fois, dans un seul esprit, pour que rien ne puisse, jamais plus, l'empêcher de tout envahir et de tout enflammer* »[509], l'on pourrait de la sorte affirmer qu'il suffit que la transparence – qui est liée à la quête de vérité – apparaisse dans un aspect du droit de la famille pour qu'elle se propage à l'ensemble de ses ramifications.

Et ce mouvement d'expansion de la transparence dans le droit de la famille est susceptible de s'accroître encore avec le développement du contrôle de conventionnalité concret[510] – également qualifié de contrôle de proportionnalité –, effectué au regard de la Convention européenne de sauvegarde des droits de l'homme et des libertés fondamentales. À l'aide de ce contrôle, les juges peuvent écarter une disposition légale d'ordre public, au motif que, dans l'affaire qui leur est soumise, la mise en œuvre de cette disposition légale porte une atteinte disproportionnée à un droit fondamental au regard du but légitime poursuivi. Or, sans doute parce qu'il est le lieu de rencontre privilégié entre l'intime et le collectif, le droit de la famille est particulièrement concerné par le contrôle de conventionnalité concret. De très nombreuses règles du droit de la famille sont susceptibles d'être soumises à un contrôle de proportionnalité à l'aune des droits fondamentaux. Ainsi, le droit au respect de la vie privée et familiale, mentionné à l'article 8 de la Convention européenne des droits de l'homme, pourrait justifier, dans une situation factuelle donnée, une exclusion des délais légaux de prescription des actions relatives à la filiation[511], ou encore une action en reconnaissance de ses origines ou « *d'une ascendance génétique* » ouvrant la voie à une expertise génétique post mortem[512]. La mise en œuvre du contrôle de proportionnalité pourrait donc aboutir à la reconnaissance juridique d'une filiation biologique ou à la connaissance, avec une certitude scientifique, de l'ascendance biologique d'une personne, malgré l'extinction par prescription de l'action relative à la filiation. La transparence gagne alors du terrain par rapport au secret.

Au-delà, ce développement du contrôle de conventionnalité concret en droit de la famille, qui ne peut toutefois que susciter des interrogations par rapport au principe de la séparation des pouvoirs, apparaît comme « *la révolte*

---

[509] P. Teilhard de Chardin, *Le Christique*, Seuil, 2016, p. 132.

[510] V. Egéa, « L'impact du contrôle de proportionnalité sur la procédure familiale », *Dr. famille* 2015, dossier 6.

[511] Civ. 1re, 21 novembre 2018, n° 17-21.095, publié au *Bulletin* ; *JCP G* 2019, 41, note M. Douchy-Oudot ; Civ. 1re, 7 novembre 2018, n° 17-25.938 ; *Dr. Fam.* 2019, n° 27, note H. Fulchiron ; *D.* 2019, 505, note M. Douchy-Oudot ;

[512] Civ. 1re, 13 novembre 2014, n° 13-21.018 ; *Bull. civ.* I, n° 18 ; *D.* 2015, 1070, note H. Fulchiron ; *AJ Fam.* 2015, 54, note F. Chénedé ; *Dr. Fam.* 2015, n° 9, note Cl. Neirinck ; *JCP G* 2015, 49, note M. Douchy-Oudot.

des faits trop longtemps tenus en laisse par la règle de droit »[513] et renouvelle le débat sur le rôle du droit dans la famille. Parce que la famille est une institution fondamentale de la société, le droit ne peut s'en détourner et se doit d'intervenir. Mais, la famille est également « *le rempart des libertés, une intimité dont la délicatesse mystérieuse la met hors du droit* »[514]. Partant, si le droit ne peut ignorer la famille, notamment parce qu'elle peut parfois être sources de conflits violents, le droit ne devrait pas nécessairement imposer des modèles contraignants. Le débat n'est d'ailleurs pas nouveau : *Quid mores sine legibus ? Quid leges sine moribus ?,* écrit Horace dans sa vingt-quatrième ode. Il s'agit donc de savoir si le droit se contente de suivre l'évolution des mœurs et de leur offrir un cadre juridique en donnant à « *chacun son droit* »[515], ou si la loi continue à avoir un rôle pédagogique en déterminant des interdits constitutifs d'une certaine morale sociale, confortant en cela l'idée que « *l'adaptation du droit aux faits* » serait un « *mythe* »[516]. Autrement dit, cette interrogation soulève la question de la transparence du droit de la famille, qui se dissocie de celle de la transparence dans le droit de la famille. Tandis que la transparence dans le droit de la famille s'oppose au secret, la transparence du droit de la famille s'oppose à l'interdit du droit. Un droit transparent serait un droit qui ne s'opposerait pas aux faits et à l'évolution des mœurs, mais qui, bien au contraire, leur conférerait une reconnaissance juridique. L'intervention de la règle de droit serait de la sorte neutralisée par les faits ou limitée à un encadrement des faits et à une résolution des solutions conflictuelles. Or, certaines évolutions traduisent une plus grande transparence du droit de la famille. Il s'agit, par exemple, du développement du divorce par consentement mutuel, qui prend en considération le souhait de certains couples de ne pas percevoir les liens du mariage comme des liens dissolubles uniquement en cas de faute, c'est-à-dire de « *violation grave ou renouvelée des devoirs et obligations du mariage* » rendant « *intolérable le maintien de la vie commune* »[517]. Cette transparence du droit de la famille se traduit également par la création du pacte civil de solidarité par la loi n° 99-944 du 15 novembre 1999 ou par l'ouverture du mariage aux couples de personnes de même sexe par la loi du 17 mai 2013.

Mais, la transparence du droit de la famille se trouve, là encore, accrue par le développement des droits fondamentaux et du contrôle de conventionnalité concret. Cette tendance a été mise en exergue par l'arrêt de la première

---

[513] Ph. Jestaz, J.-P. Marguénaud et Ch. Jamin, « Révolution tranquille à la Cour de cassation », *D.* 2014, 2061.

[514] Ph. Malaurie et H. Fulchiron, *Droit de la famille*, *op. cit.*, n° 37.

[515] J. Carbonnier, « À chacun sa famille, à chacun son droit », in *Essais sur les lois*, Defrénois, 1995, 2e éd., p. 181 et s.

[516] Ch. Atias et D. Linotte, « Le mythe de l'adaptation du droit au fait », *D.* 1977, Chron. XXXIV, p. 251.

[517] Art. 242 C. civ.

Chambre civile de la Cour de cassation du 4 décembre 2013[518], à l'origine de l'émergence du contrôle de conventionnalité concret en droit français. Alors que l'article 161 du Code civil prohibe le mariage entre alliés en ligne directe et que l'article 164 du même Code n'autorise une dispense du président de la République que lorsque la personne qui a créé l'alliance est décédée, la Cour de cassation a cassé et annulé, au visa de l'article 8 de la Convention européenne des droits de l'homme, l'arrêt d'une Cour d'appel qui avait accueilli l'action en nullité du mariage, conclu entre une femme et son ex-beau-père, intentée par son ex-mari après le décès de son père, au motif que le prononcé de la nullité du mariage revêtait, à l'égard de son ancienne femme, le caractère d'une ingérence injustifiée dans l'exercice de son droit au respect de la vie privée et familiale. Cette union avait en effet été célébrée sans opposition et avait duré plus de vingt ans. Il en résulte qu'une règle d'ordre public peut dorénavant être écartée par le juge si, dans une situation factuelle donnée, elle porte une atteinte disproportionnée à un droit fondamental. Une situation factuelle contraire à une disposition légale impérative accède ainsi à la vie juridique par l'intermédiaire d'un contrôle de proportionnalité. Autrement dit, les droits fondamentaux peuvent, dans certains cas, imposer au droit de la famille d'être transparent par rapport aux faits, c'est-à-dire en définitive aux mœurs. La transparence gagne alors du terrain par rapport à l'interdit.

Dès lors, la transparence, dans ses deux aspects de transparence dans le droit, opposée au secret et de transparence du droit opposée à l'interdit, paraît bien s'imposer comme une notion clef du droit contemporain de la famille, à l'instar des notions d'égalité, de respect ou d'intérêt de l'enfant. En ce sens, la transparence charpenterait en tant que notion clef cette branche du droit et permettrait d'en appréhender l'évolution présente, voire future. Mais, ce rôle de la transparence risque néanmoins d'être complexifié en raison de sa dualité en droit de la famille. En effet, la recherche de la transparence du droit par rapport aux mœurs et aux faits et la recherche de la transparence dans le droit par rapport au secret peuvent susciter des difficultés d'articulation. Par exemple, tandis que la recherche de la transparence dans le droit invite à rechercher ce que les époux ont véritablement voulu en se mariant, la recherche de la transparence du droit de la famille validerait les mariages à effets conventionnellement limités dès lors que les deux époux sont d'accord. L'on ne peut donc s'arrêter au constat de la dualité de la transparence en droit de la famille. Par ailleurs, de même que toute vérité n'est pas bonne à dire, la transparence ne s'impose pas toujours, le secret et l'interdit social peuvent prédominer. Tel est le cas avec l'exclusion du dol en droit du mariage. Parce que l'institution du mariage ne saurait être trop facilement remise en cause par la dissimulation de n'importe quelle information subjectivement perçue comme essentielle, le droit interdit par principe la nullité pour dol et encadre

[518] Civ. 1re, 4 décembre 2013, n° 12-26.066, *Bull. civ.* I, n° 234.

la nullité du mariage pour erreur. Le droit encadre encore les mœurs et ne sanctionne pas tous les secrets. Partant, l'étude de la transparence en droit de la famille incite également à s'interroger sur l'articulation et la portée des transparences. Il convient donc d'envisager, en premier lieu, la dualité de la recherche de la transparence en droit de la famille (I) et, en second lieu, l'impact de la transparence en droit de la famille (II), pour déterminer dans quelle mesure la transparence pourrait constituer une notion clef de ce droit.

I. La dualité de la transparence en droit de la famille

La transparence en droit de la famille est double. Elle se manifeste, d'une part, par la recherche de transparence dans le droit de la famille, afin d'éclipser les secrets entre les personnes ou à l'égard des autorités (A), d'autre part, par la recherche de transparence du droit de la famille, afin d'écarter les interdits contraires à l'évolution des mœurs (B).

A. La recherche de la transparence dans le droit de la famille

La recherche de la transparence dans le droit de la famille conduit à l'exclusion des secrets dans les relations entre les personnes ou entre les personnes et les autorités, aussi bien dans le couple (1) que dans la parenté (2).

1. La transparence dans le couple

La transparence dans le couple, uni par les liens du mariage ou d'un PACS, s'impose non seulement à l'égard de l'autre, mais aussi à l'égard de l'État, tant celui-ci est intéressé par cet élément de l'état des personnes. Cette idée se manifeste notamment par la lutte contre les violences au sein du couple[519]. Ces violences ne doivent pas être dissimulées et rester dans le secret des familles. Mais, la recherche de la transparence connaît également un fort développement dans la formation du couple et ceci se constate aussi bien dans le mariage que dans le PACS et tant à l'égard de l'autre conjoint ou partenaire (a) que de l'État (b), voire des deux (c).

a. La transparence à l'égard de l'autre dans la formation du couple

À l'égard de l'autre, la recherche de la transparence se traduit par une meilleure protection de l'intégrité du consentement. En effet, si « *en mariage il trompe qui peut* »[520], l'exclusion du dol n'interdit toutefois pas, depuis la loi du 11 juillet 1975 portant réforme du divorce, à l'époux victime d'une erreur sur les qualités essentielles de son conjoint d'obtenir la nullité du mariage.

---

[519] Art. 515-9 et s. C. civ.

[520] A. Loysel, 105, cf. H. Roland et L. Boyer, *Adages du droit français*, Litec, 1999, 4e éd., n° 117, p. 214.

Alors qu'en 1862, la Dame Berthon n'avait pu obtenir la nullité de son mariage contracté avec un ancien forçat[521], au motif que seule l'erreur dans la personne, entendue comme une erreur sur l'identité de la personne le permettait[522], une telle erreur peut être aujourd'hui sanctionnée par la nullité du mariage[523]. La transparence s'est de la sorte imposée dans la formation du mariage, sans pour autant se généraliser à toutes les erreurs commises ou provoquées. L'erreur doit porter sur une qualité essentielle du conjoint déterminante du consentement. Or, une telle qualité peut être appréciée subjectivement par chaque époux, et porter sur toute qualité ignorée et potentiellement dissimulée par l'autre, ou objectivement par le juge, et porter sur une qualité considérée comme étant de l'essence du mariage. La jurisprudence oscille entre ces deux conceptions. Ainsi, elle a pu admettre la nullité du mariage pour erreur sur l'intégrité mentale[524] ou sur la séronégativité du conjoint[525]. Elle a également pu retenir la nullité pour méconnaissance d'une liaison antérieure au mariage qui s'est poursuivie après[526] ou d'un premier mariage contracté religieusement suivi d'un divorce[527]. En revanche, si le tribunal de grande instance de Lille a prononcé la nullité d'un mariage pour erreur sur la virginité de la femme[528], la Cour d'appel de Douai a infirmé cette décision sur appel du ministère public[529]. De même, la Cour de cassation a refusé la nullité du mariage dans une hypothèse où l'époux avait dissimulé une liaison entretenue avant une femme mariée jusqu'au matin même de son mariage[530]. Dès lors faut-il en déduire que le manque de transparence d'un époux lors de la conclusion du mariage n'est pas toujours sanctionné ? Naturellement, la dissimulation d'une qualité déterminante pour l'autre époux

---

[521] Ch. réun., 24 avril 1962, *GAJC*, n° 28.

[522] Cette analyse reprenait celle développée par Pothier, cf. R.-J. Pothier, *Traité du contrat de mariage*, n° 310 : « *Lorsque l'erreur ne tombe que sur quelque qualité de la personne, cette erreur ne détruit pas le consentement nécessaire pour le mariage, et n'empêche pas par conséquent le mariage d'être valable. Par exemple, si j'ai épousé Marie, la croyant noble quoiqu'elle soit de la plus basse roture ; ou la croyant vertueuse, quoiqu'elle se fût prostituée ; ou la croyait de bonne renommée, quoiqu'elle ait été flétrie par la justice : dans tous ces cas, le mariage que j'ai contracté avec elle ne laisse pas d'être valable, nonobstant l'erreur dans laquelle j'ai été à son sujet* ».

[523] Par exemple, retenant la nullité pour erreur en raison de l'ignorance d'une condamnation pénale : TGI Paris, 23 mars 1982, *RTD civ.* 1983, 323, note R. Nerson et J. Rubellin-Devichi.

[524] TGI Vesoul, 28 novembre 1989, *D.* 1990, 590, note C. Philippe.

[525] TGI Dinan, 4 avril 2006, *RTD civ.* 2007, 550, note J. Hauser.

[526] Rennes, 11 décembre 2000, *RTD civ.* 2001, 855, note J. Hauser ; *Dr. Fam.* 2001, n° 67, note H. Lécuyer.

[527] Civ. 1re, 2 décembre 1997, n° 96-10.498, *RTD civ.* 1998, 659, note J. Hauser ; *Dr. Fam.* 1998, n° 35, note H. Lécuyer.

[528] TGI Lille, 1er avril 2008, *D.* 2008, 1389, note X. Labbée ; *RTD civ.* 2008, 445, note J. Hauser ; *RJPF* 2008, 7-8, p. 8, note F. Dekeuwer-Défossez ; *JCP G.* 2008, act. 439, note F. Terré.

[529] Douai, 17 novembre 2008, *JCP G* 2008, II, 10005, note Ph. Malaurie ; *RTD civ.* 2009, 98, note J. Hauser ; *Dr. Fam.* 2008, n° 167, note V. Larribau-Terneyre.

[530] Civ. 1re, 13 décembre 2005, n° 02-21.259, *RJPF* 2006, 3, p. 24, note A. Leborgne.

devrait pouvoir être sanctionnée par la responsabilité extracontractuelle de l'article 1240 du Code civil. Mais, cette sanction maintient le mariage. Peut-on alors envisager un divorce pour faute sur le fondement de l'article 242 du Code civil ? De prime abord, une telle sanction paraît difficile à mettre en œuvre. En effet, le divorce pour faute suppose une « *violation grave ou renouvelée des devoirs et obligations du mariage* »[531]. Or, le manquement invoqué ici est une méconnaissance de « *l'obligation préconjugale de sincérité* »[532] et non une violation des devoirs et obligations du mariage. Néanmoins, certaines décisions ont pu prononcer un divorce pour faute en se fondant sur la dissimulation de faits antérieurs au mariage[533]. Dans une telle hypothèse, « *le mariage produit un effet rétroactif aussi contraire à la nature des choses que la rétroactivité des lois* » et « *on assimile un devoir résultant d'un mariage déjà existant à une faute commise dans la conclusion de ce mariage* »[534]. Mais, il en résulte que l'obligation de sincérité – et donc la transparence – s'impose dans la formation du mariage.

Et il en doit en être de même en ce qui concerne le PACS. Conformément à l'article 515-1 du Code civil, le pacte civil de solidarité « *est un contrat conclu par deux personnes physiques majeures, de sexe différent ou de même sexe, pour organiser leur vie commune* ». Par conséquent, comme l'a rappelé le Conseil constitutionnel dans sa décision du 9 novembre 1999[535], les dispositions générales du Code civil relatives aux contrats et obligations conventionnelles, et en particulier les articles 1130 et suivants du Code civil relatifs au consentement, sont applicables au pacte civil de solidarité. Par conséquent, un PACS peut être annulé non seulement en cas d'erreur, mais aussi en cas de dol, à la différence donc, pour ce dernier point, du mariage. Cela dit, toutes les erreurs peuvent-elles entraîner la nullité du PACS ? S'il ne fait pas de doute que l'erreur sur une qualité essentielle du contractant, envisagée par l'article 1132 du Code civil, peut être invoquée, puisqu'il s'agit d'un contrat conclu *intuitu personae*[536], l'on peut à nouveau s'interroger sur la notion de qualité essentielle du contractant. D'un côté, le mouvement de « *matrimonialisation* »[537] du PACS pourrait justifier une acception identique à celle qui est retenue pour le mariage. Mais, d'un autre côté, la soumission du pacte civil de solidarité au droit commun des contrats, qui retient une

---

531 Art. 242 C. civ.

532 J.-R. Binet, « À propos de l'obligation préconjugale de sincérité », note sous Paris, 7 mars 2017, *Dr. Fam.* 2017, n° 93.

533 Rennes, 22 février 1978 (deux arrêts), *D.* 1978, 210, note A. Breton.

534 Y. Guyon, « De l'obligation de sincérité dans le mariage », *RTD civ.* 1964, p. 473-497, spéc. p. 488.

535 Cons. const., 9 novembre 1999, n° 99-419 DC, considérant 28.

536 Art. 1134 C. civ.

537 N. Molfessis, « La réécriture de la loi relative au PACS par le Conseil constitutionnel », *JCP G* 2000, doctr. 210.

conception subjective de l'erreur sur les qualités essentielles de la personne[538], l'admission du dol, qui sanctionne les erreurs provoquées et qui pourrait même depuis la réforme du droit des contrats sanctionner des manœuvres déloyales sans erreur[539], et la possibilité de rompre unilatéralement le PACS pourraient soit justifier une interprétation subjective de la notion de qualité essentielle, soit réduire la portée pratique d'une telle question, dans la mesure où le manquement à la sincérité précontractuelle peut toujours être sanctionné par la fin du PACS.

b. La transparence à l'égard de la société dans la formation du couple

La transparence dans la conclusion du mariage s'impose également à l'égard de l'État et de la société. Malgré le mouvement de contractualisation de la famille[540], le mariage n'est pas qu'un simple contrat. Il demeure une institution à laquelle l'État s'intéresse[541].

Ainsi, le législateur confère un caractère solennel au mariage nécessitant l'accomplissement de certaines formalités, dont la publication du projet de mariage dix jours avant sa célébration[542]. En outre, le mariage clandestin, conclu en l'absence de témoins, dans une mairie dont les portes sont fermées ou dans une maison privée, est frappé d'une nullité absolue[543]. L'absence de transparence, c'est-à-dire en l'occurrence le secret dans la formation du mariage, est donc prohibée par le législateur. Il convient toutefois de relativiser cette affirmation dans la mesure où la clandestinité du mariage n'est qu'une cause de nullité facultative ; elle sera en général prononcée en cas de fraude. De même, le défaut de publication du projet de mariage ne constitue qu'un empêchement simplement prohibitif permettant d'empêcher la célébration du mariage et de notifier une opposition, mais non d'obtenir la nullité du mariage. Cela étant, le défaut de publication peut entraîner la nullité du mariage en cas de fraude à la loi. Une telle solution a notamment été admise à propos de mariage de Français célébrés à l'étranger[544]. Ces différentes règles imposant la transparence des futurs époux à l'égard des autorités se justifient

---

[538] S'il est vrai que l'article 1134 du Code civil ne comporte aucune définition des qualités essentielles du contractant, l'on peut estimer que ces qualités sont par analogie avec l'article 1133 du Code civil, « *celles qui ont été expressément ou tacitement convenues et en considération desquelles les parties ont contracté* ». Cf. O. Deshayes, Th. Genicon et Y.-M. Laithier, *Réforme du droit des contrats, du régime général et de la preuve des obligations*, LexisNexis, 2e éd., 2018, p. 222.

[539] O. Deshayes, Th. Genicon et Y.-M. Laithier, *op. cit.*, p. 232.

[540] D. Fenouillet et P. de Vareilles-Sommières, *La Contractualisation de la famille*, Economica, 2001.

[541] H. Lécuyer, « Mariage et contrat », *in* D. Fenouillet et P. de Vareilles-Sommières, *La Contractualisation de la famille*, *op. cit.*, p. 57.

[542] Art. 63 et 64 C. civ.

[543] Art. 191 C. civ.

[544] Civ. 1re, 13 février 1961, *Bull. civ.* I, n° 97 ; *D.* 1961, juris., p. 349, note G. Holleaux.

par le fait que le mariage demeure une institution à laquelle l'État s'intéresse, afin d'éviter des mariages simulés dans lesquels l'intention matrimoniale fait défaut chez l'un ou chez les deux époux. Mais, cette dernière idée soulève un autre aspect de la transparence dans la conclusion d'une union civile.

c. La transparence à l'égard de l'autre et de la société dans la formation du couple

La transparence dans la formation du mariage ou du PACS peut s'imposer aussi bien à l'égard des autorités étatiques que du conjoint ou du partenaire, afin de lutter contre les mariages ou les PACS simulés. Les futurs époux ou partenaires ne doivent pas dissimuler à l'État ou à leur conjoint ou partenaire leur absence d'intention de vivre une véritable vie de couple et leur souhait de réduire les effets de l'union civile à certains effets légaux. Cette idée se manifeste tout particulièrement au sujet du mariage. Désormais, la jurisprudence impose la transparence aux futurs époux. Ceux-ci ne peuvent se marier sans véritable intention matrimoniale. Un tel mariage simulé est nul pour défaut de consentement réel et sérieux. Cette nouvelle jurisprudence s'est développée à partir du célèbre arrêt *Appietto* de la première Chambre civile de la Cour de cassation du 21 novembre 1963[545], dont la formulation n'a pu que soulever des interrogations. En effet, dans cet arrêt, la Cour de cassation a affirmé que « *si le mariage est nul, faute de consentement, lorsque les époux ne se sont prêtés à la cérémonie qu'en vue d'atteindre un résultat étranger à l'union matrimoniale, il est au contraire valable lorsque les conjoints ont cru pouvoir limiter ses effets légaux, et notamment n'ont donné leur consentement que dans le but de conférer à l'enfant commun la situation d'enfant légitime* ». Les notions de « *résultat étranger* » et d'« *effet légal* » du mariage ont pu susciter des interrogations. Certains auteurs ont ainsi estimé que le mariage simulé ne serait qu'un « *mariage à effets conventionnellement limités* »[546], c'est-à-dire une véritable union dont les époux avaient cru pouvoir limiter les effets par convention. En conséquence, la convention devrait être annulée et le mariage maintenu. Pour autant, la majorité de la doctrine n'a pas suivi cette analyse et estimé que le mariage simulé devait être annulé pour défaut de consentement sur le fondement de l'article 146 du Code civil. Il fallait néanmoins que la Cour de cassation précise sa jurisprudence. Cette précision et intervenue près de quarante années après l'arrêt *Appietto*. Ainsi, la Haute Juridiction a pu affirmer que « *le mariage est nul lorsque les époux ne se sont prêtés à la cérémonie qu'en vue d'atteindre un but étranger à l'union matrimoniale* »[547] ou lorsqu'un époux « *n'avait pas eu l'intention de se*

[545] Civ. 1re, 21 novembre 1963, *Bull. civ.* I, n° 506 ; *JCP G* 1964, II, 13498, note J. Mazeaud ; *D.* 1963, 465, note G. Raymond ; *RTD civ.* 1964. 287, note Desbois.

[546] J. Foulon-Piganiol, « Mariage à effets conventionnellement limités », *D.* 1965, I, p. 9.

[547] Civ. 1re, 28 octobre 2003, n° 01-12.574, *Bull. civ.* I, n° 215 ; *Dr. Fam.* 2004, n° 15, note Larribau-Terneyre ; *RTD civ.* 2004, 66, note J. Hauser.

soumettre à toutes les obligations du mariage [et] *s'était marié dans le but exclusif d'appréhender le patrimoine* »[548] de son conjoint. Autrement dit, la théorie du mariage simulé impose de rechercher quel était le but des époux lorsqu'ils se sont mariés et s'ils étaient animés par une véritable « *intention matrimoniale* »[549]. Partant, est nul le mariage contracté dans le seul but d'obtenir la nationalité, des avantages matrimoniaux[550], fiscaux ou sociaux[551], ou encore pour bénéficier sans payer des supposés pouvoirs de « Marabout » du mari[552]... Les époux ne peuvent donc limiter conventionnellement les effets du mariage et simuler un mariage sans intention matrimoniale. La transparence s'impose à l'égard des autorités publiques, afin d'éviter toute instrumentalisation de l'institution du mariage, mais aussi à l'égard de l'autre.

Mais, cette obligation de transparence s'impose également pour lutter contre les PACS fictifs. En effet, même s'il n'entraîne pas l'acquisition de la nationalité française et ne confère pas de vocation successorale *ab intestat*, le pacte civil de solidarité présente des avantages civils, fiscaux et administratifs susceptibles d'encourager des comportements frauduleux et un détournement[553] de cette forme d'union civile de sa finalité mise en exergue par le Conseil constitutionnel, à savoir « *une vie de couple* »[554]. Cependant, puisque le PACS est avant tout un contrat, la sanction de la dissimulation doit être recherchée dans le droit commun des contrats. L'on pourrait de la sorte transposer la solution retenue pour le mariage et prononcer la nullité du PACS simulé pour défaut de consentement sur le fondement de l'article 1128 du Code civil.

---

548 Civ. 1re, 19 décembre 2012, n° 09-15.606, *Bull. civ.* I, n° 267 ; *Dr. Fam.* 2013, n° 24, note V. Larribau-Terneyre ; *RTD civ.* 2013, 353, note J. Hauser.

549 Civ. 1re, 8 juin 1999, n° 97-15.520 ; Civ. 1re, 9 juillet 2008, n° 07-19.079, *RTD civ.* 2008, 659, note J. Hauser.

550 Civ. 1re, 19 décembre 2012, précit. : en l'espèce, la cour d'appel a relevé que la femme « *était animée par une intention de lucre et de cupidité, n'ayant pour but que d'appréhender le patrimoine de* [son conjoint], *afin d'assurer son avenir et celui du fils qu'elle avait eu avec un tiers, et que cette dernière s'était refusée à son époux après le mariage, n'ayant consenti à une relation sexuelle que le jour du mariage, ce qui avait conduit* [celui-ci], *qui éprouvait des doutes sur la sincérité de l'intention matrimoniale de son épouse, à exprimer sa volonté, dès le début du mois d'août, soit quelques jours avant de subir les coups mortels portés par* [son épouse], *de demander l'annulation du mariage* ».

551 Civ. 1re, 28 octobre 2003, précit.

552 Rennes, 26 octobre 1998, *JCP G* 1999, IV, 2743.

553 La réalité de ce risque de détournement du PACS a d'ailleurs justifié la soumission de certains avantages à la preuve d'une imposition commune, laquelle n'est pas toujours favorable pour deux personnes sans enfants.

554 Cons. const., 9 novembre 1999, n° 99-419 DC, considérant 26.

2. La transparence dans la parenté

Dans la parenté, la transparence est recherchée non seulement dans la filiation (a), mais aussi dans l'accès aux origines (b) et dans l'exercice de l'autorité parentale (c).

a. La transparence recherchée dans la filiation

Le droit de la filiation a connu de très nombreuses évolutions ces dernières années aboutissant à un fort développement de la transparence. En ce qui concerne l'établissement de la filiation, l'évolution est manifeste lorsqu'on envisage l'action en recherche de paternité, voire l'action en recherche de maternité. Ainsi, alors qu'en 1804 un enfant naturel ne pouvait exercer une action en recherche de paternité qu'en cas d'enlèvement, lorsque la période de conception coïncidait avec celle du rapt, l'article 327 du Code civil affirme désormais, et d'une façon très générale, que « *la paternité hors mariage peut être judiciairement déclarée* ». Et si certains ont tenté de faire valoir qu'il instituait une inégalité entre les hommes et les femmes au motif que ces dernières peuvent accoucher sous X, alors que les hommes ne peuvent « *se soustraire à l'établissement d'une filiation non désirée* »[555], la Cour de cassation a refusé de transmettre une question prioritaire de constitutionnalité portant sur cet article au Conseil constitutionnel écartant toute méconnaissance du principe d'égalité[556]. Il est d'ailleurs vrai que depuis la loi n° 2009-61 du 16 janvier 2009, ratifiant l'ordonnance n° 2005-759 du 4 juillet 2005 portant réforme de la filiation, l'accouchement sous X ne constitue plus une fin de non-recevoir à l'action en recherche de maternité. Autrement dit, le secret sur la filiation maternelle n'est plus un obstacle de droit à une action judiciaire tendant à faire établir le lien de filiation à l'égard de la mère biologique[557]. L'évolution du droit de la filiation est sensible et traduit la volonté du législateur de permettre l'établissement, en toute transparence, d'un lien juridique conforme à la vérité biologique. Cette tendance se trouve d'ailleurs confortée par la jurisprudence de la Cour de cassation qui affirme que « *l'expertise biologique est de droit en matière de filiation, sauf s'il existe un motif légitime de ne pas y procéder* »[558].

Dès lors, la reconnaissance juridique de la filiation biologique aurait pour principaux obstacles la prescription décennale applicable à l'action en recherche de paternité ou de maternité, sachant qu'elle est suspendue pendant

---

[555] Cf. la question transmise à la Cour de cassation : Civ. 1re, 28 mars 2013 : n° 13-40.001.

[556] Civ. 1re, 28 mars 2013 : précit., *RTD civ.* 2013, 361, note J. Hauser ; *D.* 2013. 1436, note F. Granet-Lambrechts.

[557] Il y aura toutefois un obstacle de fait, il faut arriver à identifier la mère biologique.

[558] Civ. 1re, 28 mars 2000, n° 98-12.806, *Bull. civ.* I, n° 103 ; *Dr. Fam.* 2000, n° 72, note P. Murat.

toute la minorité de l'enfant[559], et les règles spéciales applicables à la contestation d'un lien de filiation, étape première pour établir une nouvelle filiation en vertu du principe chronologique de l'article 320 du Code civil. Rappelons que le législateur effectue une distinction selon que le titre est ou non corroboré par la possession d'état. Dans la première hypothèse[560], parce que la filiation existante paraît vraisemblable, l'action en contestation ne peut, par principe, être exercée que dans un délai de cinq ans à compter du jour où la possession d'état a cessé ou du décès du parent dont la filiation est contestée. En outre, l'action se heurte à une fin de non-recevoir, lorsque la possession d'état a duré au moins cinq ans depuis la naissance ou la reconnaissance. Ainsi que l'a écrit Cornu : « *le temps qui passe n'agit pas dans l'ordre de la vérité biologique. Il ne rend pas vrai ce qui ne l'est pas, et il ne rend pas plus vrai ce qui l'est déjà. Il enracine une autre vérité sociologique et affective. Il n'atteste pas la vérité biologique, mais valorise la stabilité. On ne dérange pas la paix qu'elle a établie, dans la concordance au titre* »[561]. Seul le ministère public peut alors agir. Dans la seconde hypothèse[562], lorsque le titre n'est pas corroboré par la possession d'état, la filiation est plus fragile et l'action en contestation est soumise à la prescription de droit commun de dix ans.

Cela dit, la subjectivisation croissante du droit de la famille, marquée par le développement du contrôle de conventionnalité concret, conduit à relativiser la portée de ces obstacles aux actions en contestation de filiation et à faire franchir une nouvelle étape à la transparence dans le droit de la famille. En effet, ce contrôle de proportionnalité peut remettre en cause les délais de prescription et la fin de non-recevoir de l'article 333 du Code civil. Certes, comme le rappelle la Cour de cassation, « *la prescription des actions relatives à la filiation est prévue par la loi et poursuit un but légitime en ce qu'elle tend à protéger les droits des tiers et la sécurité juridique* »[563] et « *la fin de non-recevoir* [...] *prévue à l'article 333 du Code civil* [...] *poursuit un but légitime, en ce qu'elle tend à protéger les droits et libertés des tiers ainsi que la sécurité juridique* »[564]. Pour autant, « *l'application d'un délai de prescription ou de forclusion, limitant le droit d'une personne à faire reconnaître son lien de filiation paternelle, constitue une ingérence dans l'exercice du droit au respect de sa vie privée et familiale garanti à l'article 8 de la Convention de sauvegarde des droits de l'homme et des libertés*

559 Art. 321 C. civ.

560 Art. 333 C. civ.

561 G..Cornu, *Droit civil. La famille*, Montchrestien, 9e éd., 2007, n° 221.

562 Art. 334 C. civ.

563 Civ. 1re, 9 novembre 2016, n° 15-25.068, *Bull. civ.* I, n° 216 ; *RTD civ.* 2016. 831, note J. Hauser ; *D.* 2016. 2496, note H. Fulchiron.

564 Civ. 1re, 6 juillet 2016, n° 15-19.853, *JCP G* 2016, 992, note P. Murat ; *D.* 2016, 1980, note H. Fulchiron ; *RTD civ.* 2016, 831.

fondamentales »[565]. Dès lors, les juges du fond doivent rechercher si, concrètement, dans l'affaire qui leur est soumise, « *la mise en œuvre de ces délais légaux de prescription n'était pas de nature disproportionnée au regard du but légitime poursuivi et, en particulier, si un juste équilibre n'était pas ménagé entre les intérêts publics et privés concurrents en jeu* »[566]. La mise en œuvre de ce contrôle de proportionnalité peut de la sorte aboutir à la reconnaissance juridique d'une filiation biologique malgré l'acquisition de la prescription extinctive. Dans une telle hypothèse, la filiation biologique n'est plus un secret juridique, la transparence s'impose.

Mais, ce contrôle de proportionnalité peut également avoir une influence sur le pouvoir d'action du ministère public prévu à l'article 333, alinéa 2 du Code civil en cas de titre corroboré par une possession d'état d'au moins cinq ans. Conformément à cet article, le ministère public peut encore agir pour contester une filiation établie. Mais, en principe, l'article 336 du Code civil prévoit que, par principe, le ministère public ne peut contester une telle filiation que « *si des indices tirés des actes en eux-mêmes la rendent invraisemblable ou en cas de fraude* ». Toutefois, cette règle a fait l'objet d'un assouplissement jurisprudentiel, provoqué par les droits fondamentaux, par un arrêt du 10 juin 2015 de la Cour de cassation[567]. En l'espèce, une femme avait saisi le ministère public afin qu'il agisse en contestation de paternité à l'égard de son ex-conjoint, l'acte de naissance de son fils étant corroboré par une possession d'état de plus de cinq ans. Elle avait joint à sa demande son consentement, ainsi que celui de son ex-conjoint en vue d'une expertise biologique. Ultérieurement, le père biologique, second mari de la femme, est décédé après avoir attesté qu'il était le père biologique de l'enfant et avoir donné son consentement à l'expertise. Toutefois, la Cour d'appel a rejeté l'action du procureur de la République en retenant qu'il n'avait pas rapporté la preuve d'indices tirés des actes eux-mêmes rendant invraisemblable la filiation ou d'éléments pouvant caractériser une fraude. Cette décision a été censurée par la Cour de cassation au motif que la Cour d'appel n'avait pas répondu aux conclusions de la mère, de l'enfant et du père juridique faisant valoir qu'un juste équilibre devait être ménagé, dans la mise en œuvre de l'article 8 de la Convention de sauvegarde des droits de l'homme et des libertés fondamentales, entre le droit revendiqué par l'enfant de voir établir sa filiation biologique et les intérêts des autres enfants du père biologique, qui opposaient un refus à ce qu'il hérite de ce dernier. Autrement dit, la mise en œuvre d'un contrôle de conventionnalité concret peut faciliter l'action du ministère public en la détachant des exigences de l'article 336 du Code civil.

---

[565] Civ. 1re, 6 juillet 2016, précit.

[566] Civ. 1re, 21 novembre 2018, n° 17-21.095, publié au *Bulletin* ; *JCP G* 2019, 41, note M. Douchy-Oudot.

[567] Civ. 1re, 10 juin 2015, n° 14-20.790, *D.* 2015, 2365, note H. Fulchiron ; *RTD civ.* 2015, 596, note J. Hauser.

La filiation biologique peut de la sorte accéder à la vie juridique et ne plus être dissimulée derrière une fausse filiation, nonobstant un titre conforté par une possession d'état de plus de cinq ans.

b. La transparence recherchée dans l'accès aux origines

La transparence s'impose également dans la connaissance des origines. En ce sens, il apparaît de plus en plus que chacun devrait pouvoir avoir connaissance de ses origines sans pour autant qu'il y ait établissement corrélatif d'un lien de filiation. En effet, plusieurs textes internationaux perçoivent la connaissance de ses origines comme un aspect important de l'identité des personnes. Ainsi, l'article 7 § 1 de la Convention internationale des droits de l'enfant prévoit que l'enfant a, « *dans la mesure du possible, le droit de connaître ses parents et d'être élevé par eux* ». De même, la Cour de Strasbourg a affirmé que « *l'article 8 [de la Convention européenne des droits de l'homme] protège un droit à l'identité et à l'épanouissement personnel et celui de nouer et de développer des relations avec ses semblables et le monde extérieur* » et qu'« *à cet épanouissement contribuent l'établissement des détails de son identité d'être humain et l'intérêt vital, protégé par la Convention, à obtenir des informations nécessaires à la découverte de la vérité concernant un aspect important de son identité personnelle, par exemple, l'identité de ses géniteurs* »[568]. Autrement dit, la transparence quant aux origines participe, pour la Cour européenne, de l'épanouissement personnel et du « *sentiment d'identité* »[569].

Un tel principe est de nature à remettre en cause ou tout du moins à justifier un aménagement des règles de l'accouchement sous X, de l'adoption plénière ou encore de la procréation médicalement assistée. Une première évolution est intervenue avec la loi n° 2002-93 du 22 janvier 2002 relative à l'accès aux origines des personnes adoptées et pupilles de l'État. Cette loi a notamment créé le Conseil national de l'accès aux origines personnelles qui peut lever le secret de l'identité de la mère d'un enfant né sous X à certaines conditions. L'objectif de cette loi est de permettre à une personne de connaître ses origines mais non d'établir un lien juridique. L'article L. 147-7 du Code de l'action sociale et des familles dispose d'ailleurs que « *l'accès d'une personne à ses origines est sans effet sur l'état civil et la filiation. Il ne fait naître ni droit ni obligation au profit ou à la charge de qui que ce soit* ». Le droit de connaître ses origines est dès lors clairement distingué du droit d'établir sa filiation. Cela étant, depuis que l'accouchement sous X n'est plus une fin de non-recevoir,

[568] CEDH, 13 février 2003, *Odievre c. France*, *RTD civ*. 2003. 277, note J. Hauser ; *RTD civ*. 2003. 375, note J.-P. Marguénaud ; Ph. Malaurie, « La Cour européenne des droits de l'homme et le "droit" de connaître ses origines », *JCP G* 2003, I, 120. Voir également : CEDH, 13 juillet 2006, *Jäggi c. Suisse*, *RTD civ*. 2006, 727, note J.-P. Marguénaud.

[569] D. Gutmann, *Le Sentiment d'identité, étude de droit des personnes et de la famille*, LGDJ, Bibliothèque de droit privé, t. 327, 2000.

la connaissance d'éléments sur ses origines permettra à un enfant d'exercer plus facilement une action en recherche de maternité si toutefois il n'a pas fait l'objet d'un placement en vue d'une adoption[570].

Prolongeant ce développement du droit à la connaissance de ses origines, la Cour de cassation a reconnu, toujours à partir de l'article 8 de la Convention européenne des droits de l'homme, l'existence d'une action en reconnaissance de son ascendance génétique par un arrêt du 13 novembre 2014[571]. En l'espèce, un homme né en 1950 avait été reconnu avant sa naissance par sa mère, puis en 1955 par celui qui allait devenir le mari de sa mère. Ayant appris de ses parents juridiques que son père serait en réalité un autre homme décédé en 1953, il a saisi en 2010 un tribunal de grande instance d'une requête pour être autorisé à faire exhumer le corps de celui-ci aux fins d'expertise génétique. Le demandeur a notamment fait valoir qu'il ne souhaitait pas contester sa filiation, puisque la prescription s'y opposait, mais avoir une certitude sur ses origines. La Cour d'appel a rejeté sa demande en retenant, d'une part, que l'article 16-11 du Code civil limite en matière civile la recherche de l'identification d'une personne par ses empreintes génétiques à une action tendant soit à l'établissement ou à la contestation d'un lien de filiation, soit à l'obtention ou la suppression de subsides, d'autre part, que ce même article interdit l'identification par empreinte génétique après le décès, sauf si l'intéressé a manifesté son accord exprès. La Cour de cassation a censuré cette décision en retenant que la Cour d'appel avait violé les articles 8 de la Convention européenne de sauvegarde des droits de l'homme et des libertés fondamentales, 14 et 125 du Code procédure civile en statuant sur les mérites de la requête, alors qu'il lui incombait de relever d'office la fin de non-recevoir tirée de l'absence de mise en cause des ayants droit du père prétendu. Partant, la Cour de cassation a bien créé une action non prévue par la loi, dont la finalité est la connaissance de ses origines.

c. La transparence recherchée dans l'autorité parentale

Le fonctionnement de l'autorité parentale est également influencé par la notion de transparence. En effet, depuis la loi n° 2002-305 du 4 mars 2002 relative à l'autorité parentale, l'article 371-1, alinéa 3 du Code civil dispose que « *les parents associent l'enfant aux décisions qui le concernent, selon son âge et son degré de maturité* ». Cette nouvelle disposition s'inspire de l'article 12 de la Convention internationale des droits de l'enfant, qui oblige

---

570 C'est d'ailleurs pour cela que le rapport Théry-Leroyer préconise de rétablir l'accouchement sous X en fin de non-recevoir de l'action en recherche de maternité. Cf. I. Théry et A.-M. Leroyer, *Filiation, origine, parentalité, Le droit face aux nouvelles valeurs de responsabilité générationnelle*, Odile Jacob, 2014, p. 303.

571 Civ. 1re, 13 novembre 2014, n° 13-21.018, *Bull. civ.* I, n° 18 ; *D.* 2015, 1070, note H. Fulchiron ; *AJ Fam.* 2015, 54, note F. Chénedé ; *Dr. Fam.* 2015, n° 9, note Cl. Neirinck ; *JCP G* 2015, 49, note M. Douchy-Oudot.

les États parties à garantir « *à l'enfant qui est capable de discernement le droit d'exprimer librement son opinion sur toute question l'intéressant eu égard à son âge et à son degré de maturité* ». Cette règle de « *démocratie parentale* »[572] constitue l'« *une des dispositions clefs de la réforme de l'autorité parentale* »[573]. Elle montre bien que les parents ne doivent pas exercer les prérogatives de l'autorité parentale en laissant leur enfant dans l'ignorance. L'association de l'enfant imposée par le législateur apparaît comme le prolongement du « *respect dû à sa personne* » par l'article 371-1, alinéa 2 du Code civil et une manifestation de la transparence dans l'exercice de l'autorité parentale à l'égard de l'enfant. Concrètement, l'association de l'enfant doit être fonction du développement de l'enfant et peut prendre la forme, selon les cas, d'une simple information, d'une demande d'avis ou d'une véritable association[574].

Mais, la transparence dans l'exercice de l'autorité parentale ne peut se limiter aux rapports des parents avec leurs enfants, puisque ces derniers ne sont pas toujours aptes à défendre leurs intérêts. Aussi, la transparence s'impose à l'égard des autorités judiciaires. Parce que les droits de l'autorité parentale constituent des droits-fonctions, leur exercice, dirigé par l'intérêt de l'enfant, est contrôlé par l'État. Sur ce point, l'évolution du droit des mineurs est marquée par un contrôle accru du juge sur la puissance paternelle, devenue en 1970 l'autorité parentale. Les relations entre les parents et leurs enfants ne relèvent plus du secret des familles et l'intervention du juge ne se limite plus aux situations extrêmes. Désormais, les autorités publiques peuvent intervenir aussi bien en présence d'un risque de danger ou d'un danger pour la santé, la sécurité, la moralité ou plus généralement l'éducation de l'enfant. Les mesures pouvant être ordonnées sont variées : mesure de protection administrative[575], mesure d'assistance éducative[576], délégation forcée de l'autorité parentale[577], retrait de l'autorité parentale[578] ou encore déclaration judiciaire de délaissement parental[579].

B. La recherche de la transparence du droit de la famille

La recherche de la transparence en droit de la famille ne se manifeste pas uniquement par la transparence dans le droit de la famille. Elle se concrétise également par le recul d'un droit contraignant et la recherche d'une plus

---

572 Cl. Lienhard, « Les nouvelles actions dont le juge aux affaires familiales peut être saisi en matière d'autorité parentale », *AJ Fam.* 2002, 128.
573 H. Fulchiron, « L'autorité parentale rénovée », *Defrénois* 2002, 959.
574 F. Terré, Ch. Goldie-Genicon et D. Fenouillet, *Droit civil, La famille*, Dalloz, 2018, 9e éd., n° 916.
575 Art. L. 226-1 et s. CASF.
576 Art. 375 et s. C. civ.
577 Art. 376 et s. C. civ.
578 Art. 378 C. civ.
579 Art. 381-1 et s. C. civ.

grande transparence du droit par rapport aux mœurs et aux faits sociaux. En ce sens, la transparence du droit de la famille suppose que les mœurs et les faits sociaux font le droit et non l'inverse. Cette recherche se concrétise par de méthodes législatives dorénavant traditionnelles (1), mais aussi de nouvelles méthodes mises en œuvre par le juge (2).

1. Les méthodes traditionnelles

Plusieurs méthodes ont été suivies par le législateur pour limiter l'intervention du droit dans la famille et faire en sorte que celui-ci corresponde davantage aux mœurs.

Tout d'abord, le droit contemporain diversifie les modèles juridiques pour organiser la famille ou régler un différend familial. Loin des « *utopies égalitaires* »[580], le droit prend en considération « *la pluralité des tempéraments, des convictions, des traditions* »[581]. Ainsi que l'expliquait le doyen Carbonnier, le mot d'ordre paraît bien être « *à chacun sa famille, à chacun son droit* »[582]. Depuis 1975, les époux qui souhaitent divorcer ne sont plus contraints d'emprunter la voie du divorce pour faute et éventuellement de fabriquer des fautes. Le législateur a adapté le divorce à la pluralité des situations. Tandis que certains couples sont d'accord sur le principe du divorce et sur ses conséquences, d'autres ne sont d'accord que sur le principe. Les premiers pourront opter pour le divorce par consentement mutuel, les seconds pour le divorce accepté. Mais, parfois aucun accord n'existe entre les époux, l'un des époux pourra alors demander le divorce pour altération définitive du lien conjugal ou pour faute. De même, depuis la création du pacte civil de solidarité en 1999 et l'ouverture du mariage aux couples de personnes de même sexe, les couples sont libres de choisir une union plus ou moins contraignante pour organiser leur union civile. S'il est vrai que le PACS et le mariage se rapprochent, les obligations ne sont pas identiques[583] et les modalités de dissolution du PACS sont plus simples.

Par ailleurs, la prise en considération de la diversité des sensibilités, des tempéraments et des croyances, et la transparence corrélative du droit par rapport aux mœurs passent par la neutralisation du droit de la famille par rapport à d'autres systèmes normatifs. En ce sens, la norme sociale se distingue de la norme religieuse. Cette idée est au cœur de l'évolution du mariage. En 1804, malgré son caractère civil, le mariage demeurait influencé par le modèle du mariage canonique[584]. Ainsi, il n'était admis qu'entre un

---

580 J. Carbonnier, « À chacun sa famille, à chacun son droit », *in Essais sur les lois*, Defrénois, 1995, 2e éd., p. 181 et s., spéc. p. 193.
581 *Ibid.*
582 *Ibid.*
583 Par exemple, le PACS ne contient aucune obligation de fidélité.
584 R. Lichaber, « La notion de mariage civil », in *Libres propos sur les sources du droit*, Mélanges en l'honneur de Ph. Jestaz, Dalloz, 2006, p. 325 et s., spéc. n° 7, p. 330.

homme et une femme et redevint indissoluble avec la loi Bonald de 1816. Mais, progressivement, le mariage civil « *a rompu les principales amarres qui l'attachaient à la conception catholique* »[585]. La loi *Naquet* de 1884 a réintroduit le divorce pour faute en droit français et la loi de 1975 a multiplié les cas de divorce, mettant fin au principe d'indissolubilité du mariage. Les époux peuvent librement rompre leur mariage par consentement mutuel. Plus récemment, la loi du 17 mai 2013 a ouvert le mariage aux couples de personnes de même sexe. Le mariage civil s'est donc affranchi du modèle religieux. Si le droit de la famille n'est naturellement pas étranger à toute idée de morale – comme en témoigne, par exemple, l'essor de la notion de respect dans le couple et dans les relations parents-enfants –, il se distingue néanmoins des préceptes religieux pour mieux saisir la diversité des croyances et des sensibilités.

Ensuite, la transparence du droit de la famille se manifeste par un recul de l'ordre public en la matière[586]. Le phénomène connaît de multiples illustrations comme, par exemple, l'abandon de la condition d'altérité sexuelle dans le mariage en 2013 ou encore la limitation du devoir de fidélité par la jurisprudence. Si la Cour de cassation écarte toute prise en compte des pactes de libertés par lesquels les époux s'affranchissent du devoir de fidélité[587] et affirme que, par principe, « *l'introduction de la demande en divorce ne confère pas aux époux, encore dans les liens du mariage, une immunité faisant perdre leurs effets normaux aux torts invoqués* »[588] écartant de la sorte tout affaiblissement du devoir de fidélité après l'ordonnance de non-conciliation, d'autres décisions de la Cour de cassation ou des juges du fond témoignent de davantage de souplesse et d'une adaptation du droit à l'évolution des mœurs. Ainsi, certains juges du fond ont pu valider une convention temporaire dans un divorce sur requête conjointe dans laquelle les époux s'étaient mutuellement dispensés du devoir de fidélité pendant l'instance en divorce[589]. Par ailleurs, dès lors que l'adultère n'est plus une cause péremptoire de divorce, les juges disposent d'un pouvoir d'appréciation et peuvent donc décider qu'au regard des circonstances de fait, l'adultère n'est pas suffisamment grave pour rendre intolérable le maintien de la vie commune et donc pour constituer une cause de divorce au sens de l'article 242 du Code civil. Les juges peuvent de la sorte estimer que la liaison extraconjugale du mari pendant plus d'une année ne constitue pas une faute cause de divorce, dans la mesure où sa femme connaissait cette liaison et « *n'en avait tiré aucune conséquence* »[590]. De même, certains juges ont pu estimer que le manquement d'une femme au devoir de fidélité ne pouvait être constitutif

---

585 R. Libchaber, art. précit., n° 16, p. 340.

586 Ch. Masson, « L'ordre public familial en péril ? », *RTD civ.* 2018, 809.

587 Civ. 2e, 15 avril 1970, n° 69-12.576, *Bull. civ.* II, n° 120.

588 Civ. 1re, 9 novembre 2016, n° 15-27.968 ; *Dr. Fam.* 2017, n° 1, note J.-R. Binet.

589 TGI Lille, 26 novembre 1999, *D.* 1999, 254, note X. Labbée ; *RTD civ.* 2000, 296, note J. Hauser.

590 Civ. 1re, 22 novembre 2005, n° 05-12.126.

d'une cause de divorce au sens de l'article 242 du Code civil, dès lors qu'il avait été commis après la séparation du couple qui avait pris la décision de divorcer par consentement mutuel[591] ou que « *le constat d'adultère établi plus de deux années après l'ordonnance ayant autorisé les époux à résider séparément et alors que le devoir de fidélité est nécessairement moins contraignant du fait de la longueur de la procédure, ne saurait constituer une violation grave des devoirs et obligations du mariage rendant intolérable le maintien de la vie commune* »[592]. Avec de telles solutions, le droit de la famille s'adapte aux faits et aux mœurs. Dès lors que le divorce est admis, le devoir de fidélité devient moins prégnant pendant la procédure de divorce. Si le devoir de fidélité demeure, l'adultère peut ne pas constituer une faute cause de divorce au regard des circonstances de fait. Le droit tend alors à être transparent par rapport aux faits. Pareillement, mais à propos d'un comportement intervenu en dehors d'une procédure en divorce, une Cour d'appel a pu estimer que le comportement libertin de l'épouse ne constituait pas une cause de divorce au sens de l'article 242 du Code civil, dès lors que l'époux se prévalait envers les tiers du caractère libre du couple, manifestant ainsi et à tout le moins sa connaissance et son acceptation d'un comportement sexuel relevant d'un choix de vie commun du couple, rien ne permettant de caractériser, hors pratiques libertines et échangistes, une liaison « *adultère* » au sens classique du terme[593]. Sous couvert d'appréciation des faits, le droit devient de plus en plus neutre et transparent. De telles solutions ont d'ailleurs permis à un tribunal de grande instance d'affirmer que « *l'obligation de fidélité relève d'un ordre public de protection et non d'un ordre public de direction* » pour rejeter l'action en nullité des contrats conclus par l'exploitant d'un « *site de rencontres pour personnes mariées* » avec de telles personnes[594]. Au-delà, l'affaiblissement du devoir de fidélité et l'influence corrélative des faits sur le droit se manifestent également par l'admission de la validité des donations consenties par un homme marié à sa concubine

[591] Paris, 27 octobre 2016, n° 14/21240.

[592] Civ. 2e, 29 avril 1994, n° 92-16.814, *Bull. civ.* II, n° 123, *RTD civ.* 1994. 571, note J. Hauser. Cf. dans le même sens : Civ. 2e, 23 mai 2002, n° 00-10.030 ; Civ. 1re, 30 mars 2004, n° 03-11.334 ; Civ. 1re, 11 mars 2009, n° 08-13.169.

[593] Pau, 6 février 2006, *Dr. Fam.* 2006, n° 165, note V. Larribau-Terneyre.

[594] TGI Paris, 9 février 2017, n° 15/07813 ; *Dr. Fam.* 2017, n° 72, note J.-R. Binet. Ce jugement affirme ainsi : « *L'obligation de fidélité relève d'un ordre public de protection et non d'un ordre public de direction dès lors que la violation de cette obligation peut ne pas être retenue comme une faute, cause de divorce soit, par exemple, parce que les époux se sont déliés d'un commun accord de cette obligation, soit parce que l'infidélité d'un époux peut être excusée par le comportement de l'autre, autant de dérogations qui caractérisent que cette obligation de fidélité prévue à l'article 212 du Code civil relève de l'ordre public de protection dont ne peuvent se prévaloir que les époux et non de l'ordre public de direction qui lui ne supporte aucune dérogation* ».

adultérine[595] ou d'un contrat de courtage matrimonial conclu par un homme marié en instance de divorce[596].

Enfin, la transparence du droit de la famille par rapport aux faits et à l'évolution des mœurs se traduit par une plus grande contractualisation du droit[597]. D'un point de vue théorique, le phénomène de contractualisation du droit traduit le passage du statut au contrat, d'un droit imposé à un droit négocié, de la contrainte vers la liberté[598]. Il révèle également une certaine transparence du droit par rapport aux faits. Dès lors que les conditions de validité des contrats sont vérifiées, le contrat va s'imposer et tiendra « *lieu de loi à ceux qui* » l'ont fait[599]. Les exemples de contractualisation du droit de la famille sont nombreux. Il s'agit, par exemple, des conventions sur l'autorité parentale encouragées par la loi n° 2002-305 du 4 mars 2002 relative à l'autorité parentale[600]. L'article 373-2-7 du Code civil prévoit ainsi que « *les parents peuvent saisir le juge aux affaires familiales afin de faire homologuer la convention par laquelle ils organisent les modalités d'exercice de l'autorité parentale et fixent la contribution à l'entretien et à l'éducation de l'enfant* ». De même, le législateur encourage les accords entre les époux dans la procédure de divorce. Ainsi, pendant l'instance, les époux peuvent « *passer toutes conventions pour la liquidation et le partage de leur régime matrimonial* »[601] ou « *soumettre à l'homologation du juge des conventions réglant tout ou partie des conséquences du divorce* »[602]. Même si ces différentes conventions sont soumises au contrôle du juge, il n'en ressort pas moins une privatisation du droit. Avec la contractualisation du droit, chacun peut « *devenir son propre législateur (avoir soi pour loi)* »[603]. Le droit devient plus transparent par rapport aux faits.

---

[595] Ass. plén., 29 octobre 2004, n° 03-11.238 ; *Bull. Ass. Plén.*, n° 12 ; *RTD civ.* 2005. 104, note J. Hauser.

[596] Civ. 1re, 4 novembre 2011, n° 10-20.114 ; *Bull. civ.* I, n° 191 ; *D.* 2012, 59 note R. Libchaber ; *RTD civ.* 2012. 93, note J. Hauser ; *AJ Fam.* 2011613, note F. Chénedé.

[597] D. Fenouillet et P. de Vareilles-Sommièrees, *La contractualisation de la famille*, Economica, 2001.

[598] Cf. les études sur la contractualisation du droit : A. Supiot, « Les deux visages de la contractualisation : déconstruction du Droit et renaissance féodale », *in* S. Chassagnard-Pinet et D. Hiez (dir.), *Approche critique de la contractualisation*, LGDJ, coll. « Droit et Société », n° 16, 2007, p. 19 et s. ; E. Serverin, « Lecture socio-juridique sur l'État et le contrat », *in* S. Chassagnard-Pinet et D. Hiez (dir.), *Approche critique de la contractualisation*, *op. cit.*, p. 95 et s.

[599] Art. 1103 C. civ.

[600] O. Louenan, « Les conventions sur l'autorité parentale depuis la loi du 4 mars 2002 », *JCP G* 2003, I, 149.

[601] Art. 265-2 C. civ.

[602] Art. 268 C. civ.

[603] A. Supiot, « Les deux visages de la contractualisation : déconstruction du Droit et renaissance féodale », art. précit., spéc. p. 30.

2. Le renouvellement des méthodes

La recherche de la transparence du droit de la famille est également encouragée par le développement du contrôle de conventionnalité concret. Ce contrôle de proportionnalité, qui repose sur une confrontation de la règle de droit aux droits fondamentaux dans une situation factuelle donnée, peut justifier l'exclusion d'une règle d'ordre public et la reconnaissance juridique d'une situation factuelle. La règle de droit est maintenue dans l'ordonnancement juridique, mais elle est écartée au profit d'une situation factuelle. Autrement dit, le contrôle de conventionnalité concret neutralise ponctuellement la règle de droit et permet à une situation de fait d'accéder à la vie juridique. Le droit est alors pleinement transparent.

Ainsi, dans l'arrêt précité du 4 décembre 2013[604], la Cour de cassation a rejeté l'action en nullité d'un mariage conclu en violation des articles 161 et 164 du Code civil entre une femme et son ex-beau-père, au motif que le prononcé de la nullité du mariage revêtait, à l'égard de son ancienne femme, le caractère d'une ingérence injustifiée dans l'exercice de son droit au respect de la vie privée et familiale dès lors que cette union, célébrée sans opposition, avait duré plus de vingt ans. Un mariage a priori illicite a donc été conforté par la mise en œuvre d'un contrôle de conventionnalité concret. Dans une telle hypothèse, les règles d'ordre public du droit de la famille sont neutralisées et une situation factuelle illégale accède à la vie juridique. Le droit de la famille est transparent par rapport aux faits.

Mais, cette idée de la transparence du droit favorisée par la mise en œuvre d'un contrôle de proportionnalité se retrouve, dans l'arrêt, également précité, du 10 juin 2015[605] de la Cour de cassation. En l'espèce, la Haute Juridiction a laissé entendre que le ministère public doit pouvoir agir pour contester une fausse filiation établie par un titre conforté par une possession d'état de plus de cinq ans, sans avoir à rapporter la preuve d'indices tirés des actes eux-mêmes ou d'éléments pouvant caractériser une fraude, dès lors qu'un juste équilibre doit être recherché, dans la mise en œuvre de l'article 8 de la Convention de sauvegarde des droits de l'homme et des libertés fondamentales, entre le droit de l'enfant de voir établir sa filiation biologique et les intérêts des autres enfants du parent biologique. Or, dans cette affaire, l'action du ministère public devait d'autant plus être facilitée que la mère, le père juridique, l'enfant et le père biologique étaient d'accord pour modifier la filiation de l'enfant. Même si la Cour de cassation ne s'est pas prononcée sur la solution qui pourrait ressortir de la mise en œuvre du contrôle de conventionnalité concret, la seule indication que ce contrôle devait être appliqué par les juges offre la possibilité à une situation factuelle donnée –

---

604 Civ. 1re, 4 décembre 2013, n° 12-26.066, *Bull. civ.* I, n° 234.

605 Civ. 1re, 10 juin 2015, n° 14-20.790 ; *D.* 2015, 2365, note H. Fulchiron ; *RTD civ.* 2015, 596, note J. Hauser.

l'accord des principaux protagonistes – d'accéder à la vie juridique malgré l'absence des conditions requises, à savoir celles de l'article 336 permettant au ministère public d'agir.

La transparence est donc doublement recherchée en droit de la famille. D'une part, elle s'invite dans la règle de droit et encourage la transparence des personnes à l'égard des autres ou de l'État : c'est la transparence dans le droit de la famille qui suppose d'écarter tout ce qui est dissimulé. D'autre part, elle oriente le droit de la famille qui devient, par certains aspects, de plus en plus transparent par rapport aux faits et à l'évolution des mœurs : c'est la transparence du droit de la famille. Cette recherche de la transparence paraît dès lors bien faire de la transparence une notion clef du droit de la famille. Pour autant, cette impression doit être confortée par une analyse de l'impact réel de la transparence, dans ses deux aspects, en droit de la famille.

II. L'impact de la transparence en droit de la famille

Pour déterminer si la transparence est bien une notion clef du droit de la famille à l'instar des notions de respect, d'égalité ou de l'intérêt de l'enfant, il est nécessaire de mesurer l'impact réel de la transparence – ou des transparences – en droit de la famille. Il en ressort, d'une part, que la transparence du droit ne peut être une fin en soi. Le droit de la famille ne peut être totalement abandonné aux passions (A). D'autre part, il apparaît que la transparence dans le droit est encore écartée dans certaines situations. La protection du secret a alors pour objectif la protection d'une personne (B). Ce double constat incite dès lors à relativiser le rôle de la transparence en droit de la famille.

A. La négation de la totale transparence du droit

La négation de la transparence du droit repose sur l'idée que le droit de la famille ne saurait être neutre et que l'adaptation du droit aux faits est un « *mythe* »[606]. Cette négation est tantôt expressément affirmée par l'existence d'interdits (2), tantôt révélée dans des hypothèses où la transparence du droit et la transparence dans le droit paraissent de prime abord se concilier (2).

1. La négation affirmée

Le droit de la famille reste encore par certains aspects un droit d'ordre public. En ce sens, même si le droit recherche la transparence, il n'est pas transparent lui-même. La transparence dans le droit est alors au service d'un droit de la famille interventionniste et directif. Cette idée connaît de multiples illustrations.

---

606 Ch. Atias et D. Linotte, « Le mythe de l'adaptation du droit au fait », art. précit.

Ainsi, en matière de mariage ou de pacte civil de solidarité simulés, le droit de la famille impose la transparence des époux ou des partenaires à l'égard de l'État et de la société pour sanctionner de telles unions civiles et protéger l'institution du mariage. Or, la transparence du droit de la famille imposerait de ne pas tenir compte des véritables intentions des époux ou des partenaires. Dès lors que les époux ou les partenaires sont d'accord, ils devraient pouvoir limiter leur union et conclure valablement un mariage ou un PACS à effets conventionnellement limités. Ces deux logiques se sont d'ailleurs opposées dans le temps. En effet, initialement, la jurisprudence a pu refuser de remettre en cause la validité de mariages simulés, aux motifs qu'ils avaient été célébrés dans les formes légales. Par exemple, par un arrêt en date du 18 août 1807, la Cour d'appel de Lyon a refusé d'annuler le mariage d'un médecin avec sa patiente trente jours avant son décès pour simulation, au motif qu'il était régulier en la forme[607]. Il importait peu que le mariage ait été conclu à des fins successorales. De même, par un arrêt du 4 mars 1813, la Cour d'appel d'Aix-en-Provence a écarté la nullité d'un mariage simulé conclu entre une femme et un mendiant afin d'obtenir la dot promise par sa mère, en relevant qu'« *il faut distinguer la validité du contrat et son efficacité, que les appelants seraient non recevables à contester la validité du mariage de leur tante, dès l'instant qu'il est régulier* »[608]. Ces décisions ont donc fait prévaloir la transparence du droit de la famille par rapport aux faits. Depuis, la jurisprudence est revenue sur cette solution et sanctionne par la nullité le mariage simulé[609]. La transparence dans le droit de la famille s'impose donc sur la transparence du droit de la famille.

Par ailleurs, il est manifeste que la règle de droit impose désormais, avec une grande fermeté, une vraie transparence dans les relations familiales et refuse toute dissimulation de comportements dangereux pour la personne. Il ne doit pas y avoir de violences secrètes à l'égard des enfants mineurs, ainsi qu'en témoignent notamment les procédures de protection des mineurs en danger et recueil des informations préoccupantes envisagées par l'article L. 226-1 du Code de l'action sociale et des familles[610], ni de violences dissimulées à l'égard des conjoints, concubins, partenaires actuels ou passés, ainsi que l'a clairement exposé la loi n° 2010-769 du 9 juillet 2010, relative aux violences faites spécifiquement aux femmes, aux violences au sein des couples et aux incidences de ces dernières sur les enfants. Ces différentes

---

607 Civ., 30 octobre 1808, *S.* 1808, 1, 482.

608 Aix-en-Provence, 4 mars 1813, *Jur. Gen.* par D. Dalloz, t. 31, Mariage, n° 443, p. 283.

609 Civ. 1re, 21 novembre 1963, précit. ; Civ. 1re, 28 octobre 2003, n° 01-12.574, précit. ; Civ. 1re, 19 décembre 2012, n° 09-15.606, précit. ;

610 L'article L. 226-3, alinéa 1er, du Code de l'action sociale et des familles dispose ainsi que : « *Le président du conseil départemental est chargé du recueil, du traitement et de l'évaluation, à tout moment et quelle qu'en soit l'origine, des informations préoccupantes relatives aux mineurs en danger ou qui risquent de l'être. Le représentant de l'État et l'autorité judiciaire lui apportent leur concours* ».

violences doivent être révélées. Corrélativement et en toute logique, le droit ne saurait être neutre par rapport aux faits. Le droit intervient ici dans sa fonction première qui est d'assurer l'ordre et la sécurité des personnes en se plaçant au-dessus des passions humaines.

2. La négation révélée

Si la transparence en droit de la famille se dédouble en une recherche de la transparence dans le droit, qui suppose d'écarter tout ce qui est dissimulé, et une recherche de la transparence du droit, qui repose sur une neutralité du droit par rapport aux faits et aux mœurs, il peut arriver que ces deux transparences se concilient. Pour autant, ce constat d'une possible conciliation (a) doit être apprécié dans sa portée (b). Ceci permet de révéler que, même dans ces situations, le droit ne peut être totalement neutre.

a. Le constat de la conciliation

Parfois, la recherche de la transparence dans le droit de la famille et celle du droit de la famille se concilient dans la mesure où elles poursuivent un même but. Cette idée apparaît notamment avec le courant jurisprudentiel favorable à une conception purement subjective des qualités essentielles de la personne susceptible de fonder une action en nullité du mariage pour erreur. Ainsi, en admettant la nullité d'un mariage pour erreur du mari sur la virginité de la femme, provoquée d'ailleurs par un mensonge, le tribunal de grande instance de Lille a fait prévaloir une conception totalement transparente du droit de la famille[611]. La conception de la règle de droit retenue par les juges du fond imposait la transparence entre les futurs époux en sanctionnant un mensonge. Parallèlement, la règle de droit était transparente par rapport aux faits et aux mœurs. En ce sens, elle n'établissait aucun filtre pour déterminer quelles sont les qualités essentielles d'un futur conjoint pour la société. La règle de droit se trouvait de la sorte privatisée et individualisée. Cette solution envisagée à propos du mariage pourrait être transposée au PACS, puisque celui-ci est un contrat et peut de surcroît être annulé pour dol.

Au-delà, cette conciliation des transparences apparaît aujourd'hui avec la mise en œuvre du contrôle de conventionnalité concret dans le droit de la filiation. Ainsi que nous l'avons déjà constaté, le droit contemporain de la filiation est dans une certaine mesure favorable à la reconnaissance de la vérité biologique. Pour autant, les différentes actions en contestation et en recherche de filiation demeurent enfermées dans des délais de prescription. Or, le recours au contrôle de proportionnalité pourrait justifier, au regard des circonstances de fait, une mise à l'écart des délais de prescription ou faciliter l'action du ministère public lorsque le titre est corroboré par une possession

[611] TGI Lille, 1er avril 2008, précit.

d'état de plus de cinq ans. La recherche de la transparence dans le droit est alors conforme à la conception d'un droit de la filiation transparent par rapport aux faits biologiques. La conciliation des deux transparences aboutit alors à reconnaître un caractère absolu à cette notion de transparence en droit de la famille.

b. La réalité de la conciliation

Cette première approche conduit à s'interroger sur la possibilité d'une totale conciliation des transparences en droit de la famille. Ces deux exemples montrent bien les limites de la transparence.

Dans la première situation, si l'on consacre une conception purement subjective de l'erreur sur les qualités substantielles de la personne, la transparence prédominera, mais au risque d'oublier certains principes fondamentaux ou valeurs fondamentales de notre société. Ainsi, une telle conception de l'erreur devrait autoriser une nullité pour erreur sur la fortune, sur la profession, sur la nationalité, sur l'appartenance à une ethnie ou une religion déterminée, dès lors qu'une telle erreur était déterminante du consentement. L'on comprend dès lors que si l'idée de transparence peut être sous-jacente dans certaines règles de droit, la transparence du droit de la famille par rapport aux faits ne peut être absolue. Celui-ci se doit d'intervenir pour déterminer quelles sont les erreurs admissibles. Partant, il serait logique que la nullité du PACS pour erreur sur les qualités essentielles du partenaire soit calquée sur le droit du mariage, suivant en cela le mouvement de « *matrimonialisation* »[612] de cette forme d'union civile[613]. En outre, l'on peut s'interroger sur l'opportunité d'accepter le dol dans le PACS, puisqu'il peut aboutir à une nullité du mariage dans des hypothèses où l'erreur ne le permettrait pas. Par ailleurs, cette solution, qui écarte toute transparence du droit par rapport aux mœurs et évite donc qu'il ne s'adapte totalement aux faits, est en tout état de cause corrigée par la transparence dans le droit. En effet, ainsi que nous l'avons observé, la dissimulation d'une qualité essentielle uniquement pour l'autre conjoint ou partenaire pourrait éventuellement être sanctionnée par la responsabilité extracontractuelle ou un divorce pour faute ou une rupture unilatérale du PACS. En somme, la transparence du droit est écartée, mais la transparence dans le droit est maintenue.

Dans le second exemple, tiré du droit de la filiation, il apparaît également que la conciliation des deux transparences ne peut être absolue. En effet, le contrôle de conventionnalité concret peut justifier l'exclusion des règles de la prescription ou la fin de non-recevoir de l'article 333, alinéa 2 du Code civil. Mais, les règles de la prescription ne sont pas pour autant abrogées. D'ailleurs,

---

612 N. Molfessis, « La réécriture de la loi relative au PACS par le Conseil constitutionnel », art. précit.

613 V. Bonnet, *Droit de la famille*, Larcier, coll. « Paradigme », 2017, 6e éd., p. 340.

le contrôle de proportionnalité n'aboutit pas nécessairement à une mise à l'écart des règles de la prescription ou de la fin de non-recevoir. Plusieurs décisions ont ainsi estimé qu'au regard des circonstances, ces règles, qui protègent les droits des tiers et la sécurité juridique, ne portaient pas une atteinte excessive au droit au respect de la vie privée garanti par l'article 8 de la Convention européenne des droits de l'homme[614]. La transparence du droit de la famille par rapport aux faits biologiques ne peut donc être sans limites, puisqu'elle peut se heurter à la transparence du droit de la famille par rapport aux données sociologiques.

Par conséquent, il paraît difficile d'admettre une parfaite réception de la notion de transparence, dans ses deux acceptions, en droit de la famille. Même, si les recherches des deux transparences peuvent se rencontrer, la transparence du droit de la famille est difficile à généraliser dès lors que des valeurs essentielles de la société sont en jeu. La transparence du droit ne peut qu'être relative. Le droit peut accompagner l'évolution des mœurs et s'adapter aux faits, mais il doit toujours encadrer ces faits et ces mœurs pour protéger les valeurs fondamentales.

B. La négation de la totale transparence dans le droit

Parfois, la transparence est niée dans le droit. En ce sens, la règle de droit n'encourage nullement la révélation d'une vérité, mais au contraire la dissimule. Des obstacles à la transparence subsistent et ne sont pas encore affectés par le développement des droits fondamentaux. Ils présentent dès lors un caractère absolu. L'on peut néanmoins s'interroger sur la persistance de ces interdits. De nombreuses illustrations de ce phénomène concernent la filiation et montre que, parfois, toute vérité n'est plus bonne à révéler (1) ou n'est pas bonne à révéler (2).

1. Toute vérité n'est plus bonne à révéler

Toute vérité n'est plus bonne à révéler, soit parce que l'écoulement du temps s'oppose à sa révélation (a), soit parce que la privatisation du droit rend dorénavant inutile une telle révélation (b).

a. En raison de l'écoulement du temps

Nous avons déjà observé que l'écoulement du temps peut conforter une filiation en confortant sa conformité avec une situation factuelle et en écartant toute recherche de la vérité biologique. La vérité biologique est alors dissimulée au profit de la vérité sociologique. Mais, nous avons également

---

614 Civ. 1re, 6 juillet 2016, précit. ; Civ. 1re, 5 octobre 2016, n° 15-25.507 ; *Bull. civ.* I, n° 185 ; *RTD civ.* 2016. 831 ; *D.* 2016, 2496, note H. Fulchiron ; Civ. 1re, 9 novembre 2016, n° 15-25.068, précit. ; Civ. 1re, 7 novembre 2018, n° 17-25.938, publié au *Bulletin*.

constaté que cette méconnaissance de la vérité biologique tend à se relativiser sous l'influence des droits fondamentaux. Il existe néanmoins des hypothèses de dissimulation de la vérité biologique qui n'ont pas encore été remises en cause par les droits fondamentaux.

En effet, l'écoulement du temps peut conduire à une méconnaissance de la vérité biologique par le décès du parent prétendu. Adopté en réaction à une jurisprudence contraire[615], l'article 16-11 du Code civil, issu de la loi n° 2004-800 du 6 août 2004 relative à la bioéthique, prévoit ainsi qu'une expertise post mortem, en vue d'établir un lien de filiation, n'est possible qu'en cas d'accord exprès de la personne manifestée de son vivant. En somme, « *nous emportons nos secrets procréatifs dans la tombe et personne ne pourra venir nous demander de comptes surtout pas ceux qui en sont nés* »[616]. Cet article a fait l'objet d'une question prioritaire de constitutionnalité critiquant sa conformité au droit au respect de la vie privée issu de l'article 2 de la Déclaration des droits de l'homme et du citoyen de 1789 et au droit de mener une vie familiale normale résultant du dixième alinéa du Préambule de la Constitution de 1946. Mais, le Conseil constitutionnel a rejeté cette question prioritaire de constitutionnalité par une décision du 30 septembre 2011[617].

Pour autant, il n'est pas certain que cet obstacle à la transparence subsiste. En effet, la jurisprudence du Conseil constitutionnel paraît bien s'opposer à celle de la Cour européenne des droits de l'homme, qui a estimé, dans son arrêt *Jäggi c. Suisse*[618], qu'un État ne pouvait refuser une expertise post mortem au motif qu'un tel refus constituait une violation du droit au respect de la vie privée du requérant. Pour arriver à cette solution, la Cour européenne a mis en balance l'« *intérêt vital* » des personnes, cherchant à établir leur ascendance, « *à obtenir les informations qui leur sont indispensables pour découvrir la vérité sur un aspect important de leur identité personnelle* » et « *la nécessité de protéger les tiers* » pouvant « *exclure la possibilité de contraindre ceux-ci à se soumettre à quelque analyse médicale que ce soit, notamment à des tests ADN* ». Il faut donc un juste équilibre entre les intérêts en présence. Or, pour faire prévaloir le droit du requérant à voir établir sa filiation, la Cour européenne a notamment relevé qu'un prélèvement d'ADN constitue « *une ingérence relativement peu intrusive* » et que « *le droit de reposer en paix ne bénéficie que d'une protection temporaire* » compte tenu

---

615 Paris, 6 novembre 1997, *D.* 1998, 122, note Ph. Malaurie.

616 J. Hauser, note sous Civ. 2e, 8 juillet 2004, *RTD civ.* 2004. 715.

617 Cons. const., 30 septembre 2011, n° 2011-173 DC. Le Conseil constitutionnel affirme qu'« *en disposant que les personnes décédées sont présumées ne pas avoir consenti à une identification par empreintes génétiques, le législateur a entendu faire obstacle aux exhumations afin d'assurer le respect dû aux morts ; qu'il n'appartient pas au Conseil constitutionnel de substituer son appréciation à celle du législateur sur la prise en compte, en cette matière, du respect dû au corps humain ; que, par suite, les griefs tirés de la méconnaissance du respect dû à la vie privée et au droit de mener une vie familiale normale doivent être écartés* ».

618 Cour EDH, 13 juillet 2006, *RTD civ.* 2006, 727, note J.-P. Marguénaud.

du régime des concessions funéraires. Cette recherche de l'équilibre entre les intérêts en présence a été confortée ultérieurement par l'arrêt *Pascaud c. France* de la Cour européenne des droits de l'homme[619]. En l'espèce, une expertise avait bien été effectuée, mais le juge français l'avait écartée au motif que l'intéressé n'avait pas donné un consentement valable. Mais, les juges européens ont estimé qu'une balance des intérêts en présence aurait dû être effectuée, ayant « *des difficultés à admettre que les juridictions nationales aient laissé des contraintes juridiques l'emporter sur la réalité biologique* ». Une évolution pourrait dès lors intervenir dans le futur pour permettre une expertise post mortem en l'absence de consentement préalable[620]. Quoi qu'il en soit, l'on a déjà pu constater une première évolution avec la reconnaissance, par la Cour de cassation, d'une action en reconnaissance de ses origines ou « *d'une ascendance génétique* » ouvrant la voie à une expertise génétique post mortem[621].

b. En raison de la privatisation du droit

Précédemment, nous avons constaté que la transparence s'impose avec force dans la formation du mariage ou du PACS. À l'inverse, la transparence se trouve désormais relativisée dans la dissolution du couple au nom du respect de la liberté individuelle. Ainsi, l'évolution du droit du divorce révèle que la séparation des époux est de plus en plus une question privée à laquelle les autorités publiques doivent, dans la mesure du possible, rester étrangères. Avant la réforme de 1975, seul le divorce pour faute était admis. Les époux devaient donc faire preuve de transparence pour obtenir le divorce et établir les fautes de l'autre[622]. Désormais, depuis la multiplication des cas de divorce, le demandeur au divorce pour faute doit toujours établir la réalité des fautes reprochées à l'autre. De même, le demandeur au divorce pour altération définitive du lien conjugal doit prouver une séparation de fait avec son conjoint d'une durée de deux ans au jour de l'assignation en divorce. Mais, le divorce contemporain devient par certains aspects une affaire privée. Ainsi, depuis la loi n° 2016-1547 du 18 novembre 2016 de modernisation de la justice du XXIe siècle, le divorce par consentement mutuel s'effectue par principe sans le juge, par un simple acte sous signature privée contresignée par avocat. Au-delà, la privatisation du divorce se manifeste par une plus grande dissimulation des motifs de la rupture. Naturellement, les époux, qui divorcent par consentement mutuel, n'ont pas à expliquer les raisons de leur séparation. Il suffit que leur consentement au divorce soit réel et non vicié. Mais, le secret gagne également du terrain pour les divorces contentieux, à

---

619 Cour EDH, 16 juin 2011, *D.* 2011, 1758, note F. Chénedé ; *RTD civ.* 2011. 526, note J. Hauser.
620 P. Hilt, « Pour une réécriture de l'article 16-11 du Code civil », *RTD civ.* 2017, 27.
621 Civ. 1re, 13 novembre 2014, n° 13-21.018, précit.
622 Mais cela pouvait conduire à créer, d'un commun accord, des fautes pour pouvoir divorcer.

savoir le divorce accepté, le divorce pour altération définitive du lien conjugal et le divorce pour faute. En effet, depuis la loi n° 2004-439 du 26 mai 2004 relative au divorce, l'article 251 du Code civil prévoit que la requête initiale en divorce n'indique pas les motifs du divorce. Le choix du divorce n'intervient qu'après l'ordonnance de non-conciliation, lors de l'assignation en divorce. Et encore, pour le divorce accepté, l'article 233 du Code civil indique, depuis la réforme de 2004, que « *le divorce peut être demandé par l'un ou l'autre des époux ou par les deux lorsqu'ils acceptent le principe de la rupture du mariage sans considération des faits à l'origine de celle-ci* ». Il s'agit d'une innovation importante, car, avant cette réforme, la procédure du divorce « *sur double aveu* »[623] imposait à l'époux demandeur de remettre au juge aux affaires familiales un « *mémoire* »[624] « *faisant état d'un ensemble de faits, procédant de l'un et de l'autre, qui rendent intolérable le maintien de la vie commune* »[625]. Cette forme de divorce n'exige donc plus un exposé des motifs justifiant la demande. Elle se rapproche en conséquence du divorce par consentement mutuel et montre bien que le divorce tend à devenir de plus en plus une affaire privée exclusive de toute transparence quant aux motifs de la rupture. Seuls le divorce pour faute et, dans une moindre mesure, le divorce pour altération définitive du lien conjugal appellent une transparence quant aux motifs de la rupture.

Mais, cette évolution du divorce rapproche également le mariage du PACS dans lequel les motifs de la rupture n'ont par principe pas à être évoqués. Le PACS peut en effet être rompu par déclaration conjointe des partenaires ou par décision unilatérale de l'un d'eux signifiée à l'autre par voie d'huissier. Les motifs de la rupture n'ont pas à être évoqués et peuvent demeurer secrets. Pourraient-ils être révélés à l'occasion d'une action en résolution judiciaire du PACS sur le fondement du droit commun des obligations, c'est-à-dire de l'article 1227 du Code civil ? La doctrine est partagée. Certains estiment que, puisque le PACS constitue un contrat soumis aux dispositions du droit commun des contrats, un partenaire devrait pouvoir rompre le contrat en demandant sa résolution judiciaire sur le fondement de l'article 1227 du Code civil et de surcroît des dommages et intérêts[626]. Dans ce cas, la transparence dans les motifs de la rupture serait réintroduite. Mais, d'autres auteurs mettent en avant les propos du Conseil constitutionnel qui a retenu, dans sa décision du 9 novembre 1999, que « *les dispositions générales du Code civil relatives aux contrats et aux obligations conventionnelles auront par ailleurs vocation à s'appliquer, sous le contrôle du juge, sauf en ce qu'elles ont de nécessairement contraire à la présente loi* »[627]. Or, puisque le législateur a

---

623 J. Carbonnier, *Droit civil*, t. 2, *La famille, l'enfant, le couple*, PUF, Thémis droit privé, 2002, 21e éd. refondue, p. 574.
624 Anc. art. 1129 C. pr. civ.
625 Anc. art. 233 C. civ.
626 A. Bénabent, *Droit de la famille*, LGDJ, 2014, 3e éd., n° 689.
627 Cons. const. 9 novembre 1999, n° 99-419 DC, considérant 28.

pris le soin de réglementer les causes et la procédure de dissolution du PACS, le droit commun devrait sur ce point être écarté[628]. Il n'est donc pas certain que la transparence puisse apparaître dans la rupture du PACS.

2. Toute vérité n'est pas bonne à révéler

Parfois, toute vérité n'est pas bonne à dire. Tel est le cas de la filiation incestueuse. Conformément à l'article 310-2 du Code civil, un enfant né de relations sexuelles entre ascendants et descendants, entre alliés en ligne directe, ou entre frère et sœur ne peut établir sa filiation à l'égard de ses deux parents. Il ne peut établir qu'un seul lien de filiation afin d'éviter de révéler l'inceste. Et parce que le Code civil « *interdit d'établir la filiation à l'égard de l'autre par quelque moyen que ce soit* », la Cour de cassation en a déduit l'impossibilité de recourir à l'adoption simple pour établir le second lien de filiation[629]. Cela dit, là encore, le développement des droits fondamentaux pourrait, selon certains auteurs, faire évoluer cette solution, par exemple, en permettant l'établissement de la double filiation sous le contrôle du juge[630].

De même, en cas de procréation médicalement assistée avec donneur, le droit interdit non seulement d'établir la filiation à l'égard du donneur[631], mais aussi de révéler l'identité du donneur[632]. Or, si l'interdiction d'établir le lien de filiation paraît largement admise[633] – elle rappelle d'ailleurs l'anéantissement de la filiation biologique dans l'adoption plénière –, il n'en est pas de même de l'anonymat des donneurs. Pour certains, le droit des enfants de connaître leurs origines pourrait justifier la transparence et écarter le secret[634]. Mais, l'on ne saurait pour autant oublier le droit au respect de la vie privée du donneur. Afin de préserver les différends, le rapport Théry-Leroyer de 2014 préconise de permettre à l'enfant issu d'une procréation médicalement assistée d'obtenir à sa majorité l'identité de son donneur, avec l'accord de celui-ci[635].

En somme, si elle n'est peut-être pas une notion clef du droit de la famille, tant elle est sujette, dans ses deux facettes, à des tempéraments, il n'en demeure pas moins que la notion de transparence occupe une place croissante.

---

628 Ph. Malaurie et H. Fulchiron, *Droit de la famille*, *op. cit.*, n° 430.

629 Civ. 1re, 6 janvier 2004, n° 01-01.600, *Bull. civ.* I, n° 2 ; *Dr. Fam.* 2004, n° 16, note D. Fenouillet ; *JCP G* 2004, II, 10064, note C. Labrusse-Riou.

630 S. Perrin, « La filiation de l'enfant issu d'un inceste absolu : vers la fin d'une discrimination ? », *Dr. Fam.* 2010, Étude 16.

631 Art. 311-19 C. civ.

632 Art. 16-8 C. civ. ; art. L. 1211-5 CSP ; art. L. 1244-7 CSP.

633 V. toutefois M.-F. Nicolas-Maguin, « L'enfant et les sortilèges : réflexions à propos du sort que réservent les lois sur la bioéthique au droit de connaître ses origines », *D.* 1995, 75.

634 V. Depadt-Sebag, « Le don de gamètes ou d'embryon dans les procréations médicalement assistées : d'un anonymat imposé à une transparence autorisée », *D.* 2004, 891.

635 I. Théry et A.-M. Leroyer, *Filiation, origine, parentalité, Le droit face aux nouvelles valeurs de responsabilité générationnelle*, *op. cit.*, p. 252 et s.

Parce qu'il touche à l'intime, le droit de la famille contemporain se concentre sur la protection des valeurs essentielles de la société et, pour le reste, fait davantage preuve de transparence par rapport à l'évolution des mœurs. De même, le droit de la famille favorise par ses règles la recherche de la transparence et l'exclusion du secret. Cela dit, ne risque-t-on pas de voir une multiplication des revendications au secret ? D'ailleurs, Carbonnier a pu écrire : « *l'étonnant est que tout le battage sur le droit de l'enfant à connaître ses origines n'ait pas suscité une recherche antithétique sur son droit à* ne pas les connaître, *à ce qu'on ne les lui révèle pas, à plus forte raison à ce qu'elles ne soient pas révélées au public. C'est un droit de l'homme à construire, en référence à la sphère d'intimité* »[636].

[636] J. Carbonnier, *Droit civil*, t. 2, *La famille, l'enfant, le couple*, *op. cit.*, p. 233.

La famille, ses membres et leur patrimoine : entre transparence et secret

Ravaka Andrianaivotseheno
Professeur d'Enseignement Supérieur et de Recherches
Faculté de droit et des sciences politiques
Université d'Antananarivo, Madagascar

INTRODUCTION

Parmi les branches du droit de la famille les plus exigeantes et les plus délicates, de par leur approche faussement facile et leurs effets nécessairement réels[637], on ne peut ni ne doit oublier de relever deux volets importants :

– le droit patrimonial qui désigne l'ensemble des relations juridiques qui régissent la possession et l'administration des biens, des droits et des obligations évaluables en argent, ayant comme titulaire une personne juridique. « Sous-ensemble du droit patrimonial, le droit patrimonial de la famille a pour objet les règles gouvernant les intérêts pécuniaires des membres d'une même famille mais aussi vis-à-vis des tiers (créanciers, par exemple), dans le cadre d'un mariage, lors d'un divorce ou après un décès (droit des successions) »[638].

– la protection de l'incapable, majeur ou mineur, par le jeu de mécanismes juridiques, qui peuvent être durables ou temporaires, eu égard à la situation particulière du concerné. « La plénitude d'une personnalité implique une complète capacité ; inversement, là où n'existe pas la personnalité, il ne peut être question de capacité ; symétriquement, l'incapacité générale de jouissance se confond avec l'absence de personnalité. Mais il y a des différences, car pour agir, il ne suffit pas d'exister, il faut pouvoir le faire, ce qu'est la capacité. L'incapable existe, sans avoir l'aptitude d'agir complètement par lui-même »[639].

Ces droits, lorsqu'ils se retrouvent combinés, doivent tenir compte d'un certain équilibre dans leur application pratique, en ce que, parfois il s'agit

---

[637] Du latin *res* qui signifie chose.

[638] *La Toupie*, dictionnaire juridique en ligne (http://www.toupie.org/Dictionnaire/Droit_patrimonial.htm) ; C. Labrusse, « Propos introductifs au cours de droit patrimonial de la famille, Études dédiées à Alex Weill », p. 33 et suiv. ; Travaux de l'Association Henri Capitant des Amis de la culture française, t. XXXIX, journées turques de 1988, *Quelques aspects de l'évolution récente du droit de la famille*, éd. Economica, 1990.

[639] P. Malaurie, L. Aynes, *Les personnes, la protection des mineurs et des majeurs*, 5e éd., Defrénois, 2010, p. 128.

d'imposer la transparence, parfois, de respecter le secret et enfin parfois d'en trouver le juste milieu. La transparence, en effet, est interprétée comme une nécessité de la vie contemporaine : pas de transparence, pas de confiance. « La transparence n'est plus seulement un droit, elle est une exigence morale. Elle est la pierre angulaire sur laquelle repose notre société. Le déclin des idéologies, de la morale, le recul des religions l'ont placée au centre, comme le recours ultime d'une société qui fait de la recherche de la vérité son horizon. Tout doit être transparent : notre naissance, nos amours, nos conversations, notre domicile, notre fortune, notre pauvreté, notre mort doivent être exposés à la lumière ; ce qui est caché devient suspect. L'intimité, la confidence, la relation personnelle deviennent anachroniques, désuètes. Il y a un vertige de la transparence »[640]. Cependant, cette prééminence indéniable de la transparence doit nécessairement être nuancée. Ainsi, a-t-on pu affirmer qu'« une saine transparence ne doit pas avoir pour projet d'anéantir la discrétion, la réserve, la rétention, le secret, mais de se concilier aussi harmonieusement que possible avec eux. [...] Le bienfait de la transparence n'est sensible que dans le contraste qu'offre sa permanente confrontation au secret »[641].

Les exigences légales en droit patrimonial et protection des incapables, à Madagascar, semblent surtout exprimer le souci du législateur d'assurer la bonne gouvernance des richesses et avoirs des personnes. Ces éléments étant appelés à avoir des effets considérables particulièrement sur la paix sociale et l'essor économique. Même si transparence et secret rythment également avec d'autres branches du droit[642], ils sont particulièrement omniprésents, indélébiles et pointus dans les domaines suscités. L'enjeu consiste à sauvegarder la solidité, la cohésion et la protection de la famille et de ses membres lorsque ceux-ci, dans certaines situations[643] et à un degré plus ou moins avancé, se retrouvent dans l'obligation de confier leurs intérêts à un tiers et, en même temps, éprouvent le besoin tout ce qu'il y a de plus humain d'être en mesure d'en faire le suivi régulier. Tant il est vrai que, comme le souligne le proverbe malgache, « *Ny ahiahy tsy ihavanana* », la méfiance est mère de soupçons. On se méfie souvent des personnes qui nous proposent

---

[640] T. Massis, « La transparence et le secret. Champ social, débat de conscience », *Études*, tome 394, no. 6, 2001, p. 751-761.

[641] A. Lepage, *« Avant-propos »*, *Le droit de savoir*, Cour de cassation, rapport 2010.

[642] Exemple : en droit des Sociétés où le gérant d'une Société commerciale doit établir, à l'attention des associés, un rapport de gestion (Art. 152 et suiv. L-2003-036 sur les Sociétés commerciales), en matière bancaire où le banquier doit rendre compte à son client de la tenue de compte par lui effectuée, T. F. J. Rakotoarison, « Du secret des affaires : étude de droit comparé (français-malgache) », Thèse, Université Paris 1 Panthéon-Sorbonne, janvier 2018, p. 11 et suiv., V. aussi T. F. J. Rakotoarison, « Loi sur la protection du secret des affaires : la fin de la liberté d'informer n'aura pas lieu », AJ Contrat, 2018, p. 408, L. Chaminah, « La responsabilité civile du banquier en droit malagasy », Université Panthéon-Sorbonne – Paris I, 2015, p. 119...

[643] Éloignement, séparation/décès d'un ou des parent(s),

leurs services et/ou dont les prestations nous ont été imposées par la loi, cela de manière plus prononcée lorsqu'une telle personne est un membre de la famille. Cette situation met à l'épreuve les relations familiales qui, en situation normale, excluent implicitement toute idée de salaire, de rémunération et/ou de rétribution. Il peut parfois régner un flou total concernant les contingences et interférences réelles de ces deux aspects du droit patrimonial de la famille. Car la transparence telle que nous pouvons l'exiger d'autrui (I) ne se retrouve pas systématiquement dans nos propres actions. En effet, chacun est libre d'être secret quant à la gestion de ses biens et avoirs particuliers, tant que cela ne porte pas atteinte à l'ordre public, aux bonnes mœurs et ne constitue pas une violation de la loi (II).

I. La transparence imposée, dans la gestion des biens d'autrui :

La situation de vulnérabilité dans laquelle peut se trouver un individu déterminé a motivé le recours du législateur à la mise en place d'un régime destiné à lui offrir une protection accrue (B). L'obligation de transparence peut répondre à ce besoin ou encore offrir au sujet de droit la possibilité de veiller sur ses intérêts lors même que la gestion de ceux-ci a été, quel qu'en puisse être le motif, confiée à un tiers (A).

A. … Comme un droit de regard :

Le législateur, d'abord, impose à certaines personnes qui assurent la gestion du patrimoine, d'un bien/une masse de biens appartenant à un membre de sa famille, d'informer le géré, de lui rendre compte de l'état de ses affaires. Parallèlement, vis-à-vis de celui-ci, cette situation s'analyse en une possibilité de bénéficier de la transparence. Laquelle possibilité peut se manifester, dans certains cas, par la faculté reconnue à une partie de réclamer que des comptes lui soient rendus par l'autre, le débiteur de l'obligation. La première étant celle qui, soit, possède avec la dernière la qualité de copropriétaire, co-indivisaire d'un bien/d'une masse de biens, soit aura laissé à la dernière, désignée conventionnellement ou légalement, le soin de gérer/administrer des biens lui appartenant. Il est fréquemment arrivé dans de telles situations, la gestion n'étant souvent ni aisée ni administrativement gracieuse, que la partie à laquelle elle est confiée se permette de procéder à des prélèvements partiellement ou totalement indus ou prenne des décisions incompatibles avec les intérêts de l'autre.

Le droit de regard ainsi soulevé se retrouve, en sa forme basique, lorsque le géré pose des questions à l'endroit de celui auquel est confiée la gestion de ses intérêts pour compléter les informations à sa disposition ou lui fait sommation de s'expliquer lorsqu'il constate que des malversations et/ou des actes de mauvaise gestion sont perpétrés dans la conduite de ses affaires. Il s'agit souvent d'une première phase pouvant conduire, si les réponses et explications avancées ne sont pas satisfactoires, à une seconde phase : la saisine du juge.

Dans le cadre familial, diverses idées reçues, telle la nécessité de règlement amiable des affaires familiales… font, pour le moment, obstacle à la pleine application ou à cette possibilité offerte par la loi. Néanmoins, les mentalités et les pratiques évoluant, des cas divers de litiges familiaux apparaissent pour mieux interpeller le néophyte mais aussi le juriste. De voyeurisme point ; il s'agit plutôt de suivre l'évolution de la famille malgache et de l'environnement dans lequel elle baigne, d'identifier ses problèmes et de mieux connaître son environnement afin de repenser et de refaçonner les différents concepts juridiques qui l'accompagnent. C'est l'angle sous lequel est abordée la transparence dans la gestion du patrimoine d'autrui en droit de la famille. Notion polymorphe cependant car elle peut revêtir un autre sens beaucoup plus axé sur la faiblesse de ses bénéficiaires appelant le droit à jouer son rôle de rempart.

Plusieurs situations peuvent être considérées pour illustrer cette fonction dévolue à la loi. Notons que celles qui suivent ne sont pas exhaustives.

D'abord, en matière de régime matrimonial, lorsque, dans le cadre du régime légal[644], le législateur précise que l'administration des biens communs est assurée mutuellement par les deux époux[645]. Ce qui signifie, d'une part, que les époux sont sur un même pied d'égalité quant à la gestion des biens communs et, d'autre part, qu'en cas de gestion douteuse de nature à soulever des questionnements du côté d'un époux, l'autre doit lui rendre des comptes et le litige pourra même être traduit devant le juge, en cas de mésentente persistante. Si la défaillance reprochée à l'un des époux révèle son inaptitude ou la fraude, et expose l'intérêt du ménage ou des enfants à des risques graves, le juge peut prescrire des mesures provisoires, dérogatoires du régime matrimonial dont l'objectif est la sauvegarde des biens communs[646]. Par contre, lorsque les perturbations résultent de la mauvaise administration, leur auteur s'expose à une sanction pouvant aller jusqu'à la séparation judiciaire des biens[647]. Cette mesure peut être appliquée même si les conditions légales

---

644 Assimilable à la communauté des acquêts, en droit français.

645 L-2007-022 relative au mariage et aux régimes matrimoniaux, Art. 117. « Les époux administrent ensemble les biens de la communauté ».

646 L-2007-022, Art. 104. – Lorsque l'un des époux, par ses manquements ou par des agissements révélant l'inaptitude ou la fraude, compromet gravement l'intérêt du ménage ou des enfants, le Président du Tribunal de première instance du lieu du domicile des époux peut, par une ordonnance rendue sur requête de l'autre époux, prescrire des mesures provisoires de sauvegarde des biens communs ou personnels y compris des biens réservés, dérogeant au régime matrimonial. Ces mesures ne sauraient avoir effet pour une durée supérieure à deux années, et peuvent être rapportées avant ce terme par une ordonnance du même magistrat. Elles peuvent être renouvelées.

647 L-2007-022, Art. 105. – L'un des époux peut demander en justice la séparation des biens lorsque ses intérêts sont mis en péril par le désordre des affaires, la mauvaise administration ou l'inconduite de l'autre époux.

pour un changement conventionnel de régime matrimonial ne sont pas encore réunies, notamment l'accomplissement de la durée de trois années[648] après le mariage[649].

Ensuite, en matière de clauses contractuelles spécifiques comme celles de substitution contenues dans un acte de disposition. Il s'agit de clauses destinées à assurer la pérennité d'un bien/une masse de biens afin d'en faire profiter des membres de la famille dans la mesure où elles permettent de faire gérer différemment le patrimoine lorsqu'on ne sera plus[650]. Il s'agit d'une « clause par laquelle le donateur impose au donataire ou légataire, l'obligation de conserver les biens qu'il reçoit, donc de ne pas les aliéner et de les transmettre à son décès à une personne désignée par le donateur »[651]. Ainsi, les stipulations, contenues dans un acte de disposition, peuvent désigner deux bénéficiaires : celui initial, qui en jouit, sous conditions et/ou assorti d'un terme, de l'usus et du fructus sur les biens donnés, ainsi que celui final qui est le véritable attributaire desdits biens. Le bénéficiaire final et/ou son représentant légal peut (peuvent) demander des comptes et saisir la justice en cas de défaillance, volontaire ou non, de celui initial puisqu'une telle défaillance est présumée constitutive de mauvaise gestion.

Enfin, en cas d'indivision, lorsque deux ou plusieurs personnes peuvent prétendre à des droits concurrents et de même nature sur un même bien, peu importe, d'ailleurs, l'origine[652], la règle est simple : chaque co-indivisaire jouit de sa quote-part. En règle générale, les décisions sur le bien indivis doivent être unanimes pour être efficaces. Néanmoins, les co-indivisaires ont la possibilité de désigner un gérant provisoire pour l'ensemble des biens indivis. Les indivisaires ont un droit de regard sur la gestion des biens en question et en cas d'abus et/ou d'exagération dans l'exercice de ses pouvoirs, des comptes peuvent être demandés au gérant. Les fraudes, malversations et négligences avérées exposent ce dernier à des sanctions et à l'obligation de réparation.

---

648 L-2007-022, Art. 108. – Les époux peuvent, trois ans au moins après la date du mariage, et dans l'intérêt de la famille, modifier ou changer d'un commun accord leur régime matrimonial, quel qu'il soit, par acte notarié ou authentifié, homologué par le Tribunal civil du lieu du domicile conjugal.

649 Ou le dernier changement/modification du régime matrimonial actuel.

650 En vertu du principe du *masi-mandidy* (V. *infra*, p. 10), il s'agit de l'une de nombreuses possibilités offertes au testateur, qui, « peut, notamment, dans son testament : [...] stipuler que son héritier ou légataire devra, à l'expiration d'un certain délai ou à son décès ou si une condition expressément stipulée se réalise, transmettre les biens ou certains biens de la succession à une ou plusieurs autres personnes qui lui seront substituées... » Art. 47, Loi n° 68-012 du 4 juillet 1968 relative aux successions, testaments et donations (*JO* n° 598 du 13.07.68, p. 1438).

651 A. Raharinarivonirina, A. Bertone, « Biens et sûreté ».

652 Post mortem ou post-communautaire.

B. Comme un droit à la protection :

Le principe d'égalité devant la loi implique qu'aucun individu ou groupe d'individus ne peut prétendre à quelques prérogatives ou faveurs qui lui (leur) seraient réservées. Toutefois, une catégorie particulière de personnes, dites vulnérables, bénéficient d'une protection légale spécifique. Elles ont droit à un traitement qui leur est exclusivement réservé.

Ainsi, en premier lieu, le mineur de dix-huit ans à l'endroit duquel la loi[653] a prévu la notion d'autorité parentale. Charge qui incombe, en principe, aux deux parents[654] et qui est destinée à garantir et à préserver deux intérêts fondamentaux de l'enfant :

– son droit « à vivre en famille » en écho à l'article 9 de la Convention Internationale des Droits de l'Enfant (CIDE)[655] ;

– son droit à la « protection et aux soins de ses parents »[656]. Ces notions s'entendent, en la matière, au sens large, incluant la personne, les biens, l'entretien et l'éducation de l'enfant, tels que résultant de la loi sur le mariage[657], celle-ci ne pouvant être séparée de celle régissant la protection de l'enfance.

Cette notion d'autorité parentale peut souffrir quelques exceptions.

La première, relève du cas de décès de l'un des deux parents[658].

La deuxième, envisage la suspension provisoire de l'autorité parentale, comme en matière de délégation de l'autorité parentale[659], et/ou sa déchéance[660].

---

[653] Loi N° 2007-023 du 20 août 2007 sur les droits et la protection des enfants, *JO* n° 3163 du 28/01/08, p. 158.

[654] L-2007-023, Art. 14. – L'autorité parentale est l'ensemble des droits et devoirs attribués aux parents sur leur enfant jusqu'à majorité ou émancipation par le mariage. Art. 15. – L'autorité parentale appartient aux père et mère pour protéger l'enfant dans sa sécurité, son intégrité physique ou morale et son éducation. Art. 16. – L'autorité parentale est exercée en commun par les deux parents s'ils sont mariés.

[655] CIDE, **Art. 9-1.** « Les États parties veillent à ce que l'enfant ne soit pas séparé de ses parents contre leur gré… ».

[656] L-2007-023, Art. 11. – Aucun enfant ne peut être séparé de ses parents contre son gré. Il a le droit de résider avec eux. Il a droit à la protection et aux soins de ses parents.

[657] Loi N° 2007-022 du 20 août 2007 relative au mariage et aux régimes matrimoniaux, *JO* n° 3163 du 28/01/08, p. 131, Art. 54 al 2. – « … Les époux concourent ensemble à l'administration matérielle et morale de la famille et à élever les enfants ».
Art. 55 al 2. – Par le seul fait du mariage, ils [les époux] contractent ensemble l'obligation de nourrir, entretenir, élever et instruire leurs enfants. Ils ont les mêmes droits parentaux et subviennent ainsi à l'éducation des enfants et préparent leur avenir.

[658] L-2007-023, Art. 20. Si l'un des père et mère décède ou se trouve dans l'un des cas énumérés par l'article 22, l'exercice de l'autorité parentale est dévolu en entier à l'autre.

[659] L-2007-023, Art. 23. – « Lorsque l'enfant est séparé de ses parents, ces derniers peuvent déléguer l'autorité parentale à la personne ou à l'institution à qui l'enfant a été confié ».

[660] L-2007-023, Art. 22. – « Perd l'exercice de l'autorité parentale ou en est provisoirement privé celui des père et mère qui se trouve dans l'un des cas suivants : – s'il est hors d'état de manifester sa volonté, en raison de son incapacité, de son absence, de son éloignement ou de

La troisième encadre le cas où les titulaires de l'autorité parentale sont décédés[661].

La quatrième enfin concerne l'enfant abandonné, c'est-à-dire, l'enfant qui « n'a ni père ni mère qui l'aient volontairement reconnu, abandon dûment constaté par décision du juge des enfants »[662].

Le législateur s'étant amplement attardé sur l'administration des biens de l'enfant en cas de tutelle, l'on pourrait se demander les raisons de son silence sur la question dans le cadre de l'autorité parentale qu'il a érigée en principe fondateur ? Il n'en reste pas moins vrai que si celui qui se substitue à autrui est obligé par la loi à agir de telle ou telle manière – en l'occurrence le tuteur –, c'est que celle-ci impose, **au moins**, au(x) substitué(s) – le(s) titulaire(s) de l'autorité parentale –, les mêmes devoirs et obligations. Ainsi, dans les articles 39 et suivants de la loi 2007-023, il est bien précisé que **le tuteur**[663] « administre les biens du mineur en bon père de famille et est responsable de son administration dans les termes du droit commun »[664], « ne peut disposer à titre gratuit des biens appartenant en propres à l'enfant, ni s'en rendre acquéreur directement ou par personne interposée »[665], « ne peut consentir aucun acte d'aliénation ou de disposition concernant les biens immeubles de l'enfant sans une autorisation donnée par le président du Tribunal du lieu de la résidence de l'enfant par ordonnance rendue sur requête »[666]. Il n'est pas vain de rappeler que, dès la majorité de l'enfant, la tutelle prend fin et le tuteur est tenu de lui rendre compte de l'ensemble de ses services[667]. Mais le décès du mineur sous tutelle peut aussi mettre fin à la tutelle et dans ce cas, compte rendu de la gestion matérielle des biens du *de cujus* est dû à ses héritiers[668].

---

toute autre cause ; – s'il a consenti une délégation de ses droits constatée par décision de justice ; – s'il a été condamné sous l'un des divers chefs de l'abandon de famille, tant qu'il n'a pas recommencé à assumer ses obligations pendant une durée de six mois au moins ; – si un jugement de retrait total ou partiel de l'autorité parentale a été prononcé contre lui. »

661 L-2007-023, Art. 25. – « La tutelle s'ouvre lorsque le père et la mère sont tous deux décédés. »

662 L-2007-023, Art. 25 Al. 2, « ... La tutelle s'ouvre également à l'égard d'un enfant abandonné s'il n'a ni père ni mère qui l'aient volontairement reconnu, abandon dûment constaté par décision du juge des enfants. »

663 Cf. Note de bas de page 22 *infra* pour les cas d'ouverture de la tutelle. D'où notre questionnement : pourquoi autant de précisions pour le tuteur et quasiment rien pour le(s) « titulaire(s) de l'autorité parentale », tout en sachant que cela n'allait pas forcément de soi ?

664 L-2007-023, Art. 39. « Le tuteur prend soin de la personne de l'enfant et le représente dans tous les actes civils. Il administre ses biens en bon père de famille et est responsable de son administration dans les termes du droit commun ».

665 L-2007-023, Art. 40 – « Le tuteur ne peut disposer à titre gratuit des biens appartenant en propres à l'enfant, ni s'en rendre acquéreur directement ou par personne interposée ».

666 L-2007-023, Art. 41. – « Il ne peut consentir aucun acte d'aliénation ou de disposition concernant les biens immeubles de l'enfant sans une autorisation donnée par le président du Tribunal du lieu de la résidence de l'enfant par ordonnance rendue sur requête ».

667 Quid de la situation lors de la minorité de l'enfant ?

668 L-2007-023, Art. 42. – « Tout tuteur est comptable de sa gestion lorsqu'elle finit. Le compte est dû à l'enfant ayant acquis sa pleine capacité juridique, ou à ses héritiers ».

Quel que puisse être l'événement qui met fin à une tutelle[669], la loi précise que « le compte du dernier tuteur doit comprendre toutes les gestions précédentes »[670]. Ce, toujours dans l'objectif d'assurer la transparence, censée être cristalline dès le départ même si la gestion est passée de main en main.

Dans tous les cas, si des contestations relatives à la gestion des biens du mineur par le tuteur devaient s'élever, le juge peut être saisi dans les termes du droit commun[671]. Il est clair que ces dispositions légales s'appliquent au même titre pour les parents auxquels la loi impose de garantir au mineur « une sécurité matérielle [...] aussi complète que possible »[672]. La protection du mineur, entendue dans le sens de sauvegarde de son patrimoine, est à la fois due pour lui garantir l'intégrité de ses biens que pour apporter à ceux-ci une gestion saine, en bon père de famille. Pourtant, « *a priori* sécurisant, ce droit peut être à l'origine de certaines difficultés, dans la mesure où les parents [les tuteurs] peuvent parfois s'avérer de piètres gestionnaires »[673]. Ce, simplement parce qu'ils n'ont ni les qualifications ni les compétences requises en la matière[674] ou alors parce que, pour diverses raisons, ils décident volontairement de prioriser d'autres intérêts par rapport à ceux de la personne sous leur tutelle. Le concerné ou son représentant légal[675] peut, dans ces derniers cas, saisir la justice. L'obstacle majeur réside en ce que, souvent, le représentant légal de l'enfant est la personne qui exerce sur lui l'autorité parentale et qui gère ses biens. Peut-on raisonnablement compter sur elle pour pointer elle-même les irrégularités commises dans la gestion qui lui est confiée ? De surcroît, à Madagascar, le recours aux services d'une assistante sociale n'est pas encore entré dans les mœurs et il arrive couramment que le sujet de droit ne soit pas au fait des possibilités que la loi lui offre.

---

[669] Par le conseil de famille, par le juge ou par le tuteur lui-même.

[670] L-2007-023, Art. 44. – « En cas de tutelles successives, le compte du dernier tuteur doit comprendre toutes les gestions précédentes ».

[671] L-2007-023, Art. 45. – « Si le compte donne lieu à contestation, elles seront réglées, comme en matière civile, selon les règles du droit commun ».

[672] L-2007-023, Art. 9. – « L'enfant occupe au sein de la famille une place privilégiée : il a droit à une sécurité matérielle et morale aussi complète que possible ».
Art. 11 al. 3 « Il [l'enfant] a droit à la protection et aux soins de ses parents ».

[673] M. Le Bihan-Guenole, « l'administration des biens du mineur : le rôle des représentants légaux ».

[674] Loi et jurisprudence s'acharneront ainsi pour assurer la gestion saine du patrimoine de l'incapable : le tuteur est tenu de dresser un inventaire des biens mobiliers, à défaut de quoi la simple preuve par commune renommée pourrait être admise pour retenir sa responsabilité. En ce qui concerne le patrimoine immobilier : le recours à un acte de disposition exige l'intervention du juge qui tranchera sur le bien-fondé ou non de la mesure envisagée et accordera ou refusera son autorisation.

[675] Mais comment faire puisque souvent le représentant légal est celui-là même à qui est confiée la gestion des biens du mineur.

Le majeur incapable n'est pas mieux loti : en effet, le droit positif malgache traitant de sa protection datant du XIXe siècle[676], il n'est pas toujours connu des intéressés et encore moins ni maîtrisé. Cette protection est pourtant primordiale pour se prémunir, non pas uniquement contre les indélicatesses du gestionnaire des biens du majeur vulnérable mais aussi et surtout, contre lui-même et ses propres décisions, lesquelles peuvent parfois aller à l'encontre de ses intérêts. En pratique, pour assurer au jour le jour la gestion matérielle des biens (notamment immeubles, du fait de leur importance socio-économico-culturelle) appartenant à des majeurs incapables, le recours à des mesures judiciaires ponctuelles est privilégié afin de pallier les lacunes législatives. Il s'agit souvent de décisions provisoires et non contradictoires. Telles décisions étant rétractables et modifiables à tout moment, eu égard aux cas soumis et aux circonstances exposées au juge. En ce sens, on (le juge et le justiciable) a bien compris que « souplesse, évolution, adaptation [sont les] mots-clés de la protection des majeurs »[677]. Cependant, si telle approche présente des avantages indéniables, il importe de souligner que l'assistance au long cours que pourrait nécessiter la fragilité de l'état du majeur incapable impose que des mesures légales à jour, tenant compte de ses difficultés au quotidien, soient enfin prises par le législateur afin de lui garantir une intégrité à peu près satisfaisante de son patrimoine. Les exemples abondent dans lesquels l'état d'incapacité de la personne est une source de profits pour celui qui gère ses intérêts. Tel est le cas d'une majeure d'une « particulière vulnérabilité », au regard « de son grand âge, de sa santé physique délabrée [...], de son état dépressif, de sa solitude affective, de ses troubles de mémoire récurrents et, enfin, de sa surdité profonde qui lui fait perdre des informations et corrompt son jugement » soumis à la troisième chambre correctionnelle de la Cour d'appel de Bordeaux qui a reçu arrêt le 24 août 2016. En l'espèce, il a été retenu qu'il y avait abus de faiblesse sur personne particulièrement vulnérable[678].

Par ailleurs, des dispositions légales spécifiques existent, en droit patrimonial, qui sont édictées afin de préserver les intérêts de l'incapable (mineur et/ou majeur) lorsque ceux-ci sont en concurrence avec d'autres intérêts qui leur sont incompatibles, la situation pouvant engendrer des conflits. Il en est ainsi, par exemple, en matière successorale, lorsque le législateur a, « pour tenir compte [...] des conditions socio-économiques et juridiques actuelles et continuant en cela une évolution historiquement

---

[676] On a ainsi pu affirmer, devant les lacunes constatées en matière de protection des majeurs incapables, à Madagascar, que « la loi française n° 7443 du 30 juin 1838 sur les aliénés (y était) jusqu'à ce jour appliquée », J.-L. Robinson, « Présentation au Conseil des ministres du Projet de loi relative aux droits et à la protection des personnes atteintes de troubles mentaux et psychiques ».

[677] L. Pecaut-Rivolier, « La protection des majeurs à l'épreuve de la pratique professionnelle », *Recherches familiales*, vol. 1, no. 1, 2004, p. 65-71.

[678] CA Bordeaux, 3e Ch., 24 août 2016, n° 15/01272.

commencée bien avant la colonisation, les rédacteurs du présent projet ont dû apporter aux principes, certains aménagements destinés principalement à la défense des intérêts des mineurs et des incapables […] »[679]. Depuis, en présence d'incapable(s) parmi les cohéritiers, le partage est nécessairement judiciaire[680]. De même, pour préserver de la fraude certains actes conclus par/avec des incapables, les articles 116 et suivants de la loi n° 68-012 ont prescrit et aménagé certaines exceptions les rendant opposables à celui, en pleine possession de ses moyens, qui y aurait souscrit, pensant tourner cette situation en sa faveur[681].

Il est évident que beaucoup restent à faire en matière de soutien et de consolidation du droit à protection – particulièrement patrimoniale – des incapables, du fait de leur faiblesse et parfois de leur ignorance.

II. Le secret permis, dans la gestion des biens personnels :

Constituant un fragment du droit des individus au secret de leur vie privée, la possibilité est reconnue à chacun de garder secrète la gestion de son patrimoine personnel et de l'administrer de la manière qui lui convient (A') sous réserve, toutefois, du respect de la loi et de certains principes (B').

A. … Dans la gestion d'un bien/une masse de biens propre(s) :

Un dicton populaire ne préconise-t-il pas de vivre caché pour vivre heureux ? De même, on a pu affirmer qu'« à bien des égards, le secret est gage

---

[679] Exposé des motifs, Loi n° 68-012 du 4 juillet 1968 relative aux successions, testaments et donations (*JO* n° 598 du 4 juillet 1968, p. 1438).

[680] L-68-012, Article 84 et L-2007-022, Art.148.

[681] Loi n° 66-003, relative à la théorie générale des obligations, LTGO, 2 juillet 1966 relative à la théorie générale des obligations (*JO* n° 486 du 09.07.66, p. 1429 ; Errata : *JO* n° 489 du 23.07.66, p. 1657 ; du 14.01.67, p. 35 et du 30.11.68, p. 2229).

Art. 116 – Les personnes capables de s'engager ne peuvent opposer l'incapacité d'un mineur ou de l'interdit avec qui elles ont contracté.

Art. 117 – Les actes régulièrement faits par le représentant de l'incapable sont inattaquables.

Art. 118 – Les actes accomplis sans qu'aient été observées les formalités protectrices prévues par la loi en faveur des incapables sont nuls, que l'incapable ait ou non subi un préjudice.

Art. 119 – Toutefois lorsqu'un mineur, nonobstant son incapacité, conclut un contrat que son tuteur aurait pu passer seul, ni l'un ni l'autre ne pourront en poursuivre l'annulation, sauf à justifier d'une lésion. Même dans ce cas, l'action sera irrecevable si, pour conclure le contrat, le mineur s'est livré à des agissements dolosifs.

Art. 120 – Cependant, la simple déclaration de majorité, exclusive de manœuvres frauduleuses, ne met pas obstacle à l'action en annulation.

Art. 121 – Le mineur de dix-huit ans révolus peut accomplir seul tous les actes de pure administration concernant son patrimoine et notamment percevoir les fruits de son activité s'il exerce une profession.

Art. 122 – En cas d'annulation pour violation des règles qui les protègent, les incapables ne sont tenus à restituer que dans la mesure de leur enrichissement.

de liberté »[682]. Ce que le droit patrimonial ne contredit point, au contraire. Mais il faut comprendre dans cette acception que le fait de taire ou de cacher n'est pas la volonté de soustraire « frauduleusement » à la connaissance d'autrui. Il ne s'agit pas de cacher pour dissimuler des faits inavouables ni de refuser de communiquer des informations qui devraient intéresser les tiers et l'État.

« On en veut pour preuve que le secret est souvent opposé à la vérité, [...] alors qu'il devrait plutôt être confronté au terme de transparence. Car en réalité, le secret ne s'oppose pas à la vérité en soi. Garder une information secrète, ou confidentielle, n'implique pas la volonté de pervertir l'information, de la modifier, c'est-à-dire de ne plus la rendre vraie »[683]. Il s'agit plutôt d'une volonté de ne pas dévoiler des informations qui, de par leur nature, relèvent de la sphère des affaires privées et personnelles. Ainsi, « le secret implique simplement une couverture mise sur des informations à caractère confidentiel »[684]. En somme, c'est une sorte de droit à l'intimité, à la discrétion de ses affaires propres.

Corollaire du respect dû à la vie privée de chacun et de l'intimité reconnue à celle-ci[685], le droit de gérer son patrimoine ainsi que les éléments qui le composent de manière tout aussi secrète permet au propriétaire de ne pas avoir à porter sur la place publique les détails de sa gestion. Il détient sur ses biens un pouvoir quasi absolu qui lui offre la possibilité d'en user de la manière qui lui sied, sans avoir à rendre compte ni à souffrir la moindre immixtion. Il est le seul à décider du sort qu'il veut réserver à sa fortune : l'exploiter ou non, le détruire, l'abandonner, voire en confier la gestion à un tiers...

On peut avancer que les dispositions de la loi relative au mariage et aux régimes matrimoniaux en offrent une illustration pertinente lorsque le législateur consacre, pour chaque époux comme pour tout autre sujet de droit, la possibilité – malgré le mariage et ses conséquences qui pourraient être faussement interprétés comme une main basse de l'un sur les biens de l'autre et vice-versa[686] – de « conserver la pleine propriété de ses biens personnels et d'en disposer librement »[687]. Il est entendu que cette liberté reste encadrée par les impératifs d'ordre public et de bonnes mœurs. Mais, surtout, et c'est là l'originalité du droit patrimonial lorsqu'il croise le chemin tortueux du droit de la famille : pour défendre la famille des vicissitudes que pourraient

---

682 T. F. J. Rakotoarison, « Du secret des affaires : étude de droit comparé (français-malgache) », Thèse, Université Paris 1 Panthéon-Sorbonne, janvier 2018, p. 11.

683 J.-C. Saint-Pau, « Droit au respect de la vie privée – Définition conceptuelle du droit subjectif », *Fasc. 34 JurisclasseurCommunication*, 16 mars 2016.

684 *Id.*

685 Le contraire de vie publique donc !

686 Sauf le cas d'un régime conventionnel de communauté universelle pour lequel chaque époux aurait, par-devant notaire, acquiescé après que ce dernier ait exposé dans les détails la signification et les conséquences d'un tel choix.

687 L-2007-022 Art. 115 – « Chaque époux conserve la pleine propriété de ses biens personnels et en dispose librement ».

entraîner le temps et la cupidité des hommes, la loi respecte la liberté de chacun mais veille à poser les balises utiles. Telle liberté de gestion demeure, en effet, malgré cette latitude légalement reconnue au propriétaire, soumise à la censure des juridictions, outils destinés à garder les opérations et actes de gestion conformes aux normes établies et généralement admises. Notamment parce que chaque droit, chaque liberté a une limite : le respect du droit et de la liberté d'autrui.

Dans le même sens, il est acquis que le mariage ne porte pas atteinte à la capacité juridique des époux[688] qui conservent ainsi, chacun de son côté, la pleine capacité de disposer d'un compte bancaire propre qu'il gère de manière autonome. La question s'est posée d'identifier les conditions et limites des pouvoirs et prérogatives dont pourrait disposer sur un tel compte l'autre époux qui n'en est pas titulaire. Il est vrai que, souvent, fort du mandat domestique dont il est investi par le seul fait du mariage (dont le contenu peut être perçu de manière encore confuse), ce dernier peut vouloir disposer de l'argent y déposé et se comporter comme s'il s'agissait de biens communs. La Cour de cassation française de rappeler que le principe de la libre disposition du compte personnel des époux fera que « Le banquier opposera, par conséquent, le secret bancaire au conjoint du titulaire du compte (peu importe que les époux soient mariés ou en instance de divorce) ; et ce, même dans le cas où c'est le conjoint de celui-ci qui alimente le compte »[689]. La jurisprudence constante subroge personnellement au bénéficiaire « la banque qui aura maladroitement remis des fonds à un époux, non titulaire de procuration sur le compte de son conjoint »[690]. « Dans cette espèce, un époux avait ouvert un compte bancaire à son nom personnel sans en donner procuration à l'épouse, laquelle avait malgré tout réussi à obtenir de la banque d'effectuer des prélèvements sur le compte »[691].

B. … Avec, parfois, des possibilités d'intervention des tiers et sous le contrôle du juge :

Dans son dessein premier de garantir à chaque individu l'autonomie dans la gestion de son propre patrimoine, le législateur a dû, néanmoins, tenir compte des situations qui peuvent mettre en concurrence les intérêts en présence. Ces situations imposent qu'un tiers impartial assure le rôle d'arbitre et prononce les sanctions idoines afin que soient sauvegardées les valeurs sociales reconnues comme primordiales exprimées dans la réglementation générale et de ne pas permettre certains actes répréhensibles. La libre gestion des biens personnels ne doit pas ainsi porter atteinte aux personnes, aux droits

[688] L-2007-022 Art. 59 – « Le mariage ne porte pas atteinte à la capacité juridique des époux ».
[689] F.-J. Credot, « Le secret bancaire entre époux », AJ fam. 2009. 378.
[690] 1re Civ., 8 juillet 2009, pourvoi n° 08-17.300, « chaque époux a le droit d'avoir un compte à son nom sans procuration pour l'autre époux ».
[691] S. Haddad, « Vol entre époux : un principe et des exceptions », 28 novembre 2012.

et/ou aux biens des tiers, notamment lorsqu'il s'agit d'un membre vulnérable de sa famille ou une personne vis-à-vis de laquelle le propriétaire est l'obligé. L'objectif premier étant d'éviter autant que possible la spoliation des droits d'autrui : les enfants, la famille, les créanciers.

La quasi-totalité de la législation y afférente œuvre dans ce sens mais cela n'élimine pas les différends (impossibilité de dialoguer, absence d'entente, visions incompatibles...). C'est en prévision de telles éventualités que la loi offre à la partie qui se sent lésée la possibilité de saisir les juridictions, tiers impartiaux.

Prenons le cas, en matière successorale, du principe directeur qu'est le *masi-mandidy* qui consiste au droit pour une personne de poser librement de son vivant les dispositions concernant les biens qu'elle laissera à son décès[692]. Cet événement survenu, les dispositions qu'il aura arrêtées sont considérées comme « saintes » et ne peuvent qu'être exécutées. Mais la jurisprudence de la Cour Suprême concernant les dispositions testamentaires en faveur d'enfants adultérins est tout, sauf constante. Ainsi, en 1999, la chambre civile de la Cour de cassation a eu l'occasion d'affirmer relativement à la question : « en décidant que "le testament dont la forme n'est pas contestée reflète la volonté expresse du testateur de disposer de ses biens comme il l'entendait, usant ainsi de la faculté qui lui est reconnue par les articles 46 et suivants de la loi n° 68.012", l'arrêt attaqué loin d'avoir violé la loi, en a fait au contraire une exacte application »[693]. Quelques années plus tard, la même juridiction abandonne cette position en statuant sur un cas similaire : « attendu certes que l'article 46 de la loi n° 68.012 du 4 juillet 1968 consacre la liberté de tester en faveur de toute personne, mais que l'article 28 de la même loi y apporte une restriction en déclarant nulles les dispositions testamentaires qui vont à l'encontre de l'ordre public, à la loi et des bonnes mœurs. D'où il suit qu'en

---

[692] L-68-012, Art. 46 – « En vertu du principe du *masi-mandidy*, [...] toute personne peut, par testament disposer librement de ses biens, soit au profit d'un ou plusieurs enfants ou descendants ou membres de sa famille, soit au profit d'autres personnes physiques ou morales, soit même au profit d'un enfant rejeté ». Il importe de souligner que le rejet est « une sanction traditionnelle bien connue à Madagascar ». Exposé des motifs Loi n° 63-022 du 20 novembre 1963 sur la filiation, l'adoption, le rejet et la tutelle (*JO* n° 324 du 30.11.63, p. 2479) modifiée par la Loi n° 2005-014 du 7 septembre 2005 relative à l'adoption (*JO* n° 3022 du 03/04/2006, p. 1917) modifiée par la Loi n° 2007-023 du 20 août 2007 sur les droits et la protection des enfants. (*JO* n° 3163 du 28/01/2008 p. 158). Plus précisément, il s'agit d'« une sanction infligée à un enfant majeur par son père, sa mère, un ascendant ou la personne qui l'a adopté. Il entraîne la rupture du lien de filiation ou de parenté qui rattachait le rejeté au rejetant, [...] ». Par ailleurs, obligatoirement soumis à une autorisation judiciaire préalable, « le rejet ne peut être prononcé que si le rejeté a sciemment porté atteinte à l'honneur familial ou gravement manqué aux devoirs de secours, d'assistance et de respect dont il était tenu envers le rejetant ou la famille » (Art. 80). Pour souligner que même celui qui avait été antérieurement, à cause de ses erreurs/errements, écarté de la famille et qui n'y a plus, suite à cela, aucun lien filial ou de parenté, peut encore être repêché par recours à l'exercice de ce « puissant » principe.

[693] Décision n° 58, Cour Suprême, Chambre civile, commerciale et d'Immatriculation, 27-04-1999, Cts Razafiarisoa Adéline C/Razafindrafara Marie.

statuant comme il l'a fait, alors que les dispositions testamentaires étaient au profit d'enfants adultérins, l'arrêt attaqué encourt cassation pour violation de l'article 28 de la loi n° 68.012 du 4 juillet 1968 »[694]. Et, revirement ou plutôt retour en arrière, le 18 juin 2010, la même Cour de cassation affirme que « l'exhérédation est un pouvoir exclusif de l'auteur testateur en vertu du principe du *masi-mandidy* et aucune disposition légale n'autorise même le tribunal à y procéder à sa place »[695], validant ainsi un testament établi en faveur d'enfants adultérins mais ayant respecté les exigences formelles édictées par la loi. Ce qu'il faut retenir c'est que, quelle que soit la lecture donnée par cette Haute Juridiction à ce qu'on devrait entendre par « ordre public familial »[696], lequel, par ailleurs, est appelé à évoluer, le rôle du juge est également d'identifier la ligne de conduite à respecter selon l'époque... Ce qui, parfois, relève de la gageure lorsque la loi fondamentale adopte une position inamovible[697].

On notera également la faculté offerte au créancier (notamment alimentaire) de s'immiscer dans la gestion du patrimoine personnel de son débiteur – qui constitue son droit de gage général –, lorsque ce dernier, sciemment ou non est/ou devient insolvable. Ainsi, même en l'absence d'un titre exécutoire, le créancier peut obtenir du juge l'inopposabilité de tous actes faits par le débiteur en fraude de ses droits. Il peut de même prendre toute mesure conservatoire prévue par la loi pour assurer l'exercice de son droit de gage général, voire lorsque le débiteur est négligent et/ou récalcitrant, exercer tous les droits et actions que celui-ci aurait dû exercer ou entreprendre[698].

En pratique, souvent, le créancier alimentaire sollicitera du Tribunal l'autorisation de pratiquer une saisie sur le salaire de son débiteur afin que les intérêts du ménage n'en périssent pas.

Enfin, dans le fonctionnement du ménage, « lorsque l'un des époux, par ses manquements ou par des agissements révélant l'inaptitude ou la fraude, compromet gravement l'intérêt du ménage ou des enfants, le président du Tribunal de première instance du lieu du domicile des époux peut, par une ordonnance rendue sur requête de l'autre époux, prescrire des mesures provisoires de sauvegarde <u>des biens [...] personnels</u> [...] dérogeant au régime

---

694 Décision n° 18, Cour Suprême, Chambre civile, commerciale et d'Immatriculation, 14-05-2002, Cts veuve Capit Georges C/Cts Rasoasimbola Hélène ; Décision n° 163, Cour Suprême, Chambre civile, commerciale et d'Immatriculation, 08-08-2003, Rasoavololona Meltine Dauphine C/Ralambohasina Karl.

695 Décision n° 91, Cour Suprême, Chambre civile, commerciale et d'Immatriculation, 18-06-2010, Note Ramarolanto Ratiaray, Arrêts commentés de la Cour de cassation, Chambre civile, commerciale, sociale, tome 1, p. 41 et suiv.

696 Mais lequel puisque la même Cour a, à plusieurs reprises, changé son fusil d'épaule...

697 Constitution IVe République, Article 20. – « La famille, élément naturel et fondamental de la société, est protégée par l'État. Tout individu a le droit de fonder une famille et de transmettre en héritage ses biens personnels ».

698 LTGO, Art. 58 et suiv.

matrimonial »[699]. Il est clair que l'objectif premier de la loi relative au mariage est la sauvegarde de la solidité des liens matrimoniaux et la protection des intérêts de la famille. Le juge peut donc intervenir dans la gestion des biens personnels[700] de celui qui, par sa maladresse ou son indélicatesse, manquerait d'apporter le soin utile auxdits intérêts. Il s'agit bien d'une sanction infligée à l'époux négligent.

CONCLUSION

« Transparence et secret renvoient à deux droits fondamentaux qui gouvernent notre société »[701]. Ils rythment tant les actions entreprises ou confiées au titre de la gestion patrimoniale en droit positif malgache que leurs effets, lesquels ne relèvent pas de la seule logique : le rôle protecteur reconnu à ces notions résulte d'une volonté affichée de sécurisation des opérations réelles (du latin *res* qui signifie chose). Tantôt la loi exige (la transparence) et tantôt elle (en) décharge pour respecter le secret (légal et légitime) que désire garder le sujet de droit. Ce ton directif appliqué à la sphère de la vie privée qui, parce qu'elle est l'aboutissement d'une lente évolution des mœurs et pratiques, peut paraître tout à fait naturelle et appropriée ailleurs soulève, néanmoins, des questionnements ici : la transparence telle qu'imposée et véhiculée par la loi[702], attendue comme un gage essentiel de sécurité remplit-elle le rôle à elle assigné ou constitue-t-elle juste une gêne, formaliste et procédurale, qui empêche la structure familiale et ses composantes d'évoluer de manière naturelle et fluide ?

---

[699] L-2007-022, Art.104.

[700] De tout temps, les biens personnels ont toujours relevé de leur unique propriétaire… Ceci constitue la seule entorse y permise.

[701] T. Massis, « La transparence et le secret. Champ social, débat de conscience », *Études*, vol. tome 394, *op. cit.*

[702] Lorsqu'elle existe : la réglementation de la situation de l'incapable majeur est à prioriser, vu le grand dénuement législatif auquel cette catégorie de personne est, aujourd'hui, exposée devant l'indifférence générale.

Le droit à l'intimité est-il une limite à la transparence ?

Henri Andriamampianina

INTRODUCTION

La transparence a été l'objet d'études de plusieurs disciplines formant les sciences sociales. Chaque discipline essaie de lui donner une définition ou une perception afin de lui fournir un contenu acceptable et digne d'intérêt. Si le dictionnaire Larousse la définit comme la « parfaite accessibilité de l'information dans les domaines qui regardent l'opinion publique », elle est devenue, surtout à partir du siècle dernier un critère ou une vertu essentielle de la démocratie[703]. Sans vouloir faire l'historique de la transparence[704], il apparaît très clairement que la Révolution adopta le principe de transparence comme son cheval de bataille en instituant le *Journal officiel* pour publier toutes les lois et les décrets en vertu du principe selon lequel « nul n'est censé ignorer la loi »[705]. Ce principe est entré dans le mode de gestion de l'administration afin de gagner la confiance des administrés et asseoir la légitimité des institutions démocratiques[706].

La transparence est alors associée à des concepts ou à des valeurs comme la vérité ou la publicité[707]. Elle est devenue un principe universellement accepté[708] et semble se confondre avec la clarté, la limpidité et la pureté[709]. Dépassant l'état de simple valeur morale pour se transformer en valeur éthique et déontologique dans le cadre d'une administration qui prétend être démocratique, les citoyens exigent, au nom de la transparence que leurs gouvernants soient soumis à des obligations « rendant publics leur patrimoine et leurs intérêts »[710]. Elle est alors évoquée chaque fois qu'il s'agit de lutte

---

[703] Jean-Denis Bredin, *Secret, transparence et démocratie*, Pouvoirs, 2001/2 (nº 97), p. 8.

[704] Cf. Alexandre Piraux, *Transparence dans le service public*, Barricade III, 2013, p. 2, disponible sur http://www.barricade.be/sites/default/files/publications/pdf/2013alexandre_-_la_transparence.pdf.

[705] *Ibidem*, *op. cit.*, p. 2 ; Raphaël Audria, « New public management et transparence : essai de déconstruction d'un mythe actuel », Thèse de doctorat, dir., Paolo Urio, Université de Genève, 2004, p. 42.

[706] Cf. Marie Eichholtzer, « Transparence, légitimité, et confiance dans la gouvernance européenne », Mémoire de séminaire, dir., Laurent Guihery, Université Lyon 2, 2 septembre 2010, p. 8.

[707] A. Piraux, *Transparence dans le service public*, *op. cit.*, p. 2.

[708] Ibidem, *op. cit.*, p. 2.

[709] J.-D. Bredin, *Secret, transparence et démocratie*, *op. cit.*, p. 5.

[710] Jean-François Kerleo, La contribution du chercheur en droit à la réflexion sur la transparence, Les Annales de droit (En ligne), 11/2017, consulté le 16 octobre 2018, p. 109, disponible sur : http://journals.openedition.org/add/536. L'auteur fait référence aux lois

contre la corruption, de conflit d'intérêts, de bonne gouvernance, etc. Les instruments juridiques créés par les législateurs varient selon les systèmes juridiques mais ils sont basés sur des déclarations auxquelles le gouvernant est soumis avant d'entrer en fonction. La plus connue est la déclaration de patrimoine qui permet de garantir que l'assujetti n'a tiré aucun avantage illicite durant son mandat[711].

Si la transparence est aujourd'hui un moyen qui tend à faciliter la publicité et l'accès à certaines informations, il faudrait se demander le sort du secret dans la société démocratique. Nombreux sont les secrets que le droit protège : secret professionnel, secret de l'instruction, secret de fabrique, secret des correspondances, secret du patrimoine, secret-défense. Ces secrets ont des fondements divers et protègent des intérêts à la fois publics et privés[712]. Selon les intérêts en présence, leur régime juridique alterne et oppose, à la fois, le droit de cacher et le droit de savoir[713]. Dans ce sens, KERLEO affirme que « la transparence prend sens à partir de ce à quoi il résiste, elle ne s'impose pas dans un lieu vide mais prend la place déjà occupée par le secret »[714]. Cependant, selon toujours le même auteur, « la dialectique est, en droit, assez spécifique puisque la transparence ne s'applique que si elle est explicitement prévue par les textes tandis que le secret n'exige pas de reconnaissance préalable pour s'imposer »[715]. On assiste alors aujourd'hui à un changement de paradigme consistant à renverser le secret et le silence et à ériger la transparence en synonyme de démocratie ou en une idéologie incontournable dans l'action publique[716].

Il est possible alors de se demander la manière qui a été utilisée pour que la transparence arrive à ce stade. La littérature qui l'étudie parle de fondements erronés ou de mythes que l'opinion publique s'est construits. La présentation synthétique de ces fondements, proposée par EICHHOLTZER paraît complète. En premier lieu, il a été considéré que la transparence est la vérité. Cette première repose sur un des postulats selon lequel « un monde transparent est forcément intelligible, la réalité du monde et sa représentation ne font qu'un »[717]. En second lieu, il est admis que désormais, la transparence est une

---

françaises n° 2013-907 et n° 2013-906 du 11 octobre 2013 qui tendent à « déshabiller » partiellement les élus.

[711] A. Piraux, *Transparence dans le service public*, *op. cit.*, p. 5.

[712] J.-D. Bredin, *Secret, transparence et démocratie*, *op. cit.*, p. 8.

[713] *Ibidem*, *op. cit.*, p. 8.

[714] J.-F. Kerleo, « La contribution du chercheur en droit à la réflexion sur la transparence », *op. cit.*, p. 119.

[715] *Ibidem*, *op. cit.*, p. 119.

[716] J.-D. Bredin, *Secret, transparence et démocratie*, *op. cit.*, p. 3 ; J.-F Kerleo, « La contribution du chercheur en droit à la réflexion sur la transparence », *op. cit.*, p. 119. Cf. R. Audria, « New public management et transparence : essai de déconstruction d'un mythe actuel », *op. cit.*, p. 47.

[717] M. Eichholtzer, « Transparence, légitimité, et confiance dans la gouvernance européenne », *op. cit.*, p. 23.

fin. En effet, « le jour où toute société serait transparente, tous ses maux disparaîtraient ». Le problème actuel de nos démocraties est un problème de communication et non pas de sens[718]. En troisième lieu, la transparence est un progrès. Il est admis qu'« elle serait ainsi le remède de notre société malade. À l'instar de la mondialisation, le concept de transparence a souvent été considéré comme neutre. Il ne pourrait donc en rien être préjudiciable à notre société »[719].

Cependant, tout ce qui a été évoqué antérieurement doit être relativisé puisque malgré toutes les vertus qu'on associe à la transparence, la grande majorité de la doctrine tend à nuancer ses bienfaits et semble faire la part des choses afin d'équilibrer la balance dans leur évaluation[720]. Le présent article ne prétend aucunement étudier toutes les critiques à l'encontre de la transparence mais veut simplement dégager un aspect montrant une de ses limites. En effet, la transparence impliquerait une certaine forme de réciprocité. Selon PIRAUX, il y aurait « une relation symétrique et si les citoyens réclament la plus grande des transparences de la part de l'État, les services de celui-ci, de leur côté, inventorient les différents segments de la société, la mise au point de politique publique pertinente, pour le meilleur et pour le pire (la surveillance administrative pratiquée par une bureaucratie minutieuse à des fins sécuritaires et gestionnaires)[721] ». Dans ce même ordre d'idée, BREDIN indique qu'une des forces essentielles qui a propulsé la transparence est l'argent. Ce dernier porte l'image, l'écrit et l'information[722] et le profit qu'il peut tirer de l'indiscrétion, de la révélation, du scandale[723] et des secrets de la vie privée[724]. Le même auteur se pose des questions sur le fait de savoir si la démocratie devrait préserver des secrets car le principe fondamental qui l'instaure serait le respect de l'homme, de sa liberté, de sa dignité et de son bonheur. Il y a donc une rivalité ou un conflit entre la vertueuse transparence et le secret, le secret et ses proches parents : la

---

[718] *Ibidem*, *op. cit.*, p. 23.

[719] *Ibidem*, *op. cit.*, p. 23.

[720] *Ibidem*, *op. cit.*, p. 33 et suiv. ; R. Audria, « New public management et transparence : essai de déconstruction d'un mythe actuel », *op. cit.*, p. 66 et suiv.

[721] A. Piraux, *Transparence dans le service public*, *op. cit.*, p. 1.

[722] J.-F Kerleo, *La contribution du chercheur en droit à la réflexion sur la transparence*, *op. cit.*, p. 121. Cf. Approfondissant dans ce sens, M. Eichholtzer, « Transparence, légitimité, et confiance dans la gouvernance européenne », *op. cit.*, p. 40, 41, l'auteur signale une perte de substance de l'information transmise par les médias. Elle explique que « la vérité se trouve lorsqu'il y a objectivation des informations mises à disposition du public. La rhétorique abusive de la transparence a voulu nous faire croire que l'information était la vérité mais il n'en est rien. La transparence ne protège pas contre le mensonge. Au contraire, avec l'absence de médiation de la part des médias, l'illusion de transparence peut permettre à des personnes mal intentionnées de dissimuler, manipuler ». Et il ajoute que « cette recherche du sensationnel a eu des effets plus larges que de provoquer la défiance des citoyens ».

[723] J.-F Kerleo, « La contribution du chercheur en droit à la réflexion sur la transparence », *op. cit.*, p. 114.

[724] J.-D. Bredin, *Secret, transparence et démocratie*, *op. cit.*, p. 8.

discrétion, la réserve, l'intimité[725]. Il constate également que « le champ de la vie privée, du respect de l'intimité se réduit, sensible à ce grand vent de transparence ». La conséquence en est le développement de la « distinction entre l'homme "privé", auquel la loi accorderait encore la protection de son intimité, et l'homme "public" dont le citoyen doit vérifier les qualités et les défauts, connaître la vie passée, la vie présente, l'état de santé »[726]. Dans le cadre de cet article, il ne s'agit pas d'étudier la différence entre ces deux « hommes » et encore moins d'évaluer le contenu de la vie privée de l'homme « public » dont la vie est soumise à une exigence particulière de transparence, mais de contribuer à la réflexion sur le contenu de l'intimité, et plus précisément du droit à l'intimité, dans une société démocratique avide d'information et, à la fois, jalouse de sa sphère privée.

L'intimité a déjà fait l'objet d'étude par la littérature juridique dans le cadre de la vie privée. Toutefois, force est de constater qu'elle a toujours été considérée comme une partie de cette dernière[727]. La Constitution malgache n'y fait aucune allusion tandis que la loi malgache n° 2016-029, portant Code de la communication médiatisée, associe clairement intimité et vie privée[728], la première étant un élément de définition de la seconde. Le présent article n'entend pas abonder sur l'étude de la protection de la vie privée ni son contenu puisque des auteurs l'ont déjà fait[729]. Il s'agit alors d'approfondir les réflexions sur le concept d'intimité et plus précisément le droit à l'intimité afin de délimiter son contenu et de voir dans quelle mesure la transparence par le moyen du droit à l'information peut recouvrir son véritable sens, surtout quand la question est de pondérer deux droits aussi importants dans une société démocratique.

La difficulté principale se trouve au niveau même de la définition de l'intimité. Si les rédacteurs de la Constitution malgache n'en soufflent mot sur

---

[725] *Ibidem*, *op. cit.*, p. 8. L'auteur se demande s'ils peuvent se supporter, se répartir les rôles et vivre ensemble.

[726] *Ibidem*, *op. cit.*, p. 9. L'auteur ajoute : « cet homme "public", la démocratie l'obligerait à la parfaite transparence afin que le citoyen, éclairé par la vérité, puisse lucidement le désigner, l'écarter ou le rejeter. Resterait à définir l'homme "public" ainsi soumis aux exigences d'une totale vérité, pour le progrès de la démocratie. La qualification d'homme "privé" ne s'appliquera-t-elle un jour qu'à celui dont la vie n'intéresse personne ? ».

[727] Pierre Keyser, *La protection de la vie privée*, Economica, Presses universitaires d'Aix-Marseille, 1984, p. 10. L'auteur fait référence à l'intimité comme un espace de tranquillité dans la maison et dans le foyer.

[728] Dans son article 1er, point n° 63, la loi n° 2016-029 définit la vie privée comme « tout ce qui se rapporte à l'intimité de la vie d'autrui : familiale, au travail, aux loisirs, à l'image, sentimentale et médicale ». D'ailleurs, l'article 20 de la même loi renforce cette idée en indiquant que l'atteinte à la vie privée est constituée par « la divulgation de l'intimité de la vie privée d'autrui ».

[729] Les ouvrages publiés faisant office de référence en la matière sont celui de P. Keyser, *La protection de la vie privée*, Economica, Presses universitaires d'Aix-Marseille, 1984, et celui d'André Roux, *La protection de la vie privée dans les rapports entre l'État et les particuliers*, Economica, Paris, 1983.

son existence et si le législateur l'utilise comme instrument de définition de la vie privée, il semble qu'on ne puisse pas parler, *a priori*, de droit à l'intimité. Alors que selon un aspect qui met l'accent sur le droit subjectif, les droits de la personnalité constituent le pouvoir que l'ordonnancement juridique accorde à la personne pour la protection des intérêts qui lui sont inhérents, dans leur aspect aussi bien matériel que moral[730]. Parmi les droits de la personnalité figurent : les droits inhérents à la personne afférente à la sphère physique ou juridique comme la vie, l'intégrité corporelle, ou afférente à la sphère morale comme l'honneur, l'intimité, l'image et les droits d'auteur[731]. La notion des droits de la personnalité se trouve aujourd'hui avec l'idée constitutionnelle des droits fondamentaux puisque l'intervention publique est requise pour assurer son exercice effectif[732]. Par ailleurs, même si la Constitution malgache précise, dans son article 17, que « l'État protège et garantit l'exercice des droits qui assurent à l'individu son intégrité et la dignité de sa personne, son plein épanouissement physique, intellectuel et moral », il n'est pas toujours facile de donner tant aux termes « dignité » ou « plein épanouissement » une définition précise qu'à leurs manifestations concrètes (honneur, image, intimité, etc.)[733].

D'emblée, on peut dire que l'intimité est un droit inné, apparu au commencement même de la vie de l'individu, et inhérent à la nature humaine dans la mesure où l'homme ne reflète pas seulement une projection sociale mais réclame et a besoin d'une forme de se retrouver avec lui-même[734]. En effet, elle n'est pas facile à définir car elle constitue un de ces droits problématiques. Son importance repose sur l'idée que du traitement qu'on donne à l'intimité dépendent, en grande partie, la vie des citoyens et le régime de la presse. La plupart des auteurs admettent que ce droit a quelque chose à voir avec la possibilité de dissimuler des regards d'autrui ce que nous faisons ou ce que nous sommes. Et si certaines personnes arrivent à les connaître, elles les garderont pour elles[735]. Par ailleurs, l'absence de protection de l'intimité impliquerait la suppression de toute spontanéité. Le fait de croire que nous sommes observés ne nous conduit pas à nous comporter comme nous le

---

[730] Iciar Cordero Cutillas, "Redefiniendo los derechos de la personalidad en el siglo XXI", in *Los derechos a la intimidad y a la privacidad en el siglo XXI*, Coord. Antonio Fayos Gardó, Dykinson, Madrid, 2014, p. 20.

[731] *Diccionari de dret civil*, Generalitat de Catalunya-Departament de justicia, Barcelona, 2005.

[732] I. Cordero Cutillas, « Redefiniendo los derechos de la personalidad en el siglo XXI », *op. cit.*, p. 20.

[733] Ana Laura Cabezuelo Arenas, *Derecho a la intimidad*, Tirant lo blanch, Valencia, 1998, p. 17.

[734] *Ibidem*, *op. cit.*, p. 18. L'auteur précise que « aussi bien l'intérêt de l'individu, comme personne, y est présent […] que celui de la société puisqu'en fin de compte, ce qui se cache sous ce droit n'est autre que la liberté humaine, envisagée comme fondement de l'ordre politique et de la paix sociale ».

[735] Luis García San Miguel Rodríguez-Arango, *Presentación*, in *Estudios sobre el derecho a la intimidad*, Tecnos, Madrid, 1992, p. 10.

ferions librement mais selon le jugement que les autres formuleront à partir de ce qu'ils perçoivent[736]. Par conséquent, l'intimité constitue la réalité la plus interne de l'être humain – encore plus que la vie privée, qui l'englobe ou l'absorbe[737] – et qu'il existe des expériences qui, de par leur essence ou leur nature, font partie de la première et non de celles qui sont généralement comprises dans la vie privée (c'est le cas de la sexualité)[738].

Le problème se situe dans les limites, c'est-à-dire, dans la séparation du domaine que nous réservons pour nous-mêmes et celui que les autres peuvent légitimement connaître. Dans l'établissement de ces limites, le concept d'« intérêt public » joue un rôle important, puisqu'en son nom la frontière de l'intimité peut être franchie légitimement[739]. Ainsi, peu importe ce qu'un ministre ou un Premier ministre fait pendant ses vacances, il est dans son intimité. Toutefois, si durant cette période, le politicien se réunit avec des personnes qui peuvent influencer le développement de la politique nationale, l'affaire sort de la sphère privée pour entrer dans la sphère publique et peut faire l'objet d'information. En général, on admet la prépondérance de l'intérêt général sur l'intérêt individuel du citoyen[740]. Mais le concept d'intérêt public est loin d'être univoque. RODRÍGUEZ-ARANGO propose deux interprétations qui peuvent marquer la différence dans le traitement de l'intimité. Dans une première compréhension, on entend par intérêt public l'intérêt du public, c'est-à-dire, le désir que les gens ont de s'informer légitimement sur ce qui se passe autour d'eux. Certains pensent que cet intérêt revêt une totale légitimité quand les constitutions consacrent comme droit fondamental la liberté d'information. Pourtant, comme cet intérêt des gens à être informés n'est pas facilement vérifiable, il semble que leur détermination, du moins dans les sociétés capitalistes, devrait se soumettre aux lois du marché. Ce qui nous amène à conclure qu'il y a de l'intérêt à s'informer quand il y a de la demande d'information, c'est-à-dire, quand les citoyens sont disposés à payer pour prendre connaissance de quelque chose. Alors, l'intimité est contrôlée par les lois du marché. D'autre part, une seconde interprétation de l'intérêt public est similaire à ce qu'on appelle le bien commun, c'est-à-dire, ce qui touche à la vie (à la santé, à la connaissance, au divertissement, au transport, etc.) des citoyens. Dans ce cas, tout ce qui

[736] A. L. Cabezuelo Arenas, *Derecho a la intimidad*, *op. cit.*, p. 35.

[737] A. Roux, *La protection de la vie privée dans les rapports entre l'État et les particuliers*, *op. cit.*, p. 10.

[738] A. L. Cabezuelo Arenas, *Derecho a la intimidad*, *op. cit.*, p. 36. Contre cette affirmation et classifiant les relations sexuelles comme un simple aspect de la vie privée, cf. P. Keyser, *La protection de la vie privée*, *op. cit.*, p. 26, 27.

[739] L'article 20 de la loi 2016-029 dispose que « le journaliste s'abstient de porter atteinte à la vie privée des personnes, même lorsque ces personnes assument des fonctions ou un rôle politique. Toutefois lorsque *l'intérêt public* le justifie, le journaliste peut révéler des informations lorsque celles-ci compromettent la morale publique et/ou constituent une menace pour la santé publique. »

[740] L. G. San Miguel Rodríguez-Arango, *Presentación*, *op. cit.*, p. 11, 12.

importe à l'individu, en tant que tel, reste à la marge de l'intérêt public et doit être enlevé de l'information. Par conséquent, les médias pourront traiter des éléments comme une grève, un accident de circulation et une réunion politique mais non pas des dîners de quelqu'un avec des amis ou de la maladie d'une telle personne. Évidemment, cette seconde interprétation de l'intérêt public est plus protectrice de l'intimité que la première pour laquelle seule l'intimité des personnes *insignifiantes*, de celles qui n'intéressent personne, est protégée dans la pratique. Par contre, si on adopte la seconde interprétation, le domaine de la protection est plus large et les personnes protégées sont plus nombreuses. Ainsi, par exemple, personne n'aura pas le droit de se mêler de la vie privée d'un politicien ou d'une personne célèbre simplement parce qu'elle *intéresse* quelqu'un, à moins que cet aspect de sa vie touche au bien commun des concitoyens[741].

L'étude sur le droit à l'intimité suppose l'établissement d'une frontière entre ce qui doit être réservé à la personne (ce qui est privé) et ce qui est soumis à la connaissance et à la considération des autres (ce qui est public). Il s'agit d'évaluer la confrontation entre le principe de publicité et le devoir de garder en secret la vie privée des citoyens[742]. Cependant, avant d'identifier ce qui est intime, il faut préciser, d'une part, ce que chaque personne a le droit de conserver pour elle-même, sans l'interférence des tiers et, d'autre part, ce que le public a le droit de connaître. Le résultat de cette confrontation correspondra au contenu du droit à l'intimité[743]. Toute tentative et toute ambition de trouver un concept unique et objectif de l'intimité sont condamnées à l'échec. En effet, pour définir le droit à l'intimité, il faut tenir compte des règles culturelles d'un moment historique concret. C'est pourquoi il faut prêter attention à deux aspects fondamentaux : ce que le titulaire du droit veut faire connaître ou tolère que ce soit connu, et la demande de la collectivité d'être au courant de certains thèmes, chaque fois que cette demande relève de l'intérêt public. Afin de limiter le contenu du présent article, il nous est paru important d'adopter les trois concepts du droit à l'intimité, proposés par GONZÁLEZ CIFUENTES : le droit de ne pas être dérangé, le droit d'être inconnu et le droit de se présenter devant les autres[744].

---

[741] *Ibidem*, *op. cit.*, p. 12.

[742] L. G. San Miguel Rodríguez-Arango, « Reflexiones sobre la intimidad como límite de la libertad de expresión », in *Estudios sobre el derecho a la intimidad*, Tecnos, Madrid, 1992, p. 18.

[743] Carolina González Cifuentes, « El derecho a la intimidad de los altos cargos », Thèse de doctorat, dir. Rafael Bustos Gisbert, Université de Salamanque, 2011, p. 37.

[744] *Ibidem*, *op. cit.*, p. 38 et suiv. D'autres classifications ou présentations ont été proposées par L. G. San Miguel Rodríguez-Arango, « Reflexiones sobre la intimidad como límite de la libertad de expresión », *op. cit.*, p. 22 et suiv. I. Cordero Cutillas, « Redefiniendo los derechos de la personalidad en el siglo XXI », *op. cit.*, p. 30 et suiv.

I. Droit de ne pas être dérangé et d'être inconnu

L'expression anglaise « the right to be alone » (que nous allons traduire par le droit de ne pas être dérangé) est une forme pour décrire le droit de toute personne de protéger son intimité et sa vie privée. Elle renferme une double idée, d'une part, de solitude (solitude physique ou intimité morale) et, d'autre part, de tranquillité, dans le sens de ne pas à subir les dérangements provenant d'autrui. Le droit à l'intimité répond donc à une approche du libéralisme classique. D'après ce courant de pensée, le droit à l'intimité habilite son titulaire à refuser toute forme d'immixtion dans sa vie privée, qui est inaccessible aux autres, sans son consentement explicite[745].

Le droit à être seul ou le droit de ne pas être dérangé vient de l'opuscule écrit par SAMUEL D. WARREN et LOUIS D. BRANDEIS, publié en 1890 dans la Harward Law Review, sous le titre de *The Right to Privacy*. Il est considéré comme la première construction doctrinale en matière de droit autonome par rapport à la sphère privée, ce qui fait qu'il est le point de départ du droit à l'intimité[746]. L'article eut une influence considérable aux États-Unis à tel point qu'il reçut une application jurisprudentielle et une consécration légale. Ses auteurs, WARREN et BRANDEIS, analysant la « merveilleuse capacité d'évolution qui caractérise le *common law* »[747], affirment que le domaine des droits légaux s'est élargi jusqu'à reconnaître que le droit à la vie signifie le droit de profiter de la vie, le droit de ne pas être dérangé et le droit d'être libre qui garantit l'exercice d'un large faisceau de droits subjectifs[748].

The Right to Privacy[749] nous présente des arguments très importants selon lesquels : 1) il existe un droit de protéger l'intimité de la vie privée ; 2) cependant, ce droit est susceptible de degrés (relativité) ; 3) l'extension de la protection dépend de la décision de son titulaire de ne pas y renoncer (ou de décider de publier son intimité) et du caractère public ou privé de la personne ; 4) la vie d'un homme, candidat ou politicien, peut cesser d'être privée quand elle a une connexion avec son occupation ; et 5) quand bien même un sujet

---

745 C. González Cifuentes, *El derecho a la intimidad de los altos cargos*, *op. cit.*, p. 39.

746 L. G. San Miguel Rodríguez-Arango, « Reflexiones sobre la intimidad como límite de la libertad de expresión », *op. cit.*, p. 16.

747 Samuel Warren, Louis Brandeis, *El derecho a la intimidad*, Civitas., Madrid, 1995, p. 25.

748 *Ibidem*, *op. cit.*, p. 22. Faisant des commentaires sur cet ouvrage, Arce Janáriz estime que récupérer le texte de Warren et de Brandeis est devenu particulièrement opportun de nos jours puisque les limites du droit à informer et être informé accaparent le débat à des niveaux qui affectent même la forme de l'État (Alberto Arce Janáriz, *El derecho a la intimidad de Samuel Warren y Louis Brandeis*, Revista Española de Derecho Constitucional, Année 16, Num. 47, 1996, p. 369).

749 Pour mieux comprendre les idées véhiculées par l'article, il est opportun de contextualiser sa publication. La famille Warren, qui était aisée, organisait des fêtes sociales dans leur maison à Boston et pendant lesquelles le journal *Saturday Evening Gazette* divulgait des détails personnels et désagréables avec l'intention d'inspirer chez le lecteur une image de gaspillage et de relâchement de la morale d'une classe déterminée de la société.

occuperait une fonction publique (qu'il soit politicien ou candidat), il a le même droit de garder des facettes de sa vie à l'abri de la curiosité populaire[750].

Désormais, il est clair que depuis 1890, on parle de l'existence du droit d'exclure les autres de notre vie privée et de ne pas être dérangé par eux. Actuellement, il se passe la même chose et dans une société culturellement différente. Toutefois, le droit à l'intimité a été étendu à la connaissance de nos pensées, nos sentiments, nos sensations et nos émotions[751]. Dans ce même ordre d'idée, ESPINAR soutient que garantir le droit à l'intimité consiste à assurer que les pensées, les affections, ou les affaires personnelles ou familiales ne peuvent être dérangées par l'action des tiers[752]. Dans cette extension de l'idée du droit à l'intimité ou (*droit de ne pas être dérangé*), on assiste à une certaine conception de ce qui est intime définie par sa matérialité. C'est une autre manière de dire que certains sujets, en raison de son contenu, sont intimes et c'est sur eux que peut opérer la volonté du titulaire du droit. Chaque individu décidera les pensées, les sentiments, les affections ou d'autres aspects qu'il doit faire connaître aux tiers et ceux qu'il choisit de réserver pour lui[753].

Si on parle du droit de ne pas être dérangé ou d'être laissé en paix, il faut savoir maintenant les troubles et les désagréments dont nous protège le droit à l'intimité. Avec l'usage du mot « trouble », on fait allusion à toute altération de la tranquillité subjective de l'individu, capable d'affecter sa volonté au moment de déterminer spontanément quels sont les actes (licites) qu'il désire réaliser, ce qui correspond à un cas parfaitement identifié avec le fait de « ne pas être dérangé »[754]. Le trouble ou la perturbation peut provenir, ou bien de la simple observation individuellement réalisée, dans la mesure où en étant examiné attentivement sur toute manifestation externe de ses affaires privées, l'individu se sent conditionné dans ses décisions ; ou bien de la diffusion de ce qui est observé, car en sachant que les manifestations externes des pensées, des faits et des opinions intérieures vont être évaluées, cela constitue un fait qui affecte aussi la volonté. Le bien juridiquement protégé est, dans tous les cas, la liberté au moment de décider les actions avec lesquelles chaque personne envisage son modèle privé de vie. Par conséquent, toute agression externe, toute perturbation qui conditionne à ce niveau, affecte l'intimité[755].

---

[750] C. González Cifuentes, *El derecho a la intimidad de los altos cargos*, *op. cit.*, p. 44.

[751] Aurelia María Romero Coloma, « La libertad de información frente a otros derechos en conflictos: honor, intimidad y presunción de inoncencia », Cuardenos Civitas, Madrid, 2000; S. Warren, L. Brandeis, *El derecho a la intimidad*, *op. cit.*, p. 47.

[752] José María Espinar Vicente, *La primacía del derecho a la información sobre la intimidad y el honor*, in Estudios sobre el derecho a la intimidad, Tecnos, Madrid, 1992, p. 47.

[753] C. González Cifuentes, *El derecho a la intimidad de los altos cargos*, *op. cit.*, p. 45.

[754] J. M. Espinar Vicente, *La primacía del derecho a la información sobre la intimidad y el honor*, *op. cit.*, p. 53.

[755] *Ibidem*, *op. cit.*, p. 59.

GONZÁLEZ CIFUENTES signale qu'il paraît indiscutable qu'il existe une grande différence entre la manière dont nous expérimentons nos propres actions, quand nous savons que nous serons observés par les autres, et la façon dont nous agissons quand nous sommes plongés dans l'intimité, sans le regard d'autrui[756]. Quand on dit que le regard de l'autre nous rend esclave, il y a quelque chose de plus qu'une métaphore. Ce regard d'autrui, et le jugement qui l'accompagne, peuvent devenir oppressifs. Nous savons tous que se soustraire du poids de l'opinion publique est difficile. Sans les regards des tiers et sans en souffrir les troubles, le plaisir de la solitude apparaît comme une forme de repos et l'intimité, comme un droit de ne pas être dérangé avec la fonction de protéger nos possibilités de repos[757].

Cette conception du droit à l'intimité défini comme droit de ne pas être dérangé est la plus proche des conceptions psychologiques, sociologiques et philosophiques. Dans le domaine psychologique, il est pacifiquement admis que l'intimité surgit comme un besoin social. La primauté de ce qui est privé par rapport à ce qui est public n'est pas due à une motivation humaine fondamentale mais s'impose comme une réaction à la perte de contrôle de notre entourage[758].

Tout ce qui précède illustre comment l'idée de ce qui est intime a surgi aussi bien dans le domaine sociologique que juridique comme une nécessité et un droit, respectivement, d'être laissé en paix, de ne pas être dérangé, situé dans un axe d'altérité : le *moi* qui prend la distance et qui exclut les autres de son intimité. Cette acception du droit à l'intimité a fait l'objet de critiques, même si le résultat des nouvelles positions doctrinales qui sont apparues avec le temps ne consistait pas en son abandon, mais plutôt en une utilisation plus évoluée que l'idée originale[759].

La position doctrinale qui illustre bien une opposition à cette conception est celle formulée par CARRILLO qui remarque que même si l'approche classique est pleinement valable, le droit à l'intimité, en tant que droit fondamental de la personnalité en réponse au besoin d'être isolé, est aujourd'hui quelque chose de plus qu'un droit à ne pas être dérangé. Sa reconnaissance dans les textes constitutionnels plus récents met en évidence que le bien juridique protégé, la garantie de ce droit, n'est pas seulement le pouvoir de résister une intrusion illégitime, mais aussi la faculté de contrôler le flux d'informations qui peut circuler sur la scène publique[760]. Pour sa part, indiquant les espaces qui ne sont pas protégés, RODRÍGUEZ-ARANGO comprend que l'interprétation de WARREN et BRANDEIS, comme le droit

---

[756] C. González Cifuentes, *El derecho a la intimidad de los altos cargos*, *op. cit.*, p. 48.
[757] *Ibidem*, *op. cit.*, p. 48.
[758] Lucrecio Rebollo Delgado, *El derecho fundamental a la intimidad*, Dykinson, Madrid, 2005, p. 33.
[759] C. González Cifuentes, *El derecho a la intimidad de los altos cargos*, *op. cit.*, p. 51.
[760] Marc Carrillo, *El derecho a no ser molestado (información y vida privada)*, Aranzadi, Navarra, 2003, p. 15.

d'être seul, n'arrive pas à couvrir tout ce que nous considérons actuellement comme inclus dans ce domaine, car, bien que, dans plusieurs cas, nous soyons littéralement seuls, notre intimité peut être ébranlée par des manœuvres entreprises à distance, et souvent, à l'insu de l'intéressé[761]. Il en est ainsi des écoutes téléphoniques, des photos prises à distance avec des téléobjectifs et un usage indu des données informatiques, malgré le fait que rien de cela ne comporte la présence physique d'autres personnes. Par conséquent, l'idée d'intimité a besoin d'une reformulation. Nous pensons alors à la possibilité de la présenter non plus comme un droit à la solitude mais comme un droit d'opter pour l'anonymat ou un droit à être inconnu.

Considérant les critiques qui ont été formulées à l'encontre de l'intimité définie comme le droit de ne pas être dérangé, on peut penser qu'elle ne répond pas seulement au besoin de solitude ou de s'éloigner des autres. Le droit à l'intimité protège aussi une zone de réserve ou secrète qui nous permet d'être anonymes face aux autres. Le « droit d'être inconnu » se traduit par une spéciale protection de l'intimité des citoyens que le *right to be alone* ne prenait pas en compte. Il envisage la possibilité d'opter pour maintenir une zone de réserve que l'ordonnancement juridique entend protéger[762]. Il ne s'agit plus seulement de résister à toute situation d'intrusion qui peut causer de la souffrance spirituelle ou de l'angoisse mais aussi de garantir qu'une personne puisse décider quand et jusqu'à quel point les autres pourront avoir connaissance de ses données privées.

Pour commencer sa justification du droit à l'intimité, RODRÍGUEZ-ARANGO se pose la question suivante : « Pourquoi avons-nous droit à l'intimité, de ne pas être connus dans certains aspects par les autres ?[763] » Assumant qu'aussi bien la définition que le fondement de ce droit peuvent être discutables, l'auteur arrive à une conclusion qu'il qualifie d'incontestable : le droit à l'intimité a quelque chose à voir avec la possibilité que les autres ne connaissent pas ce que nous faisons ou ce que nous sommes, et si ce n'est pas le cas, ils ne divulgueront pas ce qu'ils connaissent de nous à d'autres personnes[764]. L'individu a besoin d'expérimenter cet espace spirituel dans lequel il cherche à se rencontrer avec lui-même pour s'évader, ne serait-ce qu'un instant, de l'ensemble complexe des relations humaines auxquelles il doit faire face quotidiennement. Pour démontrer comment le droit à l'intimité contribue à la possibilité de choisir ce qu'un individu peut faire avec sa vie, RODRÍGUEZ-ARANGO argumente en cinq points :

---

[761] L. G. San Miguel Rodríguez-Arango, *Reflexiones sobre la intimidad como límite de la libertad de expresión*, *op. cit.*, p. 52.
[762] C. González Cifuentes, *El derecho a la intimidad de los altos cargos*, *op. cit.*, p. 52.
[763] L. G. San Miguel Rodríguez-Arango, *Reflexiones sobre la intimidad como límite de la libertad de expresión*, *op. cit.*, p. 18.
[764] L. G. San Miguel Rodríguez-Arango, *Presentación*, *op. cit.*, p. 10.

1- Dans notre vie relationnelle, nous essayons de nous présenter d'une certaine manière ou, comme on a l'habitude de le dire, de construire notre propre image.

2- Les décisions qui affectent notre propre vie (nos études, notre mariage, nos divertissements) sont atteintes par les regards d'autrui. Quand quelqu'un nous regarde, il nous juge et, quand il nous juge, d'une certaine manière, il nous domine. L'autonomie personnelle est alors affectée quand les autres nous jugent. Une manière d'éviter ce jugement est qu'ils ne sachent pas ce que nous faisons.

3- Des fois, le regard d'autrui devient paralysant. Certaines actions ne sont possibles que quand elles se réalisent dans la plus stricte solitude.

4- La solitude paraît, par ailleurs, indispensable pour relâcher la tension que la présence des autres produit inévitablement. La solitude peut être alors une forme de repos.

5- Le sens de la liberté personnelle, s'il n'est peut-être pas indispensable, est au moins opportun pour l'exercice de la liberté politique. Tout semble indiquer que l'exercice de la liberté politique, par exemple, à travers le vote, requiert cette solitude. Les gens ne votent pas librement quand les autres savent ce qu'ils votent. L'isoloir accomplit la fonction de garder le secret du vote[765].

Considéré comme la possibilité d'opter pour l'anonymat, le droit à l'intimité apporte une protection juridique à un domaine de l'autonomie individuelle. C'est pourquoi il a été caractérisé par la doctrine comme une des conceptions subjectives de la vie privée dont le dénominateur commun est la capacité du titulaire de déterminer le moment de l'atteinte à sa sphère privée[766]. Il s'agit alors d'une facette plus évoluée que la simple réaction au dérangement. D'une part, c'est une zone de retrait et d'autre part, une sphère réservée par l'individu, dans laquelle lui seul peut déterminer ce que les autres connaissent ou non de sa vie[767].

Par ailleurs, à cette signification s'est ajoutée une autre plus positive qui permet de réaliser l'autodétermination de l'individu et lui donne la faculté de réagir contre l'accumulation de données qui lui appartiennent et qui, sans son consentement, sont destinées au contrôle de comportements ou peuvent être utilisées à des fins de discrimination, qu'elles soient intimes ou simplement privées. Dans cette évolution, le droit à l'intimité dispose d'une zone réservée et de la capacité d'empêcher ou de limiter la diffusion postérieure et la manipulation éventuelle ou l'instrumentalisation d'une information préjudiciable ou non désirée[768]. L'intimité élargit son domaine et ouvre un

---

765 L. G. San Miguel Rodríguez-Arango, « Reflexiones sobre la intimidad como límite de la libertad de expresión », *op. cit.*, p. 18-21.

766 M. Medina Guerrero, *La protección constitucional de la intimidad frente a los medios de comunicación*, Tirant lo Blanch, Valencia, 2005, p. 29-37.

767 C. González Cifuentes, *El derecho a la intimidad de los altos cargos*, *op. cit.*, p. 55.

768 M. Carrillo, *El derecho a no ser molestado (información y vida privada)*, *op. cit.*, p. 51.

chemin vers un concept potentiellement expansif dont la limite est laissée à la discrétion du titulaire du droit[769]. C'est le titulaire qui a la légitimité de décider la forme et le contenu de ce qui est divulgué. Par conséquent, le droit à l'intimité engloberait la capacité de décider si certaines de nos données personnelles vont être soumises à l'opinion publique[770]. Ainsi, MEDINA GUERRERO conclut que le droit à l'intimité a ouvert la voie à une conception plus large face aux médias, en vertu de laquelle on admet que le titulaire a la faculté de disposer librement du flux d'informations qui existent sur lui, et ce, indépendamment du contenu concret de ces informations, incluant la capacité de rester entièrement dans l'anonymat[771]. Le droit de l'individu à autodéterminer ce qui demeure protégé par le droit à l'intimité dans sa vie est le noyau dur du droit à l'intimité[772]. GONZÁLEZ CIFUENTES estime que peut-être en vertu de ce contenu si personnaliste du droit en question, il serait plus adéquat d'affirmer que ce qui est garanti n'est pas une intimité déterminée mais le droit de la posséder, d'avoir une vie privée, disposant d'un large pouvoir de contrôle sur la publicité relative à la personne et à sa famille[773].

À ce stade de la réflexion, il importe de signaler dans cette évolution du concept du droit à l'intimité le droit à l'autodétermination informative qui consiste à pouvoir choisir l'anonymat et contrôler l'information que les autres détiennent sur nous, indépendamment de son contenu intime ou privé. Même si la doctrine n'est pas unanime sur l'autonomie de l'autodétermination informative par rapport au droit à l'intimité, il est clair que ce dernier est un droit qui s'ouvre en deux conceptions : la première est matérielle et signifie que certains aspects de notre vie sont intimes ; la seconde est subjective et véhicule l'idée selon laquelle n'importe quelle donnée mérite le qualificatif d'intime, même si elle est insignifiante, et que le titulaire veut garder en réserve. Évidemment, il ne s'agit pas de créer de nouveaux droits, puisque cela n'est pas nécessaire. Cependant, les possibilités d'atteinte sont nombreuses surtout de la part des médias, et le bien juridique à protéger continue d'être l'intimité[774]. Le problème est qu'actuellement, les moyens de léser ce bien juridique ne sont plus uniquement par l'intermédiaire des médias mais de manière singulière à travers l'informatique d'où la nécessité de reconsidérer le contenu du droit à l'intimité.

Ce dernier est avant tout un droit de posséder de l'intimité et de disposer d'elle. C'est un droit qui non seulement fournit de la protection face à ce qu'on

---

769 Hector López Bofill, « Hacia un concepto formal del derecho a la intimidad y sus consecuencias », Repertorio Aranzadi del Tribunal Constitucional, Núm. 11/2000, Aranzadi, Pamplona, 2000.

770 C. González Cifuentes, *El derecho a la intimidad de los altos cargos*, *op. cit.*, p. 56.

771 Manuel Medina Guerrero, *La protección constitucional de la intimidad frente a los medios de comunicación*, *op. cit.*, p. 49.

772 C. González Cifuentes, *El derecho a la intimidad de los altos cargos*, *op. cit.*, p. 57.

773 *Ibidem*, *op. cit.*, p. 57.

774 L. Rebollo Delgado, *El derecho fundamental a la intimidad*, Dykinson, *op. cit.*, p. 139.

divulgue sur nous, mais aussi face au seul fait de la divulgation. Dans ce sens, l'évolution de l'intimité a été marquée par l'arrêt de la Cour constitutionnelle fédérale allemande du 15 décembre 1983 qui a déclaré l'inconstitutionnalité de la loi du 25 mars 1982 sur le recensement démographique, et qui a configuré le « droit à l'autodétermination informative » comme une projection spécifique du « droit à la propre présentation par son titulaire » dans le domaine du traitement des données informatiques. En effet, l'inconstitutionnalité est fondée en raison du nombre de données ou d'informations demandées aux citoyens (collecte indiscriminée de données) afin de les soumettre postérieurement à un traitement informatisé. La Cour a soutenu l'incompatibilité avec le droit à l'autodétermination informative d'un ordre social et juridique qui rend possible qu'un citoyen « ne puisse pas percevoir avec une sécurité suffisante les informations le concernant dans des secteurs déterminés de son entourage social [...] »[775]. L'arrêt a précisé que ce droit à l'autodétermination confère à son titulaire la faculté de décider par lui-même quand et dans quelles limites les circonstances de sa vie personnelle vont devenir publiques, ainsi que celle de déterminer par lui-même la révélation et l'utilisation de ses données à caractère personnel. GONZÁLEZ CIFUENTES se demande alors si finalement le droit à l'autodétermination informative consiste en une simple reformulation du droit à l'intimité. Elle conclut qu'il est indéniable que le droit à l'autodétermination informative se construit sur la base du concept d'intimité ou vie privée dans la mesure où il offre une protection à la personne concernant ses données à caractère personnel face à une possible utilisation abusive par l'intermédiaire de l'informatique ou d'autre type de traitement automatisé. Néanmoins, il ne protège pas seulement des données intimes mais aussi celles qui, n'appartenant pas à la sphère la plus proche de l'individu, sont susceptibles de nuire à son image ou au plein exercice de ses droits[776]. La question qui se pose alors est de savoir si toute information concernant une personne peut faire partie de son intimité.

Il est clair que l'intimité n'est pas synonyme de vie privée[777]. La seconde inclurait la première. On pourrait dire que la vie privée est une notion sociologique qui se définit par référence à un monde extérieur formé par une pluralité de personnes. Par contre, l'intimité est un concept psychologique qui fait allusion à un monde qui se développe à l'intérieur de la personne. Elles forment donc deux facettes complémentaires et non opposées de la même personne[778]. La loi malgache 2014-038 sur la protection des données à caractère personnel, dans son exposé des motifs précise que « le droit à la

---

[775] Mercedes Galán Juárez, *Intimidad. Nuevas dimensiones de un viejo derecho*, Editorial Universitaria Ramón Areces, Madrid, 2005, p. 208, 209.

[776] C. González Cifuentes, *El derecho a la intimidad de los altos cargos*, *op. cit.*, p. 60, 61.

[777] P. Keyser, *La protection de la vie privée*, *op. cit.*, p. 140.

[778] C. González Cifuentes, *El derecho a la intimidad de los altos cargos*, *op. cit.*, p. 61 ; A. L. Cabezuelo Arenas, *Derecho a la intimidad*, *op. cit.*, p. 35-40.

protection des données à caractère personnel est reconnu à toute personne. Il s'agit d'un droit autonome qui fait partie intégrante des droits humains. » Dans son article 2, elle exige que l'informatique doive « respecter l'identité humaine, les droits humains, la vie privée, [...] ». Ne faisant aucunement référence à l'intimité, il est évident que le droit malgache nécessite une prévision législative ou constitutionnelle afin de lui donner son sens et la protection qu'elle mérite.

Par ailleurs, GONZÁLEZ CIFUENTES indique que l'autodétermination informative concerne la possibilité de disposer de données intimes et privées. Cela implique une véritable reformulation juridique et conceptuelle du droit à l'intimité introduite par la loi, en vertu de laquelle le droit à l'intimité acquiert d'autres dimensions et passe par la protection de l'intimité à la vie privée, et de là, à la protection des données non intimes dont la révélation n'a pas été consentie par son titulaire[779]. En effet, DE DOMINGO explique que le contrôle des données personnelles est absolument nécessaire si on veut éviter la connaissance des actions et des évènements intimes. Le problème réside dans l'évidence que l'existence d'une personne n'est pas seulement réduite à des actions ou des évènements intimes, mais que sa biographie est aussi composée par d'autres types de données. Il est possible alors que l'accès à l'intimité d'une personne ne s'obtient pas par le moyen de la connaissance des données intimes mais grâce à la connaissance de données qui, n'étant pas intimes, et en connexion avec d'autres, peuvent arriver à révéler l'intimité[780]. Cette possibilité de connaître des aspects intimes à partir de données non intimes a été vérifiée et expliquée par MADRID CONESA avec sa « théorie du mosaïque ». Selon cet auteur, il y a des données qui peuvent ne pas paraître importantes, en n'apportant aucune information sur l'intimité, mais qui permettent d'être utilisées, en combinaison avec d'autres données, pour vérifier des aspects de l'intimité[781].

En définitive, il n'y a pas de protection suffisante si on conçoit l'intimité exclusivement comme un droit qui garantit la défense contre n'importe quelle invasion indue de la sphère privée. En même temps, l'intimité veut être vue comme un droit actif de contrôle sur le flux d'informations qui concernent le sujet. Le droit de ne pas être dérangé est devenu, aujourd'hui, une garantie insuffisante. L'intimité doit être une faculté de contrôle, et ce contrôle ne réussira pas, dans la plupart des cas, à s'effectuer non pas sur des données

[779] C. González Cifuentes, *El derecho a la intimidad de los altos cargos*, *op. cit.*, p. 63.

[780] Tomás De Domingo *¿Conflicto entre derechos fundamentales ?*, Centro de Estudios Políticos y Constitucionales, Madrid, 2001, p. 281.

[781] Fulgencio Madrid Conesa, *Derecho a la intimidad, informática y Estado de Derecho*, Université de Valencia, Valencia, 1984, p. 45. L'auteur utilise la métaphore « des petites pierres qui forment les mosaïques, qui en soi ne disent rien, mais unies, elles peuvent former des ensembles pleins de sens ».

intimes[782], mais plutôt sur des informations privées et domestiques. Le droit à l'autodétermination informative protège la personne face à toute intrusion dans sa vie pour un postérieur traitement automatisé et une cession intéressée à des tiers[783].

II. Droit de se présenter devant les autres

Dans cette évolution conceptuelle, le droit à l'intimité octroie aussi la faculté de se présenter devant la société selon le choix du titulaire. Il reconnaît la possibilité de se présenter de la manière qui lui plaît le plus, de choisir comment il veut être connu, ce qui implique le fait de décider quels thèmes et quels aspects de sa vie peuvent être importants aux yeux des tiers. Selon cette troisième interprétation du droit à l'intimité, tous les individus ont le droit d'être inconnus ou bien être connus d'une façon spéciale : celle qu'ils choisissent. Ce qui est important, c'est l'opérativité de la volonté de son titulaire[784].

Selon GONZÁLEZ CIFUENTES, en parlant d'un « droit de se présenter », nous retournons à l'idée de l'« autodétermination informative » et nous l'appliquons à l'image sociale d'une personne. De cette façon, nous ouvrons la voie, une fois de plus, à une nouvelle facette du droit à l'intimité, défini comme le droit qui comprend la liberté du particulier de déterminer l'image de lui qu'il veut donner à la collectivité. La considération sociale est aussi déterminée par soi-même, ou du moins, on a la faculté juridique de le faire. Ainsi, le droit à l'intimité empêche non seulement qu'une fausse image de la personnalité du sujet puisse se créer, mais aussi qu'une image de la personnalité du sujet non voulue par lui puisse se former[785].

Dans les trois interprétations du droit à l'intimité, le titulaire opère sur la liberté de disponibilité sur ce qui est privé. Cette liberté importe plus que le contenu de la sphère privée ; la subjectivité (volonté du titulaire) s'impose sur la matérialité (contenu intime du cas). Les caractéristiques de ce qu'est le droit à l'intimité doivent définitivement se reposer sur cette liberté de disponibilité. Dans une société plurielle où le libre développement de la personnalité est élevé à la catégorie de valeur fondamentale de l'ordonnancement, la liberté de chaque individu de ne montrer que certaines facettes de sa vie privée doit être préservée, à l'exception des cas d'intérêt général[786]. Certes, un « droit au mensonge » ne pourrait jamais exister dans un cadre de respect à la liberté

[782] Pablo Lucas Murillo De La Cueva, *El derecho a la autodeterminación informática: la protección de los datos personales frente al uso de la informática*, Tecnos, Madrid, 1990, p. 90 ; M. Galán Juárez, *Intimidad. Nuevas dimensiones de un viejo derecho, op. cit.*, p. 217.
[783] C. González Cifuentes, *El derecho a la intimidad de los altos cargos*, *op. cit.*, p. 66.
[784] Ibidem, *op. cit.*, p. 67.
[785] *Ibidem*, *op. cit.*, p. 68.
[786] Ana Laura Cabezuelo Arenas, *Derecho a la Intimidad*, Tirant lo Blanch, Valencia, 1998, p. 113.

individuelle, mais chaque individu peut décider la manière dont il va être connu par les autres. Il peut décider, au cas où il n'y aurait pas d'importance vis-à-vis du public, de ne pas faire connaître une information sans intérêt comme le supermarché où il fait ses courses ou le lieu qu'il choisit pour passer ses vacances. Ainsi, le « droit de se présenter aux autres » peut être considéré lésé quand : 1) quelqu'un parle d'évènement qui ne s'est pas réalisé et qui porte préjudice à la considération sociale ; 2) des situations certaines, véritables ou fausses (peu importe la différence) mais absolument sans intérêt se font connaître ; 3) des informations que le titulaire ne voulait pas révéler, quand bien même elles ne font pas fausser l'opinion que les autres ont de lui, sont divulguées ; 4) des faits qui ont aidé à former une image déterminée ne coïncidant pas avec celle que le titulaire a choisie de se présenter devant la collectivité sont divulgués[787].

Dans la pratique, le « droit de se présenter » devrait se traduire, immédiatement, par un instrument de défense générique face à la divulgation de faits erronés d'une personne, face à l'imputation d'opinions qui en réalité n'ont pas été émises et même face à la divulgation de faits réels, sans importance, que son titulaire ne désire pas porter à la connaissance des tiers[788]. Dans ce sens, la compréhension large du droit à l'intimité selon laquelle il englobe la capacité de contrôler le flux d'informations sur notre personne, ce qui autorise, en principe, à empêcher la publication de toute affaire concernant notre sphère de réserve, qu'elle soit positive ou négative, vraie ou erronée. La diffusion de fausses informations sur un individu peut causer une perte dans sa vie privée : maintenant les gens croient savoir davantage sur lui. Si l'information est suffisamment spectaculaire, il peut perdre son anonymat et se transformer en un objet d'attention pour d'autres personnes. Évidemment, un individu perd toujours de sa vie privée quand il devient un centre d'attention[789]. C'est ce que la Constitution malgache est appelée à protéger de façon explicite, et non se limiter au secret de la correspondance, afin que la vie privée et plus précisément l'intimité soient reconnues comme des biens juridiques dignes de reconnaissance par la loi fondamentale et de protection par l'ordonnancement juridique.

CONCLUSION

La transparence et le droit à l'intimité sont des valeurs de toute société qui se veut démocratique. Les deux semblent, *a priori*, antinomiques et exigent

[787] C. González Cifuentes, *El derecho a la intimidad de los altos cargos*, *op. cit.*, p. 68 69.
[788] Aux États-Unis, cet instrument de défense s'appelle « *the tort* » (publicity which places the plaintiff in a false light in the public eye), et concerne les publications, qui, sans être diffamatoires, peuvent tergiverser l'image publique d'une personne. Cf. M. Medina Guerrero, *La protección constitucional de la intimidad frente a los medios de comunicación*, *op. cit.*, p. 105.
[789] C. González Cifuentes, *El derecho a la intimidad de los altos cargos*, *op. cit.*, p. 69, 70.

des comportements contradictoires. La première impose un régime juridique sur le droit de savoir, le droit d'informer et même le droit de publier. Tandis que l'intimité oppose pour son compte la discrétion, la réserve et même le secret de la vie privée. La littérature étudiant la transparence conclut cependant que cette dernière est devenue de plus en plus exigeante au point de voir le domaine des secrets, parmi lesquels se trouve celui de la vie privée, se rétrécir d'année en année[790]. Elle est considérée alors comme un modèle social au service d'une commodité de la vérité et tend à devenir dictatoriale[791]. Dans ce sens, EICHHOLTZER indique qu'« il ne s'agit pas de remettre en question l'importance que la transparence a pu revêtir en ce qui concerne la démocratisation de nos sociétés, ni de défendre le secret face à la transparence, mais d'interroger les limites à la transparence qui serait devenue un droit absolu »[792]. Par ailleurs, LIBAERT avertit que la « surveillance généralisée est la pierre angulaire de la démocratie mais ferment du totalitarisme »[793]. Dans la pratique, les pouvoirs d'investigation des autorités publiques restent encore très larges et la préservation par l'individu du secret des informations relatives à la vie privée cède la place à la possibilité donnée à une personne de connaître et de contrôler les informations que l'État détient sur elle. Le droit au secret fait place au pouvoir de contrôle[794]. Ce pouvoir de contrôle de l'État est encore allé plus loin lorsqu'il s'agit de sécurité puisque la sécurité de l'État ne peut se fonder sur l'insécurité de citoyens. Le recours à des notions aussi vagues que l'ordre public, l'intérêt général, les circonstances exceptionnelles ne doit pas constituer pour les autorités publiques de prétextes pour se libérer de la légalité[795], surtout quand il s'agit de limiter les droits et libertés individuels.

Il semble qu'aujourd'hui tout fonctionne comme s'il n'y avait que deux possibilités, « cacher » ou « ne pas cacher », et que cette division est superposée à tort à la séparation entre innocent et coupable[796]. On se demande

---

[790] J.-D. Bredin, *Secret, transparence et démocratie*, *op. cit.*, p. 13.

[791] *Ibidem*, *op. cit.*, p. 13.

[792] M. Eichholtzer, « Transparence, légitimité, et confiance dans la gouvernance européenne », *op. cit.*, p. 31. Par ailleurs Lessig affirme que : « Nous ne nous demandons pas assez dans quelles circonstances la transparence est une bonne chose et dans quelles circonstances elle peut au contraire être source de confusion, voire pire. Et je crains que l'inévitable succès de ce mouvement – s'il ne s'accompagne pas d'une prise en compte de la complexité de l'enjeu – finisse par provoquer non pas des réformes, mais du dégoût. » (Lawrence Lessig, « Against Transparency : The perils of Openness in Government », *The New Republic*, october 9, 2009, p. 1).

[793] Thierry Libaert, *La transparence en trompe-l'œil*, Descartes & Cie, Paris, 2003, p. 13.

[794] A. Roux, *La protection de la vie privée dans les rapports entre l'État et les particuliers*, *op. cit.*, p. 266.

[795] *Ibidem*, *op. cit.*, p. 265, 266.

[796] M. Eichholtzer, *Transparence, légitimité, et confiance dans la gouvernance européenne*, *op. cit.*, p. 33. Dans le même sens, Libaert observe que « l'opacité dissimule, donc elle est au mieux suspecte, généralement coupable. Si l'on n'accepte pas de se dévoiler, c'est donc qu'on a quelque chose à cacher » (T. Libaert, *La transparence en trompe-l'œil*, *op. cit.*, p. 10).

alors avec BREDIN sur le bien-fondé de la liberté d'information au service de la transparence : « Faut-il tout dire, tout savoir, tout révéler au nom de la nécessaire information ? Est-il vrai que la liberté d'information doit être illimitée pour exister et qu'il y aurait contrairement à l'erreur entretenue par la Déclaration des droits de l'homme, une liberté absolue, qu'aucune loi ne pourrait borner, cette liberté d'information qui ne serait que la liberté de la vérité ? »[797]

Toutefois, il ne faut pas se tromper de débat. Ce n'est pas la transparence en soi qui est remise en cause mais son utilisation idéologique[798]. Elle ne garantit en rien l'installation durable de toute idée de bonheur. Au contraire, « étudier la transparence, c'est réfléchir à sa capacité d'atteindre, *sans trop de dommages collatéraux*, les objectifs qui la sous-tendent[799] ». Son utilisation doctrinale doit être plus scientifique qu'intuitive afin d'éviter tout abus dont la conséquence serait de lui donner une apparence plus journalistique que juridique, ainsi que toute association, dans l'imaginaire collectif, à des idées négatives, comme la délation ou le voyeurisme, accentuées par le développement de la déontologie[800]. Il est difficile de réaliser ou de souhaiter la transparence absolue qui nous fait croire aussi bien la réalité de ce qui est visible que de la visibilité de ce qui est réel[801]. Ce qui n'est pas souhaitable c'est l'opacité, alors qu'elle peut être le dernier rempart pour protéger notre liberté dans un monde hypervisible[802]. La protection de la vie privée tend à assurer l'équilibre des relations au sein du corps social, tant entre ses membres qu'entre chacun de ceux-ci et l'État. La manière de préserver cet équilibre fragile et précaire suppose de ne pas sacrifier les droits de la personne sur l'autel des impératifs sociaux, parmi lesquels figure la transparence. La protection de la vie privée et de l'intimité peut être légitime mais doit composer avec d'autres exigences se référant au bien de la personne et au bien commun. L'ordre juridique est alors appelé à offrir les garanties suffisantes pour que les secrets de la personne demeurent un domaine réservé[803] mais le

---

797 J.-D. Bredin, *Secret, transparence et démocratie*, *op. cit.*, p. 10.

798 M. Eichholtzer, *Transparence, légitimité, et confiance dans la gouvernance européenne*, *op. cit.*, p. 32.

799 J.-F Kerleo, *La contribution du chercheur en droit à la réflexion sur la transparence*, *op. cit.*, p. 125 (c'est nous qui soulignons).

800 *Ibidem*, *op. cit.*, p. 128.

801 A. Piraux, *Transparence dans le service public*, *op. cit.*, p. 6. L'auteur souligne que « l'impératif de transparence maximale conduit alors au triomphe de l'hypocrisie et au contrôle mutuel des citoyens. »

802 M. Eichholtzer, *Transparence, légitimité, et confiance dans la gouvernance européenne*, *op. cit.*, p. 36. L'auteur conclut finalement que « trop de transparence tue la transparence ».

803 A. Roux, *La protection de la vie privée dans les rapports entre l'État et les particuliers*, *op. cit.*, p. 266.

choix n'est pas seulement juridique mais aussi politique afin de mesurer aussi bien le libéralisme[804] d'un État que son caractère démocratique[805].

[804] *Ibidem*, *op. cit.*, p. 267.
[805] J.-D. Bredin, *Secret, transparence et démocratie*, *op. cit.*, p. 13.

Réflexion sur la transparence des plateformes en ligne vis-à-vis des consommateurs

Pikol Sieng

L'avènement d'Internet a créé de nouvelles habitudes de consommation. De nombreuses plateformes en ligne occupant une fonction d'intermédiaire ont été créées pour que les consommateurs puissent choisir des biens ou des services sans avoir à se déplacer. Mais, peut-on entièrement faire confiance aux résultats suggérés par les plateformes en ligne ? Les offres affichées en première position sont-elles vraiment les moins chères ? Ou encore, peut-on se fier aux commentaires en ligne du type « *Bluffant ! Après seulement deux semaines d'utilisation, ma peau est métamorphosée* » ? Pour que leur consentement soit éclairé, les utilisateurs des plateformes en ligne ont besoin de plus de transparence pour comprendre comment les informations qui leur sont présentées sont filtrées, mises en forme ou personnalisées, surtout lorsque ces informations fondent des décisions d'achat. La transparence contribue *in fine* au bon fonctionnement des marchés et au bien-être des consommateurs.

Face à une croissance importante des plateformes en ligne et aux risques pour les utilisateurs, il est fort primordial d'adopter un cadre juridique adéquat[806]. Bien qu'il soit encore récent, le cadre juridique français ne cesse de s'enrichir au gré de différentes lois adoptées par le législateur, à savoir la loi du 6 août 2015 pour la croissance, l'activité et l'égalité des chances économiques (dite loi Macron), la loi du 29 décembre 2015 de finances pour 2016, la loi du 8 août 2016 relative au travail, à la modernisation du dialogue social et à la sécurisation des parcours professionnels (dite loi El Khomri) et la loi du 7 octobre 2016 pour une République numérique (dite loi Lemaire) complétée par trois décrets du 29 septembre 2017[807]. Cette dernière loi, qui va dans le sens de la responsabilisation des plateformes en ligne, a un impact non négligeable sur les opérateurs de ces dernières en créant deux nouvelles

---

806 Pour une étude plus approfondie sur les plateformes en ligne, voir notamment G. Rue (sous dir.), *Aspect juridique de l'économie collaborative*, 1re éd., Anthemis, 2018 ; L. Jourdain, M. Leclerc et A. Millerand, *Économie collaborative & Droit. Les clés pour comprendre*, éd. FYP, 2016.

807 Décret n° 2017-1434 relatif aux obligations d'information des opérateurs de plateformes numériques.

Décret n° 2017-1435 relatif à la fixation d'un seuil de connexion à partir duquel les opérateurs de plateformes en ligne élaborent et diffusent des bonnes pratiques pour renforcer la loyauté, la clarté et la transparence des informations transmises aux consommateurs.

Décret n° 2017-1436 relatif aux obligations d'information relatives aux avis en ligne de consommateurs.

obligations de transparence. La première étant générale (I) ; la seconde étant spécifique applicable aux plateformes gestionnaires des avis en ligne (II).

I. L'obligation générale de transparence des plateformes en ligne

La notion des plateformes en ligne. Avant de réfléchir sur l'obligation de transparence pesant sur les plateformes en ligne, il convient, de prime abord, de définir ces dernières, sans quoi un régime juridique ne peut être clairement dégagé. Comment définir une notion vaste et hétérogène ? À cet égard, le terme « plateforme » a plusieurs sens et s'applique à de nombreux domaines (géographie, transport, télécommunication et Internet). Selon le Conseil national du numérique, « *la plateforme du domaine numérique est devenue cette expression pratique désignant tout lieu d'échanges où se rencontrent l'offre et la demande de façon dématérialisée* »[808]. Dans son étude annuelle (2014) intitulée « Le numérique et les droits fondamentaux », le Conseil d'État a souligné que la définition des plateformes « *ne reposait plus sur le caractère technique et passif de leur rôle, mais sur le fait qu'elles proposent des services de classement ou de référencement de contenus, biens ou services mis en ligne par des tiers* »[809].

La loi pour une République numérique du 7 octobre 2016 a choisi de donner une définition large d'opérateurs de plateformes en ligne qui dépasse le contexte traditionnel du droit de la consommation (vente de produits ou fourniture de services) pour inclure l'économie de partage dont la croissance n'est plus à démontrer et qui s'intègre parfaitement dans nos façons de consommer. Ainsi, selon l'article L. 111-7, I du Code de la consommation :

« Est *qualifié d'opérateur de plateforme en ligne toute personne physique ou morale proposant, à titre professionnel, de manière rémunérée ou non, un service de communication au public en ligne reposant sur :*

1° Le classement ou le référencement, au moyen d'algorithmes informatiques, de contenus, de biens ou de services proposés ou mis en ligne par des tiers ;

2° Ou la mise en relation de plusieurs parties en vue de la vente d'un bien, de la fourniture d'un service ou de l'échange ou du partage d'un contenu, d'un bien ou d'un service ».

De cette large définition, nous trouvons deux catégories essentielles de plateformes en ligne qui, dans tous les cas, jouent un rôle d'intermédiaire. La première concerne les sites comparateurs d'offres (ex. : Kayak, Liligo, Skyscanner…) et les moteurs de recherche (ex. : Google, Yahoo, Bing…). La seconde concerne les places de marché ou *marketplaces* (ex. : Ebay, Amazon, PriceMinister…), les plateformes collaboratives (ex. : BlaBlaCar, Easyjobber…), et les réseaux sociaux (ex. : Facebook, Twitter, Instagram…).

---

[808] Conseil national du numérique, *Neutralité des plateformes*, Rapport mai 2014, p. 55.
[809] Conseil d'État, *Le Numérique et les droits fondamentaux*, Rapport 2014, p. 21.

Cette définition étendue serait-elle justifiée ? Selon le professeur Luc Grynbaum, le terme « contenus » utilisé dans la définition de l'article L. 111-7 précité est trop vague et large lorsque tout élément présent sur un site internet ou une plateforme en ligne peut être qualifié de contenu (documents, images, vidéos, musique...)[810]. L'obligation de transparence devrait se concentrer uniquement sur les sites ayant pour objet de servir d'intermédiaires pour l'offre de biens ou de services : « *Quelle utilité encore de révéler un algorithme ou des liens capitalistiques quand le site (la plateforme ?) n'offre pas de biens ou de services ? Si l'on songe aux traducteurs en ligne, par exemple, aux dictionnaires, aux sites offrant des cours gratuits, aux sites d'informations gratuits ou encore de nature encyclopédique comme Wikipédia, on ne voit pas l'apport pour le consommateur de les soumettre à une obligation de révéler leur mode de classement ou de "référencement"* »[811]. Peut-on considérer que Facebook est une plateforme au même titre qu'Amazon ?

Le contenu de l'obligation de transparence. Le Conseil national du numérique a souligné dans son rapport que « *le principe général de loyauté vise à obliger les acteurs économiques à assurer de bonne foi les services qu'ils proposent sans chercher à les détourner à des fins contradictoires à l'intérêt de leurs utilisateurs, qu'ils soient particuliers ou professionnels* »[812].

En ce sens, la loi pour une République numérique impose aux opérateurs de plateformes en ligne visés par l'article L. 111-7 de délivrer aux consommateurs « *une information loyale, claire et transparente* »[813]. Les obligations d'information ne sont pas nouvelles en matière de protection des consommateurs. En effet, il existe de nombreuses dispositions régissant les obligations d'information. En droit commun, l'article 1112-1 du Code civil dispose que « *celle des parties qui connaît une information dont l'importance est déterminante pour le consentement de l'autre doit l'en informer dès lors que, légitimement, cette dernière ignore cette information ou fait confiance à son cocontractant* ». Cette règle générale est d'ailleurs complétée par l'article L. 111-1 du Code de la consommation qui prévoit une obligation d'information précontractuelle à la charge des professionnels. Selon le professeur Jérôme Julien, l'obligation de transparence et de loyauté résultant de l'article L. 111-7, II du Code de la consommation que l'on pourrait qualifier de spécifique n'est en réalité que l'application particulière à cette matière de l'information générale que doit tout professionnel au sens de l'article L. 111-1 du Code de la consommation[814].

---

[810] L. Grynbaum, « Loyauté des plateformes : un champ d'application à redéfinir dans les limites du droit européen – À propos du projet de loi pour une République numérique », *JCP G.*, 2016, n° 16, p. 456.

[811] *Ibid.*

[812] Conseil national du numérique, *Ambition numérique*, Rapport juin 2015, p. 59.

[813] Art. L. 111-7, II du Code de la consommation.

[814] Jérôme Julien, *Droit de la consommation*, LGDJ, 2e éd., 2017, p. 119.

Concrètement, les opérateurs de plateformes en ligne doivent publier, sur une rubrique directement et aisément accessible à partir de toutes les pages de leur site internet[815], des informations sur les conditions générales d'utilisation du service, les modalités de référencement, de déréférencement et de classement des offres (contenus, biens ou services)[816], l'existence des liens d'influence[817] (une relation contractuelle, un lien capitalistique ou une rémunération au profit de la plateforme). Il n'est pas interdit aux opérateurs de plateformes en ligne de favoriser le classement de certaines offres par rapport à d'autres dès lors que les modalités de classement des offres sont transparentes. En effet, la transparence n'a pas pour objet de garantir aux consommateurs de meilleures offres. Une offre affichée en première position n'est peut-être pas la meilleure pour le consommateur. Il appartient donc à ce dernier de lire attentivement les modalités de classement de ces offres, chose que les consommateurs non avertis n'ont pas l'habitude de faire.

Afin d'illustrer notre étude, nous prenons le cas de la plateforme « leboncoin.fr » (voir figure 1 ci-dessous). Selon ce site, le référencement signifie la diffusion des annonces. Tandis que le déréférencement est le refus des annonces entraînant la suppression. Dans cette rubrique dédiée, l'opérateur de plateforme joue la transparence en définissant les règles de bonnes pratiques de la rédaction des annonces pour qu'elles soient diffusées sur la plateforme, ainsi que les critères de classement des annonces. En l'occurrence, « *Les annonces sont classées par défaut par ordre chronologique : la dernière annonce publiée dans une catégorie apparaîtra en premier dans la page de résultats des annonces au sein de la catégorie concernée et en fonction des critères sélectionnés. [...] Les annonces sont classées par régions de France, ville/code postal, catégories et rubriques et sur chaque page de résultats il est possible de filtrer le classement selon différents critères :*

- *Particuliers/professionnels*
- *Date*
- *Prix croissant*
- *Autres critères spécifiques à la catégorie ou rubrique sélectionnée.* »

Par ailleurs, un critère d'influence est clairement indiqué : « *la souscription d'options de mise en avant influence le classement des annonces, différentes options permettent de remonter son annonce* ».

[815] Art. D. 111-7, I du Code de la consommation.

[816] Dans l'exemple du site Leboncoin.fr, le référencement signifie la diffusion des annonces. Tandis que le déréférencement est le refus des annonces entraînant la suppression. Dans cette rubrique dédiée, l'opérateur de plateforme joue la transparence en définissant les règles de bonnes pratiques de la rédaction des annonces pour qu'elles soient diffusées sur la plateforme, ainsi que les critères de classement des annonces.

[817] Ces liens d'influence doivent également apparaître à proximité de l'offre ou du contenu classé, pour chaque résultat de classement (art. D. 111-7, II du Code de la consommation).

Les opérateurs de plateformes en ligne doivent également indiquer la qualité de l'annonceur. Il convient de préciser si l'offre est proposée par un professionnel, un consommateur, ou un non-professionnel (voir figure 2 ci-dessous). Néanmoins, la loi n'impose pas aux opérateurs de plateformes en ligne de vérifier la réalité de la qualité de l'offreur. Ils sont seulement tenus d'indiquer cette qualité en fonction de la déclaration de l'offreur[818]. Théoriquement, un offreur agissant à titre professionnel, alors qu'il se présente comme un consommateur ou un non-professionnel, sera sanctionné sur le fondement des pratiques commerciales trompeuses en application de l'article L. 132-2 du Code de la consommation[819].

L'obligation d'information prévue à l'article L. 111-7 du Code de la consommation est également renforcée par les dispositions de l'article L. 111-7-1 du même Code imposant, à partir du 1er janvier 2019, aux opérateurs de plateformes en ligne dont le nombre de connexions dépasse cinq millions de visites uniques par mois[820], d'élaborer et de diffuser aux consommateurs les bonnes pratiques en matière de l'obligation d'information qui leur incombe. En cas de dépassement du seuil de connexion, l'opérateur de plateforme en ligne dispose d'un délai de six mois pour se mettre en conformité avec l'exigence de l'article L. 111-7-1 du Code de la consommation. L'autorité de contrôle peut procéder à des enquêtes afin de comparer et d'évaluer les bonnes pratiques qui devront être adoptées par les grandes plateformes en ligne. Les résultats des enquêtes sont diffusés périodiquement et publiquement en pointant les plateformes en ligne qui ne jouent pas le jeu[821]. Il y a ici pour les opérateurs un enjeu de réputation vis-à-vis des utilisateurs des plateformes. En ce sens, dans ses rapports, le Conseil national du numérique proposait la création d'une agence de notation de la loyauté des plateformes[822].

II. L'obligation spécifique de transparence des plateformes gestionnaires des avis en ligne

La prise en compte des avis en ligne par la loi. Il convient de rappeler que l'encadrement des avis en ligne n'est pas nouveau. Ainsi, l'AFNOR[823] a déjà publié en juillet 2013 la norme volontaire NF Z74-501 pour fiabiliser le traitement des avis en ligne de consommateurs. Mais le résultat n'était pas au

---

[818] Art. D. 111-8, II, 1° du Code de la consommation, modifié par le décret n° 2017-1434.

[819] Art. D. 111-8-II, 2° du Code de la consommation, modifié par le décret n° 2017-1434.

[820] Art. D. 111-15, I du Code de la consommation, modifié par le décret n° 2117-1435, applicable à partir du 1er janvier 2019.

[821] Art. L. 111-7-1 du Code de la consommation.

[822] Voir Conseil national du numérique :

- *Neutralité des plateformes*, Rapport mai 2014, p. 11 et s.
- *Ambition numérique*, Rapport juin 2015, p. 74 et s.

[823] L'Association française de normalisation.

rendez-vous[824]. Le législateur a entendu mettre en place des règles contraignantes. En effet, en plus de l'obligation générale d'information que nous venons de voir dans la première partie, la loi pour une République numérique impose aux opérateurs de plateformes en ligne qui collectent, modèrent ou diffusent des avis en ligne une obligation de « *délivrer aux utilisateurs une information loyale, claire et transparente sur les modalités de publication et de traitement des avis mis en ligne* »[825].

La prise en compte des avis en ligne par le législateur est une réponse tout à fait adaptée dans la mesure où ces avis influent les décisions d'achat. Selon une enquête, « *près de **8 Français sur 10** (77 %) **consultent les avis des internautes avant d'acheter** un produit ou un service, et ils sont 60 % à déposer eux-mêmes des avis* »[826]. Autant les vrais avis peuvent être bénéfiques pour les internautes, autant les faux avis sont dangereux et faussent la concurrence. La DGCCRF[827] a recensé certaines pratiques inquiétantes. Nous pouvons citer notamment la pratique de certains gestionnaires d'avis qui consiste à supprimer tout ou partie des avis de consommateurs à tendance négative, au profit des avis plus positifs[828].

En pratique, les avis de consommateurs peuvent être matérialisés sous forme de critique argumentée, de commentaires, de notes ou encore d'étoiles et publiés sur différents supports informatiques tels que les blogs, les forums, les sites d'information ou de vente et les médias sociaux[829]. Au sens de la loi pour une République numérique, les avis en ligne doivent provenir uniquement des consommateurs et s'entendent de « *l'expression de l'opinion d'un consommateur sur son expérience de consommation grâce à tout élément d'appréciation, qu'il soit qualitatif ou quantitatif* »[830]. Une appréciation qualitative vise à la fois la qualité de relation entre le consommateur et le professionnel (la livraison rapide, la communication claire…) et la qualité des produits/services. Il convient de noter que pour faire part de son expérience de consommation, l'acte d'achat n'est pas une condition nécessaire, car l'article D. 111-16, alinéa 2 du Code de la consommation dispose que « *l'expérience de consommation s'entend que le consommateur ait ou non acheté le bien ou le service pour lequel il dépose un avis* ». Cela veut-il dire que n'importe qui peut émettre un avis en ligne ? La réponse semble négative, car si l'acte d'achat n'est pas obligatoire, l'existence de l'expérience doit

---

[824] L. Nabec, D. Roux, *Protection des consommateurs : les nouveaux enjeux du consumérisme*, éd. EMS, 2016, p. 90.
[825] Art. L. 111-7-2 du Code de la consommation.
[826] https://comarketing-news.fr/1-francais-sur-2-est-influence-par-les-avis-en-ligne/, publié le 5 février 2018, consulté le 9 octobre 2018.
[827] Direction générale de la concurrence, de la consommation et de la répression des fraudes.
[828] DGCCRF « Avis en ligne : attention aux faux commentaires ! », *Fiches pratiques*, juin 2018, p. 1.
[829] L. Nabec, D. Roux, *Protection des consommateurs : les nouveaux enjeux du consumérisme*, éd. EMS, 2016, p. 92.
[830] Art. D. 111-16 du Code de la consommation.

cependant être réelle. Ainsi, en l'absence d'achat, les avis en ligne peuvent simplement être émis à la suite d'un test de produit envoyé gratuitement par la marque ou un distributeur. Mais en réalité, rien n'empêche les personnes malhonnêtes de publier des avis fictifs de consommateurs sur certains sites tels que Tripadvisor, alors qu'elles n'ont jamais été dans un hôtel faisant l'objet du commentaire. Cependant, sont exclus du champ d'application de l'article L. 111-7-2 les parrainages d'utilisateurs, les recommandations par des utilisateurs d'avis en ligne et les avis d'experts.

Le contenu de l'obligation des plateformes gestionnaires des avis en ligne. Selon l'article D. 111-17, 1° du Code de la consommation, les opérateurs de plateformes en ligne qui collectent, modèrent ou diffusent des avis en ligne doivent indiquer, à proximité des avis, la date de publication d'avis et celle de l'expérience de consommation (voir figure 3 ci-dessous), les critères de classements d'avis, l'existence ou non d'une procédure de contrôle des avis.

Afin d'illustrer notre étude, nous prenons l'exemple de la plateforme « tripadvisor.fr ». Afin de se mettre en conformité, la plateforme Tripadvisor affiche l'existence d'une procédure de contrôle des avis en haut à gauche. En revanche, les utilisateurs doivent cliquer sur le petit point rond vert qui n'est pas très visible (voir figure 4 ci-dessous).

Si les opérateurs mettent en place un système de contrôle sur les avis, ils doivent préciser dans une rubrique facilement accessible :

- les caractéristiques principales du contrôle des avis au moment de leur collecte, de leur modération ou de leur diffusion ;
- la possibilité, le cas échéant, de contacter le consommateur auteur de l'avis ;
- la possibilité ou non de modifier un avis et, le cas échéant, les modalités de modification de l'avis ;
- les motifs justifiant un refus de publication de l'avis[831].

Dans l'exemple de Tripadvisor, la plateforme affiche dans une rubrique spécifique se trouvant au pied de son site, appelée « Plus d'infos », les caractéristiques principales de contrôle des avis des consommateurs (voir figure 5 ci-dessous).

« *Avant publication, chaque avis passe par notre système de suivi automatisé, lequel recueille pour chacun un certain nombre d'informations répondant aux questions suivantes : comment, quoi, où et quand. Si le système détecte un élément en claire contradiction avec nos* critères de publication, *cet avis n'est pas publié. L'utilisateur en est informé ainsi que du motif de la non-publication et il lui est offert la possibilité de rédiger un autre avis en accord avec* nos critères de publication.

---

[831] Art. D. 111-18 du Code de la consommation.

Quand le système détecte un problème avec un avis, celui-ci est marqué pour vérification et est ensuite manuellement examiné par notre équipe de spécialistes de contenu [...] ».

Néanmoins, nous regrettons que l'intitulé de cette rubrique « Plus d'infos » soit trop général et difficilement identifiable par les utilisateurs de la plateforme.

En outre, l'article D111-17, 2° impose aux plateformes en ligne d'indiquer, dans une rubrique spécifique facilement accessible, le délai maximum de publication et de conservation d'un avis et l'existence ou non de contrepartie en échange du dépôt d'avis. La contrepartie peut être financière ou en nature (cadeaux…) accordée directement par les plateformes d'avis en ligne ou par les annonceurs d'un bien/service.

Si les consommateurs peuvent être récompensés pour émettre leurs avis, peut-on croire à la sincérité de ces avis ? Les plateformes d'avis en ligne ne sont pas tenues de contrôler la sincérité des avis émis en ligne. Il appartient alors à chaque consommateur et utilisateur des plateformes, assoiffés d'informations, d'apprécier par eux-mêmes, à travers la transparence que les plateformes sont tenues de garantir, le contenu des avis afin de leur accorder ou non la confiance, et ce, à leurs risques et périls.

Bien que les règles juridiques en la matière évoluent dans le bon sens, cela reste sans doute insuffisant. L'efficacité de la loi se mesure au gré de la volonté des plateformes gestionnaires des avis de contrôler la fiabilité de ces derniers. Il existe encore de nombreux faux avis sur Internet. Le combat continue ! Dans l'attente, les internautes peuvent cependant utiliser des algorithmes développés par des sites tels que ReviewMeta et Fakespot afin d'analyser les commentaires.

Annexes

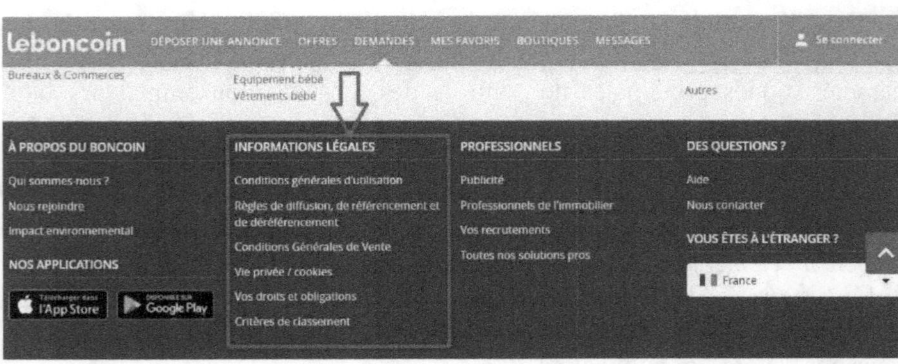

Figure 1

Figure 2

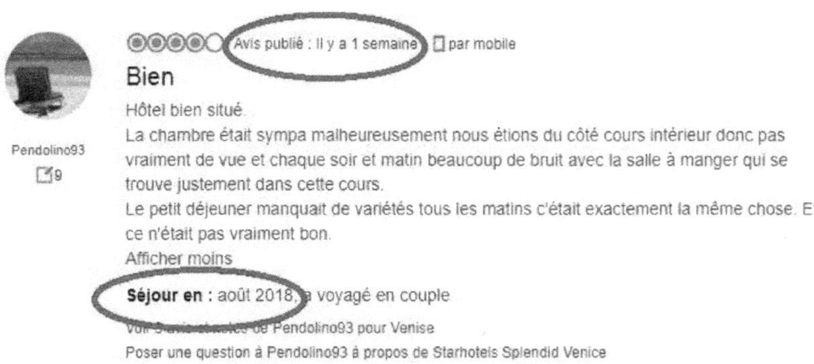

Figure 3

Figure 4

Figure 5

Troisième partie

Transparence dans la vie économique

Transparence et secret des affaires : À la recherche d'une éthique à géométrie variable

Ramarolanto-Ratiaray
Professeur à la Faculté de droit et des sciences politiques
Université d'Antananarivo

1. Présentation – Les développements qui suivent se veulent une réflexion issue de l'observation des péripéties d'un jeune système juridique en train de se faire ou de se parfaire[832], celui de Madagascar. Du point de vue culturel, la Grande Île assume parfaitement ses racines afro-asiatiques[833]; du point de vue juridique, l'ouvrage classique de René David et de Camille Jauffret-Spinosi sur les grands systèmes de droit contemporain[834] classe Madagascar parmi les systèmes juridiques de droit africain. Néanmoins, des nuances ont pu être émises sur ce dernier point, eu égard à la rapide – mais chaotique – évolution de ces systèmes[835], source de questionnements au niveau des valeurs qu'ils

---

[832] Le concept de système juridique fait ici référence à la pensée des grands auteurs de droit comparé qui, dans une tentative de comprendre les différentes applications de la règle de droit dans le monde, ont essayé de regrouper les systèmes juridiques existants en de grandes familles de droit. Cf. notre article, « Le système juridique malgache et les concepts émergents du droit des affaires », *Bull. académie malgache* (à paraître).

[833] Cf., de manière générale, H. Deschamps, *Histoire de Madagascar*, Berger-Levrault, 1965 ; plus socio-ethnologique, cf. J. Ruud, *Taboo*: *a study of malagasy customs and beliefs*, Oslo University Press, 1970 (sp. 280 et ss. the basic nature of taboo) où l'auteur, qui a passé quelque vingt années de sa vie à Madagascar, démontre à travers ses pérégrinations entre les 18 ethnies de l'île que toutes se retrouvent dans le respect du sacré et des croyances de chacune ; également les propos lénifiants mais interrogeants d'un auteur dont la thèse porte sur la géographie humaine : « *De cette cohésion fondamentale (du peuple malgache) dans tant de traits de la civilisation, à commencer par la langue, je suis parfaitement conscient, et je ne crois pas, en d'autres circonstances, m'être fait faute de dénoncer le caractère fallacieux et dangereux d'oppositions tribales sommaires, de souligner le caractère autrement fondamental, en certains champs de l'analyse, des oppositions sociales* », *in* J. P. Raison, *Les hautes terres de Madagascar*, Orstom, Karthala, 1985, tome 1, p. 14 ; pour une lecture « revisitée », cf. J.-Cl. Rabeherifara, *Malagasin'Andafy-France : identités, réseaux et pratiques*, *in* D. Nativel et Faranirina V. Rajaonah, *Madagascar revisitée* (en voyage avec Françoise Raison-Jourde), Karthala, 2009, 151 et ss. ; de manière plus politique, voire politisée, D. Galibert, *Les gens du pouvoir à Madagascar, État postcolonial, légitimités et territoire (1956-2002)*, Karthala, 2009.

[834] R. David et C. Jauffret-Spinosi, *Les grands systèmes de droit contemporain*, Dalloz, 2002 ; également G. Cuniberti, *Les grands systèmes de droit contemporain*, LGDJ-Lextenso, 2015 (3e éd.).

[835] Les classifications opérées par les auteurs ne sont que d'ordre pédagogique, dans le but de donner le plus de lisibilité et de visibilité possible à certains systèmes dont l'évolution et le statut juridiques dépendent – surtout pour les jeunes pays issus des indépendances – de la situation politique du moment. Cf. pour Madagascar, *infra* n° 2 où, sur dix lustres, le pays a

veulent véhiculer ou préserver. La notion de transparence dans la vie publique d'une part, confrontée à celle du secret dans la vie des affaires d'autre part sont de cela.

Car il faut bien le dire : si elles ont, toutes les deux, vocation à valoriser une certaine éthique en droit des affaires, les deux notions jurent entre elles. La première implique une sorte de redevabilité « à tout-va »[836] alors que la seconde revendique la discrétion et la confidentialité comme mot d'ordre[837]. La question est ainsi de savoir s'il faut établir une sorte de gradation entre ces deux concepts, et en faveur duquel ? ou si chacun occupe une sphère qui lui est propre et inexpugnable. Mais on peut également se demander s'il n'existerait pas en droit un espace où les deux concepts peuvent s'articuler à loisir sans forcément porter préjudice à l'un ou à l'autre, bref, une sorte d'intersection à l'instar des figures mathématiques de la théorie des ensembles au sein de laquelle les exigences de l'un se mêleront inéluctablement à celles de l'autre. Par ailleurs, appliquées à ce domaine particulier que sont « les affaires », l'emprise des deux notions n'est pas a priori neutre. Les « affaires » dont on parle ici sont entendues dans leur sens technique et économique, à savoir cette sphère du droit qui traite de la circulation des richesses, de leur création ainsi que de leur distribution. D'où l'interrogation : si, il y eut un

---

changé dix fois de régime politique et l'on serait bien en peine de vouloir déterminer durant certaines phases chaotiques à quelles familles de droit le rattacher…

[836] Cf. A. Vidal-Naquet, « La transparence », *in* J.-B. Auby (dir.), *L'influence du droit européen sur les catégories de droit public*, Dalloz, 2010, 639 et ss. ; sur la comparaison entre redevabilité et l'"accountability" anglo-saxon, cf. M. Maisonneuve, « Le juge et la redevabilité » – propos introductifs, in Les actes du colloque sur *« La redevabilité du juge pour un contrôle de la vie publique crédible et effectif »* organisé par la Conférence judiciaire de l'océan Indien, annales Droit (nouvelle série). Faculté de droit et des sciences politiques, Antananarivo, SCAC & Juridika, 2015, n°s 4, 25 et ss. ; de manière générale, cf. D. Custos, *Le statut du responsable public et la réception de la notion d'accountability, in* J.-B. Auby (dir.), *op. cit.*, 275 et ss.

[837] C. Gavalda, « Le secret des affaires », in *Mélanges*, René Savatier, Dalloz, 1966, 291 et ss.

temps, on a pu dire que le secret est l'âme des affaires[838], peut-on dire aujourd'hui que l'exigence de transparence en est leur conscience[839] ?

2. Une autre éthique ? – La question n'est pas neuve. Elle est la conséquence de l'intrusion et de la confrontation de nouvelles valeurs éthiques dans un monde a priori fermé aux questionnements moraux, la loi du profit occultant toute autre considération[840]. Un auteur illustre avait déjà, en son temps, cherché à comprendre pourquoi et en quoi *« le capitalisme a tourné le dos à l'éthique »*[841]. En réponse semble-t-il à cette interpellation, désormais – plaide-t-on, aucune sphère du droit, et spécialement le droit des affaires, ne peut échapper à l'emprise de l'exigence de transparence[842], gage d'une certaine quiétude morale et donc (?) de sécurité juridique[843]. Or, ce

---

[838] Cf. C. Gavalda, *op. cit.*, 296 : « *Le droit au secret absolu des affaires est dans une certaine mesure lié à la liberté totale du commerce et de l'industrie [...]* » ; Adde A. Lepage, « Le secret, figure polymorphe du droit pénal », in *Mélanges*, en l'honneur du professeur Michel Germain, LGDJ-LexisNexis, 2015, 473 et ss. L'auteur cite Georg Simmel (*Secret et sociétés secrètes*, Circé, 1991, 39) qui voit dans le secret, « *entendu comme l'action de dissimuler des réalités par des moyens négatifs ou positifs [...], l'une des plus grandes conquêtes de l'humanité : comparé à l'état d'enfance, où toute représentation est aussitôt exprimée, où toute entreprise s'offre à tous les regards, le secret permet un extraordinaire élargissement de la vie, parce que la publicité totale empêche bien des contenus existentiels de se manifester [...]* ». L'analyse économique du secret réfute néanmoins cette manière de voir : « *Comment l'acquéreur potentiel du secret s'assure-t-il que le vendeur a un titre licite sur le secret et, surtout, que celui-ci n'a pas été éventé, même à son insu ? et lorsque le possesseur du secret cherche un financement pour développer son entreprise, comment pourrait-il offrir le secret en sureté* [...] », cf. sur ce point E. Mackaay et St. Rousseau, *Analyse économique du droit* Dalloz – Éd. Thémis, 2008, sp. n°s 995 et ss.

[839] Cf. Les propos de A. Lepage (*op. cit.*, 473), qui en entame dans son article : *« La transparence, du haut des vertus que la société contemporaine est encline à lui prêter, projette volontiers l'ombre de la suspicion sur le secret [...] »*.

[840] Cf. J. Mestre, « Le droit français des sociétés devant l'exigence de justice », in *Les cahiers de droit*, Université de Laval, 2005, 827 et ss., consultable sur le site https://apropos.erudit.org/fr/usagers (consulté le 20/12/2018) : « *La société (commerciale) a été conçue dès l'origine comme un contrat à titre onéreux, conclu par des entrepreneurs ayant en vue la réalisation d'un profit. La spéculation, la recherche des bénéfices ont ainsi d'emblée constitué les pièces maîtresses de cette structure juridique [...]. Sa raison d'être est bien en effet de faire gagner plus à chacun, et la dimension collective de l'entreprise n'est ici qu'un simple moyen, un instrument au service de cet agglomérat d'aspirations individuelles...* ».

[841] C. Kessedjian, remarques conclusives in CREDIMI, Centre René-Jean Dupuy, *L'éthique dans les relations économiques internationales*, en hommage à Philippe Fouchard, Pedone, 2006, 238.

[842] Les travaux universitaires sur la transparence sont foisonnants. Le professeur J.-B. Racine (« Sur l'idéologie de la transparence en arbitrage », in *Mélanges*, en l'honneur de Pierre Mayer, LGDJ-Lextenso, 2015, 727 et ss.) en dresse une liste impressionnante dans les différents domaines du droit. Adde, A. Vidal-Naquet, *op. cit.*, 639, « *la vogue de la transparence se répandant dans les années 1980 pour être aujourd'hui partout : transparence des États, des institutions, des entreprises, des hommes politiques, des pratiques, des actes, des esprits...* ».

[843] La transparence est un des véhicules de la sécurité juridique. D'une part, si selon le Conseil d'État français, le principe de sécurité juridique « *implique que les citoyens soient, sans que cela appelle de leur part des efforts insurmontables, en mesure de déterminer ce qui est permis et ce qui est défendu par le droit applicable* [...] » (rapport public 2006, « Sécurité juridique et

phénomène, observé maintenant à l'échelle planétaire[844] et qui a vocation à gérer le droit de Madagascar, se heurte dans ce dernier système à des réalités sociologiques et politiques autrement plus sournoises ou contingentes à telle enseigne que l'exigence de transparence a parfois peine à émerger. On citera – parmi d'autres – les exportations (interdites) de bois précieux[845] ou d'espèces protégées[846] qui défraient les chroniques sur le plan international[847] et national mais, apparemment, laissent indifférents maints responsables politiques et juridiques de l'île[848].

---

complexité du droit », *La Documentation française*), le concept de transparence répond par bien des aspects à cette exigence. Cf. T. Berger, O. Cami et T. Rajaobelina, transparence et sécurité juridique, Université Jean Monnet Saint-Étienne, Faculté de droit, 2013 (Mémoire pour l'obtention du Master 2, droit des affaires appliqué au monde de la santé sous la direction de Mme B. Espessonvergeat, téléchargeable sur le site mémoireonline). D'autre part, la proposition est présentée comme une conséquence potentielle de la redevabilité. Si chacun est en connaissance réelle de ce que recèle la loi, le contrat à conclure ou l'opération à entreprendre, le risque d'une incompréhension de la portée des règles de droit sera moindre, cf. Th. Piazzon, *La sécurité juridique*, Defrénois, 2009 ; plus réservée sur le destin de ce principe en tant que norme, E. Ben Merzouk-Glon, *La sécurité juridique en droit positif* (une valeur irréductible à la norme), Éditions Universitaires Européennes, 2010.

844 La littérature francophone et européenne est foisonnante ; par ex., le travail collectif sous la direction de J. Rideau, *La transparence dans l'Union européenne, mythe ou principe juridique* ?, LGDJ, 1998. En droit anglo-saxon, Ch. HOOD et D. HEAD (éd.), *Transparency. The Key To Better Governance ?*, Oxford University Press, 2006.

845 Cf. Résolution du Parlement européen 2017/2963, Considérant (I) : « I. *considérant que le trafic illégal de bois et d'espèces animales constitue une menace grave pour l'environnement et la biodiversité de Madagascar ainsi que pour les droits de sa population en matière d'environnement ; que l'incidence de l'industrie extractive sur l'environnement et l'absence de transparence dans sa gestion nuisent souvent aux collectivités locales et au développement durable de celles-ci ; que les réseaux de trafiquants ont des liens supposés avec les milieux du crime organisé, ce qui menace la gouvernance démocratique du pays ; que d'après le rapporteur spécial sur les droits de l'homme et l'environnement, il existe un lien étroit entre l'exploitation illégale et le trafic de bois précieux, ainsi que les concessions minières, et la violence à l'égard de la population locale* », cf. A. Rialintsalama enquête sur le bois de rose le rapport OCCORP : « *Les ONG et le gouvernement des États-Unis ont accusé l'administration de la transition (2009-2013) d'avoir vendu illégalement du bois de rose en Chine...* », in *L'Express de Madagascar* sur le site http://www.lexpressmada.com du 24 août 2018 (consulté le 26/01/2019) ; H. Léonard, « Arrestation du "baron" de bois de rose qui, assuré de la protection de personnalités politiques, narguait les forces de l'ordre depuis de nombreuses années », in *L'Express de Madagascar* sur le site http://www.lexpressmada.com du 4 mars 2019 (consulté ce jour).

846 Cf. encore récemment le titre du quotidien *Midi Madagascar* : « Deux Chinois interpellés à l'aéroport (pour trafic d'espèces protégées) », in http://midi-madagascar.mg/politique du 18 février 2019 (consulté ce jour).

847 Cf. notamment, « la condamnation par la Haute Cour de Singapour d'un importateur de bois de rose de Madagascar (d'une valeur de 47 000 000 d'euros) » sur le site www.rfi.afrique/20170401 du 1er avril 2017 (consulté le 20/12/2018).

848 Cf. *La Résolution du Parlement européen 2017/2963*, considérant G. : « *qu'en 2013, la Conférence des parties à la convention sur le commerce international des espèces de faune et de flore sauvages menacées d'extinction (CITES) a adopté un plan d'action pour Madagascar qui demandait au pays de renforcer son action répressive et d'instaurer un embargo sur*

On peut encore relever cet appel à la transparence des décisions de justice lancé par de hauts magistrats[849] de concert avec la faculté[850], tant la matière est sensible sur le plan national.

Le « secret » est un concept usuel et normal dans les milieux des affaires, entrepreneurs et chefs d'entreprise considérant légitime que la confidentialité de leurs affaires ne peut relever de la sphère publique et, ce faisant, ne peut intéresser d'autres personnes qu'eux-mêmes. L'idée de vouloir appliquer le concept de transparence dans ces milieux part précisément du postulat inverse. Il est faux – selon cette conception de vouloir ériger une cloison étanche entre sphère privée et sphère publique dans la conduite des affaires. Une décision apparemment banale ou usuelle prise au niveau de l'entreprise peut parfaitement avoir une incidence dans d'autres sphères du droit et de la vie en société. On en citera pour preuve le florilège de rencontres et d'écrits autour du gouvernement d'entreprise[851] ou de la responsabilité sociétale (ou sociale) de l'entreprise – la fameuse RSE – concept relativement récent mais qui modifie la perception que l'on a pu avoir du rôle et de la mission d'une entreprise commerciale[852]. Ou encore l'emprise que prennent désormais les droits fondamentaux dans les différentes sphères du droit et qui oblige les différents acteurs à faire œuvre de transparence sur la question[853]. Où l'on voit

l'exportation de stocks de bois ; que depuis lors, le secrétariat et le comité permanent de la CITES ont affirmé à de nombreuses reprises que Madagascar n'avait pas respecté le plan d'action ; que, d'après le secrétariat de la CITES, l'exploitation illégale des forêts et les infractions à la législation environnementale bénéficient d'une impunité généralisée ; que, par ailleurs, des personnes qui s'opposent à l'exploitation illégale des forêts ont été condamnées par les tribunaux, qui courent un risque grave de corruption. »

[849] Cf. Colloque sur « *La redevabilité du juge pour un contrôle de la vie publique crédible et effectif* » organisé par la Conférence judiciaire de l'océan Indien, annales Droit (nouvelle série), *op. cit.*, spéc. le discours d'ouverture du ministre de la justice, p. 15 et ss.

[850] Cf. F. Esoavelomandroso, « la redevabilité du juge à travers son éthique et les décisions de justice rendues », in *La redevabilité du juge*, *op. cit.*, p. 29 et ss. ; Ramarolanto-Ratiaray, « La transparence des décisions de justice : une nécessité ? » revue *ETIKA*, 2013, n° 6, 4.

[851] La littérature est immense. Pour une synthèse récente de la question, cf. V. Magnier et Y. Paclot, « Le gouvernement d'entreprise, *20 ans après…* », in *Mélanges*, Michel Germain, *op. cit.*, 491 et ss.

[852] La littérature est abondante, cf. not. C. Malecki, *Responsabilité sociale des entreprises, perspectives de gouvernance durable*, LGDJ, 2014 ; G. Trebulle, *Responsabilité sociale des entreprises (entreprise et éthique environnementale)*, Répertoire droit des sociétés, 2013 ; M. Boutonnet, *Des obligations environnementales spéciales à l'obligation environnementale générale*, D.2013.377.

[853] L. Maurin, *Contrat et droits fondamentaux*, LGDJ, 2013 ; R. Dijoux, *La contractualisation des droits fondamentaux*, L'Harmattan, 2012 ; H. Barbier, « L'évolution du droit financier au contact des droits fondamentaux », in *Mélanges*, Michel Germain, *op. cit.*, p. 63 et ss.

que, au fil du temps, le débat éthique impose de plus en plus son empreinte en droit des affaires, que ce soit sur le plan interne[854] ou international[855].

3. Question de méthode – La question de méthode pour appréhender cette discussion à l'égard d'un système juridique tel que celui de Madagascar mérite d'être précisée à l'attention du lecteur non averti des réalités sociologiques et politiques locales. Car, à l'analyse, l'éloignement géographique de la Grande Île des grands mouvements de circulation des hommes, des biens et des services génère au niveau de nombre de responsables malgaches une sorte d'indifférence ou de désinvolture – peut-être de la distanciation ? – par rapport aux grandes idées qui animent et qui accompagnent ces phénomènes mondiaux, amplifiant ce faisant vacuité et dissimulation intellectuelles[856]. Contraints par les faits à faire œuvre de droit comparé sans véritablement être comparatistes[857], les acteurs du droit à Madagascar avouent en effet leur désarroi face aux diverses facettes que peuvent revêtir les figures contractuelles ou juridiques dans l'ordre international mais qui trouvent un large écho sur le plan national. On est confronté là à un des aspects du phénomène de transplantation des droits[858] et d'acculturation juridique dont

---

[854] Cf. P. Diener et M.-L. Martin (dir.), *Droit des affaires, éthique et déontologie* (actes du colloque organisé à Pointe-à-Pitre), L'Hermès, 1994 ; Centre de droit des affaires (Université de Toulouse I) – Actes du colloque : *La morale et le droit des affaires*, Montchrestien, 1996 ; Ph. Neau-Leduc (dir.), propos introductifs sur le dossier : « La banque et la morale », Rev. Dr. bancaire et financier, 2014, p. 73 et ss.

[855] CREDIMI, Bibliotheca Alexandrina, Centre René-Jean Dupuy, *L'Éthique dans les relations économiques internationales,* en hommage à Philippe Fouchard, Pedone, 2006 ; Y. Nouvel, *Les relations économiques internationales à l'heure de la transparence*, *in* J.-M. Sorel (dir.), actes du colloque : « Le droit international économique à l'aube du XXIe siècle » en hommage aux professeurs Dominique Carreau et Patrick Juillard, Pedone, 2009, 177 et ss. Ph. Fouchard, « Droit et morale dans les relations économiques internationales », Rev. des sciences morales et politiques, 1997, 33 ; pour une réflexion plus ample, cf. G. Farjat, « Les pouvoirs privés économiques », in *Souveraineté étatique et marchés internationaux*, *Mélanges*, en l'honneur de Philippe Kahn, Litec 2000, 613 et ss.

[856] Cf. notre article, « Le système juridique malgache et les concepts émergents », *op. cit.*, n° 17 : « *Il ne faut pas que le nombre de lois votées puisse juste servir d'alibi au regard des observateurs extérieurs. La plupart sont d'excellentes factures et partent d'une intention plus que louable, mais tant que les mesures réglementaires d'accompagnement ne sont pas rendues effectives, elles ne servent juste qu'à augmenter la galerie des mesures de complaisance. Elles sont là (et bien là !), mais pour la galerie...* ».

[857] Cf. B. Markesinis, *Juges et universitaires face au droit comparé*, Dalloz, 2006. L'approche fonctionnelle de l'auteur souligne la nécessité qu'il y a pour les acteurs du droit à connaître (sur le plan pratique) la teneur et le contenu du droit étranger dont ils veulent s'inspirer. Le chapitre 4 traitant du « Droit étranger inspirant le droit national » (p. 107 et ss.) peut parfaitement être appliqué à l'expérience de Madagascar, cf. *infra* n° 5, note 34.

[858] D. Berkowitz, K. Pistor & J.-F. Richard, "The transplant effect", *American Journal of Comparative Law*, vol. 51 (1), 2003, p. 163-204 ; J.-F. Morin, « L'adhésion des pays en développement au droit de la propriété intellectuelle : entre maréchaux, marchands et missionnaires », *in* M. Vivant (dir.), *Droit et économie de la propriété intellectuelle*, LGDJ-Lextenso, 2014, 4 : « *La transplantation juridique peut être définie comme l'intégration dans un système juridique d'une règle provenant d'un autre système de même échelle hiérarchique*

une imposante thèse sur les conflits internes de lois a rendu justice avec talent[859] : « *Il n'y a pas conflit de lois lorsque deux règles en vigueur dans un même État ont chacune un domaine d'application déterminé, aussi bien à raison de la matière que dans l'espace ou dans le temps, qui exclut tout chevauchement entre elles. Il y a au contraire conflit lorsque ces deux règles ont vocation à s'appliquer à une même situation juridique et qu'il faut recourir à un critère de choix extérieur à chacune d'elles pour les départager* »[860]. Appliquée à l'expérience de Madagascar, cette proposition trouve un terreau très favorable et impose de faire la distinction entre les lois issues des diverses périodes et qui, à un titre ou un autre, trouvent toujours matière à s'appliquer à l'heure présente : celles de l'époque royale[861], celles issues de la période coloniale[862], celles secrétées sous la Ire République[863] et celles dérivant des diverses expériences de dix lustres de gouvernance chaotique au travers desquels les chevauchements de lois, actes ou décisions de justice spécialement en matière économique, commerciale ou foncière empêchent de discerner une ligne d'interprétation claire et cohérente[864]. À cela, on ajoutera la référence implicite ou avouée au modèle juridique du Code

[...] la transplantation implique un transfert d'un État, dans laquelle la règle est bien implantée, vers un autre où elle est endogène » ; Nghia D. Pham & Ramarolanto-Ratiaray, « Transplanted private property rights in former french colonies : a legal and cultural approach from the receiving country perspective », Annales Droit [nouvelle série]. Faculté de droit et des sciences politiques, 2013, 133 et ss.

859 V. Parisot, *Les conflits internes de loi*, IRJS, 2013 (2 volumes), spéc. n°s 543 et ss. (les solutions du conflit interne dans un litige purement interne).

860 P. Lagarde, préface à la thèse de Valérie Parisot, *op. cit.*, p. XXVII.

861 Toute la période d'avant 1895. Certaines institutions ou mécanismes de droit positif actuel ne peuvent s'expliquer que par référence à ces législations royales [exemples : le *fehivava* (sorte de gage immobilier) ; la clause *tsatoka* (sorte de pacte commissoire) et la majorité des mécanismes du droit successoral].

862 La période de 1895-1960 qui se distinguait par la dualité de législations, d'un côté, celle des citoyens français assujettis au Code civil français et de l'autre, celle relative aux autochtones. Cf. sur l'application parallèle des deux législations, V. Parisot, *Les conflits internes de lois*, *op. cit.*, n° 812, passage expliquant la situation de Madagascar d'alors.

863 La période allant d'octobre 1960 à mai 1972, date de la chute de la Ire République, suivie en février 1975 de l'assassinat du chef d'État en place au bout de 6 jours de prise de fonctions.

864 Ex. sur l'accès à la terre des étrangers où, pendant longtemps, les interprétations officielles étaient en dents de scie, cf. Ramarolanto-Ratiaray, « Nouveaux regards sur l'accès à la terre en droit foncier de Madagascar », in *Les rencontres de Lascaux* : *l'accès à la terre et ses usages*, Nantes, juin 2009, accessible sur le site http://hal.archivesouvertes.fr/hal-00716932 ; de même sur la valeur du titre foncier d'immatriculation et de sa « filleule », le certificat foncier (*ibid.*) ; sur la question du taux d'intérêt dont on a peine à deviner les visées de la pratique bancaire, C. sup. de Madagascar, Formation de contrôle, 27 mai 1997 (n° 29) M. Ratoejanahary c/ Bankin'ny Indostria (BNI), *Rev. de Jurisprudence de Madagascar*, 1999, 72 et ss. avec notre note ; sur le statut du bail commercial et de la sous-location, C. sup. de Madagascar, 22 août 2006 (n° 337/00-Co), annales Droit (nouvelle série). Faculté de droit et des sciences politiques, 2012, 204, note F. Esoavelomandroso.

civil français dès lors qu'une contestation recèle une institution inconnue du droit positif textuel malgache[865].

4. Le juriste de Madagascar – parce qu'acteur et récepteur du phénomène de circulation des modèles ou de transplantation des droits – est, ce faisant, en butte à un travail incessant de recherches des sources du droit qui peut parfaitement l'entraîner d'un système juridique à l'autre en fonction du litige en cause.

5. Les applications au cas malgache : la circulation des modèles juridiques – De manière générale, on peut déceler deux courants d'idée qui s'entrechoquent au sein de l'espace juridique de Madagascar : d'un côté, un courant certes minoritaire mais dont la parole porte dans une économie et une réalité sociales en voie de développement qui prônent tout simplement l'indifférence à l'égard de phénomènes ou de concepts dont on a peine à voir les aspects concrets au plan local. Est, par exemple, pointée du doigt la mondialisation de l'économie (et du droit) dont on doute des bienfaits qu'elle apporterait ou qu'elle aurait pu apporter à Madagascar ; mais on sait, à la décharge de ce courant, que cette perception se répand de plus en plus dans le monde[866]. De l'autre, une tendance pragmatique qui offre vaille que vaille de raccrocher Madagascar aux grandes idées qui secouent le monde actuel. La décision de la Cour suprême de Madagascar du 4 mai 2007 qui prescrit l'application du Code civil français en cas de lacunes des textes malgaches peut être interprétée en ce sens[867].

---

865 Phénomène que cf. J.-F. Morin (« L'adhésion des pays en développement », *op. cit.*, p. 3) explique : « *Les rapports de pouvoir constituent un des plus puissants vecteurs de transplantations juridiques. Les flux d'influence suivent les courants tracés par les asymétries de puissance. Et une fois que ces flux inondent une capitale étrangère, il n'est plus souvent nécessaire d'y exercer une pression constante pour que des règles exogènes s'enracinent [...].* » Plus loin, l'auteur décrypte une demi-dizaine de manières par lesquelles les transplantations surviennent dans un système donné (p. 6 et ss.), cf. *infra*, note 35.

866 Cf. le site altermondialiste « TL ECJS jeudi » sur google.com /site/www.tlecjsjeudilamondialisation/mondialisation qui présente toute une série d'approches critiques sur la mondialisation par différents auteurs (ex. : *La mondialisation et les délocalisations* ; *La mondialisation et l'État ; La mondialisation et les ONG...*) (consulté le 14 /01/2019) ; également Le fascicule ATTACK, *Enquête au cœur des multinationales*, Éd. Mille et Une Nuits, 2003.

867 36 C. Sup. de Madagascar, 4 mai 2007 (n° 37/03-CO), « Imram Taybaly c/M.H. Mozize Raza », *Bull.arr.c.sup.*, 2007, 44 ; jugements commentés du tribunal de commerce d'Antananarivo, année 2008, SCAC & Juridika, 2011, p. 3 et ss. avec notre note. On est ici en présence de ce que B. Markesinis (*Juges et universitaires face au droit comparé*, *op. cit.*, 107 et ss.) développe dans son chapitre sur « Le droit étranger inspirant le droit national » : « *Nous ne parlerons pas de l'application du droit étranger due au fait que les parties l'ont choisi ou que les règles du droit international privé en ont ainsi décidé. Nous ne ferons pas non plus référence au droit émanant de juridiction comme celle de Strasbourg ou de Luxembourg [...]. Nous nous limiterons ici à l'utilisation volontaire par le juge (ou les conseils des parties) du droit étranger et des idées juridiques étrangères en tant que moyen de façonner le droit national quand celui-ci est obscur, contradictoire ou a besoin d'être modifié pour tout autre motif* ». On rappellera que cette question était vivace au lendemain de l'avènement de la IIe République

Dans une réflexion plus vaste, c'est la question même de la circulation des modèles juridiques et de leurs implications qui appelle une autre manière de voir[868]. À s'en tenir à l'exemple de Madagascar, la Grande île appartient bien à la famille des droits de tradition juridique française mais cette appartenance ne doit pas, précise-t-on, impliquer un mimétisme étroit dans le prononcé des solutions jurisprudentielles ou éthiques. Si la proposition est parfaitement légitime, elle ne doit pas néanmoins – à notre sens – conduire, sous prétexte de nationalisme intellectuel, à des solutions jurisprudentielles qui défient le bon sens[869] et dont on s'était ému ailleurs[870]. À l'échelle des relations économiques internationales, la succession cahin-caha d'une République libérale (1960-1975), puis socialiste de tendance dure (1975-1990), suivie d'un libéralisme mou (1990-2002) puis affirmé (2002-2009), ébranlé par un autre coup d'État (2009-2013) relayé par un renouveau libéral (2013-2018) est de nature à expliquer les turbulences et les interrogations d'un système juridique en devenir. Tout ceci est exacerbé par le conflit entre familles de droit et dont les rapports *doing business* de la Banque mondiale se font

---

malgache (après 1975), les nouveaux accords de coopération franco-malgaches signés en 1973 n'ayant pas repris un article 4 des anciens accords qui préconisait l'application du Code civil français en cas de lacunes du droit positif malgache, cf. sur cette question, A. Raharinarivonirina, *Convention judiciaire franco-malgache du 4 juin 1973*, J.-Cl. Dr. Int., vol. X (1987), fasc. 598 ; Adde, nos commentaires sous l'arrêt de la Cour suprême du 4 mai 2007.

[868] Cf. A. A. Rodriguez Villabona, « La circulation des modèles juridiques (les origines de l'État providence en Colombie pendant les années trente et l'influence du constitutionnalisme français du début du XXe siècle) », thèse Université Grenoble Alpes, 2015. La thèse, soulignant la nécessité du droit « qui voyage », en dresse (après d'autres) les limites : « *Cette complexité (de l'influence du droit français sur d'autres ordres juridiques) découle principalement du fait qu'en voyageant, le droit et la doctrine se transforment. En effet, même si les mots de la loi restent inchangés [...] la circulation du droit et de la doctrine implique presque toujours leur transformation. Cela, dans la mesure où la réception d'idées ou de règles juridiques, voire de tout produit culturel [...] dans un lieu différent de celui qui les a vu naître et se développer, suppose un processus d'adaptation qui affecte nécessairement son contenu et sa portée. La vision qui nie toute originalité aux ordres juridiques nationaux qui se sont construits à partir de la réception d'un droit étranger et qui a créé une espèce de "mythe de la copie" a affecté très profondément l'étude et la connaissance de ces processus de circulation des produits juridiques. Pour paradoxal que cela soit, et malgré la reconnaissance presque unanime d'une influence, on trouve peu d'intérêt dans les pays producteurs à étudier cette influence sur un droit que l'on considère comme la simple copie du droit original ; d'autre part, du côté du pays récepteur, on est plus intéressé à étudier le droit original que la façon dont le droit propre s'est développé à partir des opérations de réception et de transformation [...] »* ; G. Ajani, *La circulation de modèles juridiques dans le droit post-socialiste*, RIDComp., 1994, 1086 et ss. ; E. Agostini, *La circulation des modèles juridiques*, RIDComp., 1990, 461 et ss.

[869] Par ex. C. Cass. de Madagascar, 13 mars 2012 (n° 12), G. Ernould c/ BFV et consorts in Arrêts commentés de la Cour de cassation – années 2010, 2011, 2012, SCAC et Juridika, tome 1, 239 n. Ramarolanto-Ratiaray, qui dénie toute compétence aux juridictions commerciales de statuer en matière de responsabilité civile du commerçant au prétexte que la responsabilité civile est une affaire… civile.

[870] Cf. Ramarolanto-Ratiaray et J.-B. Seube, *La théorie générale des obligations en droit malgache*, SCAC-Juridika, 2014, tome 2, n°s 140 et ss.

largement l'écho[871], engendrant confusion et trouble au niveau de la conduite des affaires. À titre d'exemple, à l'heure où ces lignes sont écrites, est en passe d'être présenté devant le Parlement de Madagascar un projet de loi sur les sûretés mobilières à l'image du caractère fonctionnel de la *security interest* américain[872] au moment même où les responsables de l'OHADA envisagent une énième fois de faire basculer Madagascar dans leur camp[873]. Cette lutte d'influence n'est que l'une des facettes de la circulation des modèles juridiques[874]. Elle perdurera tant que du point de vue politique, Madagascar, voulant jouer sur la concurrence entre bailleurs de fonds et leur lutte d'influence, se contentera de vouloir obéir simultanément à plusieurs « maîtres » en fonction des avantages supposés du moment…

6. Autre question de méthode – Toutes ces observations ne sont pas neutres par rapport au titre de notre étude. Le juriste ou le juge malgaches, dont les repères sont brouillés par la haute technicité de certains concepts ou plus simplement par le langage du politique, peuvent facilement être déconcertés par l'une ou l'autre opinion que ce dernier lui demandera de soutenir. Ce sont ces ordres de considérations qu'il faut avoir à l'esprit si l'on veut appréhender au mieux – principalement au regard du droit malgache – le thème que l'on se propose de traiter. On précisera un point : il est vain de vouloir débusquer dans ce droit une tendance jurisprudentielle ou doctrinale avérée sur cette double question de transparence et de secret des affaires, le droit malgache étant trop jeune de son histoire pour avoir pu secréter de manière conceptuelle des thèmes aussi spécifiques. Aussi, les réflexions qui

---

871 Cf. les réactions de l'Association Henri Capitant et de ses membres contre certaines des conclusions du rapport *doing business* en son temps : *Les droits de tradition civiliste en question* (à propos des rapports *doing business* de la Banque mondiale, Société de Législation Comparée, 2006 ; sur un autre angle, nous sommes en présence d'une des typologies des transplantations juridiques telles que présentées par J.-F. Morin, *L'adhésion des pays en développement*, *op. cit.*, p. 4. La transplantation se ferait soit par (1) l'action du législateur qui « *recherche une solution toute faite au-delà des frontières* », soit (2) par la *« concurrence réglementaire »* (qui peut présenter une double figure), soit (3) par les traités internationaux, soit (4) par des rapports de domination, soit (5) par la *« socialisation »* lorsqu'un État adopte des règles étrangères lorsque celles-ci correspondent à ses normes sociales).

872 La faculté de droit et des sciences politiques de l'Université d'Antananarivo, par notre biais, fait partie de l'équipe de travail de la Banque mondiale en charge de la rédaction du projet. Sur l'approche fonctionnelle du droit des sûretés, cf. J.-F. Riffard, Le *security interest* ou *l'approche fonctionnelle et unitaire des sûretés mobilières*, LGDJ-Presses universitaires de la Faculté de droit de Clermont-Ferrand, 1997 ; A. Ben Adida, *Les sûretés mobilières sur les biens incorporels*, IRJS, 2016 ; pour une réflexion plus vaste, Ch. Gijsbers, *Sûretés réelles et droit des biens*, Economica, 2016.

873 Les responsables OHADA projettent dans le courant de l'année 2019 de rencontrer les responsables politiques et économiques de l'île. Sur ce (vif) débat, cf. étude de « *L'opportunité de l'adhésion de Madagascar à l'OHADA* », actes d'une rencontre tenue à Antananarivo en avril 2018 entre responsables économiques et politiques de l'île et les représentants de l'OHADA, téléchargeable sur le site www.pdf.fr/2018/OHADA 10 avril 2018.

874 Sur lesquelles cf. A. A. Rodriguez Villabonna, *op. cit.*, p. 173 et ss. « *La progressive reconnaissance des transplantations comme un sujet autonome de droit comparé* ».

vont suivre tirent leur substance de l'observation du système juridique français dont les avancées sur ces questions sont incontestables. On essaiera quand cela s'avérera nécessaire – et si l'état du droit malgache le permet – de présenter les solutions ou les analyses issues des décisions des juridictions de Madagascar.

7. Plan – À l'épreuve des faits, il apparaît que l'articulation du concept de transparence avec celui du secret dans le domaine des affaires appelle nécessairement un regard nuancé. Ainsi, un secret avéré dans un domaine du droit peut être absolu alors même qu'il peut être relatif dans d'autres[875]. Inversement, la transparence en affaires peut parfaitement être recommandée bien que, appliquée sans nuance, elle ouvre la porte à des questionnements[876]. Aussi, on peut dans un premier temps avancer que transparence et secret ne sont que l'avers et le revers d'une même médaille (I) même si le maintien de leur autonomie en droit des affaires peut être d'une nécessité salvatrice (II).

I. Transparence et secret, l'avers et le revers d'une même médaille

À l'analyse, il résulte que si l'éthique du secret ne peut pas – ne peut plus être absolue en droit des affaires (A) – l'exigence de transparence ne peut non plus être totale (B).

A. L'éthique du secret ne peut pas être absolue

8. La légitimité du secret et ses limites – La règle du secret en droit des affaires obéissait à une logique légitime (a) qui ne peut plus être reçue à l'heure actuelle (b).

(a) Au commencement était l'information[877]. Même si dans l'Antiquité il est enseigné[878] que la publicité était la règle en affaires notamment du fait du

---

[875] Le secret bancaire en est l'exemple type. Contrairement au secret médical ou au secret du religieux dont on peut dire qu'ils sont absolus, le banquier peut être délié de son secret devant les juridictions pénales ou devant d'autres instances juridictionnelles, cf. C. Kleiner, « Le secret bancaire opposé par les banques françaises aux injonctions de discovery : du nouveau dans l'international comity analysis », in *Mélanges*, AEDBF, France VII, *Revue Banque*, éd. 2018, p. 327 et ss. De manière générale, A. Lepage, « Le secret, figure polymorphe du droit pénal », *op. cit.*, spéc. p. 476 et ss.

[876] J.-B. Racine, « Sur l'idéologie de la transparence en matière d'arbitrage », in *Mélanges*, Pierre Mayer, liber amicorum, LGDJ-Lextenso, éd. 2015, 728 et ss. L'auteur y dénonce en effet l'excès de transparence qui risque de conduire à la perversion du concept (cf. *infra*, n°s 12 et ss.).

[877] Cf. T. F. Rakotoarison, « Du secret des affaires (études de droit comparé français et malgache) », thèse, Paris I, 2018, sp. n°s 40 et ss. sur la fonction du pouvoir du secret des affaires où l'auteur développe l'idée selon laquelle *« l'information détenue en elle-même est source de pouvoir »* et n°s 252 et ss. ; sur *« l'information, objet du secret »*, cf. E. Mackaay et St. Rousseau, *Analyse économique du droit*, *op. cit.*, n° 996.

[878] Cf. Gavalda, « Le secret des affaires », *op. cit.*, 291.

formalisme juridique « qui exclut le secret des opérations »[879], l'évolution de la pratique et des idées – spécialement du fait de l'explosion des fortunes mobilières au XIXe siècle – a fait que le détenteur d'une information importante pour son entreprise ou pour ses affaires est en droit d'en garder la primeur et la teneur. Un éminent auteur a pu écrire : « *[...] pendant très longtemps, la primauté, voire l'exclusivité, a été donnée au secret des affaires, à un secret source de protection du pouvoir et aussi de défense des stratégies industrielles et commerciales* »[880]. En d'autres termes, le partage de l'information n'est pas une valeur que l'on préconiserait volontiers. Cette attitude s'est propagée dans toutes les sphères de la vie commerciale et économique. Ainsi, en droit des sociétés avant que l'obligation d'information à la charge des dirigeants ne soit la règle[881] ; en droit de la propriété industrielle où le brevet protégeait – de manière excessive ? – son propriétaire[882] ; en droit bancaire où le secret professionnel du banquier était considéré comme inexpugnable[883]...

(b) Au fil du temps, le secret absolu finit par buter contre l'éveil des consciences. Celle des juges tout d'abord, dont la mission quotidienne est de vouloir rétablir l'équilibre de la balance de la justice entre prétentions opposées et qui, progressivement, finit par dresser les contours d'une autre éthique commerciale par opposition à l'esprit spéculatif et individualiste antérieur[884]. Ainsi, de l'institution de l'administrateur provisoire[885], de la

---

879 Cf. C. Gavalda, « Le secret des affaires », *op. cit.*, sp. 292, qui cite Mayer : « *Le patrimoine lui-même dans son ensemble est connu de tous ; les censeurs chassent les citoyens suivant leur fortune ; ils pèsent l'honorabilité de chacun* » (« Le secret des affaires », thèse, Paris, 1901, p. 1).

880 J. Mestre, « Le droit français des sociétés devant l'exigence de justice », in *Les cahiers de droit*, Université de Laval, 2001, p. 827 et ss., téléchargeable sur le site https://doi.org/10.7202/043677

881 Com. 9 février 1954 D. 1954.241 ; JCP 1954.II.8049 n. BASTIAN ; Grands arrêts de la jurisprudence commerciale, Sirey, 1976, tome 1, n° 63, p. 258, obs. J. Noirel ; pour une analyse globale actuelle, M. Buchberger, « L'ordre public sociétaire », in *Mélanges*, Michel Germain, *op. cit.*, 181 et ss.

882 Pour saisir l'esprit d'un tournant de la législation et de la jurisprudence en la matière, deux thèses sont indispensables, cf. J.-M. Mousseron, « Contribution à l'analyse objective du droit du brevet d'invention », thèse, Montpellier, 1960 ; J.-J. Burst, *Breveté et licencié, leurs rapports juridiques dans le contrat de licence*, Librairies Techniques, 1970.

883 Avec néanmoins les nuances d'usage sur le plan processuel où le secret du banquier cède devant le juge pénal, cf. les interventions de J. Lasserre Capdeville lors d'une table ronde sur le secret bancaire sur le thème « Le secret bancaire, approche française, suisse et luxembourgeoise », in *Rev. Dr. bancaire et financier*, 2014, 99 et ss. ; également V. Catillon, *Le droit dans les crises bancaires et financières systémiques*, LGDJ-Lextenso, 2011, sp. n°s 85 et ss. « *L'entrepreneur qui sollicite un emprunt afin de rétablir une situation compromise ne saurait supporter une divulgation de l'opération au risque de discréditer son établissement* ».

884 Cf. J. Mestre, « Le droit français des sociétés devant l'exigence de justice », *op. cit.*, spéc. 829.

885 L'arrêt de la Cour d'appel de Paris du 22 mai 1965 dans l'affaire *Fruehauf* (JCP 1965.II.14274 bis note NEPVEU ; GAJCom, *op. cit.*, n° 54 note B. Bouloc ; Y. Chartier et J.

consécration de l'abus de majorité ou de minorité[886], de la protection du concessionnaire contre le concédant[887], du locataire d'un emplacement contre le bailleur[888] ou de la clientèle contre le banquier en cas de rupture de crédit[889].

Celle du législateur ensuite. La prise en compte d'autres intérêts que ceux de l'entrepreneur ou du maître de l'affaire s'est imposée suite, ainsi qu'on l'a évoqué plus haut, à l'explosion du concept de gouvernement d'entreprise dont on peut dire que la fameuse RSE – la responsabilité sociale (sociétale de l'entreprise) – constitue une suite conséquente[890]. Depuis, l'exigence d'information au bénéfice de toutes les parties prenantes et à la charge de l'entreprise a pris diverses formes dans les législations avancées. On citera entre autres, en droit français, la loi du 9 décembre 2016 dite loi Sapin 2 relative à la transparence, à la lutte contre la corruption et à la modernisation de la vie économique[891] qui consacre entre autres la pratique anglo-saxonne sur les lanceurs d'alerte[892], la loi sur le devoir de vigilance des sociétés mères et des entreprises donneuses d'ordres[893] et récemment, le projet de loi PACTE[894] adopté en première lecture par l'Assemblée nationale française

---

Mestre, *Les grandes décisions de la jurisprudence « les sociétés »*, Thémis PUF, 1988, n°s 13 et 14) constitue l'une des décisions précurseurs en la matière.

886 Cf. les observations de Y. Chartier et de J. Mestre, *op. cit.*, n° 3 [Com. 19 avril 1972 ; 21 décembre 1982 (abus de majorité)] et n° 12 [Com. 18 avril 1961 (abus de majorité et abus de minorité)]. Le concept est repris dans la loi malgache 2003-036 du 30 janvier 2004 sur les sociétés commerciales aux termes de laquelle : *« Il y a abus de majorité s'il est établi qu'une décision a été prise contrairement à l'intérêt général de la société et dans l'unique dessein de favoriser les membres de la majorité au détriment de la minorité » (art.115 al.2) et « Il y a abus de minorité s'il est établi que, par leur fait ou leur abstention, et dans l'unique dessein de favoriser leurs propres intérêts au détriment des autres associés, le ou les minoritaires rendent impossible la réalisation d'une opération vitale pour la société » (art. 116 al. 2).* La sanction de l'abus est commune : la responsabilité des associés source de l'abus.

887 Com. 5 avril 1994, S^té^ VAG France c/Ets Gauthier Contrats-Conc-Consom (hors série) 10 ans de jurisprudence commentée Jurisclasseur LexisNexis, 2001, n° 157, obs. L. Leveneur.

888 Com. 3 mai 1995, S^té^ Au Bon Marché c/M.Afriat Contrats-Conc-Consom (hors série), *op. cit.*, n° 125, obs. L. Leveneur.

889 Com. 18 mars 2014, Rev. dr. bancaire et financier, 2014, n° 127, obs. Francis-J. Credot et Th. Samin ; en droit malgache, un ensemble de décisions du tribunal de commerce d'Antananarivo a essayé, en 2008, de dresser les contours de la rupture du crédit bancaire, cf. T. Com. Antananarivo, 10 octobre 2008 (n° 40) BNI Madagascar c/Entreprise David (5 jugements) in jugements commentés du tribunal de commerce, *op. cit.*, 295 et ss. avec notre note « contrat de prêt et rupture de crédit ».

890 Cf. sur tous ces points, *supra*, n° 3, note 19 et 20.

891 L. 2016-1691 du 9 décembre 2016 (*JORF* du 10 décembre 2016) ; cf. A. Lecourt, la loi 2016-1691 du 9 décembre 2016 relative à la transparence, à la lutte contre la corruption et à la modernisation de la vie économique, dite loi Sapin 2, RTDCom., 2017, 101 et ss.

892 Cf. N. Lenoir, *Les lanceurs d'alerte, une innovation française venue d'outre-Atlantique*, JCP, E, 2015, 1492 ; F. Barrière, « Les lanceurs d'alerte », *Rev. soc.*, 2017, 191.

893 L. 2017-399 du 27 mars 2017 (*JORF* du 28 mars 2017) ; cf. A. Danis-Fatome et G. Viney, *la responsabilité civile dans la loi relative au devoir de vigilance des sociétés mères et des entreprises donneuses d'ordre*, D. 2017, 1610 et ss.

894 Plan d'Action pour la Croissance et la Transformation des Entreprises. La littérature est importante. En dernier lieu, cf. not. J. Heinich, *Projet de loi Pacte : une nouvelle loi de*

dont les nouvelles dispositions « *tendent surtout à inciter les dirigeants à ne plus se contenter de satisfaire les intérêts de leurs associés et actionnaires, supposés essentiellement financiers et court-termistes* »[895].

Bref, l'éthique des affaires a changé de camp. D'individualiste et secret durant un certain temps, elle est devenue actuellement transparente et « solidaire » exigeant des acteurs du droit loyauté et responsabilisation. Mais cela n'implique pas que cette exigence de transparence doive être totale.

B. L'exigence de transparence ne doit pas être totale

9. Le besoin de transparence et ses frontières – S'il n'est plus indiqué que le secret doit dominer en droit des affaires, il n'est pas non plus sain pour une démocratie économique que la transparence des affaires soit totale. Le bon sens populaire l'énonce à sa manière : « Toute vérité n'est pas bonne à dire ». L'excès de transparence en affaires ne peut être une bonne chose. La demande de transparence tend à lutter contre l'opacité des affaires dont on se doute bien qu'elle peut favoriser des desseins frauduleux[896]. En d'autres termes, elle témoigne de la rupture de confiance[897] et veut rétablir au sein des acteurs concernés (publics comme privés) la balance de la justice que l'opacité a fait pencher de manière indue en faveur de l'un d'entre eux. Mais elle ne doit pas aller au-delà. Parlant de l'idéologie de la transparence, le professeur J.-B. Racine a très bien posé les termes du problème dans une matière spécifique mais qui a vocation, à notre sens, à être généralisé : *« Ce n'est pas la transparence elle-même qui est néfaste mais son caractère invasif... »*[898]. Et l'auteur de présenter les risques de ces excès de la transparence en même temps que des tentatives de solutions possibles[899]. Une telle présentation commanderait de distinguer dans quelle hypothèse maintenir le secret et dans quelle autre imposer la transparence. Il serait vain de vouloir dresser une sorte d'inventaire à la Prévert des cas où la transparence serait de rigueur et le secret maintenu. De bons ouvrages ont essayé de synthétiser la matière : s'il s'agit d'enrayer l'opacité frauduleuse, pèsent désormais sur les entreprises de nombreuses obligations d'information. D'où l'exigence de transparence

---

simplification ? Dr. Sociétés, novembre 2018, repère n° 10 ; R. Vabres, *Projet de loi Pacte et projet de loi de finances pour 2019 : faut-il une fiscalité adaptée aux sociétés poursuivant des objectifs sociaux et environnementaux* ? Dr. Sociétés, janvier 2019, repère n° 1.

[895] M. Roussille, *Projet de loi PACTE : quel impact ? – réflexions sur la consécration de l'intérêt social et de la raison d'être de la société*, Dr. Sociétés, septembre 2018, études n° 10.

[896] J.-M. Garinot, *Le secret des affaires*, *op. cit.*, n°s 131 et ss.

[897] Cf. A. Lepage, avant-propos à la IIIe partie « Étude : le droit de savoir » du Rapport annuel de la Cour de cassation, 2010, p. 71 : « *La transparence engendre la confiance. Elle est mère également de surveillance* […] ».

[898] J.-B. Racine, *Sur l'idéologie de la transparence en matière d'arbitrage*, *op. cit.*, spéc. 729.

[899] J.-B. Racine, *op. cit.*, spéc.741 et ss.

permanente[900] et de publicité légale dans diverses matières[901]. S'il s'agit de protéger les tiers (contractants ou non), *« la publicité doit être proportionnée au but à atteindre »*[902].

Nonobstant les vertus que l'on peut conférer à la transparence dans la vie des affaires, il n'en demeure pas moins que la nécessité de maintenir une indépendance réelle entre les deux concepts demeure indispensable.

II. L'autonomie nécessaire des deux concepts

10. l'Indépendance indispensable des deux notions – Maintenir du point de vue conceptuel l'autonomie du secret par rapport à celle de la transparence est commandé par la nature même des choses, les deux concepts à notre sens se servant mutuellement de cause ou de repères. Car ce qui alarme, c'est l'opacité du secret et ce qui inquiète, c'est l'excès de transparence. Hors ces limites, les deux concepts retrouvent leur liberté d'expansion en droit des affaires. Le secret affranchit a priori le chef d'entreprise de tout asservissement moral ou éthique (A), la transparence servant de garde-fou à toutes fins utiles (B).

A. Le secret qui libère

11. La liberté d'agir – Il n'est pas d'entreprise, de projet ou de vision sans une part de secret. De manière générale, l'épanouissement d'un projet ou d'une opération quelconque est tributaire de la manière dont le secret qui l'entoure a été préservé. En d'autres termes, le secret est inhérent à la vie des affaires ; *« il est un élément intrinsèque de la personnalité, une composante de la dignité »*[903]. Aucun contrat, aucune initiative économique ou commerciale ne peut se dérouler sans, au préalable, une période de secret durant laquelle le contractant ou l'agent économique est seul avec lui-même à soupeser les bienfaits de la convention ou de l'opération future. C'est là toute la question des avant-contrats, des promesses de contrat, ou de la période précontractuelle[904]; c'est là toute la richesse des pactes d'actionnaires en droit des sociétés[905] ou toute l'ampleur des opérations de concentration

---

[900] J.-M. Garinot, *op. cit.*, n°s 145 et ss.
[901] T. F. Rakotoarison, *op. cit.*, n°s 410 et ss.
[902] J.-M. Garinot, *op. cit.*, n° 148.
[903] J.-M. Burguburu, Allocution d'ouverture au colloque Transparence et secret, le vice ou la vertu ?, *op. cit.*, 3.
[904] La littérature est féconde, cf. not. A. Benabent, *Droit civil, les obligations*, Montchrestien, 2007, n° 62 ; D. R. Martin, « des promesses précontractuelles », in *Droit et Actualités*, Études offertes à Jacques Beguin, Litec LexisNexis, 2005, 486 et ss. ; D. Mazeaud, « La genèse des contrats », *Droit et patrimoine*, 1996, 44 et ss.
[905] Littérature très riche, cf. not. P. Mousseron, *Les conventions sociétaires*, LGDJ, 2014 ; M. Germain, « Pactes, statuts et ordre public », in *Mélanges*, en l'honneur de Philippe Merle,

d'entreprises[906] ; c'est là que gît, entre autres, le cœur du brevet industriel, des secrets de fabrique[907] ou encore du secret bancaire[908]. Cette période de temps où les entreprises ou les contractants se jugent et se jaugent échappe par définition à l'emprise publique et ne peut appartenir qu'au seul contractant. Elle est la période où le projet mûrit en secret, sans aucune interférence extérieure. Elle est la partie intime de la décision à prendre.

Plus pragmatique, C. Gavalda avait en son temps systématisé le mécanisme : *« Les commerçants et les industriels veulent garder, bien sûr, secrets leurs procédés de fabrication ou leurs inventions, mais encore toutes les méthodes et les voies de leur succès. L'organisation de l'entreprise, la composition du personnel, les traités passés avec d'autres entreprises, les listes de clients ou de correspondants ne doivent pas être divulgués. Les projets d'extension, d'implantation de succursales ou l'aménagement de certaines chaînes de distribution, l'importance des stocks, sont autant d'éléments de ce fameux secret des affaires. Mais, par-dessus tout, le commerçant tenait à ce que son crédit ne fût pas dévoilé [...] »*[909]. Les auteurs récents se sont voulus plus conceptuels et développent la notion de bien informationnel qui fait partie intégrante du patrimoine de l'entreprise et que seul le secret peut protéger[910].

Bref, le secret est le catalyseur de la liberté d'entreprendre et ne peut être disjoint du pouvoir du chef d'entreprise. Sa légitimité s'évince, au regard du droit français, des termes mêmes de la loi et de la position de la jurisprudence : C'est bien parce que la détention du secret est légitime que le législateur et les juges interviennent pour y mettre des limites[911]. Et c'est bien parce que le

---

Dalloz, 2013, 305 et ss. ; J.-J. Ansault, « Les pactes extrastatutaires sous la surveillance de l'ordre public sociétaire », in *Mélanges*, M. Germain, *op. cit.*, 1 et ss.

906 Cf. Y. Cheminade, *La nature juridique de la fusion*, RTDCom, 1970, 15 et ss. ; J. Martin, *La notion de fusion*, RTDCom, 1978, 269 et ss. ; M. Pariente, *Les groupes de sociétés, aspects juridiques, social, comptable et fiscal*, Litec, 1993 ; F. Lefebvre, Mémento Pratique, groupes de sociétés 2011-2012 ; plus spéc. J. Passa, « Propriété intellectuelle et groupe de sociétés », in *Mélanges*, Michel Germain, *op. cit.*, 649 et ss.

907 Cf. S. Marcellin et Th. DU Manoir De Juaye, *Le secret des affaires*, LexisNexis, 2016, spéc. n°s 147 et ss.

908 Outre les références déjà citées, Adde S. Marcellin et Th. Du Manoir De Juaye, *op. cit.*, spéc. n°s 61 et ss.

909 C. Gavalda, *op. cit.*, 292.

910 Cf. E. Mackaay et St. Rousseau, *Analyse économique du droit*, Dalloz & Thémis 2008, sp. n°s 982 et ss. sur l'information et sa création ; également, G. Pogorel, Le bien informationnel, in colloque *le vice ou la vertu*, *op. cit.*, 8 et ss. ; T. F. Rakotoarison, *op. cit.*, n°s 650 et ss. qui, après avoir défini et démontré l'information comme étant un bien, analyse les différents éléments de protection possible de celui-ci.

911 Cf. les tableaux synoptiques et très pratiques dressés par S. Marcellin et Th. Du Manoir De Juaye, *op. cit.*, n° 58, p. 40 et 41, le tableau des dépositaires du secret professionnel ; n° 60, p. 45 à 47, le tableau des mesures de protection à l'heure du numérique ; n° 69 à 71, p. 52 à 57, les tableaux de l'opposabilité du secret bancaire aux tiers, aux autorités judiciaires et aux autorités administratives...

pouvoir conféré au secret peut être incontrôlé que la notion de transparence intervient pour le brider.

B. La transparence qui endigue

12. L'endiguement – L'expression est inspirée du professeur J.-B. Racine qui l'emploie dans le sens inverse de ce que l'on veut avancer[912]. L'auteur veut démontrer la nécessité de contenir l'excès de transparence qui peut conduire aux risques d'une « apparence en trompe-l'œil »[913] ou à une « dénaturation de l'institution arbitrale »[914]. Sans vouloir reprendre la démonstration de l'éminent auteur à laquelle nous souscrivons entièrement, nos propos se veulent plus modestes.

Ils tendent au contraire à établir que la liberté « au secret » reconnue au contractant ou à l'agent économique doit être bridée par l'appel à la notion de transparence. Le secret est en quelque sorte en « liberté surveillée » car il est clair, ainsi qu'il a été dit plus haut, qu'il est des domaines du droit où le secret doit céder face aux exigences de l'ordre sociétaire, contractuel ou autre... C'est le rôle de la transparence que de servir de digue à ces possibles dérives du droit au secret. Seulement, l'on retombe alors dans ce qu'appréhende le professeur J.-B. Racine : il ne faut pas non plus que les manifestations de la transparence aillent à l'encontre du droit « bon et juste »... Les liens entre le secret et la transparence oscillent ainsi d'un pôle à l'autre, les excès de l'un devant être tempérés par l'appel aux raisons d'être de l'autre.

13. Conclusion – et le droit malgache dans tout ça ? – En droit français et dans les droits avancés, le sentier de la transparence et du secret des affaires est battu et rebattu, tellement les écrits sur l'un ou l'autre thème sont légion. Le droit de Madagascar, lui, souffre du syndrome de la transplantation des modèles juridiques[915]. Les avancées observées en dehors du système juridique d'accueil ne reçoivent aucun écho dans celui-ci tant qu'elles n'y sont pas éprouvées. En d'autres termes, si le succès d'une institution est jugé selon le nombre de textes qui y est consacré, leur rareté ou leur absence impliquant la quiétude du droit, alors Madagascar n'aurait aucun problème de transparence de la vie publique et encore moins de secret des affaires. Mais on sent bien que la vérité est ailleurs. Même si les décisions des tribunaux en la matière sont quasi inexistantes, la mondialisation du droit et des idées décuplée par les

---

[912] J.-B. Racine, *op. cit.*, p. 741 dont la IIe partie de l'article est intitulée « Le nécessaire endiguement de la transparence ».

[913] J.-B. Racine, *op. cit.*, spéc. 742, les mots sont forts : « *Point alors le risque d'une apparence creuse, d'un concept incantatoire. Le risque est réel d'une légitimation purement formelle et discursive, sans conséquence sur la substance [...]* ».

[914] Ce sont les deux subdivisions de l'auteur quand il traite des risques liés à la transparence (p. 742 et ss.).

[915] Nghia D. Pham & Ramarolanto-Ratiaray, *Transplanted private property rights in former french colonies: a legal and cultural approach from the receiving country perspective*, *op. cit.*, spec. 142 et ss.

réseaux sociaux notamment sur Facebook ignore les frontières réelles ou supposées et favorise la prise de conscience de tout un chacun. Aussi, l'absence de législation[916] ou de décision juridictionnelle en droit malgache ne doit pas tromper. Les réactions des journaux, de la presse spécialisée ou des revues juridiques sur des faits inconnus (ou méconnus ?) du droit malgache mais qui se déploient dans le cadre des frontières physiques de l'île alertent suffisamment l'opinion sur l'importance du phénomène à traiter[917]. Si les juridictions essaient de parer à l'urgence, tenues qu'elles sont par l'obligation de juger[918], on ne peut que s'émouvoir des réactions du politique[919] ou de nombre de parlementaires pour lesquels la notion d'urgence et celle d'État de droit se diluent dans le flou et la complicité de l'esprit partisan[920]. Mais c'est là une autre question.

---

[916] On mettra à part d'une part la loi – la seule en droit des affaires – n° 99-025 du 19 août 1999 relative à la transparence des entreprises dont l'objet n'était pas tant de moraliser le droit des affaires à Madagascar que d'inciter les dirigeants à déclarer leur entreprise pour des raisons fiscales et économiques et, d'autre part, les autres lois relatives à la gouvernance de la Cité lesquelles ont plus des visées politiques que véritablement techniques ; sur cette question, cf. la contribution de Mme F. Esovelomandroso, *De la transparence dans l'accès aux règles de droit à la transparence de la justice à Madagascar.*

[917] Cf. la résolution du Parlement européen 2017/2963 sur Madagascar qui, en 15 points, dresse un tableau édifiant des étapes que la Grande Île doit franchir pour une bonne gouvernance et un État de droit digne de ce nom.

[918] Cf. not. Trib. Com., Antananarivo, 18 septembre 2008 (n° 207-C), Dame Rakotonandrasana c/Dame Rasoamihamina, jugements commentés du tribunal de commerce d'Antananarivo année 2008, SCAC & Juridika, 2012, tome 2, p. 301 avec notre note *« déni de justice ou justice rendue ? »*.

[919] On prendra à notre compte l'interpellation de C. Kessedjian concernant « l'État exemple » et, ces hommes qui nous gouvernent (in remarques conclusives de *l'Éthique dans les relations économiques internationales*, *op. cit.*, 259) : « *Le problème vient essentiellement du fait que notre modernité connaît beaucoup d'hommes politiques qui veulent accéder au pouvoir non pour le service de la collectivité et le bien-être de la société, mais pour les avantages personnels qu'il procure, parmi lesquels l'immunité n'est pas le moindre.* »

[920] Cf. par ex. le point 7 de la résolution 2017/2963 du Parlement européen sur Madagascar : *« 7. invite le gouvernement malgache à laisser la justice suivre son cours normal en toute indépendance dans l'« affaire Claudine » et dans tous les cas de corruption active et passive ; souligne que la politique ne doit pas s'immiscer dans la justice et que le Bianco doit être autorisé à mener librement ses enquêtes liées à la corruption ; insiste sur le strict respect du principe de séparation des pouvoirs et souligne que l'indépendance et l'impartialité de la justice doivent être garanties en toutes circonstances ; demande aux autorités malgaches de redoubler d'efforts pour éliminer la corruption et l'impunité dans le pays et faire en sorte que tous les cas de corruption soient traduits en justice […] ».*

La transparence en droit financier : l'exemple de l'émergence des *due diligences*

Alexandre Quiquerez
Maître de conférences en droit privé
Vice-doyen en charge des études
Université Lumière Lyon 2
Équipe d'accueil Droits, Contrats, Territoires (EA 4573)

Le titre de l'ouvrage collectif[921] où cet article prend place nous permet d'illustrer la dimension transfrontière, qui peut être franco-malgache, du sujet proposé. Voici un groupe français qui souhaite acquérir une société malgache dont la valeur économique et financière doit être déterminée. Les documents publics à propos de cette entreprise sont peu nombreux et ne s'agissant pas d'une société cotée en bourse, aucun rapport annuel n'a été publié. Avant d'engager les négociations, une *due diligence* sera conduite afin d'auditer son patrimoine, ses ressources humaines et ses finances. Le juriste interviendra particulièrement pour identifier l'ensemble des actifs corporels et incorporels de cette entreprise (immeubles, stocks, droits de propriété intellectuelle, savoir-faire, etc.). Au financier ensuite d'effectuer, notamment au regard des comptes sociaux et d'études de marché, une évaluation économique de ces actifs afin de pouvoir estimer le prix qui servira de base aux négociations. Le rapport de *due diligence* qui peut être élaboré par un cabinet indépendant à la demande de l'acheteur intéressé est destiné à assurer une grande transparence sur les actifs de l'entreprise. L'acquéreur potentiel doit pouvoir bénéficier d'informations fiables sur la nature et la valeur des actifs. En effet, il peut y avoir un hiatus important entre, d'une part, certaines idées préconçues et, d'autre part, la réalité économique et financière. La *due diligence* montre son intérêt dans le cadre de tout projet de vente d'entreprise. La *due diligence* peut encore se rencontrer dans les projets de *joint-venture* international, dans lesquels chaque partenaire veut mieux se connaître avant de décider d'engager la coopération[922]. Les opérations de *due diligence* dont il sera surtout question ci-après relèvent plus étroitement de la vie financière.

La transparence est une notion bien connue des économistes, qui y voient une clé de bonne gouvernance[923]. Elle s'est largement diffusée dans les débats

[921] *La transparence. Éléments d'analyse en droit français et malgache*, L'Harmattan, 2019.
[922] A. Quiquerez, L'*intégration juridique des brevets dans les montages de joint-ventures*, Nouveaux usages des brevets d'invention, PUAM, coll. « Innovation et brevets », 2014, p. 81.
[923] C. Hood et D. Heald, *Transparency: The Key to Better Governance?*, OUP/British Academy, 2006.

publics et dans diverses matières juridiques. L'étymologie est révélatrice du sens de ce mot : transparence provient du latin *trans*, signifiant « au-delà, à travers », et *parere* voulant dire « paraître, apparaître, se montrer ». Est transparent ce qui se laisse pénétrer par une lumière assez abondante pour permettre de distinguer nettement les objets à travers leur épaisseur. Par extension et au sens figuré, lequel nous retiendra à présent, la transparence est le caractère de ce qui ne cache rien, de ce qui ne dissimule rien, par opposition à l'opacité. L'application de la notion de transparence est relative : elle peut être totale, quand l'information est diffusée au public ; elle peut être simplement partielle si l'information est transmise exclusivement à un cercle restreint de personnes. La transparence ne nous semble pas liée au nombre de personnes ayant accès à l'information, mais plutôt à la quantité et à la qualité de l'information qui est mise à disposition ; il s'agit d'apporter aux destinataires toutes les informations nécessaires pour qu'ils soient parfaitement éclairés.

L'exigence de transparence est particulièrement prégnante au sujet des sociétés cotées en bourse eu égard à leurs obligations d'information à l'égard des actionnaires[924]. Le droit de l'Union européenne illustre parfaitement l'intégration légale de la notion de transparence, notamment à travers les textes suivants : la directive « Transparence »[925], la directive « MiFID II »[926], le règlement « Abus de marché »[927], le règlement « Prospectus »[928] et le règlement « EMIR »[929].

Notre étude se concentrera sur l'importance des *due diligences*, terme anglais diversement traduit par les syntagmes « diligences raisonnables », « diligences appropriées » ou encore « vigilance appropriée ». Dans une approche très restrictive, notamment en matière de transport maritime[930], la *due diligence* vise une obligation de vigilance ou de vérification. Elle est surtout connue des juristes et experts-comptables pour désigner l'audit

---

924 Y. de Cordt et G. Schaeken Willmaers, *La Transparence en droit des sociétés et en droit financier*, Larcier, coll. « Droit des sociétés », 2008.

925 **Directive 2004/109/CE du Parlement européen et du Conseil du 15 décembre 2004 sur l'harmonisation des obligations de transparence concernant l'information sur les émetteurs dont les valeurs mobilières sont admises à la négociation sur un marché réglementé et modifiant la directive.**

926 Directive 2014/65 UE du 15 mai 2014 sur les marchés d'instruments financiers.

927 **Règlement (UE) n° 596/2014 du Parlement européen et du Conseil du 16 avril 2014 sur les abus de marché et abrogeant la directive 2003/6/CE du Parlement européen et du Conseil et les directives 2003/124/CE, 2003/125/CE et 2004/72/CE.**

928 **Règlement (UE) n° 2017/1129 du Parlement européen et du Conseil du 14 juin 2017 concernant le prospectus à publier en cas d'offre au public de valeurs mobilières ou en vue de l'admission de valeurs mobilières à la négociation sur un marché réglementé, et abrogeant la directive 2003/71/CE.**

929 Règlement **n°** 648/2012 du 4 juillet 2012 sur les produits dérivés négociés de gré à gré.

930 Sur l'obligation de vérification de l'état du navire : Ph. Delebecque, I. Bon-Garcin, M. Bernadet, *Droit des transports*, 2e éd., Dalloz, coll. « Précis », 2018, n° 559 ; M.-E. Ancel, P. Deumier et M. Laazouzi, *Droit des contrats internationaux*, Sirey, 2017, n° 989.

effectué préalablement à une cession d'entreprise ou à une fusion-acquisition, portant sur les actifs et les risques de la société cible[931]. La *due diligence* peut être réalisée à l'initiative de l'acheteur, mais aussi du vendeur, lequel n'avait pas forcément saisi jusque-là l'opportunité d'analyser ses propres actifs[932]. À l'origine surtout proposée par les grands cabinets d'audit et de conseil anglo-américains, la *due diligence* s'est introduite dans l'offre de services de nombreux prestataires, y compris les cabinets d'avocats. Le concept de « *due diligence* » recouvre des pratiques variées, allant de la simple vérification à la diffusion d'informations auprès d'acteurs économiques ou d'autorités publiques, et est désormais utilisé dans des pratiques diverses du monde des affaires. C'est ainsi que ce concept s'est également diffusé dans les opérations de marchés financiers.

Les processus de *due diligence* répondent à un objectif de transparence, car ils visent, dans le domaine du droit financier, à améliorer l'information disponible pour des investisseurs potentiels ou certains organismes. La *due diligence* est, à notre sens, un outil précieux de transparence vis-à-vis des investisseurs, dès lors qu'il est entendu comme un processus, non seulement de vérification ou de contrôle d'informations, mais aussi de diffusion d'informations, dûment vérifiées, « validées ». Cette propension à la transparence dépasse le sens strict et littéral de la *due diligence*. Effectuer une diligence appropriée, c'est, au fond, savoir et faire savoir. Les rapports de *due diligence* sont, à cet égard, le document d'informations privilégié. La *due diligence* repose généralement sur une « approche par les risques », c'est-à-dire que l'entreprise ou l'investisseur va analyser les divers risques, qu'ils soient commerciaux, juridiques, financiers ou techniques[933]. Le concept de risque sera dès lors central dans les informations qui seront recherchées, traitées et bien souvent communiquées.

Dans les marchés financiers, la loi – mais aussi des pratiques dont il est difficile de se départir compte tenu de leur généralité et utilité – peut instaurer des *due diligences*, que ce soit à la charge des émetteurs (I) ou des investisseurs (II).

---

[931] Pour une approche synthétique et pratique : H. Lamon, *Acquisition, financement et cessions d'entreprises*, Larcier, 2015, n°s 572 et s. ; égal. : M. Boizard et Ph. Raimbourg, *Ingénierie financière, fiscale et juridique*, 3e éd., Dalloz, coll. « Action », 2015, n° 421.52 ; Cozian, A. Viandier et F. Deboissy, *Droit des sociétés*, 31e éd., LexisNexis, coll. « Manuel », 2018, n° 1879.

[932] I. Seledchikova, *Pourquoi et comment la « due diligence » s'impose-t-elle aux entreprises ?*, Les Échos, 24 oct. 2017.

[933] F. Simon, *L'Audit juridique : Une méthodologie au service d'une politique de prévention des risques*, Petites affiches, juin 2003, n° 126, p. 4.

I. Les *due diligences* à la charge des émetteurs

Le recours à des *due diligences* est nécessaire, à titre préalable en droit des marchés financiers (A), mais aussi dans le cadre de la lutte contre le blanchiment d'argent et la corruption (B).

A. Une obligation en droit des marchés financiers

La diligence appropriée est juridiquement obligatoire avant une introduction de titres dans les marchés financiers, car elle est imposée à l'émetteur pour candidater au marché réglementé Euronext (1). Elle est également très utile d'un point de vue pratique pour préparer le prospectus, ce qui explique pourquoi elle est souvent menée (2).

1. Une obligation selon les règles de marché

Le marché réglementé Euronext est géré par l'entreprise de marché Euronext SA. Conformément à l'article L. 421-10 du Code monétaire et financier, Euronext adopte des règles qui assurent des négociations sécurisées et une exécution efficace des ordres. Les conditions d'admission aux négociations des instruments financiers sur le marché sont également décrites dans ces règles, qui sont approuvées par l'AMF et publiées sur le site internet de l'entreprise de marché. Cependant, avant de pouvoir introduire ses titres financiers sur Euronext, l'émetteur doit être membre de ce marché. Pour y parvenir, il doit remplir un formulaire de demande, entreprendre une *due diligence* et signer un document stipulant qu'il se conformera à toutes les règles de marché[934]. Cette *due diligence* est souvent réalisée par une banque d'investissement, désignée comme étant le membre/listing sponsor.

Le schéma suivant permet de se représenter les différentes étapes juridiques et commerciales nécessaires pour émettre des actions au sein du marché réglementé Euronext.

[934] https://www.euronext.com/fr/membership ; règlement délégué (UE) **n°** 2017/589 de la Commission du 19 juillet 2016 complétant la directive 2014/65/UE du Parlement européen et du Conseil par des normes techniques de réglementation précisant les exigences organisationnelles applicables aux entreprises d'investissement recourant au trading algorithmique.

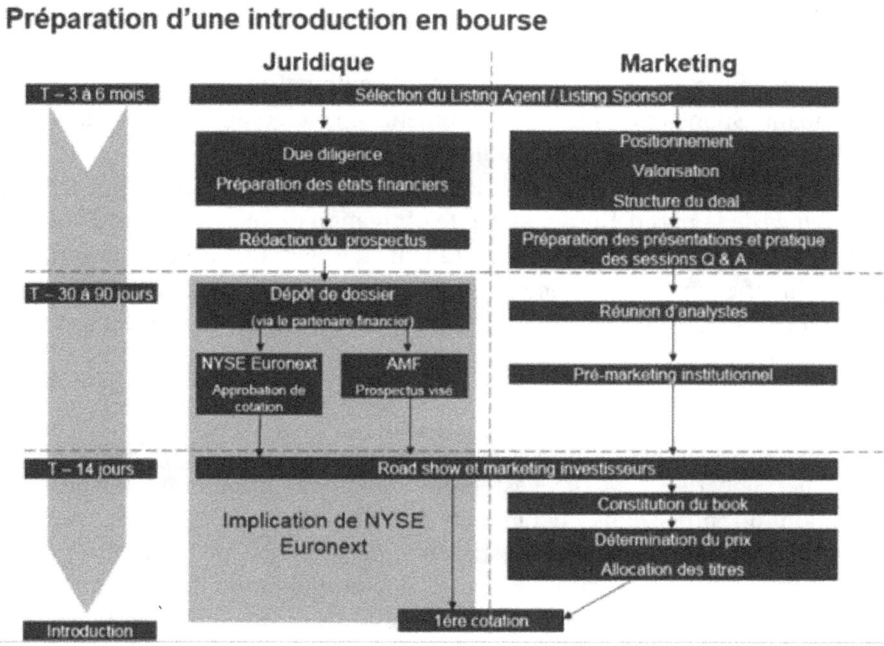

Les règles de marché d'Euronext, au sein de leur Livre I[935], disposent que le Membre Sponsor doit avoir mis en place un dispositif approprié (« *due diligence* » dans la version anglaise) avec le Participant Sponsorisé. Ce dispositif doit permettre au Membre Sponsor de garder le contrôle de ses systèmes de gestion du risque (lesquels ne peuvent être situés dans les locaux du Participant Sponsorisé et auxquels le Participant Sponsorisé ne doit pas avoir accès ni physiquement ni électroniquement) et d'être en mesure de prendre toutes mesures appropriées sur l'activité de négociation du Participant Sponsorisé. En particulier, un Membre Sponsor doit être capable de démontrer à Euronext que :

a) ses dispositifs sont conformes aux dispositions du règlement délégué UE n° 2017/589 sur les exigences organisationnelles applicables aux entreprises d'investissement recourant au trading algorithmique, et qu'il a la capacité d'examiner les systèmes de contrôle de risques du Participant Sponsorisé lorsqu'il l'estime nécessaire ;

b) tous les ordres du Participant Sponsorisé passent par les contrôles pré- et post-négociation du Membre Sponsor, et le Membre Sponsor est seul autorisé à introduire ou modifier les paramètres ou limites des contrôles pré- et post-négociation qui s'appliquent au Participant Sponsorisé ;

c) le Membre Sponsor surveille en temps réel les ordres entrés par le Participant Sponsorisé afin de prévenir, entre autres, toute forme de

---

[935] Règles de marché d'Euronext, Livre I : règles harmonisées, 31 juill. 2018, § 3301/04.

négociation qui pourrait créer ou contribuer à un marché désordonné ou s'avérer contraire aux règles de marché ;

d) le Membre Sponsor bloque ou annule automatiquement les ordres d'un Participant Sponsorisé sur un instrument financier admis pour lequel le Participant Sponsorisé n'est pas autorisé à intervenir.

Dans un souci de transparence, les résultats de cette *due diligence* peuvent être exigés de la part d'Euronext. Cette obligation de recourir à ces dispositifs et de les divulguer à Euronext constitue une dérogation au secret des affaires. Elle se justifie par l'importance d'assujettir les sociétés cotées en bourse à des contraintes spécifiques de sécurité, afin de protéger les investisseurs et l'intérêt général.

2. Une obligation selon les règles européennes

Mener une *due diligence* est particulièrement important en vue de la rédaction du prospectus, document d'informations destiné aux preneurs fermes[936] et, *in fine*, aux investisseurs. Un prospectus doit être rédigé préalablement à la réalisation de toute offre au public ou de toute admission aux négociations sur un marché réglementé de titres financiers sur le territoire de l'Espace économique européen[937]. Ce prospectus est établi sous la responsabilité de la société, et doit être mis à disposition du public avant le début de l'opération. L'opération de *due diligence* consiste alors à collecter et à vérifier les informations diffusées dans le prospectus[938]. Il s'agit notamment de vérifier la situation de l'émetteur et les facteurs de risques. Le processus de *due diligence* n'est malheureusement pas prévu et encadré par le règlement européen Prospectus[939]. Pourtant, la consécration d'une véritable obligation de *due diligence* irait dans le sens des meilleures pratiques, permettrait de préciser le processus à suivre et de réduire les risques d'inexactitude des informations.

En revanche, selon le règlement délégué (UE) **n°** 2017/589 complétant la directive 2014/65/EU (« MIF 2 »), le droit de l'Union européenne impose aux entreprises d'investissement fournissant un accès électronique direct d'effectuer des *due diligences* sur leurs clients[940]. Ces entreprises

[936] Le preneur ferme est, en pratique, une banque d'investissement qui souscrit la totalité des titres et se charge de leur placement auprès du public, selon les termes de la convention de prise ferme.

[937] Art. 212-1 du règlement général de l'AMF, en vigueur au 5 juin 2019.

[938] J.-F. Gajewski et C. Greese, *A Survey of the European IPO Market*, CEPS, 2006, p. 6.

[939] Règlement (UE) **n°** 2017/1129 du Parlement européen et du Conseil du 14 juin 2017 concernant le prospectus à publier en cas d'offre au public de valeurs mobilières ou en vue de l'admission de valeurs mobilières à la négociation sur un marché réglementé, et abrogeant la directive 2003/71/CE.

[940] Art. 22, règlement délégué (UE) **n°** 2017/589 de la Commission du 19 juillet 2016 complétant la directive 2014/65/UE du Parlement européen et du Conseil par des normes

d'investissement doivent être soumises à une évaluation préalable, adaptée aux risques inhérents à la nature, à l'importance et à la complexité de leur activité de négociation telle qu'attendue, ainsi qu'à l'accès électronique direct qui leur serait fourni. Il s'agit d'évaluer, en particulier, le niveau escompté de volume d'ordres, ainsi que le type de connexion aux plateformes de négociation concernées.

En matière de gestion collective, dans le cadre de leur activité de sélection et de suivi des investissements, les sociétés de gestion d'OPCVM doivent mettre en place des procédures de *due diligence*[941]. En effet, le droit de l'Union européenne impose que les États membres exigent des sociétés de gestion que, lorsque celles-ci mettent en œuvre leur politique de gestion des risques, elles effectuent des analyses relatives à la contribution de l'investissement à la composition, à la liquidité et au profil de risque et de rémunération du portefeuille de l'OPCVM avant d'effectuer ledit investissement. Ces dispositifs doivent permettre à la société de gestion de connaître parfaitement les actifs dans lesquels l'OPCVM investit.

B. Une exigence en matière de lutte contre le blanchiment et la corruption

En matière de lutte contre le blanchiment et la corruption, les diligences appropriées sont rendues obligatoires par les textes (1) et ont été intégrées dans les pratiques (2).

1. Les textes

Plusieurs textes sont intervenus pour lutter à la fois contre le blanchiment d'argent et le financement du terrorisme, mais aussi contre la corruption.

La 5e directive antiblanchiment contient un chapitre II posant des obligations de vigilance à l'égard de la clientèle (en anglais « *customer due diligence* »)[942]. Les États membres doivent veiller à ce que les entités assujetties appliquent des mesures de vigilance à l'égard de leur clientèle dans certaines hypothèses, notamment « lorsqu'elles nouent une relation d'affaires ». Ce cas très large s'applique à la souscription de titres financiers. Les mesures de vigilance à l'égard de la clientèle comprennent l'identification du client et la vérification de son identité, l'identification du bénéficiaire

---

techniques de réglementation précisant les exigences organisationnelles applicables aux entreprises d'investissement recourant au trading algorithmique.

941 Art. 23, directive 2010/43/UE de la Commission du 1er juillet 2010 portant mesures d'exécution de la directive 2009/65/CE du Parlement européen et du Conseil en ce qui concerne les exigences organisationnelles, les conflits d'intérêts, la conduite des affaires, la gestion des risques et le contenu de l'accord entre le dépositaire et la société de gestion.

942 Directive (UE) 2018/843 du Parlement européen et du Conseil du 30 mai 2018 modifiant la directive (UE) 2015/849 relative à la prévention de l'utilisation du système financier aux fins du blanchiment de capitaux ou du financement du terrorisme, ainsi que les directives 2009/138/CE et 2013/36/UE.

effectif, l'évaluation et, le cas échéant, l'obtention d'informations sur l'objet et la nature envisagée de la relation d'affaires et l'exercice d'un contrôle continu de la relation d'affaires. Les personnes assujetties aux règles antiblanchiment doivent définir et mettre en place des dispositifs d'identification et d'évaluation des risques de blanchiment des capitaux et de financement du terrorisme auxquels elles sont exposées, ainsi qu'une politique adaptée à ces risques[943]. En pratique, cette mission est dévolue à un responsable « *due diligence* » ou « *compliance* » (conformité), chargé de mettre en œuvre un dispositif de « *know your customer* » (KYC). Le recours à des *due diligences* pour mieux connaître ses clients est également une recommandation du Groupe d'action financière (GAFI)[944].

Le dispositif de lutte contre le blanchiment d'argent et le financement du terrorisme est contenu en France dans le Code monétaire et financier. Il oblige les entreprises qui y sont assujetties à développer en interne une culture de la *due diligence*, au regard de trois obligations légales.

D'abord, par une obligation de vigilance à l'égard de leur clientèle. Les personnes mentionnées à l'article L. 561-2 appliquent les mesures de vigilance destinées à mettre en œuvre leurs obligations légales en fonction de l'évaluation des risques présentés par leurs activités en matière de blanchiment de capitaux et de financement du terrorisme[945]. À cette fin, elles définissent et mettent en place des dispositifs d'identification et d'évaluation des risques de blanchiment des capitaux et de financement du terrorisme auxquels elles sont exposées, ainsi qu'une politique adaptée à ces risques. Pour ce faire, elles doivent élaborer une classification des risques en question en fonction de la nature des produits ou services offerts, des conditions de transaction proposées, des canaux de distribution utilisés, des caractéristiques des clients, ainsi que du pays ou du territoire d'origine ou de destination des fonds.

Ensuite, par une obligation de déclaration et d'information. Les personnes mentionnées à l'article L. 561-2 sont tenues de déclarer à Tracfin les sommes inscrites dans leurs livres ou les opérations portant sur des sommes dont elles savent, soupçonnent ou ont de bonnes raisons de soupçonner qu'elles proviennent d'une infraction passible d'une peine privative de liberté supérieure à un an ou sont liées au financement du terrorisme (« déclaration de soupçon »)[946]. De plus, ces personnes doivent adresser à Tracfin les éléments d'information relatifs à certaines opérations présentant un risque élevé de blanchiment ou de financement du terrorisme en raison du pays ou du territoire d'origine ou de destination des fonds, de la nature des opérations

---

943 Art. L. 561-4-1 du Code monétaire et financier.

944 GAFI, *40 recommandations*, juin 2003, p. 4.

945 Art. L. 561-4-1 du Code monétaire et financier.

946 Art. L. 561-15 du Code monétaire et financier.

en cause ou des structures juridiques impliquées dans ces opérations (« communication systématique d'informations »)[947].

Enfin, les professionnels désignés, notamment les établissements de crédit, doivent remettre à l'Autorité de contrôle prudentiel et de résolution (ACPR) un rapport annuel sur l'organisation des dispositifs de contrôle interne de lutte contre le blanchiment des capitaux et le financement du terrorisme[948].

Dans le but de lutter contre la corruption et divers manquements à la probité, la loi « Sapin 2 », dont le titre officiel met en avant le concept de transparence[949], oblige les grandes entreprises à se livrer à des diligences particulièrement poussées. Celles-ci doivent mettre en œuvre « des procédures d'évaluation de la situation des clients, fournisseurs de premier rang et intermédiaires au regard de la cartographie des risques »[950].

En inscrivant cette obligation de conduire des analyses de *due diligence* sur les tiers, le droit français s'aligne sur des pratiques déjà bien établies aux États-Unis, avec le *Foreign Corrupt Practices Act* (FCPA) adopté en 1977, et le Royaume-Uni, avec le *Bribery Act* (UKBA) de 2010.

2. Les pratiques

Les dispositifs de diligence appropriée ont été intégrés par les entreprises, spécialement les plus grandes d'entre elles[951]. Devenues incontournables, les *due diligences* présentent certainement des difficultés de mise en œuvre, compte tenu des rapports de force entre les responsables conformité, chargés de cette mise en œuvre particulièrement contraignante, et les opérationnels. Ces derniers sont, en effet, généralement soucieux de maintenir leurs relations avec la clientèle ainsi qu'avec les intermédiaires (consultants ou agents en charge d'entrer en contact avec une clientèle) et d'éviter d'avoir à collecter et vérifier un volume surabondant d'informations sur la clientèle[952].

Les entités assujetties aux obligations de lutte contre le blanchiment d'argent et la corruption ont aujourd'hui accès à des logiciels agrégeant un

---

947 Art. L. 561-15-1 du Code monétaire et financier.

948 **Arrêté du 21 décembre 2018 relatif au rapport sur l'organisation des dispositifs de contrôle interne de lutte contre le blanchiment des capitaux et le financement du terrorisme et de gel des avoirs.**

949 Loi n° 2016-1691 du 9 décembre 2016 relative à la transparence, à la lutte contre la corruption et à la modernisation de la vie économique (« Sapin 2 »).

950 Art. 17, loi « Sapin 2 ».

951 X. Hubert et E. Gabillet, *Optimiser les due diligence. Une expérience en entreprise : le cas d'ENGIE SA*, Revue internationale de la compliance et de l'éthique des affaires, n° 39, supplément, p. 43 ; V. Béglé, *Due diligence anti-corruption-Vérifications préalables sur certains intermédiaires dans l'industrie du transport*, Rev. de droit des transports, juill. 2017, p. 46.

952 T. Kraljic, *Obligations de due diligence. Mise à l'épreuve des rapports de force entre consultants externes, opérationnels et responsables conformité des entreprises*, Cahiers de droit de l'entreprise, n° 2, mars 2017, dossier 8.

volume considérable de données sur des personnes physiques ou des personnes morales[953]. Ces entités peuvent alors effectuer des recherches sur les personnes avec lesquelles elles sont en relation d'affaires. En outre, certaines d'entre elles recourent à des entreprises privées spécialisées dans les *due diligences*. Celles-ci réalisent des enquêtes sur des clients, fournisseurs ou partenaires, qu'ils soient nouveaux ou existants, et remettent les résultats de leur investigation sous forme de rapports. Le but est de permettre aux entités assujetties de prendre des décisions relatives au respect des règles antiblanchiment ou anticorruption, et de se constituer une documentation en cas de demande d'une autorité compétente, à Tracfin notamment pour la France.

Les procédures de diligence appropriée sont mises à l'épreuve des méthodes de financement reposant sur Internet, notamment dans le cadre de financements participatifs et d'opérations d'ICO (« *initial coin offering* »)[954]. En effet, l'investisseur est susceptible de tromper l'entité financée sur son identité, et de profiter de l'anonymat permis par Internet pour blanchir des fonds. Les plateformes de financement participatif ou d'ICO mettent généralement en place des procédures de KYC. Ainsi que les conditions générales peuvent utilement le rappeler, toute personne souhaitant investir dans l'opération proposée doit fournir certaines informations : nom et prénom et domicile (pour les personnes physiques), ou dénomination sociale et siège social (pour les personnes morales), accompagnés des justificatifs. Profitant de la transposition de la 4e directive antiblanchiment, l'ordonnance n° 2016-1635 du 1er décembre 2016 a prévu de façon innovante que sont assujettis au dispositif antiblanchiment non seulement les professionnels du financement participatif (intermédiaires en financement participatif et conseillers en investissement participatif)[955], mais aussi « toute personne qui, à titre de profession habituelle, soit se porte elle-même contrepartie, soit agit en tant qu'intermédiaire, en vue de l'acquisition ou de la vente de tout instrument contenant sous forme numérique des unités de valeur non monétaires pouvant être conservées ou être transférées dans le but d'acquérir un bien ou un service, mais ne représentant pas de créance sur l'émetteur »[956]. La formulation employée vise implicitement les monnaies virtuelles et les professionnels intervenant dans ce secteur. Cependant, ces derniers ne sont pas soumis à une procédure d'agrément, et aucune autorité de contrôle dédiée n'a encore été désignée. Au niveau européen, afin de mettre fin à l'anonymat associé aux monnaies virtuelles, la 5e directive antiblanchiment[957] prévoit que les

---

953 Lexis Diligence et Fico sont des exemples de ces logiciels.

954 ESMA, *Initial Coin Offerings and Crypto-Assets*, 9 janv. 2019 ; C. Le Moign, *ICO françaises : un nouveau mode de financement ?*, AMF, 2018, p. 20.

955 Art. L. 561-2, 4° et 6°, du Code monétaire et financier.

956 Art. 561-2-7° bis du Code monétaire et financier.

957 Directive (UE) 2015/849 du Parlement européen et du Conseil du 20 mai 2015 relative à la prévention de l'utilisation du système financier aux fins du blanchiment de capitaux ou du

plateformes d'échange de crypto-monnaie et les fournisseurs de portefeuille devront, comme les banques, appliquer des contrôles de vigilance à l'égard de leurs clients, y compris les exigences de vérification d'identité.

II. Les *due diligences* à la charge des investisseurs

Quel que soit le marché financier, la *due diligence* est, pour les investisseurs, une précaution fondamentale avant de décider de souscrire un titre financier (A). En matière de titrisation, le droit de l'Union européenne est allé plus loin en l'imposant à la charge des investisseurs institutionnels (B).

A. Une précaution avant la souscription de tout titre financier

La décision de souscription à un titre financier peut résulter d'une diligence appropriée organisée par un contrat (1), ainsi que de l'intervention d'une agence de notation (2).

1. L'organisation contractuelle

Même lorsque le droit des marchés financiers ne l'impose pas, une démarche de *due diligence* est opportune, voire indispensable, d'un point de vue pratique[958]. Cette démarche est souvent suivie dans le cadre d'une offre de souscription de titres financiers, quelle que soit leur nature (actions, obligations, etc.) dès lors que la valeur économique justifie de s'exposer à des coûts non négligeables et à une procédure pouvant être longue. Avant que l'entreprise finance n'obtienne un accord définitif, et en général avant que l'investisseur n'ait signé une lettre d'intention (parfois appelée dans les secteurs technologiques « *Term Sheet* »), l'investisseur va procéder à une *due diligence*, consistant à procéder à des vérifications pour contrôler la rentabilité estimée en cas de réussite et identifier les risques associés à l'investissement.

L'absence de toute obligation légale de procéder à un audit, et de tout encadrement juridique des pratiques de *due diligence*, nous amène à souligner l'importance du contrat comme support juridique de la *due diligence*. Les techniques contractuelles les plus classiques dans les contrats d'affaires trouveront un terrain d'application très fertile. Le principe de la liberté contractuelle doit être mis au service de la préparation et de l'organisation de la diligence appropriée.

D'abord, se pose la question de la place de la contractualisation du processus de diligence appropriée. Si cette *due diligence* se déroule dans le

---

financement du terrorisme, modifiant le règlement (UE) nº 648/2012 du Parlement européen et du Conseil et abrogeant la directive 2005/60/CE du Parlement européen et du Conseil et la directive 2006/70/CE de la Commission.

[958] Voir en matière de capital-investissement : Th. Granier (dir.), *Les Fonds d'investissement*, Lamy, coll. « Axe droit », 2013, p. 188.

cadre de négociations, un contrat de négociation sera utilement conclu pour stipuler une clause d'audit. Cependant, pour les projets de plus grande envergure, un contrat pourra être entièrement dédié à l'encadrement de la diligence appropriée.

Ensuite, l'objet du contrat et les obligations en découlant devront être délimités. L'opération de diligence appropriée étant finalisée, tributaire des objectifs poursuivis et du contexte, il conviendra de préciser sur quoi portera la *due diligence* (actifs, finances, capital humain, technologies, situation fiscale, assurances, respect de l'environnement et autres considérations éthiques, etc.)[959] et quelles en seront les modalités pratiques. La diligence appropriée pourra utilement reposer sur un questionnaire pouvant se présenter sous forme d'une liste de vérifications. L'auteur des opérations (l'auditeur donc) et un planning seront indiqués. L'insertion de certaines clauses dans le contrat conclu entre l'émetteur et l'investisseur doit être envisagée :

- engagement de confidentialité à la charge des parties, notamment de l'investisseur, comme de ses salariés collaborateurs et sous-traitants, destinataires des informations ;
- clause « déclarations et garanties » (« *representations & warranties* ») : l'émetteur garantit la véracité des informations, sous peine d'engager sa responsabilité contractuelle ;
- clause (ou convention) de garantie d'actif ou de passif : utilisée dans le cadre de l'acquisition de titres de capital, cette clause prévoit, pendant une période définie, une indemnisation de l'acheteur par le vendeur dans le cas où l'acheteur subirait un préjudice financier du fait d'une mauvaise évaluation de l'actif ou du passif de l'entreprise ;
- clause pénale : la violation de certaines obligations est assortie du versement de pénalités ;
- clause d'audit : l'acquéreur ou l'investisseur a la faculté de consulter ou de vérifier des informations en disposant de certaines prérogatives, notamment d'accéder à la comptabilité ou à des contrats, et d'effectuer des visites sur site. Ces dernières peuvent se dérouler dans le cadre de « *data rooms* », espaces mis à disposition par la société auditée aux auditeurs pour analyser les différents documents qu'elle détient[960] ;
- clause relative à la responsabilité : cette stipulation doit prévoir le régime de responsabilité contractuelle en cas d'inexécution ou de mauvaise exécution de l'obligation de diligence appropriée. Doit y être associée une clause de force majeure, destinée à prévoir les conséquences de cet évènement sur la responsabilité du débiteur ;

---

959 P. Breese, *Due diligence propriété intellectuelle : bonnes pratiques*, Décideurs juridiques et financiers, oct. 2017, p. 16.

960 B. Dondero et C. Haussmann, *Les Data rooms : une pratique vue sous un angle théorique*, Droit & Patrimoine, nov. 2008, p. 62 ; L. Saucier, *Data room dans le cadre des due diligence préalables à l'acquisition des titres d'une société*, Petites affiches, 30 mai 2012, n° 108, p. 12.

- clause d'intégralité : les parties peuvent délimiter quels documents font partie intégrante du contrat. La clause d'intégralité est indispensable afin de préciser quelles annexes techniques ou commerciales – lesquelles sont susceptibles d'être nombreuses – disposent d'une valeur contractuelle.

Les *due diligences* étant des processus longs, complexes et coûteux, le cadre contractuel permettra d'organiser, de rationaliser et de budgétiser leur déroulement.

2. L'intervention d'une agence de notation

Une *due diligence* peut se rencontrer en complément de l'intervention d'une agence de notation. Une agence de notation est une entreprise privée chargée d'émettre une note de crédit, soit à l'émetteur (États, société, fonds d'investissement), soit à une catégorie de titres de créances émis (obligations, titres de créances négociables, etc.). Les agences de notation ont fait l'objet, depuis la crise des *subprimes*, de critiques quant aux conflits d'intérêts, l'agence étant rémunérée par l'entité notée. Leur rôle reste cependant essentiel, car elles mettent à la disposition des investisseurs des informations précieuses sous forme de rapport. La *due diligence* doit être envisagée sur trois niveaux :

- l'agence de notation doit s'assurer qu'elle dispose de moyens adaptés à ses activités. D'ailleurs, dans un souci de régulation des activités des agences de notation, le droit de l'Union européenne impose aux agences de notation d'évaluer l'adéquation et l'efficacité des systèmes, les mécanismes de contrôle interne et autres dispositifs qu'elle a mis en place, et de prendre toute mesure appropriée pour remédier à leurs éventuelles défaillances[961] ;
- les agences de notation ne recourent généralement pas elles-mêmes à des *due diligences* lorsqu'elles sont chargées de noter un émetteur ou des titres émis par une entité, notamment un organisme de titrisation[962]. En revanche, elles prennent en compte les rapports de *due diligence* pouvant être produits par des auditeurs indépendants, choisis et rémunérés par l'entité notée[963]. Ce processus se concrétise par des visites sur site, des analyses de contrats et autres documents, ainsi que l'établissement de rapports. Cela permet d'analyser la qualité des actifs permettant de rémunérer les titres ;
- les investisseurs sont encouragés par le droit de l'Union européenne à ne plus se reposer sur les seuls rapports des agences de notation, mais à mettre en place des procédures de vigilance appropriée internes afin d'évaluer eux-

---

961 Règlement (CE) n° 1060/2009 du Parlement européen et du Conseil du 16 septembre 2009, annexe I.

962 Standard & Poor's, *General Description of the Credit Rating Process as of May 16, 2018*, p. 2 : « S&P Global Ratings does not perform an audit and undertakes no duty of due diligence or independent verification of any information it receives ».

963 Pour un exemple : *Moody's assigns definitive ratings to Dongfeng Nissan Auto Finance auto loan ABS in China : VINZ 2018-4 Retail Auto Loan Securitization Trust*, 13 nov. 2018.

mêmes les risques liés au crédit[964]. L'objectif est de réduire la dépendance des investisseurs par rapport aux agences de notation.

Finalement, l'investisseur prendra sa décision d'investir ou non au regard des résultats de la *due diligence*, en particulier du rapport risques-rentabilité. Il peut être utilement stipulé que les résultats de la diligence appropriée n'obligeront en aucun cas l'investisseur à souscrire aux titres proposés.

B. Une obligation dans le domaine de la titrisation

La titrisation se définit comme l'émission de titres adossés à des actifs (« *Asset-Backed Securities* »)[965]. Une définition plus technique est : la cession d'actifs, tels que des créances, à un véhicule spécial (société, fonds, trust), qui émet des titres financiers payés grâce à ces actifs ; cette définition renvoyant à la titrisation par « cession parfaite » des actifs. Il existe par ailleurs des opérations plus complexes, appelées « titrisations synthétiques », où seuls des risques (et non des actifs) sont transférés au véhicule.

Le **règlement européen n° 2017/2402 («** règlement Titrisation »)[966] crée un cadre général pour la titrisation, notamment en établissant des exigences de diligence appropriée applicables à toutes les titrisations (1). Il instaure également, pour les titrisations simples, transparentes et standardisées (STS), un régime juridique spécifique (2).

1. Exigences pour toutes les titrisations

Pour les titrisations reposant sur une cession parfaite, le **règlement européen n° 2017/2402** soumet les investisseurs institutionnels à des exigences en matière de diligence appropriée visant à garantir qu'ils évaluent correctement les risques découlant de l'opération de titrisation. Avant d'investir dans une opération de titrisation, l'investisseur institutionnel doit procéder aux vérifications précisées par ce texte, notamment en ce qui concerne les caractéristiques des actifs titrisés et les techniques de protection contre les risques assurant un rehaussement de crédit.

Le règlement Titrisation instaure des obligations de transparence s'imposant aux initiateurs, aux sponsors ou aux véhicules de titrisation qui sont importantes et particulièrement contraignantes. À ce titre, ces acteurs sont tenus de mettre à disposition des investisseurs des informations très complètes

---

964 Règlement (UE) n° 462/2013 du Parlement européen et du Conseil du 21 mai 2013 modifiant le règlement (CE) n° 1060/2009 sur les agences de notation de crédit, considérant n° 9.

965 A. Quiquerez, *Droit et techniques internationales de titrisation*, Larcier, coll. « Cahiers financiers », 2018, préf. A. Fayolle.

966 Règlement (UE) n° 2017/2402 du Parlement européen et du Conseil du 12 décembre 2017 créant un cadre général pour la titrisation ainsi qu'un cadre spécifique pour les titrisations simples, transparentes et standardisées, et modifiant les directives 2009/65/CE, 2009/138/CE et 2011/61/UE et les règlements (CE) n° 1060/2009 et (UE) n° 648/2012.

sur les opérations de titrisation. L'idée sous-jacente est de mettre à disposition des investisseurs institutionnels des ressources fiables et centralisées pour effectuer les diligences appropriées qui leur sont imposées. Les informations concernées sont énumérées à l'article 7, paragraphe 1, du règlement Titrisation. Sont notamment visées les informations concernant les actifs titrisés, la documentation essentielle à la compréhension de l'opération, le prospectus (ou, en l'absence de prospectus, un résumé de l'opération ou un aperçu de ses principales caractéristiques), la notification STS (si l'opération en bénéficie), les rapports trimestriels ou mensuels relatifs aux opérations (contenant les données importantes sur la qualité de crédit ou les performances des actifs titrisés, les évènements déclenchant des modifications importantes de l'opération – *trigger events* –, ou encore les modalités de rétention du risque), ainsi que de toute information devant être rendue publique en application du règlement « MAR » concernant les opérations d'initiés et les manipulations de marché.

La mise à disposition de telles informations s'effectuera en principe par le biais d'un « référentiel des titrisations », à l'exclusion des opérations « privées », pour lesquelles la mise à disposition des informations pourra se faire par d'autres moyens. Défini à l'article 2 du règlement Titrisation comme une personne morale ayant comme fonction de collecter et conserver de manière centralisée les informations relatives aux titrisations, le « référentiel des titrisations » voit son régime fixé de manière détaillée aux articles 10 à 17 du règlement Titrisation. La description de ce régime dépasse largement le cadre du présent article, mais relevons simplement qu'il s'agit d'une nouvelle catégorie d'entités régulées, devant s'enregistrer auprès de l'Autorité européenne des marchés financiers (AEMF), dans des conditions inspirées de celles régissant les référentiels des instruments dérivés dans le cadre de la réglementation « EMIR ».

La documentation relative à toute titrisation doit indiquer quelle est l'entité choisie (entre l'initiateur, le sponsor et le véhicule de titrisation) pour communiquer les informations requises, et quel est le référentiel des titrisations où ces informations seront mises à disposition.

2. Exigences pour les titrisations STS

Les initiateurs, les sponsors et les véhicules de titrisation peuvent utiliser, pour leurs titrisations, la désignation « STS », ou « simple, transparente et standardisée », sorte de label de qualité. Parmi les critères relatifs à la transparence, l'initiateur et le sponsor doivent mettre à la disposition des investisseurs potentiels, avant la fixation des prix, les données statiques et dynamiques relatives aux performances passées en matière de défaut et de perte, telles que les données sur les retards et les défauts de paiement, concernant des actifs similaires à ceux qui sont titrisés[967]. Grâce à ces informations, l'investisseur pourra procéder à sa propre évaluation de la titrisation, sans forcément avoir besoin du rapport d'une agence de notation. C'est en tout cas l'objectif poursuivi, mais, à notre sens, les investisseurs seront toujours intéressés ou avisés de consulter les rapports des agences de notation pour forger leur opinion.

Ces obligations de *due diligence* sont une pièce maîtresse du dispositif européen visant à éviter tout nouveau risque systémique. La crise des *subprimes* a révélé l'existence de structures de titrisation excessivement complexes et opaques, porteuses de risques considérables, pour les investisseurs comme pour la stabilité financière mondiale. La titrisation est génératrice d'asymétrie informationnelle, en ce sens que l'initiateur de la titrisation connaît nécessairement mieux l'opération, en particulier les actifs titrisés, que les investisseurs. Or, dans la mesure où ces derniers sont le plus souvent des institutionnels, ils peuvent obtenir les informations manquantes. En cas d'opacité de l'opération, il leur est possible – et il en va naturellement de leur intérêt – de solliciter des compléments d'information, voire de décliner l'offre de souscription des titres du véhicule de titrisation.

De ce qui précède, on peut déduire que le droit financier comprend certaines règles destinées à obliger l'émetteur ou l'investisseur à procéder à des vérifications complètes et rigoureuses. Ces obligations apparaissent originales par leurs objectifs : protéger les investisseurs, et plus largement l'intérêt général lié au fonctionnement des marchés financiers ou à la lutte contre le blanchiment ou le financement du terrorisme. La réalisation de ces diligences appropriées doit se prolonger par la rédaction et la mise à disposition de rapports afin de faire preuve de transparence. Il faut se demander si, sous l'angle du droit commun, un rattachement ne serait pas possible à des obligations précontractuelles bien connues en droit civil : celles d'informer et de s'informer[968]. L'émetteur a une obligation d'informer l'investisseur, ne serait-ce que sur les caractéristiques des titres financiers, de même que l'investisseur doit informer l'émetteur, notamment sur son niveau d'endettement, son expérience, ses compétences, son appétence pour les risques et ses objectifs d'investissement. L'article L. 1112-1 du Code civil, posant une obligation précontractuelle d'information, est applicable aux offres de souscription de titres financiers. Cependant, chacune de ces parties se doit aussi de s'informer : l'émetteur, afin d'identifier le profil de risque de l'émetteur, l'investisseur, pour mieux contrôler la complétude et l'exactitude des informations qui lui ont été délivrées. Un haut niveau de transparence doit être observé : l'investisseur doit avoir accès à toutes les informations

---

[967] Art. 22, règlement (UE) n° 2017/2402, préc.

[968] En ce sens, dans le contexte d'une cession de droits sociaux : I. Urbain-Parleani, *Le Devoir d'information et les cessions de droits sociaux*, Rev. de jurisprudence commerciale, 2017, p. 551.

pertinentes, mais aussi faire preuve de curiosité. Dans cet esprit, un comportement véritablement proactif est attendu de la part les acteurs des marchés financiers.

La transparence du droit des sociétés : une des garanties de l'amélioration du climat des affaires à Madagascar

Riaka Rakotobe

La transparence se définit comme étant la qualité de ce qui peut être vu et connu de tous[969]. Cette qualité garantit la mise en place d'un climat des affaires serein. Il faut savoir que ledit climat reste la principale préoccupation des pouvoirs publics malgaches et son amélioration est une gageure constante. Cette amélioration réside dans l'établissement d'un contexte tant juridique, économique que social, favorable à la création d'entreprises. Mais son succès se fonde, entre autres, sur la prise de normes juridiques claires, lisibles et assimilables par tous. Aussi, le législateur malgache a-t-il voulu instaurer une législation « transparente » qui puisse garantir la sécurité aux investisseurs tant nationaux qu'internationaux. Dès lors, ce souci de transparence se recherchera tout d'abord à travers un regard « extérieur », celui de l'investisseur, qui aura à cœur de trouver dans le pays d'accueil des dispositions légales visibles et claires. Mais également et surtout, ce sujet de préoccupation se retrouvera à l'« intérieur » même des textes car la quête de transparence doit se retrouver dans chaque société, personne morale. Ces deux aspects, nous semble-t-il, sont ceux qui dicteront la mise en place à Madagascar d'un tissu normatif attractif pour tous investisseurs dans la place ou désireux de s'y installer, à savoir la transparence dans l'accès et dans l'assimilation de la législation en elle-même[970] en tant que garantie de la sécurité de leurs investissements tant du point de vue du promoteur d'entreprise que de l'associé apporteur de fonds à une entreprise déjà en place, et la transparence dans l'organisation même des entreprises telle que l'aménage la législation malgache.

Ainsi, en droit des sociétés en l'occurrence, ce soin dans la recherche de transparence est permanent et le législateur malgache a essayé d'apporter la réponse la plus satisfaisante possible en s'attelant à organiser autant que faire

---

969 Définition du Petit Larousse 2018. Quant à ce qui est « transparent », se dit de ce que l'on ne cherche pas à dissimuler.

970 Un auteur s'est déjà penché sur la problématique du décalage entre les lois et leur mise en œuvre dans la pratique à Madagascar. Un décalage dont l'explication peut résider dans « les difficultés d'accès matériel aux lois » combinées notamment à leur inflation et conduisant à un sentiment de non-implication de la population : Mme Esoavelomandroso F. « il y a les lois… et leur application : réflexions sur l'effectivité des lois à Madagascar », *Annales DROIT nouvelle* série n° 5, éd. Tsipika-Jurid'ika, 2016, p. 47.

se peut le fonctionnement de la société commerciale. Il résulte de tout ceci que ce qui s'est mué dorénavant en impératif est un concept large qui embrasse plusieurs aspects de la matière et que l'on retrouve à tous les stades de la vie de la société.

D'emblée, on notera les essais de détermination – ainsi que les effets – de cette transparence de la personne morale qui à l'époque déjà était marquée par la multitude des objectifs qu'on avait assignés à cette dernière et qui permettait de déterminer la nature du groupement auquel l'on avait affaire[971]. Selon l'auteur, « les phénomènes de transparence n'obéissent pas toujours aux mêmes raisons ni ne présentent les mêmes traits » dans chaque groupement. En effet, la transparence qui existe au sein des sociétés réside dans la variation de « l'opacité » de l'écran que constitue la personnalité morale à l'égard de ses membres. Lorsque cette opacité est « peu dense », cela signifie que « l'individualisme commun survit dans l'ordre collectif ». En d'autres termes, lorsque l'écran qui existe entre la personne morale et ses membres est ténu, cela conduit à un certain recul des effets de la personnalité morale au profit d'une place plus importante de l'associé[972]. Aussi, lorsque les responsabilités personnelles sont diluées dans la personnalité morale, nous sommes en présence d'une transparence de principe dont l'illustration par excellence se rencontre dans les sociétés de personnes[973]. La transparence envisagée par l'auteur mettait dès lors en valeur les effets de la personnalité morale, dont la vocation n'était plus la seule personnification d'un groupement, mais permettra en même temps l'avènement de la notion de contrôle au sein de la société[974]. On retiendra que cette transparence est la résultante de concepts se trouvant à la base même de la société et conditionne donc son existence et son fonctionnement.

À ce stade de notre réflexion, on aura déjà à l'esprit que cette transparence sous-tend l'existence même de la société et se manifeste comme nous l'évoquions précédemment à tous les stades de sa vie. Aussi, les aménagements effectués par le législateur malgache chercheront à préserver continuellement une clarté dans l'organisation sociale, et ce, dès l'attribution de la personnalité morale[975]. Sans ambages, la question se pose de savoir si le

---

971 M. J. P. Gastaud, *Personnalité morale et droit subjectif*, LGDJ, 1977, p. 101 et s.

972 Ce raisonnement valait également à l'égard des sociétés civiles : *op. et loc. cit.*, *supra*, n°s 79 et s.

973 L'auteur admet toutefois que cette transparence de principe n'est bien sûr pas le seul apanage des sociétés de personnes. En effet, on peut la rencontrer exceptionnellement dans les sociétés de capitaux également.

974 Dans le même sens : Charley Hannoun, « Les conventions portant transfert du contrôle et la transparence des sociétés », *Recueil Dalloz* 1994, p. 67 met en exergue les difficultés dans la perception de la cession de contrôle qui un temps a été assimilée à la cession d'entreprise mais surtout vient rasséréner sur l'autonomie de la personnalité morale et partant rassurer sur la transparence des sociétés.

975 Mais même **avant** l'attribution de la personnalité juridique. En effet, en matière de constitution de société anonyme faisant appel public à l'épargne, les dispositions légales

droit malgache des sociétés contribue à cette transparence et comment se manifeste-t-elle ? Dès lors, il conviendra d'évoquer les aspects que nous pensons être assez représentatifs dans la loi malgache ainsi que les évolutions que la matière aura pu rencontrer, tant à l'aune de la pratique qu'à travers les évolutions récentes apportées par le législateur même dans cette quête d'améliorer le climat des affaires.

I. transparence dans la société : d'un vœu pieux d'évolution à de simples « toilettages » de l'ordonnancement juridique

La logique de transparence ne semble pas être suivie par certains aspects de la législation malgache. En effet, ceux-ci laissent à penser que cet effet essentiel rattaché à la personnalité morale même ne transparaît pas. Ce sera notamment le cas de la différence de régime existant entre les Sociétés en Commandite Simple (SCS) et les Sociétés en Commandite par Actions (SCA). Une différence qui viendra singulièrement compromettre cette transparence mais qui paradoxalement soulignera la différence de nature existant entre ces deux formes si proches et si différentes à la fois. La pratique malgache, face à la complexité des dispositions légales, trouvera bien sûr son salut dans l'interprétation de l'esprit des textes. Mais, persisteront certains « mystères » qui conduisent à s'interroger si cela est l'apanage de la législation malgache ou le propre même de la matière considérée.

En effet, une des curiosités du droit des sociétés nous vient de la différence de régime que posent les dispositions légales s'agissant des SCS et des SCA : Si ces sociétés se particularisent par leur dualité d'associés il est courant d'admettre que le régime s'appliquant à l'un est également applicable à l'autre[976]. Ce qui est d'ailleurs clairement consacré par le législateur malgache dans les dispositions de l'article 877[977]. Mais le régime qui s'applique en matière de contrôle – et donc qui concerne un des aspects qui participe de la transparence même au sein de la société en commandite – diffère en fonction de la forme de la société en commandite : le régime de contrôle prévu pour la SCA conçoit l'existence d'un « conseil de surveillance » composé au moins de trois associés commanditaires, aucun associé commandité ne pouvant en faire partie (art. 880 de la loi n° 2003-036). Sa mission est de procéder à un contrôle permanent de la gestion de la société. Toutefois, dans un souci de

---

maintiennent ce souci constant de transparence en assurant une information des souscripteurs au capital social à tous les stades de la constitution et en posant une procédure longue et complexe, dont la seule finalité est d'assurer cette transparence (art. 407 et s. loi n° 2003-036 du 30/01/2004 relative aux sociétés commerciales).

[976] MM. Paul Le Cannu et Bruno Dondero, *Droit des sociétés*, LGDJ, 6e éd., Lextenso éditions, 2015, nos 1053 et s.

[977] Art. 877 de la loi n° 2003-036 sur les sociétés commerciales : « Dans la mesure où elles sont compatibles avec les dispositions particulières prévues par le présent Livre, les règles concernant les sociétés en commandite simple et les sociétés anonymes, sont applicables aux sociétés en commandite par actions ».

transparence, le recours à un commissaire aux comptes reste toujours possible[978]. Par contre dans la SCS le contrôle prévu se fonde, tel que le prévoient les textes en la matière, sur le contrôle des associés commanditaires toujours, bien que non structuré sous la forme d'un quelconque organe, mais qui se réalise essentiellement au travers des questions écrites posées aux gérants de la société. D'autre part, il est de principe que les associés commanditaires ne peuvent s'immiscer dans les actes de gestion externe (art. 314[979]). On pourra néanmoins rechercher dans les limites de cette interdiction de principe faite aux associés commanditaires, dans un raisonnement a contrario, la possibilité pour ces associés d'effectuer des actes de contrôle et de surveillance dans l'accomplissement d'actes de gestion mais uniquement interne (art. 316[980]). Cette prérogative va, d'une certaine manière, conforter le statut de l'associé commanditaire car son rôle, en matière de SCS, est en général des plus limité.

Cependant, même si l'on ne peut perdre de vue la nécessaire différence de régime existant entre ces deux types de sociétés, et ce, en raison de leur nature même, l'un se rattachant à la société de personne, l'autre à la société par actions, on fera légitimement remarquer qu'il aurait été intéressant de marquer le rôle de l'associé commanditaire dans ce type de société. Un rôle qui, même si se limitant à l'aspiration initiale d'investir au commencement de la société, trouve néanmoins toute son essence dans la possibilité d'un contrôle des actes des associés commandités. Or, comme en matière de société d'une manière générale, le droit qui s'y applique est hautement consensuel, il se prête dès lors volontiers à une telle interprétation. D'autant plus que l'exercice d'un tel contrôle de la direction de la société – direction assurée dans la grande majorité des cas par les commandités – ne leur est pas dénié par le législateur, même si son exercice ne se manifeste que dans la plus simple expression au moyen de questions écrites (art. 322[981]). Mais cette forme de contrôle – par le

---

[978] D'autant plus qu'avec l'existence du conseil de surveillance, il existe un double contrôle des conventions : tout d'abord a priori, puisqu'il est amené à donner préalablement son autorisation sur les conventions concernées, ensuite un contrôle a posteriori donné par l'assemblée des associés commanditaires sur la base d'un rapport spécial établi par un commissaire aux comptes qui aura été informé de l'existence et des conditions de cette convention par le gérant de la société : *op. cit.*, MM. Paul Le Cannu et Bruno Dondero, n° 1061.

[979] Art. 314 – L'associé ou les associés commanditaires ne peuvent faire aucun acte de gestion externe, même en vertu d'une procuration.

[980] Art. 316 – Les avis et conseils, les actes de contrôle et de surveillance n'engagent pas les associés commanditaires.

[981] Une faculté de contrôle qui ne peut donc s'exercer que de manière limitée (deux fois l'an : Art. 322 – Les associés commanditaires et les associés commandités non gérants ont le droit, deux fois par an, de consulter, au siège social, les livres et les documents sociaux et de poser par écrit des questions sur la gestion sociale, auxquelles il doit être répondu également par écrit), même si l'on peut envisager que les dispositions de la réforme de 2014 en ses articles 352.1 et 352.2 peuvent être étendues aux sociétés en commandite et qui garantissent aux associés la possibilité de demander des explications aux dirigeants sociaux et d'en recevoir réponse même à la veille de la comparution de ces derniers en justice.

biais de questions – amènerait, d'une certaine manière, à les priver d'une structure permanente et officielle comme le conseil de surveillance. La grosse question réside donc dans le fait de savoir pourquoi ledit « conseil de surveillance » n'a pas été prévu pour les SCS si ce dernier participe à instaurer une transparence dans la société même s'agissant d'une société de personnes. Si on reconnaît à la SCA la vertu d'être souple dans son organisation[982], grâce notamment à l'existence de ce conseil, on ne peut qu'adhérer à la vision de ces auteurs qui estiment que « toute construction juridique doit être équilibrée » et la forme de société en commandite ne « saurait donner lieu à l'appropriation de l'entreprise par quelques-uns, ceux-là mêmes qui joueront le rôle de commandités »[983].

Même si cela peut paraître audacieux[984], on peut relever que l'investisseur, d'une manière générale, pourrait avoir intérêt à trouver dans les dispositions légales un parallélisme dans le régime des sociétés en commandite, tout en ayant une nouvelle fois à l'esprit leur particularisme – l'une de personnes, l'autre d'actions. En effet, retrouver dans la législation en matière de sociétés en commandite cette similitude, poussée jusque dans les organes de contrôle afin que la différence de régime, surtout au niveau du contrôle, ne soit pas perçue comme pouvant rendre la SCS[985] moins attractive – car ne plaidant pas pour une transparence desdites sociétés en commandite – serait à notre sens le signe fort d'un équilibre dans les formes de sociétés prévues par la loi et partant d'une transparence dans le droit malgache des sociétés. En se référant au droit français, on relèvera que la jurisprudence aménage la possibilité, à la seule discrétion des associés, de prévoir un conseil de surveillance dans le

---

982 *Droit des sociétés*, MM. Maurice Cozian, Alain Viandier et Mme Florence Deboissy, LexisNexis, 30e éd., 2017, nos 1256 et s.

983 MM. Maurice Cozian, Alain Viandier et Mme Florence Deboissy, *op. et loc. cit.*, n° 1258.

984 Il faut souligner que le recours au conseil de surveillance dans la SCA, en tant que société par actions, peut être compréhensible pour le droit français. En effet, le recours à ce conseil existe également en matière de société anonyme, couplé à un directoire, en tant qu'alternative à l'autre mode d'administration de la société anonyme qui est celle avec un conseil d'administration. Le législateur malgache n'ayant pas opté pour cette forme d'administration, reprend néanmoins cette construction (le conseil de surveillance) dans la SCA. Un tel raisonnement, que nous ne réfutons nullement, nous conduit à tenir le raisonnement que nous développons présentement, à savoir celui de l'extension d'une telle structure de contrôle au profit de l'autre forme de société en commandite qu'est la SCS.

985 L'intérêt de la SCS réside dans la possibilité d'intégrer dans une société de personne « une catégorie particulière d'associé dont la responsabilité est limitée » : *op. cit.*, MM. Paul Le Cannu et Bruno Dondero, n° 1415. Mais aujourd'hui encore elle bénéficie d'un intérêt certain en raison de la liberté dans l'aménagement des pouvoirs reconnus aux dirigeants ainsi qu'aux décisions des associés et surtout quant à la dualité de ses associés et qui permet de faire bénéficier du statut d'associé commanditaire (par transformation) les héritiers mineurs d'un associé décédé d'une société en nom collectif (société qui aura prévu une clause de continuation) afin, ainsi que le précisent les auteurs, d'éviter de les faire supporter une responsabilité solidaire et indéfinie du passif social. D'autre part, il convient de souligner que les associés commanditaires disposent de droits de contrôle sur la désignation ou la révocation du gérant, la modification des statuts, l'approbation des comptes annuels.

cadre de la SCS tout en leur laissant la liberté de la réglementation d'une telle structure[986].

Autant d'arguments qui plaident en faveur de la consécration ou tout du moins d'une reconnaissance par le législateur de la faculté laissée aux associés commanditaires de la SCS, de se constituer en conseil afin d'exercer au mieux un contrôle sur les actes des associés commandités, le tout dans un souci d'avoir un fonctionnement transparent de la société.

Néanmoins, nos propos ne visent nullement à remettre en cause les spécificités des régimes propres aux sociétés par intérêts et aux sociétés par actions. Mais nous nous posons juste la question, dans un souci permanent de transparence, si le dispositif de contrôle institué au bénéfice des associés commanditaires de la SCA ne permettrait pas d'y parvenir ? En tout état de cause, rien n'empêcherait le législateur malgache de reprendre ou de permettre la reprise de ce mécanisme juridique et d'en faire bénéficier l'associé commanditaire de la SCS ? L'objectif avoué étant d'aboutir à un tissu normatif qui contribuerait à l'amélioration du climat des affaires à Madagascar.

Si l'atteinte du Graal qu'est la transparence conduit à se tourner vers de nouvelles formes d'organisation de la société commerciale, l'illustration apportée par une entité bancaire malgache ne peut qu'être édifiante dans cette quête. Elle s'est essayée dans le recours au gouvernement d'entreprise[987] afin d'asseoir un contrôle effectif sur l'organe dirigeant. Il s'agit de la Banque Centrale de Madagascar (BCM) qui depuis cette réforme[988], et ce, nonobstant les textes en vigueur quant à l'organisation des sociétés en général, aura fait le choix d'insérer des mécanismes censés contribuer à cette transparence mais empruntés à un système juridique différent de celui de l'appartenance du droit

---

986 Req. 27 janv. 1880, DP 1880. 1. 214. – Douai, 3 mai 1912, Journ. soc. 1913. 363 in *Répertoire de droit des sociétés*, Dalloz 2018 : ces décisions ne semblent connaître pour l'heure aucun revirement. D'autre part, le droit des sociétés étant éminemment consensuel – une nouvelle fois –, la possibilité de recourir à un tel mécanisme de contrôle dans le cadre de la SCS trouve toute son essence en permettant aux associés de déterminer librement l'organisation et le fonctionnement du conseil de surveillance ainsi instaurer par eux.

987 L'avènement du gouvernement d'entreprise et l'affermissement du rôle de l'associé dans la société : « Corporate governance » : restaurer la démocratie dans les sociétés cotées c'est-à-dire redonner aux associés le pouvoir de diriger la société notamment en mettant plus d'information à leur disposition (Jean-Jacques Caussain in *Gazette du Palais*, 29 novembre 2003, n° 333, p. 10). Or, dans le cas ici de notre BCM, elle n'est pas une société cotée. Toutefois, d'une manière générale la poursuite de la transparence dans une société serait le gage d'une bonne gouvernance.

988 Loi n° 2016-004 du 29/07/2016 complétée par la loi n° 2016-057 du 02/02/2017 portant Statuts de la Banque Centrale de Madagascar (BCM) : à la tête de la banque centrale se trouve un gouverneur épauler par deux vice-gouverneurs et qui composent, à eux trois, le comité exécutif. Ledit comité a pouvoir pour concevoir et exécuter la politique de la BCM après adoption de celle-ci par le conseil d'administration. Le conseil d'administration quant à lui, est composé par six membres non exécutifs et les trois membres exécutifs et a vocation, outre l'approbation de la politique de la BCM, d'en assurer le suivi et le contrôle. En ce sens, un comité d'audit composé de trois administrateurs existe au sein même dudit conseil d'administration et est chargé d'effectuer ledit suivi et contrôle (art. 64 et s.).

malgache. Si l'intention peut être louable en raison de l'objectif poursuivi qui est de chercher une évolution dans l'organisation sociétale du droit commun dans une matière qui reste – une nouvelle fois encore – hautement consensuelle, on relèvera néanmoins que cette démarche, par l'emprunt de mécanismes au système de la *common law*, risquerait tout bonnement de complexifier l'appréhension de notre système juridique sans pour autant apporter la sécurité et la transparence recherchée.

En outre, tel qu'on peut appréhender l'esprit de cette nouvelle forme de gouvernance de société pour la pratique malgache, elle trouverait son application uniquement dans les sociétés ayant un conseil d'administration et donc sous la forme anonyme essentiellement. Enfin et surtout, comme il s'agit d'un texte spécifique à la BCM, il serait difficile de l'étendre aux autres sociétés commerciales. En d'autres termes, nous serions en présence d'un texte d'application stricte[989].

Toutefois, par-delà ces cas ponctuels d'organisation en vue d'une meilleure transparence, on notera dans le droit commun des sociétés commerciales qu'une récente réforme aménage au profit des minoritaires la garantie d'une meilleure information impliquant de ce fait une protection de l'actionnaire minoritaire (et donc de l'investisseur en général), une participation accrue du minoritaire dans la vie sociale et au final un contrôle efficace de l'organe dirigeant. Ces aménagements qui passent par cette information accrue du minoritaire visent à instaurer une meilleure transparence. Ainsi, la loi n° 2014-010, modifiant et complétant certaines dispositions de la loi n° 2003-036, prévoit dans son exposé des motifs que le souci de transparence a conduit à l'amélioration de l'exercice du droit à l'information, à l'allégement du processus de déclenchement du recours au commissaire aux comptes et surtout au soin permanent de préserver l'intérêt social.

La **possibilité de mettre en cause les dirigeants** mêmes de la société marquera également la volonté des pouvoirs publics malgaches de donner un véritable renouveau au tissu normatif en vue de la modernisation de la vie économique. Cette remise en cause du dirigeant instaure en effet une certaine redevabilité de celui-ci à l'égard tant des associés que de la société et d'une manière générale des tiers en rapport avec cette dernière. Dans l'ordonnancement juridique, le législateur malgache a voulu marquer cette évolution par des réformes innovantes à l'égard du droit existant dont notamment la possibilité de retenir la responsabilité de la personne morale[990]

---

[989] Nous aurons l'occasion de revenir sur l'aménagement ainsi opéré par la BCM dans son fonctionnement ultérieurement : ***infra*** dans la deuxième partie p. 11 notamment.

[990] En ce sens, l'instauration de la responsabilité pénale de la personne morale dans le cadre de la loi sur la lutte contre la cybercriminalité (loi n° 2014-006), loi sur la lutte contre la corruption (loi n° 2004-30) ou encore dans la loi contre le terrorisme et la criminalité transnationale organisée (loi n° 2014-005), ou enfin la loi sur la lutte contre la traite des êtres humains (loi n° 2014-040).

et d'étendre cette responsabilité aux dirigeants mêmes de ladite personne morale. Toutefois, la remise en cause du dirigeant dans le cadre même des actions en comblement du passif[991], ou d'extension aux dirigeants de la procédure collective ouverte contre la personne morale[992] constitue des procédures traditionnellement prévues par la loi sur les sociétés commerciales[993]. Quant à la réforme de 2014, elle est venue insérer des dispositions qui viennent répondre au souci de transparence dans le cadre de procédures intentées contre les gérants de SARL : les articles 352.1 et 352.2 qui prévoient notamment l'obligation pour les dirigeants faisant l'objet d'une action en responsabilité civile ou pénale d'avoir à produire tout élément en leur possession pouvant expliquer les opérations qui leur sont reprochées ou d'avoir à s'expliquer – en répondant aux questions qui pourraient leur être posées même à la veille de la première audience devant les tribunaux – sur lesdites opérations. Enfin, afin de garantir toujours cette transparence, les aménagements effectués entourant la mise en cause de la responsabilité du dirigeant vont y contribuer efficacement avec, entre autres, les interdictions de soumettre l'action sociale visant à retenir cette responsabilité à une autorisation préalable de l'organe délibérant ou encore de tenir une délibération visant à éteindre ladite action sociale[994]. Et d'une manière générale, la possibilité pour les tiers mêmes à la société de pouvoir retenir la responsabilité du dirigeant en établissant la faute détachable de ses fonctions, contribuera à requérir des dirigeants sociaux un devoir de diligence tant dans l'exercice de leurs fonctions que dans leurs rapports avec les tiers et au-delà participera de la transparence de la société.

Une quête de transparence donc qui participe à l'équilibre des pouvoirs au sein de la société, nécessaire au bon fonctionnement de celle-ci et que l'on recherchera également lorsque la société doit faire face à des difficultés.

Ainsi, dans l'amélioration de l'information des créanciers dans le cadre d'une procédure collective, l'implication des créanciers dans la procédure ouverte a fait l'objet d'un projet de réforme de la législation en la matière. Cette implication passe par la désignation de représentants qui à leur tour désigneront les membres du syndic. L'objectif étant d'éviter d'éventuelles concussions entre le débiteur et les membres du syndic au détriment des créanciers. En effet, le raisonnement tenu par les initiateurs de la réforme est cartésien : si les créanciers sont à l'origine de la désignation de ce syndic, non

[991] Art. 213 et s. de la loi sur les procédures collectives d'apurement du passif n° 2003-042 du 03/09/2003.

[992] Art. 220 et s. loi n° 2003-042.

[993] Les sanctions prévues contre les dirigeants de personnes morales pour non-respect des textes législatifs ou réglementaires, illustrent bien cette velléité de ne pas faire des dirigeants sociaux des individus faisant fi de toute probité, et ce, en vue d'assurer le bon fonctionnement, et partant la transparence au sein de la société.

[994] Interdictions prévues par la loi n° 2003-036 sur les sociétés commerciales dans les dispositions de l'article 351 alinéa 3.

seulement ils marqueront une implication plus prononcée dans la procédure ouverte, mais en plus cela leur garantira une meilleure information quant à l'évolution de la procédure en s'assurant du sérieux et de l'intégrité du syndic ainsi désigné par leurs soins. Un plus fort engagement donc censé garantir la transparence de la procédure ainsi ouverte.

Malgré tout, le droit des procédures collectives malgache reste pauvre en décisions judiciaires. De deux choses l'une, soit parce que les débiteurs ont toujours su éviter les méandres des procédures judiciaires en réglant à l'amiable leurs différends avec leurs créanciers et donc bien en amont de l'ouverture d'une quelconque procédure judiciaire, soit parce que le juge lui-même peine à faire appliquer les dispositions légales en la matière et se cantonne à l'application du droit commun des sociétés pour régler les problèmes rencontrés par l'entreprise en évitant d'avoir à faire face aux subtilités du droit des procédures collectives[995]. Cette seconde alternative semble peu plausible. Mais le manque d'attrait du tissu normatif ou encore les dérives du débiteur – recherche d'accord inéquitable, voire illicite, avec un des créanciers ou avec le syndic même – tendant à faire capoter les procédures ouvertes, et ce, au détriment de la collectivité des créanciers, dérives engendrées notamment par les dispositions actuelles parfois peu précises, ont donc conduit à une nécessaire réforme de la loi sur les PCAP : une plus grande implication des créanciers, garante de la transparence dans le déroulement de la procédure collective ouverte pour une meilleure information du créancier et une meilleure performance des juridictions commerciales afin de débusquer les débiteurs malhonnêtes.

On retiendra que cette réforme procède d'une information plus importante mise à la disposition du créancier et qui ne peut que contribuer à la transparence dans la procédure collective mise en place contre le débiteur. En effet, ce souci reste une des solutions en vue de contrecarrer, ainsi que nous l'évoquions précédemment, les velléités d'entente frauduleuse du débiteur avec le syndic ou avec certains de ses créanciers.

Mais les soubassements d'une telle réforme conduisent à avoir un sentiment mitigé quant à son opportunité pour deux raisons. D'une part, parce qu'une plus forte implication des créanciers n'est pas en soi à notre sens un gage de redressement pour le débiteur ; d'autre part la transparence n'induit-elle pas une procédure plus efficace tant pour le débiteur que pour le créancier – et non le sacrifice de l'un pour le salut de l'autre, sacrifice que viendrait

[995] Note sous Trib. Com. d'Antananarivo 13/11/08, R.C 13422/08, n° 239-C décision sur requête maison SORAK, dans laquelle décision le juge a pu confondre les mesures prises dans le cadre du droit des procédures collectives avec celles du droit commun des sociétés en assimilant le sort du dirigeant à celui des associés lors de la liquidation de la société. Aussi en vertu d'une telle décision, le dirigeant peut donc être obligé aux dettes ou contribué aux pertes sociales alors même qu'il n'aurait commis aucune faute en tant que dirigeant. Un devoir ou une obligation qui relève normalement des associés.

entériner le législateur ? Aussi, dans cet esprit la réforme de la justice commerciale initiée récemment interpelle.

En effet, l'esprit des acteurs de cette réforme, et notamment des magistrats des juridictions commerciales, a été d'accorder une attention particulière aux indicateurs du rapport Doing Business[996], et plus précisément, dans un souci de se conformer aux indications dudit rapport, de rechercher une plus grande implication des créanciers dans les procédures collectives ouvertes contre le débiteur afin de s'assurer qu'elles seront menées à terme et que lesdites procédures leur garantissent de bonne chance d'être désintéressés à leur clôture. Il ressortait en effet de la pratique que l'échec des procédures ouvertes résultait en fait d'une insuffisance d'information des créanciers sur leur déroulement mais surtout d'une absence d'implication de ceux-ci, car leur rôle se cantonnant à la production des créances, le déroulement de la procédure ne dépendait dès lors plus que de la diligence du syndic. Aussi, comme nous l'évoquions précédemment, plusieurs dispositions du projet de loi sur les PCAP prévoient d'amener à plus d'engagements des créanciers, par le biais de leurs représentants, à plusieurs stades des procédures collectives ouvertes afin d'éviter d'éventuelles collusions frauduleuses ou encore de pallier un manque de sérieux de la part du syndic dans l'exécution de sa mission[997]. Il en résulte que les créanciers auront dorénavant « un œil » sur la procédure en cours.

Toutefois, il est opportun de relever que la législation en vigueur n'aura à aucun moment dénié aux créanciers ce « droit de regard ». En effet, les membres du syndic, qui entre autres ont vocation à représenter les intérêts des créanciers, étaient déjà choisis parmi les créanciers de la masse. En outre, lesdits créanciers ont également la faculté de désigner des contrôleurs dont la mission essentielle est de suivre le bon déroulement des procédures ouvertes et d'informer les différents créanciers sur l'évolution desdites procédures. Dès lors, rajouter une telle précision, quant au rôle des créanciers, est superfétatoire puisqu'en aucun cas les dispositions légales n'ont prévu, ne serait-ce que sous-entendu, une mise à l'écart des créanciers. Si l'intention relevait d'une mise en conformité avec des soucis pratiques, la réforme ainsi envisagée vient cependant alourdir une législation qui déjà trouvait du mal à recevoir une application aisée. Il en résulte que la réforme prévue risque dès lors d'être aperçue comme un simple toilettage dicté par les circonstances – et dont le rapport Doing Business s'en est fait l'écho – sans résoudre les vrais problèmes de fond ou les incohérences de la loi sur les procédures collectives

[996] Rapport Doing Business 2017, le règlement de l'insolvabilité constitue un indicateur d'évaluation du climat des affaires : www.lexpressmada.com/26/10/2016doing-business-madagascar-gagne-deux-rangs-au-classement/

[997] Notamment en ce sens, art. 18 du projet de loi portant réforme des PCAP et prévoyant que si le nombre des créanciers du débiteur était supérieur à dix, ils doivent se faire représenter par quatre représentants désignés parmi eux dans le cadre de toutes les consultations prévues au cours des procédures ouvertes.

– dont en autres l'existence de cession à trois niveaux différents de la procédure : cession partielle d'actif dans le concordat de redressement, le plan de cession, et enfin la cession globale d'actifs au niveau de la liquidation des biens.

En outre, et en porte-à-faux à cette réforme, il convient de souligner la richesse en elle-même de la législation malgache en vigueur en matière de PCAP, et qui ne lèse nullement le créancier car recèle des mécanismes encore non exploités. On citera notamment le sort des pénalités résultant de la clause pénale qui peuvent bénéficier du privilège de l'article 120[998] procurant ainsi un paiement privilégié à son bénéficiaire en tant que créance postérieure au jugement d'ouverture si la réalisation de la pénalité prévue par ladite clause venait à intervenir postérieurement au jugement d'ouverture[999].

C'est pourquoi, nonobstant une volonté de mieux faire, on ne peut qu'être dubitatif face à une telle réforme. En effet, en amont de cette réforme du droit des procédures collectives il aurait fallu, par exemple, se pencher sur les raisons du recours limité aux procédures de redressement et non pas se focaliser sur les éventuelles faiblesses de la loi, car la compréhension ou plutôt la mauvaise compréhension qu'en ont les praticiens et particulièrement les juges et les justiciables ne peut que justifier une défiance à l'égard de ladite procédure. Aussi, pour permettre plus d'efficience aux dispositions légales, il aurait fallu intervenir au niveau de leur mise en œuvre en s'assurant notamment de la bonne exécution par chaque organe de la procédure de sa mission dans le cadre de la procédure ouverte.

On admettra toutefois que la pratique malgache démontre une velléité des débiteurs d'organiser leur insolvabilité de manière à ne plus avoir à payer leurs dettes[1000]. Le souci sera dès lors, non plus de défendre dans l'absolu l'entreprise débitrice, mais de sauvegarder le crédit et donc d'assurer aux créanciers la possibilité d'être désintéressés malgré les difficultés rencontrées par leur débiteur. Un désintéressement qui passe par une nécessaire information et un engagement plus poussé des créanciers dans la procédure ouverte à l'endroit du débiteur, avions-nous souligné précédemment. Une nouvelle fois donc, on se rassurera puisque la réforme est censée redonner confiance aux investisseurs – quant à leur désintéressement – en cas de procédures collectives ouvertes contre leur débiteur. Cette dernière semble par

---

998 Art. 120 loi n° 2003-042 du 03/09/2004 sur les PCAP : « Toutes les dettes nées régulièrement, après le jugement d'ouverture, de la continuation de l'activité et de toute activité régulière du débiteur ou du syndic, sont des créances contre la masse, sauf celles nées de l'exploitation du locataire-gérant qui restent exclusivement à sa charge sans solidarité avec le propriétaire du fonds ».

999 Cf. en ce sens, « Pot-pourri autour du droit malgache des procédures collectives d'apurement du passif », in *Regards sur le droit malgache, mélanges en l'honneur du Pr Raharinarivonirina*, éd., L'Harmattan et Jurid'ika, 2010.

1000 Ce constat a été dressé par les magistrats des juridictions commerciales lors des débats ayant eu lieu au niveau de la CRDA dans le cadre de la réforme de la justice commerciale.

conséquent tomber à point nommé mais surtout est le signe fort des pouvoirs publics malgaches d'une volonté d'apporter une (trop) forte protection au crédit.

Toujours dans cette recherche de transparence, la pratique malgache semble parfois se référer à des concepts nouveaux dans l'utilisation mais pas nécessairement innovants, pour régir l'organisation sociale. Pas innovant puisque l'ordonnancement juridique existant pose déjà les balises assurant cette transparence au sein de la société et notamment s'agissant du contrôle des actions du directeur général par le conseil d'administration, et d'une manière générale le contrôle des dirigeants – par les associés, par le Commissaire aux comptes, ou par les lanceurs d'alerte. S'agissant des lanceurs d'alerte justement, un auteur, M. BARRIÈRE, pense que la conception de lanceurs d'alerte revêt un double aspect. En effet, ces derniers ne se conçoivent pas uniquement comme étant ceux désignés par la loi et dont la vocation est d'attirer l'attention des dirigeants sur les faits de nature à compromettre la continuité de l'exploitation et dont le régime est prévu par les dispositions de la loi sur les sociétés commerciales[1001], mais comme étant ceux qui attirent l'attention des dirigeants ou de toutes personnes concernées par le sort d'une société et à qui le législateur n'a pas confié cette mission : ce qui inclut donc les salariés, mais aussi toute personne étrangère à la société[1002]. En l'occurrence donc, des personnes qui se font le devoir moral d'interpeller, de donner l'alerte en cas de problèmes – et notamment de fraudes – pouvant compromettre l'entreprise. Ces personnes-là doivent faire l'objet d'une protection selon l'auteur et c'est en sens qu'a été érigée, dans le droit français, la loi dite Sapin 2[1003].

De ce point de vue, il existe un second aspect qui peut nous permettre de mener notre réflexion et qui fonderait l'existence et la nécessité de la transparence dans la société.

II. transparence dans la société à la source d'obligations nouvelles : les sociétés face aux lanceurs d'alerte et aux traitements des données à caractère personnel

La transparence de la société, même si elle ne semble donc pas nouvelle pour l'ordonnancement juridique malgache, impose des obligations nouvelles auxquelles doivent se conformer les sociétés. Ainsi, on peut la retrouver

---

1001 Dans le droit malgache, il s'agit du Commissaire aux comptes et des associés : art 176 à 178 L. n° 2003-036 sur les sociétés commerciales.

1002 **« Les lanceurs d'alerte »**, François Barrière, *Revue des sociétés*, 2017, p. 191.

1003 La protection dont bénéficie désormais en droit français le lanceur d'alerte découle également d'une tendance internationale à vouloir protéger les auteurs d'alerte d'une manière générale. Il a donc fallu déterminer un cadre juridique à cette protection : La loi n° 2016-1691 du 9 décembre 2016 relative à la transparence, à la lutte contre la corruption et à la modernisation de la vie économique, dite Sapin 2.

notamment dans l'intervention de lanceurs d'alerte internes comme externes à la société. D'emblée, il convient de se poser la question si la terminologie de « lanceurs d'alerte interne » est appropriée ? En effet, il serait possible de dire, ainsi que le souligne M. BARRIÈRE notamment, que les structures qui permettent d'attirer l'attention des dirigeants sur des faits de nature à compromettre l'activité de l'entreprise, et à qui la loi n'aurait pas conféré un tel pouvoir, peuvent être qualifiées de « lanceur d'alerte ». En matière de sociétés commerciales malgaches, le champ de cette notion s'en trouverait élargi et on peut y inclure toutes les structures existant dans la société commerciale et non investies de ce pouvoir par le législateur[1004]. Cette acception aurait le mérite de contribuer à la visibilité de la société, à sa responsabilisation sur le plan social, économique, voire environnemental, et donc à donner une dimension plus humaine à cette entité économique.

Dès lors, la question peut se poser de savoir si la pratique malgache est à même de générer des structures qui contribuent à la réalisation de cette transparence. Normalement, la pratique doit être le terrain de la mise en place de dispositifs – tel celui de recueil d'alertes – œuvrant en ce sens dans les sociétés. Structures, notamment ici, qui devraient permettre de recueillir les dénonciations notamment de délits ou d'atteintes graves à l'intérêt général[1005].

Parmi ces dispositifs visant à asseoir cette transparence, on relèvera la gouvernance d'entreprise dont la pratique malgache apporte une lecture qui lui est propre[1006] – cas de la BCM que nous évoquions précédemment. En effet, la raison du recours à une telle pratique réside uniquement dans l'existence d'un comité d'audit chargé d'assurer un contrôle interne efficace de l'action du comité exécutif, outre le contrôle que peut être déjà amené à exercer le conseil d'administration et le contrôle externe que peuvent exercer les autorités étatiques – président de la République, le chef du gouvernement… – et judiciaires – Cour des comptes. Néanmoins, on peut être amené à penser que le contrôle et notamment l'audit interne – qui n'a que la

---

1004 Les dispositions des articles 168 et s. et 176 et s. de la loi n° 2003-036 sur les sociétés commerciales prévoient une procédure d'alerte lancée essentiellement soit par le commissaire aux comptes soit par les associés. Les autres structures existant au sein de la société comme le comité d'entreprise ou les délégués du personnel n'ont pas été investies de ce pouvoir par le législateur.

1005 Le droit français avec la loi dite Sapin 2 établit une distinction entre les entreprises de moins de 50 employés dans lesquelles le dispositif permettra de recueillir les dénonciations notamment de délits ou d'atteintes graves à l'intérêt général, et dans les entreprises plus importantes pour les violations de leur code de conduite : M. François Barrière, « Les lanceurs d'alerte », *op. et loc. cit.*, *supra*.

1006 Pour une approche conceptualiste du gouvernement d'entreprise : M. Jean-Jacques Caussain in *Gazette du Palais*, 29 novembre 2003, n° 333, p. 10, pour qui l'avènement du gouvernement d'entreprise résulte du recul du rôle de l'associé dans la société. La « Corporate governance » vise donc à restaurer la démocratie dans les sociétés cotées, c'est-à-dire redonner aux associés le pouvoir de diriger la société notamment en mettant plus d'information à leur disposition. On serait tenté d'en déduire que la transparence en société serait le gage d'une bonne gouvernance.

charge de veiller au bon déroulement de l'audit externe – ainsi institué ne convainquent pas car les membres de ce comité d'audit sont choisis parmi les administrateurs composant le conseil d'administration. Conseil dont le comité est censé contrôler la mise en œuvre des décisions : art. 74 loi n° 2016-004 portant statuts de la BCM. Ce qui indirectement implique que ledit comité sera amené à contrôler les décisions elles-mêmes du conseil. Or, en toute logique et conformément aux textes, les seules autorités pouvant exercer un tel contrôle sur le CA sont les autorités étatiques et donc un contrôle des décisions prises qui serait de nature politique en raison des entités amenées à l'exercer. Aucun contrôle « technique » de celles-ci n'est donc effectué, bien que le comité d'audit en ait les compétences. Rien ne s'opposerait donc à une telle éventualité, ce qui participerait évidemment de la transparence dans le fonctionnement même de cette entité.

Toujours en s'inspirant du cas de la BCM, notamment lorsqu'il a été question de travailler à la mise en place du Bureau d'Information sur le Crédit[1007], d'autres nouveaux impératifs sont apparus, tels la manipulation et le traitement d'informations collectées à l'aide de techniques appropriées (statistiques, informatiques…). Ces impératifs vont contribuer à la poursuite d'une transparence mais sur la base de nouvelles contraintes en raison de la place importante que prennent dorénavant dans les relations commerciales et humaines d'une manière générale, les nouvelles technologies.

Tout d'abord, la Commission Malgache Informatique et Libertés (CMIL) a un rôle à jouer dès l'instant où il est question de collecte de données à caractère personnel, non pas en tant que lanceur d'alerte, mais en tant que structure appelée à autoriser et surtout à contrôler ladite collecte : Le cas de la BCM, dans son souci de s'ériger en autorité de régulation des données échangées dans le cadre des bureaux d'information sur le crédit qui collectent, manipulent et stockent des données à caractère personnel, ne peut qu'interpeller. En effet, la loi régissant la BCM a contourné le problème de l'absence de la CMIL – non encore érigée malgré l'entrée en vigueur de la loi depuis plus de quatre années. Elle s'est posée en autorité de régulation et de contrôle des données ainsi traitées. Une telle construction juridique est-elle légitime, voire légale[1008], à travers le contrôle que la BCM est appelée à effectuer sur les données visées ? La BCM, qui se veut être une autorité technique indépendante, est-elle apte à apprécier le degré de fiabilité de la

---

[1007] Il s'agira d'une plateforme complémentaire avec la centrale de risque en vue de faciliter l'octroi des crédits et qui agira comme une base de données à la disposition des établissements financiers (à savoir des organismes financiers, sources publiques et grands facturiers selon décision n° 10-HCC/D3 du 04/02/2018 concernant la loi n° 2017-045 régissant l'activité et le contrôle des bureaux d'information sur le crédit) : en ce sens « banque centrale : bientôt un bureau d'information sur le crédit », www.lexpressmada.com/17/01/2019/banque-centrale-bientot-un-bureau-dinformation-sur-le -crédit/, consulté le 14/02/2019.

[1008] La loi n° 2016-004 portant statuts de la banque centrale de Madagascar est entrée en vigueur bien après la loi n° 2014-038 relative à la protection des données à caractère personnel.

sécurité des données, des bureaux d'information sur le crédit et des établissements financiers d'une manière générale ? D'autre part, et la remarque vaut pour toute société, dès l'instant où il est question de données à caractère personnel, la CMIL doit être amenée à intervenir afin d'autoriser et de garantir le traitement des données concernées. Ce sera notamment le cas lorsque, dans le cadre de signalements effectués par des lanceurs d'alerte[1009], sont en jeu des données soit de la personne morale même, soit se rapportant à ses clients, partenaires ou autres fournisseurs.

On se trouve ici face à un certain souci de cohérence de l'ordonnancement juridique malgache en matière de numérique. En effet, si les textes relatifs au numérique imposent aux personnes morales un certain nombre d'obligations dans le traitement des données à caractère personnel (en ce sens la loi sur la protection des données à caractère personnel, n° 2014-038), les sanctions effectives qui permettent de retenir la responsabilité de ces personnes morales n'existent pas – ce que l'absence d'instauration de la CMIL vient conforter. Seule a été prévue, dans les dispositions relatives à la lutte contre la cybercriminalité, la possibilité de retenir la responsabilité pénale des personnes morales en cas d'inobservation des prescriptions légales se rapportant aux obligations qui leur sont imposées dans la conservation et la mise à disposition aux autorités de certaines données[1010]. Et donc, des sanctions uniquement dans le cadre de cette lutte contre la cybercriminalité : obligation d'anonymiser, obligation de conservation, obligation de garantir une certaine sécurité des réseaux des opérateurs de télécommunications. Mais s'agissant des données à caractère personnel et de leur protection aucune disposition expresse prévoyant une sanction, pénale ou non, n'est prévue contre les personnes morales. Des obligations nouvelles s'imposant aux personnes morales donc – dont notamment celles d'assurer la protection du traitement et des données contre toute forme d'altération, de destruction ou de diffusion non autorisée conformément à l'article 15 de la loi sur la protection des données à caractère personnel – mais pas de nouvelles sanctions, clairement édictées et surtout l'absence de la principale autorité de contrôle : la CMIL.

Néanmoins, s'agissant des sanctions pouvant s'appliquer, les textes en vigueur ne laissent pas pour autant démuni. En effet, il est possible d'envisager une extension des dispositions de la loi sur la lutte contre la cybercriminalité, aux personnes morales amenées à traiter des données à caractère personnel. En effet, l'article 33 de la loi sur la lutte contre la cybercriminalité , qui vise la sanction de l'obligation faite aux personnes morales de conserver les

---

[1009] Le statut des lanceurs d'alerte a été défini dans le droit français comme étant les « membres du personnel et collaborateurs extérieurs et occasionnels » loi n° 2016-1691 du 9 décembre 2016, dite Sapin 2, créant un statut pour les lanceurs d'alerte.

[1010] Art. 26 et s. de la loi n° 2014-006, sont visées ici les « données relatives au trafic » c'est-à-dire les « données ayant trait à une communication passant par un système d'information, produites par ce dernier en tant qu'élément de la chaîne de communication... ».

données techniques – terme « technique » pouvant être étendu aux données à caractère personnel – l'absence de conservation entraînant dès lors des sanctions pénales. On relèvera toutefois à notre charge qu'une telle sanction se baserait sur le texte relatif à la cybercriminalité alors que les infractions touchent aux données à caractère personnel. Cependant, les dispositions pénales des Articles 66 et 71 de la loi sur la protection des données à caractère personnel visent « toute personne » ! En d'autres termes, lesdites sanctions pénales s'appliquent aussi bien aux personnes physiques qu'aux personnes morales. Bien sûr, il aurait été préférable que les dispositions de ladite loi le prévoient expressément. Mais on pourra rétorquer que, à l'instar de la loi sur la lutte contre la cybercriminalité, rien ne vient s'interposer à l'application aux personnes morales des dispositions pénales sur la protection des données à caractère personnel, surtout lorsque les prestataires de services en matière de traitements de données et d'une manière générale de télécommunication sont essentiellement des personnes morales.

Une autre contrainte vient enfin s'appesantir sur les sociétés malgaches. Obligation qui cependant participe toujours à l'amélioration du climat des affaires à Madagascar et à sa visibilité sur le plan international. L'entrée en vigueur du RGPD[1011], en Europe et principalement en France qui compte parmi les principaux partenaires économiques de Madagascar, va conduire à la prise en compte de nouveaux impératifs dont notamment l'éventuelle mise en conformité des standards nationaux à ceux européens[1012]. De tels projets vont toutefois soulever des questions juridiques.

L'un des problèmes majeurs que pose le RGPD à Madagascar est celui de la territorialité. En effet, conformément à l'esprit du RGPD, les dispositions du règlement s'appliquent dès l'instant où des données concernant un de ses ressortissants sont visées. Du point de vue national, cela conférerait-il donc une autorité supranationale à ce règlement, alors même que les dispositions de la loi nationale sur la protection des données personnelles existent ? Il faut en effet avoir à l'esprit que, même si les dispositions nationales de la loi sur la protection des données à caractère personnel peuvent s'avérer incomplètes compte tenu de l'évolution rapide et perpétuelle que connaît la matière, la protection existe néanmoins. La législation malgache, inspirée de l'ancienne loi française informatique et libertés du 6 janvier 1978 mais également – en partie seulement – du RGPD même, pose les fondamentaux d'une protection efficace des données à caractère personnel – à savoir le consentement lors de

---

[1011] Règlement de l'Union européenne n° 2016/679 portant protection des données à caractère personnel et dit « Règlement Général sur la Protection des Données » (RGPD).

[1012] Au cours d'un récent colloque, l'Artec a dévoilé un imminent projet de réforme des textes malgaches sur le numérique dont notamment celui sur la protection des données à caractère personnel : colloque sur la « cybersécurité et protection des données : de l'économie globale à la responsabilité des entreprises » 23/10/2018, Académie malgache, Antananarivo, Co organisé par l'AUF (Agence Universitaire Francophone) et l'Artec (Autorité de Régulation des Technologies de Communication).

la collecte, usage loyal et conforme à la volonté des concernés lors du traitement desdites données, droit de rectification et de suppression de celles-ci après un certain délai de temps. Il importe de souligner que les dispositions du droit malgache aménagent déjà la possibilité d'un contrôle de l'efficience de ladite protection au niveau de toute entité qui serait amenée à effectuer des traitements de données, en prévoyant notamment un régime particulier se rapportant au délégué chargé de la protection des données dont la principale mission est de s'assurer du respect des dispositions légales et de l'existence de mesures de protection suffisantes au sein de l'entité qui a en charge du traitement des données à caractère personnel[1013]. Des dispositions qui visent ainsi à garantir une protection efficace des données lors de leur traitement.

Toutefois, ces mesures locales ne semblent pas rassurer les partenaires extérieurs et écarter leurs soucis de protection. De plus, avec l'avènement du RGPD les questionnements touchant à la souveraineté, et ce, en raison de l'existence du droit national et des structures qui en découlent, peuvent venir à l'esprit. Un sentiment « de frustration » qui sera exacerbé par le fait que dans la pratique les ateliers de mise en conformité depuis l'entrée en vigueur du RGPD (mai 2018) se multiplient à l'échelle nationale. Ce qui reflète une volonté des entreprises basées à Madagascar à se « soumettre » aux dispositions de ce règlement : elles n'ont pas le choix de toute façon si elles veulent maintenir leurs relations d'affaires. La solution pourrait résider dans l'adoption de « loi miroir » ou de « loi de blocage »[1014] afin de faire primer le droit national mais à condition que ce dernier puisse être à même d'assurer efficacement la protection des données à caractère personnel.

Quant au sujet qui nous intéresse, à savoir la transparence, on relèvera en ce sens que le RGPD pose une obligation aux personnes morales, de droit malgache, d'avoir à déclarer leurs activités relatives au traitement des données à caractère personnel touchant à leurs ressortissants, et donc une transparence sur l'activité en raison de la sensibilité de celle-ci. Mais, une telle obligation ne conduit-elle pas mettre à mal le secret des affaires ? D'autre part et surtout – ainsi que nous l'évoquions précédemment – cela ne ferait-il pas doublon avec les systèmes nationaux de protection ? Toutefois, paradoxalement pourrait-on estimer trouver dans ce régime supranational des fondements d'une amélioration de la transparence des sociétés malgache à travers cette mise en conformité nécessaire à une norme extranationale ? Gageons qu'au-

---

[1013] Notamment les articles 51 et suiv. se rapportant sur le délégué à la protection des données à caractère personnel loi n° 2014-038 sur la protection des données à caractère personnel. Des dispositions qui notamment ont été empruntées au RGPD.

[1014] Les « lois de blocage » ou encore les « lois miroirs » ont vocation d'annihiler les effets des lois extraterritoriales sur le territoire national en interdisant notamment la reconnaissance ou l'exécution de décisions étrangères, ou encore en sanctionnant pénalement les personnes qui participeraient à une procédure judiciaire ou administrative diligentée depuis l'étranger : en ce sens *Droit international privé*, LGDJ, 6e éd., 2017, Marie Laure Niboyet et Géraud de Geouffre de La Pradelle.

delà de l'amour-propre des nationaux quant à leur souveraineté, les parties prenantes – les sociétés, les autorités nationales de contrôle du traitement des données à caractère personnel, l'État par les potentialités économiques générées par ces sociétés de traitements, d'échanges de données – trouvent dans cette source d'acculturation, un élément producteur d'inspiration dans la quête perpétuelle d'amélioration du climat des affaires.

Propos iconoclastes sur la relation bancaire à Madagascar : à la recherche d'une certaine transparence ou d'une transparence certaine ?

Fetiarinjara Randrianarivo

1. L'impératif de transparence, gage de la confiance devant caractériser la relation bancaire – Peut-on parler de transparence dans les rapports qu'entretiennent les banques malgaches avec leurs clients ? Voilà une question (entre autres) qui met à l'épreuve le socle même de la relation bancaire : la confiance[1015]. Le client – du moins celui avisé – ne choisit-il pas généralement la banque qu'il estime répondre au mieux à ses attentes et avec qui il espère tisser un lien de confiance ? Celle-ci sera assurément la plus à même d'attraire par ses effluves de transparence. La banque ne décide-t-elle pas, quant à elle, d'entrer en relation contractuelle avec le client qui lui inspire le plus confiance, en lui octroyant par exemple du crédit ? Faire crédit ne signifie-t-il pas faire confiance[1016] ? C'est ainsi que le degré de transparence du solliciteur de crédit comme celui de ses activités va beaucoup influer sur l'appréciation et le choix du banquier[1017]. Autant dire que les vertus de la transparence nourrissent sans conteste la confiance des parties dans la relation bancaire.

Évoquer la question de la transparence dans la relation bancaire (II) suppose au préalable de cerner les contours de ce concept (I).

I. De la transparence en général

2. La transparence est une notion trop générique pour qu'elle puisse se prêter à une définition uniforme. Différente d'une branche de droit à une autre, sa signification serait fonction de l'usage qui en est fait. Par conséquent, sa

---

[1015] La confiance est nécessaire dans les relations d'affaires dont elle est « le ciment ». La relation bancaire n'y échappe pas. Muriel Chagny, « La confiance dans les relations d'affaires », *in* Valérie-Laure Benabou, Muriel Chagny (dir.), *La confiance en droit privé des contrats*, Actes du colloque organisé le 22 juin 2007, Université de Versailles Saint-Quentin-en-Yvelines, Dalloz, 2008, p. 35 et s.

[1016] Le vocable crédit vient du verbe latin *credere* qui signifie « faire confiance ». Le crédit c'est la « confiance en la solvabilité du débiteur (faire crédit) ». G. Cornu (dir.), *Vocabulaire juridique*, 10e édition mise à jour, PUF 2014, Voy. déf. « Crédit » (sens 1), p. 285.

[1017] Dans la relation de crédit (chirographaire du moins), la transparence financière du débiteur devrait constituer amplement un gage de confiance. Christian Gavalda, « Le secret des affaires », *Mélanges offerts à René Savatier*, Dalloz, 1965, p. 293.

nature « instrumentale » (A) fait qu'elle s'appréhende généralement à travers ses vertus, à travers ses manifestations (B).

A. La nature « instrumentale » de la transparence

3. Notion de transparence – La transparence est rarement définie par les lexiques juridiques. Selon le vocabulaire juridique CORNU, cette « bible terminologique des juristes français », celle-ci renvoie pour un marché, à l'idée de transparence tarifaire qui présuppose une « accessibilité des informations relatives notamment aux prix de revient et conditions de vente qui y ont cours »[1018]. Sur un plan plus général, la transparence est – au sens figuré – définie par le lexique des termes juridiques comme un « principe d'organisation de la société démocratique »[1019].

4. Nature « instrumentale » de la transparence – Ces quelques précisions permettent néanmoins de comprendre la nature véritablement « instrumentale » de la transparence. Puisque, précisément, celles-ci renseignent moins sur la signification de la notion de transparence que sur l'emploi qui en est fait. L'étude de l'étymologie de ce terme semble d'ailleurs aller dans ce sens. Le mot transparence est, en effet, composé de la préposition latine *trans* (à travers) et de *parens*, participe présent du verbe *parere* (paraître, apparaître)[1020].

5. Sens strict – Ainsi, dans son sens premier, la transparence sert généralement à désigner « la qualité d'un corps qui laisse passer la lumière et permet de distinguer parfaitement les objets placés derrière lui »[1021]. Il n'est pas excessif d'en déduire que ce serait moins la propriété (intrinsèque) du corps – en ce qu'il laisse traverser la lumière – qui est, ici, mis en avant que la réalité que l'on cherche à voir derrière ou à travers celui-ci.

6. Cela signifie, d'une part, que la transparence n'est pas à envisager en elle-même, mais en tant qu'outil mis au service d'une fin (celle-ci s'apparente alors davantage à une *transparence-moyen*) ; c'est-à-dire qu'elle n'est pas prise pour soi mais sert de moyen pour parvenir à un but ultime, pour atteindre une finalité supérieure, pour asseoir un idéal à atteindre[1022].

[1018] G. Cornu (dir.), *Vocabulaire juridique…*, Voy. déf. « Transparence » (sens 2), p. 1036 : « Pour un marché, accessibilité des informations relatives not. aux prix de revient et conditions de vente qui y ont cours. Ex. transparence tarifaire d'un fournisseur ».

[1019] S. Guinchard et T. Debard (dir.), *Lexique des termes juridiques*, 23e éd. 2015-2016, Dalloz, 2015, V. déf. « Transparence », p. 1031.

[1020] Cornu (dir.), *Vocabulaire juridique…*, Voy. déf. « Transparence », p. 1036.

[1021] *Le grand dictionnaire encyclopédique du XXIe siècle*, Éditions Philippe Auzou, Paris, 2001. V° déf. *« Transparence »*.

[1022] La transparence se présente, selon l'expression de Monsieur D. Soulez-Larivière, comme « un moyen, une mécanique au service d'une vertu plus supérieure ». Cité par Monsieur Samb *in* Moussa Samb, « Gouvernance et transparence en droit des sociétés de l'espace OHADA : perspectives de droit dur (*hard law*) et de droit souple (*soft law*) », *BDE* (2017), p. 1.

Cette assertion se révèle à l'examen confirmée tant en droit privé qu'en droit public. Ainsi, dans la définition donnée par *le Vocabulaire juridique* CORNU précité[1023], il est question de la protection des consommateurs et de la loyauté des relations économiques, valeurs positives que prône le droit commercial contemporain à l'enseigne de la transparence[1024]. De manière générale, la matière économique confirme bien cette idée en ce sens que la transparence est perçue comme un moyen privilégié de contrôle des activités économiques. C'est ainsi que la transparence (du marché) conditionne aussi bien la liberté que la loyauté de la concurrence. Celle-ci permet, seule, d'assurer une certaine égalité entre les entreprises[1025]. Cette idée semble également trouver une illustration évidente en droit public dans la mesure où, tel que ci-dessus entendu par le lexique des termes juridiques, la notion de transparence se trouve alors le plus souvent associée à l'idée de « gouvernance »[1026], ou plus précisément à celle de « bonne gouvernance »[1027], à celle de « démocratie », ou encore à celle d'« effectivité des droits et libertés ». Autant de vertus qui incarnent (ou devraient incarner ?) tout État de droit, et à travers lesquelles la transparence elle-même s'appréhende[1028].

7. Ce qui implique, d'autre part, que la transparence ne va pas de soi. De la même manière qu'un endroit a besoin d'une fenêtre ou d'une ouverture pour pouvoir recevoir la lumière, il faut des procédés pour asseoir la transparence. En d'autres termes, c'est à travers la mise en œuvre de tels procédés qu'apparaît de manière claire ce que l'on veut ou cherche à voir. Et il s'agira notamment de procédés juridiques. Tel est particulièrement le cas à l'échelon européen où la transparence, même ayant acquis valeur de principe, ne constitue pas une fin en soi. On parle d'un principe dit « d'ouverture » qui vise à promouvoir l'accessibilité du public aux documents élaborés par les

---

[1023] Cf. *supra*, n° 3.

[1024] Le Titre IV du Code de commerce français consacre un chapitre entier à la transparence. Cf. Chapitre I, Titre IV, Code de commerce français, intitulé : « De la transparence » (Art. L. 441-1 et s.).

[1025] Dominique Legeais, *Droit commercial des affaires*, 17e éd., SIREY, 2007, n° 525, p. 309. Toutefois, cf. *contra.* : Cycle de conférences de la Cour de cassation autour du thème : TRANSPARENCE ET CONCURRENCE, jeudi 29 mars 2007, spéc. l'intervention de Monsieur Jérôme Philippe : « La transparence, source d'accroissement et facteur de réduction de la concurrence », *Revue Lamy de la Concurrence*, n° 13, octobre/décembre 2007, p. 169 et s.

[1026] G. Cornu (dir.), *Vocabulaire juridique*..., V° déf. « Gouvernance », p. 493.

[1027] La transparence constitue, au côté de l'obligation de rendre compte, de la lutte contre la corruption ou encore de la participation, un élément caractéristique de la « bonne gouvernance ». André Roger, « La réforme juridique à Madagascar : Entre tradition et mondialisation », *Revue de droit et de jurisprudence de Madagascar*, Faculté de droit, d'économie, de gestion et de sociologie – Université d'Antananarivo, ministère de la Justice, n° 2, décembre 2000, p. 24.

[1028] Ariane Vidal-Naquet, « La transparence », *in* Jean-Bernard Auby (dir.), *L'influence du droit européen sur les catégories du Droit public*, Dalloz, 2010, p. 639 et s.

institutions de l'Union européenne, et à améliorer la qualité ou la lisibilité du droit européen[1029]. Création de la loi[1030], ou de la pratique[1031], la transparence apparaît ainsi davantage comme « une qualité qui permet d'assurer la légitimité de la construction européenne, son efficacité et l'effectivité des droits et libertés »[1032]. De même, au niveau du droit français[1033], et dans une

---

1029 R. Cabrillac (dir.), *Dictionnaire du vocabulaire juridique 2016*, 7e édition, LexisNexis 2015, Voy. déf. « Transparence (principe de) », p. 519 ; Adde : Sophie Berthier Demonfort, *Le principe d'ouverture en droit de l'Union européenne. Contribution à l'étude de l'influence des citoyens dans la prise de décision européenne*, Thèse, Université de Limoges, 2016. En ligne : *www.theses.fr/2016LIMO0043.pdf* (consulté le 20/02/2019); Deirdre Curtin, Joana Mendes, « Transparence et participation : Des principes démocratiques pour l'administration de l'Union européenne », *Revue française d'administration publique*, 2011/1 n° 137-138, p. 101 à 121. En ligne : http://www.cairn.info/revue-francaise-d-administration-publique-2011-1-page-101.htm (consulté le 05/03/2009).

1030 La base juridique directe de la transparence en droit communautaire est l'ancien traité établissant une Constitution pour l'Europe (TCE), signé à Rome le 29 octobre 2004, et remplacé par le traité de Lisbonne, signé quant à lui le 13 décembre 2007 et entré en vigueur le 1er décembre 2009 [art. 8B al. 2 (ex-Art. I-47,2°TCE) : « les institutions entretiennent un dialogue ouvert, transparent et régulier avec les associations représentatives et la société civile » ; Art. 8B al. 3 (ex-Art. I-47,3°TCE) : « en vue d'assurer la cohérence et la transparence des actions de l'Union, la Commission européenne procède à de larges consultations des parties concernées »]. On peut également citer le traité sur le fonctionnement de l'Union européenne [art. 15, 3° al. 3 in fine de la version consolidée (ex-art. 255 TCE)] qui prévoit que « Chaque institution, organe ou organisme assure la transparence de ses travaux et élabore dans son règlement intérieur des dispositions particulières concernant l'accès à ses documents [...] ». Cf. Ariane Vidal-Naquet, *La transparence...*, p. 645 et s.

1031 Plus significatif nous semble en particulier le rôle de la pratique dans la mise en place de la transparence dans l'espace européen. On peut citer, en guise d'illustration, le Code de conduite des entreprises multinationales (dont celles européennes) qui – en réponse aux actions ou revendications de certains États, de la société civile, de nombreuses Organisations Non Gouvernementales... face aux menaces et dangers causés par les activités de ces entreprises, notamment dans leurs pays d'accueil – résulte d'une conviction internationale partagée (Union européenne, Nations Unies, Organisation Internationale du Travail) sur la nécessité d'encadrer leurs activités et de réglementer leurs actions. Celui-ci intègre diverses préoccupations : l'emploi, relations entre employeurs et travailleurs, respect des droits de l'homme, protection de l'environnement, la divulgation d'informations et la transparence, l'éthique... Craig Forcese, *Commerce et conscience. Droits humains et Codes de conduites des entreprises*, Montréal, Centre international des droits de la personne et du développement démocratique, 1997 ; Guylaine Vallée, « Les Codes de conduite des entreprises multinationales et l'action syndicale internationale. Réflexions sur la contribution du droit étatique », *RI/IR*, 2003, vol. 58, n° 3, p. 363 et s.
En ligne : https://www.jstor.org/stable/23078072?seq=1#metadata_info_tab_contents (consulté le 08/03/2019) ; Trotier, B. (1986). « Le contrôle juridique des entreprises multinationales ». *Les cahiers de droit*, 27 (2), 419-435, https://doi.org/10.7202/042748ar.

1032 Ariane Vidal-Naquet, *La transparence*... p. 641.

1033 Nombreux sont les textes qui consacrent la transparence en droit français. À titre d'exemple : Cf. le Code de commerce qui consacre un chapitre entier à la transparence (cf. *supra*, note n° 7) ; la loi n° 2006-686 relative à la transparence en matière nucléaire ; la loi n° 91-3 relative à la transparence et à la régularité des procédures de marchés ; la loi n° 89-531 relative à la sécurité et à la transparence du marché financier ; les lois n° 88-226/227 relatives à la transparence financière de la vie politique ; ...

certaine mesure en droit malgache[1034], la transparence est essentiellement une création de la loi, peu important qu'elle y soit énoncée de manière expresse, ou que la « chose » soit simplement présente plus que le nom[1035]. Parfois, il arrive que celle-ci soit directement le produit d'une invention prétorienne. Dans ce cas, le juge aura, selon le cas, à affirmer ou à réaffirmer la valeur ou l'existence d'un principe de transparence[1036].

8. Sens large – Dans un sens plus élargi – qui n'est que le prolongement du premier, « transparent » est synonyme d'« accessible », de « compréhensible », de « concis », de « précis », de « simple »... ou encore d'« intelligible »[1037]. Une information dite « transparente » doit donc présenter certaines qualités, certaines caractéristiques intrinsèques : elle est accessible, compréhensible, concise, précise, simple... intelligible. Bref, c'est la « qualité de ce qui peut être vu et connu de tous »[1038]. Dans ce second sens, la transparence répond à un objectif essentiel, celui d'éclairer l'esprit du public – destinataire de ladite information, de sorte qu'elle s'oppose à toute idée d'opacité[1039] et cherche à lever le voile du secret.

9. C'est ainsi que l'idée de transparence, l'antinomie du secret, est généralement liée à la question de l'accès du public à l'information dans les domaines qui le regardent. Au-delà de certains types d'informations qui – de

---

1034 Cf. *infra.*, n°s 11 et s.

1035 Ainsi, par exemple, dans le Code de procédure civile malgache, relèvent assurément de l'idée de transparence divers principes et mécanismes, lesquels « assurent l'égalité de traitement des justiciables » et « dressent les règles relatives à l'indépendance et à l'impartialité du juge par rapport à la cause qu'il aura à traiter ». Ramarolanto-Ratiaray, « La transparence des décisions de justice : une nécessité ? », revue *Etika (La revue trimestrielle du Mouvement pour l'Éthique et de la Déontologie de Madagascar)*, avril-juin 2013, n° 0006, p. 4. En ligne : http://passthrough.fw-notify.net/download/853964/http://www.csi.gov.mg/wp-content/uploads/2017/04/Etika_0006.pdf (consulté le 17/01/2019). C'est dire que la transparence s'appréhende ici à travers ses manifestations.

1036 Dans le domaine des marchés financiers : cf. par ex. Cass. Com., 20 septembre 2017, n° 15-29.098, FS-P+ B (n° Lexbase : A7650WS7), Obs. Hervé Causse : « Splendeur du principe de transparence sur fond de validité des poursuites de l'Autorité des marchés financiers », *Lexbase hebdo édition affaires*, n° 529, 9 novembre 2017 (Sanction d'une société anonyme émettrice d'actions sur un marché financier pour ne pas avoir délivré une information exacte, précise et sincère. Cette décision confirme l'existence d'un principe de transparence « qui a sa propre substance », et qui se trouve symbolisé par les obligations d'information d'une certaine qualité dues par ladite société). En matière de distribution : cf. par ex. Com. 29 mars 2017, n° 15-27.811, *D. 2017. 757* ; *AJ Contrat 2017. 217. Obs. B. Ruy*, *in* Didier Ferrier, *Concurrence-Distribution*, D. 2018, 865 (Sanction pour manquement à l'exigence de transparence du refus de communiquer des conditions générales catégorielles de vente à un demandeur au motif qu'il ne relèverait pas de la catégorie concernée, alors que les critères « objectifs » définissant cette catégorie n'ont pas été préalablement établis).

1037 Henri Bertrand Duchazaud, *Dictionnaire de synonymes et contraires*, Éd. LES USUELS, 1994, V° synonymes « Transparence » (Sens II), p. 723.

1038 Ramarolanto-Ratiaray, *La transparence des décisions de justice : une nécessité ?...*, p. 4.

1039 Dictionnaire Larousse, Éditions Larousse, 2016, V° déf. « Transparent » (Sens 3), p. 1408 : « Que l'on ne cherche pas à dissimuler à l'opinion. [Par ex.] *Des comptes transparents* ».

par leur nature même – demeurent réservées[1040], il s'agit d'abord d'une exigence de transparence administrative qui ne se satisfait pas d'un simple accès aux documents administratifs mais qui permet même aux citoyens d'obtenir des autorités administratives motivation de certains de leurs actes défavorables[1041]. Ayant une « forte charge démocratique », la transparence apparaît dans ce cas comme un moyen de contrôle du pouvoir étatique par les citoyens[1042]. Exigence qui ne se limite d'ailleurs pas au niveau interne des États[1043]. À l'inverse, la transparence fait ensuite office d'instrument de contrôle social qui sert à lutter contre les comportements déviants des individus eux-mêmes[1044]. Dans le domaine particulier des affaires, le contrôle des activités économiques suppose l'accessibilité de diverses catégories d'informations par tous les acteurs (dirigeants de la société, assemblée générale, organes de contrôle, autorités administratives, tiers...), dont certaines peuvent être sensibles pour leur détenteur. En ce cas, la transparence ne peut que composer avec le secret, lequel n'a cessé (et ne cesse) de dominer le monde des affaires[1045]. Aussi, devrait-on concéder que l'excès de transparence ne peut qu'être nuisible au dispensateur de l'information, laquelle a nécessairement un coût économique[1046]. En particulier, lorsque ladite information – revêtue du sceau du secret – représente pour celui-ci une

---

1040 Distinction est faite entre les « secrets publics » – c'est-à-dire les secrets de la puissance publique (secret de défense, secret de l'instruction...) et les « secrets privés » qui visent aussi bien les personnes physiques « soucieuses de préserver leur vie privée » que les personnes morales « attachées à protéger leur patrimoine concurrentiel ». Bertrand Warusfel, « Les secrets protégés par la loi, limites à la transparence », in *Revue générale nucléaire*, 2003, n° 1, janvier-février, p. 62 et s.

1041 Noëlle Lenoir, « Le droit à la transparence, 30 ans après », p. 1. En ligne : http://cerna-ethics-allistene.org/digitalAssets/55/55079_LA_TRANSPARENCE_EN_DROIT_No_lle_Lenoir.pdf (consulté le 04/01/2019).

1042 *Ibid.*

1043 L'exigence de transparence administrative s'est également étendue au niveau international. Pour un exemple d'une demande de plus en plus de transparence au niveau des institutions financières internationales (Fonds monétaire international, Banque mondiale), cf. Laurence Ravillon, « La transparence en droit des affaires internationales », *RDAI/IBLJ*, n° 5, 2015, p. 433 et s. En ligne : Laurence Ravillon, « Transparence en Droit des affaires internationales », 2015, Int'I Bus. L.J., 433 (2015) (consulté le 21/12/2018). Au niveau européen, cf. Ariane Vidal-Naquet, *La transparence...* précitée.

1044 L'existence de diverses obligations s'imposant aux individus serait révélatrice d'un besoin de plus en plus accru de contrôle : obligation de déclaration de patrimoine pour se prémunir contre l'enrichissement illicite (Art. 2, loi n° 2016-020 du 22 août 2016 sur la lutte contre la corruption) ; obligation des établissements bancaires de retracer les origines des fonds de leurs clients pour endiguer le blanchiment d'argent (Art. 9, loi n° 2018-043 du 13 février 2019 sur la lutte contre le blanchiment de capitaux et le financement du terrorisme) ; ... Cf. *infra*. n°s 16 et s.

1045 Christian Gavalda, *Le secret des affaires...* précité.

1046 Jean Carbonnier, *Droit civil – Tome 4 : Les obligations*, Coll. « THÉMIS DROIT PRIVÉ », 20e éd. mise à jour, PUF, 1996, n° 83, p. 157 et s.

importance particulière, en ce qu'elle lui permet, par exemple, d'avoir un avantage concurrentiel évident[1047].

10. Au reste, sans vouloir exhorter un excès de transparence, on peut affirmer que ce qui n'apparaît point suffisamment transparent ne peut que paraître douteux. C'est ce qui explique, sans doute, l'engouement permanent du public pour l'information et donc pour la transparence[1048]. Transparence dans les affaires publiques, transparence dans les relations économiques ou commerciales, transparence dans les relations contractuelles, transparence dans les rapports privés... Vent de la transparence qui n'a d'ailleurs pas manqué de souffler à Madagascar.

B. Les manifestations de la transparence en droit malgache

11. C'est sans doute dans l'espace privé, en particulier dans le domaine des affaires, que la quête de transparence apparaît la plus poussée et la plus aboutie en droit malgache, du moins au niveau de la réglementation. Tel n'est pas le cas dans la sphère publique où la transparence peine encore à devenir le principe.

12. Transparence dans le domaine du droit public – À Madagascar, la volonté politique d'asseoir une certaine transparence au niveau de la sphère publique n'est pas totalement absente. L'initiative la plus marquante date des années 2005 et mérite certainement d'être soulignée car elle aurait dû, si ses objectifs avaient été atteints, permettre un contrôle efficace des institutions ou de l'Administration, ainsi que des processus ou des décisions.

En 2005, les pouvoirs publics ont, avec l'appui des bailleurs de fonds, mis en place un programme général de développement dénommé Programme de Réforme de l'Administration (ou PREA)[1049], dont l'un des trois volets visait la mise en œuvre d'une politique nationale en matière d'E-Gouvernance. C'est

---

[1047] Le secret rend l'information rare, donc utile, donc ayant de la valeur. Autrement dit, « l'information a de la valeur parce qu'elle est secrète ». On parle d'un véritable « bien informationnel ». C'est dire que le secret des affaires n'en conserve pas moins ses vertus ! Tahina Fabrice Rakotoarison, « Du secret des affaires au bien informationnel », *Regards sur le droit malgache, Mélanges en l'honneur du Professeur Alisaona Raharinarivonirina*, Coopération franco-malgache, Éditions L'Harmattan, Jurid'ika, 2010, p. 301.

[1048] C'est le cas de la société française depuis les années 80. Jean Carbonnier, *Droit civil – Tome 4 : Les obligations*,... p. 157 et s. Actuellement, cette quête de transparence a un regain d'actualité énorme avec le développement des réseaux sociaux comme Facebook, Twitter ou Instagram, nouveaux vecteurs de l'information. Yves Laurin, « La transparence en débat », *Recueil Dalloz*, 2018, 804.

[1049] Ce Programme de réforme de l'administration prévoyait trois principaux volets dont :

- Le Programme National d'E-Gouvernance (ou PNEG) ;
- Le Programme de Réforme Institutionnelle pour la Bonne Gouvernance (ou PRI-BG) ;
- Le Programme Gouvernemental pour le Développement Institutionnel (ou PG-DI).

le Programme National d'E-Gouvernance (ou PNEG) qui prévoyait lui-même trois phases principales :

– L'*E-Administration* dont les réformes envisagées cherchent à renforcer l'efficacité de l'Administration en général, c'est-à-dire l'État et ses émanations (ministères et institutions étatiques diverses) ;

– L'*E-service* dont les réformes projetées visent à améliorer la qualité des services publics offerts aux usagers ;

– L'*E-participation* qui, aboutissement des deux premières phases, cherche un retour positif de la part des usagers, et permet ainsi une meilleure participation citoyenne dans les affaires publiques.

C'est ainsi que le décret n° 2005-327 du 25 mai 2005 avait érigé le cadre institutionnel de la mise en œuvre de cette politique nationale en matière d'E-Gouvernance, en prévoyant la création de deux organismes : l'un est une *structure décisionnelle* – la Cellule de développement de l'E-Gouvernance (ou CDEG) ; l'autre un *organe opérationnel* – l'Agence Nationale de Réalisation de l'E-Gouvernance (ou ANRE), lequel est chargé de mettre à exécution les décisions de la CDEG et de réaliser les projets relatifs à l'E-Gouvernance.

Le Programme National de l'E-Gouvernance devait se matérialiser par la mise en place de ce que l'on appelle l'intranet de l'État (mise en place de réseau, création de sites web, fourniture de connexion internet, appui technique…), lequel devait d'abord concerner l'Administration centrale (institutions de l'État, départements ministériels, établissements et entités publics…), et par la suite devait être étendu aux démembrements de l'État (collectivités publiques telles que régions, districts, communes). Suite à la crise politique de 2009, la suspension du financement des bailleurs de fonds allait finalement mettre un terme au Projet, lequel s'était arrêté au niveau central.

13. Il faut dire qu'à l'instar de la France qui a opté pour l'Open data pour les données ou informations publiques, la mise en œuvre de l'intranet au niveau de l'État malgache ne peut que favoriser un accès plus large et plus aisé à l'information publique, moderniser les services publics et partant, permet d'améliorer le droit à la participation des citoyens aux affaires publiques. L'initiative compléterait d'ailleurs l'effort d'archivage (aux fins de conservation et de protection, et bien évidemment de consultation) des documents publics tels que régis par la loi n° 2007-019 du 27 juillet 2007 relative aux archives de Madagascar. Au reste, il s'agit d'une question de bonne gouvernance et de démocratie, objectifs dont a fait sienne ladite loi[1050]. À souligner qu'en 2015, les statuts de l'ANRE ont fait l'objet d'une refonte[1051], laquelle continue à mettre en relief la mission principale de cet

---

[1050] Art. 8, loi n° 2007-019 du 27 juillet 2007 : « Les fonds d'archives, accessibles à la population, sont les garants de la bonne gouvernance et de la démocratie ».

[1051] Initialement, les statuts de l'ANRE ont été fixés par le décret n° 2005-327 du 25 mai 2005 fixant le cadre institutionnel de mise en œuvre de la politique nationale en matière d'E-

organisme, dont l'exécution du Programme National de l'E-Gouvernance. Faudrait-il toujours y voir la volonté des pouvoirs publics de creuser leur sillon ? En tout cas, force est de constater que la quête de transparence dans la sphère publique est loin d'être achevée. Et les vertus qui s'y attachent n'excluent pas forcément la difficulté de sa mise en œuvre.

14. Transparence dans le domaine du droit privé – En droit privé, notamment dans le domaine économique, la transparence se trouve au cœur des préoccupations du législateur malgache depuis quelques décennies déjà. Ainsi, du droit des affaires qui doit composer avec des exigences de transparence grandissantes. Dès 1999, plusieurs dispositifs législatifs et réglementaires ont été adoptés afin d'instaurer une certaine transparence, si ce n'est au niveau des acteurs économiques eux-mêmes, du moins dans le cadre de leurs activités. Il s'agit de la loi n° 99-025 du 19 août 1999 relative à la transparence des entreprises, de la loi n° 99-026 du 19 août 1999 sur la publicité des privilèges, du décret n° 99-716 du 8 septembre 1999 sur le Registre du commerce et des sociétés, ainsi que du décret n° 99-717 du 8 septembre 1999 sur la publicité du crédit mobilier. À noter que ces deux derniers décrets ont été amendés et consolidés en un seul texte : le décret n° 2008-440 du 5 mai 2008 sur le Registre du commerce et des sociétés et la publicité du crédit mobilier. Ces différents dispositifs se doublent d'autres exigences de publicité légale[1052]. Par la suite, la réforme du droit des affaires initiée par les pouvoirs publics au début de la décennie 2000, et qui se poursuit jusqu'à maintenant, vient conforter cette quête de transparence. Elle vise notamment à permettre une information fiable et accessible des décisions et des activités pour toutes les parties prenantes de la structure sociétaire, pour tous les acteurs économiques. Il s'est agi, dans un premier temps, essentiellement d'informations de nature financière. La transparence inspire ainsi un grand nombre de règles juridiques[1053]. Mais par la suite, la recherche

---

Gouvernance. Celui-ci a été ensuite modifié par le décret n° 2007-478 du 30 mai 2007, puis par le décret n° 2007-507 du 4 juin 2007. Actuellement, les nouveaux statuts de l'ANRE sont fixés par le décret n° 2015-1203 du 11 août 2015.

[1052] On relèvera notamment les dispositions des articles 20.05.01 et suivants du Code général des impôts qui régissent le système de l'immatriculation fiscale à Madagascar, le décret n° 2005-380 du 22 juin 2005 portant nouvelle immatriculation statistique des établissements exerçant une activité économique ou sociale à Madagascar et l'arrêté n° 8482/2008 du 14 avril 2008 qui porte habilitation de journaux à publier des annonces légales et fixe les normes de publication.

[1053] Ainsi, de la récente loi n° 2018-020 du 29 juin 2018 portant refonte de la loi sur la concurrence (ancienne loi n° 2005-020 du 17 octobre 2007) qui met l'accent sur les exigences de transparence en tant que celles-ci participent essentiellement de la liberté de la concurrence [cf. Section 1, Chap. III (Art. 13 et s.) portant sur l'obligation de transparence] et qui a aggravé la sanction des pratiques portant atteinte à cette obligation de transparence (cf. Art. 55-3°) ; de la loi n° 2014-010 du 4 août 2014 modifiant et complétant certaines dispositions de la loi n° 2003-036 du 30 janvier 2004 sur les sociétés commerciales (cf. Exposé des motifs : « [...] La philosophie globale des réformes envisagées est celle de répondre à un souci de transparence dans l'exercice du droit à l'information des actionnaires [...] ») ; de la loi n° 2003-036 du

d'une meilleure protection de l'environnement, associée à la promotion du concept de la Responsabilité Sociétale des Entreprises (RSE)[1054], ont de plus en plus accentué l'exigence d'informations de nature extra-financière. En effet, certaines activités peuvent s'avérer néfastes pour l'environnement. Ainsi, sans préjudice de l'application de la réglementation environnementale proprement dite, celles-ci ont nécessité des dispositions spéciales qui visent la sauvegarde de l'environnement, et qui cherchent – à travers les exigences de la transparence – la responsabilisation des parties prenantes[1055].

Ces brèves observations trouvent-elles leur illustration dans le cadre particulier de la relation bancaire ?

---

30 janvier 2004 sur les sociétés commerciales (droit d'information permanent des associés sur les affaires sociales, obligations de reporting pesant sur les dirigeants sociaux telles que la production d'états financiers de synthèse ou de rapport de gestion, mission de contrôle du commissaire aux comptes…) ; de la loi n° 2003-042 du 3 septembre 2004 sur les procédures collectives d'apurement du passif (information de toutes les parties prenantes de la procédure – juge-commissaire, ministère public, créanciers, syndic, associés, institutions représentatives du personnel, administration fiscale ou douanière ou de sécurité sociale… sur la situation financière, économique et sociale de l'entreprise mise en faillite) ; de la loi n° 2003-038 du 3 septembre 2004 sur le fonds de commerce (publicité de la qualité de locataire gérant, publicité de l'acte de cession de fonds de commerce auprès du registre du commerce et des sociétés et dans les journaux d'annonces légales, interdiction de la dissimulation du prix d'une cession de fonds de commerce…) ; …

[1054] Virginie Mercier, « L'obligation de transparence ou la pierre angulaire de la responsabilité sociétale des entreprises », *in* Kathia Martin-Chenut, René de Quenaudon (dir.), *La RSE saisie par le droit. Perspectives interne et internationale*, Éditions A. Pedone, 2015, p. 261 et s.

[1055] Il en est, par exemple, ainsi, dans le domaine minier, de la loi n° 99-022 du 19 août 1999 portant Code minier modifié par la loi n° 2005-021 du 17 octobre 2005 (un chapitre entier est consacré à la protection de l'environnement – Art. 98 et s. ; et un autre sur les obligations de reporting de l'opérateur minier – cf. spéc. Art. 116, reporting qui n'est pas exclusivement d'ordre financier – Art. 274, Décret n° 2006-910 du 19 décembre 2006 fixant les modalités d'application de la loi n° 99-022 du 19 août 1999). Plus spécifiquement, la loi n° 2001-031 du 8 octobre 2002 établit un régime spécial en matière des changes, fiscale, douanière et juridique pour les grands investissements dans le secteur minier malgache. La garantie de stabilité offerte par la loi est toutefois conditionnée par l'observation par le promoteur minier de certaines obligations liées à l'investissement dont, entre autres, l'obligation de déposer les déclarations fiscales et les états financiers (Art. 112), l'obligation de reporting (Art. 113), ou encore l'obligation d'assumer les conséquences directes de la responsabilité civile qu'il peut encourir (Art. 114)… À noter que Madagascar s'est efforcé de mettre en œuvre une meilleure gouvernance et une plus grande transparence au niveau du secteur extractif à travers son engagement dans le processus de conformité EITI (ou Initiative pour la Transparence dans les Industries Extractives). Toutefois, l'incapacité du pays à se conformer véritablement aux normes EITI est révélatrice de la difficulté qu'il a à mettre en place un environnement transparent au niveau des activités extractives. Le « manque d'engagement de l'État » est parfois pointé du doigt. Cf. http://matv.mg/industries-extractives-suspension-de-leiti-madagascar/ (consulté le 20/02/2019).

II. De la transparence dans la relation bancaire

15. À Madagascar, force est de constater que les activités bancaires ne sont pas en reste s'agissant de cette quête de transparence. Toutefois, la démarche demeure inachevée. Concrètement, appliquée à tous les niveaux de la relation bancaire, la transparence constitue un élément indispensable à la surveillance et au contrôle des activités des établissements bancaires. C'est ainsi que les institutions bancaires se sont de plus en plus vues imposer la transparence dans certains domaines (A'). Tandis que dans d'autres, celle-ci demeure recherchée (B').

A. La transparence imposée

16. Les établissements bancaires se sont de plus en plus trouvés soumis à une obligation de transparence pour répondre à des impératifs de lutte contre la corruption ou encore contre le blanchiment d'argent[1056].

17. Transparence et lutte contre le blanchiment d'argent – De manière générale, la mise en œuvre de la transparence au niveau des relations financières s'inscrit dans le cadre de la lutte contre le blanchiment de capitaux et le financement du terrorisme. Aussi, ne saurait-on passer sous silence les nouvelles tendances de la nouvelle loi n° 2018-043 du 13 février 2019 sur la lutte contre le blanchiment de capitaux et le financement du terrorisme qui a abrogé la loi n° 2004-020 du 19 août 2004 sur le blanchiment, le dépistage, la confiscation et la coopération internationale en matière de produits du crime. Un chapitre entier y est consacré à la « Transparence dans les opérations financières »[1057]. Le législateur assigne alors à l'État la mission générale d'assurer « la transparence et la traçabilité des relations économiques » et de prendre les mesures nécessaires afin d'« empêcher l'utilisation des constructions juridiques à des fins de blanchiment de capitaux ou de financement du terrorisme » et pour faciliter « l'accès aux informations sur les bénéficiaires effectifs et sur le contrôle des structures juridiques » par les établissements assujettis[1058].

18. La nouvelle loi s'oppose fermement à l'opacité en combattant la fictivité. Deux nouvelles dispositions vont dans ce sens. C'est ainsi que les banques et les institutions financières ne doivent pas tenir des comptes anonymes ou sous des noms manifestement fictifs[1059]. C'est ainsi également que la constitution d'établissement de crédit et d'institutions financières fictifs est strictement interdite[1060].

[1056] Tahina Fabrice Rakotoarison, *Du secret des affaires au bien informationnel…*, p. 294.
[1057] Cf. Chapitre III, Titre II de la loi n° 2018-043 du 13 février 2019 (Art. 12 et s.).
[1058] Art. 12, loi n° 2018-043 du 13 février 2019.
[1059] Art. 12 al. 5, loi n° 2018-043 du 13 février 2019.
[1060] Art. 12 al. 6, loi n° 2018-043 du 13 février 2019.

19. Bien d'autres dispositions confortent encore la recherche de transparence dans les opérations financières. On relèvera à titre indicatif l'identification obligatoire par les établissements assujettis des clients ou des clients occasionnels[1061], ou encore de l'ayant droit économique, c'est-à-dire du véritable donneur d'ordre ou de celui pour lequel le client agit[1062] ; la surveillance particulière de certaines opérations comme les opérations complexes et inhabituelles[1063] ou les virements électroniques[1064], en considérant les circonstances de ces opérations[1065]. On observera que l'essentiel de ces mesures est déjà prévu dans l'Instruction de la Commission de supervision bancaire et financière n° 006/2007-CSBF du 3 août 2007 relative à la prévention et à la lutte contre le blanchiment de capitaux et le financement du terrorisme, tel que résultant de l'ancienne loi n° 2004-020 du 19 août 2004.

20. Comme la lutte contre le blanchiment de capitaux est particulièrement fondée sur une approche basée sur les risques, en cas de soupçons de blanchiment d'argent, les établissements assujettis ont l'obligation de les déclarer auprès du Service des renseignements financiers[1066]. Il leur est dans ce cas interdit d'opposer audit Service le secret bancaire ou professionnel pour contrecarrer le droit d'accès à l'information de celui-ci[1067].

21. Transparence et lutte contre la corruption – La lutte contre la corruption constitue également un moyen privilégié, sinon même imposé, pour asseoir la transparence.

Après une dizaine d'années d'expérimentation, le texte de base qui régit et organise cette lutte a très vite montré ses limites. Il faut toutefois attendre l'année 2016 pour qu'un nouveau dispositif légal soit adopté et remplace le premier. Il s'agit de la loi n° 2016-020 du 22 août 2016 sur la lutte contre la corruption qui est ainsi venue renforcer le cadre institutionnel et législatif de l'ensemble du système de lutte contre la corruption tel qu'organisé par l'ancienne loi n° 2004-030 du 9 septembre 2004.

En réponse aux nouveaux défis de la lutte contre ce fléau, la nouvelle loi apporte des modifications ou des ajustements aux anciens mécanismes de prévention et de répression de la corruption[1068] : gestion plus efficiente de la déclaration de patrimoine, mise en place d'une politique sectorielle de prévention et de lutte contre la corruption, mise à jour de certaines incriminations de la corruption telles que le détournement de deniers publics ou les conflits d'intérêts ; introduction de notions nouvelles comme la

---

[1061] Art. 13 et 14, loi n° 2018-043 du 13 février 2019.
[1062] Art. 15, loi n° 2018-043 du 13 février 2019.
[1063] Art. 16-a, loi n° 2018-043 du 13 février 2019.
[1064] Art. 16-d, loi n° 2018-043 du 13 février 2019.
[1065] Art. 16-b, loi n° 2018-043 du 13 février 2019.
[1066] Art. 27, loi n° 2018-043 du 13 février 2019.
[1067] Art. 37, loi n° 2018-043 du 13 février 2019.
[1068] Cf. Exposé des motifs, loi n° 2016-020 du 22 août 2016.

responsabilité pénale des personnes morales ou le détournement de deniers privés ; ou encore précision des structures en charge de la corruption ;…

22. On notera avec profit les dispositions du Chapitre II du Titre II de la nouvelle loi portant sur la déclaration de patrimoine, à laquelle le législateur réserve une « gestion dynamique et harmonisée » par les institutions en charge de la lutte contre la corruption, et dont les catégories d'assujettis sont désormais bien identifiées[1069]. Ces dispositions visent, entre autres, à garantir « la transparence dans l'exercice des fonctions publiques »[1070]. C'est ainsi que dans le cadre de leur mission d'enquête, les agents du Bureau indépendant anti-corruption (ou BIANCO[1071]) disposent du pouvoir d'inspecter les comptes en banques ou autres institutions financières du suspect, ou de ses proches, et de requérir la production de tout document utile à l'enquête[1072].

23. Les dispositifs de prévention de la corruption au sein des différentes institutions publiques se trouvent également renforcés. Ainsi, celles-ci sont soumises à une obligation de mettre en place une politique interne de lutte contre la corruption et relative à la transparence au niveau de leur fonctionnement et des procédés à suivre en leur sein[1073]. Dans la même optique, et en vue d'améliorer l'intégrité, la probité, la transparence, l'efficience et l'efficacité de l'Administration publique, la loi invite les autorités publiques à continuer à renforcer et élargir le processus de l'informatisation et de la dématérialisation de l'Administration publique[1074].

24. Pour limité qu'il soit, le panorama ainsi établi laisse véritablement apparaître le caractère normatif de la transparence. C'est que l'intervention directe du législateur, lequel impose la transparence, devrait permettre d'orienter les comportements des destinataires de la norme. Tel n'est pas le cas lorsque cette transparence est dépourvue d'une assise normative, et qu'elle est moins subie que recherchée.

B. La transparence recherchée

25. S'agissant particulièrement de certaines questions sensibles telles que la fixation des taux d'intérêt, la pratique bancaire actuelle semble encore largement attachée au secret. Alors que la volonté législative d'instaurer une certaine transparence, une certaine éthique en la matière ne date pas

[1069] Art. 2, loi n° 2016-020 du 22 août 2016.
[1070] Art. 2, loi n° 2016-020 du 22 août 2016.
[1071] Le Bureau Indépendant Anti-Corruption (ou BIANCO) a été créé par le décret n° 2004-937 du 5 octobre 2010.
[1072] Art. 46-5, loi n° 2016-020 du 22 août 2016.
[1073] Art. 6 al. 1er, loi n° 2016-020 du 22 août 2016.
[1074] Art. 6 al. 4, loi n° 2016-020 du 22 août 2016. Cf. *supra* n° 12 et s.

d'aujourd'hui[1075], l'heure actuelle se caractérise par une véritable césure entre le droit et le fait.

26. De l'actualité de la vieille Ordonnance de 1962 sur l'usure ? – Évoquant l'hypothèse de la césure entre le droit et le fait, le Doyen CARBONNIER avait dit : « Dans le divorce entre le droit et le fait, c'est le droit qui a tort ». Mais dans un tel cas, pensons-nous, si le droit peut avoir tort à un moment donné, il ne peut pas toujours en être ainsi ; au demeurant, il s'agit d'une question de volonté politique[1076]. L'observation est heureuse à l'heure où les établissements bancaires à Madagascar ont besoin de s'oxygéner de confiance ; et où les pouvoirs publics cherchent à instaurer un environnement transparent au niveau de ce secteur. Elle est aussi la bienvenue dans la mesure où il s'avère nécessaire d'asseoir une véritable protection des consommateurs[1077]. Et il va sans dire que les consommateurs des services financiers n'en sont pas moins concernés !

27. Pour n'en prendre qu'une illustration, il suffit de songer à l'Ordonnance malgache n° 62-016 du 10 août 1962 portant fixation de l'intérêt légal et du taux maximum de l'intérêt conventionnel, réglementation des prêts et répression de l'usure. La sénescence de cette législation de base – dont le texte d'application n'était jamais intervenu – est devenue évidente au point que la réalité factuelle s'est largement émancipée des contraintes juridiques[1078]. Pour autant, la caducité aurait-elle frappé définitivement celle-ci ? Force est de constater que l'obsolescence de cette Ordonnance malgache de 1962 sur l'usure est prise pour réelle et définitive dans les faits[1079] alors qu'aussi bien la doctrine[1080] que le Centre National d'Information et de Documentation

---

[1075] Cf. Exposé des motifs de l'Ordonnance malgache n° 62-016 du 10 août 1962 portant fixation de l'intérêt légal et du taux maximum de l'intérêt conventionnel, réglementation des prêts et répression de l'usure.

[1076] Le doyen Carbonnier avait écrit, avec raison, que : (*Flexible droit – Pour une sociologie du droit sans rigueur*, 10e édition, LGDJ, 2001, p. 136.) « L'inapplication des lois atteste qu'une fonction gouvernementale n'est pas remplie : c'est un non-sens, quelque chose d'anormal et de condamnable. Mais la loi inappliquée n'en reste pas moins la loi : l'application effective, l'effectivité n'appartient pas à la définition de la règle de droit ».

[1077] Non sans retard, une véritable législation malgache sur la protection des consommateurs date seulement d'il y a quatre ans. Il s'agit de la loi n° 2015-014 du 19 juin 2015 sur les garanties et la protection des consommateurs.

[1078] Cf. *infra.*, nos 28 et s.

[1079] L'Ordonnance sur l'usure de 1962 n'est plus mentionnée dans le recueil des textes sur le droit bancaire effectué sous la houlette du ministère de la Justice en 1999 [ministère de la Justice, *Droit bancaire (Compilation de textes, mis à jour au 31 janvier 1998)*, Éditions Imprimerie d'Ouvrages Éducatifs – Ankatso Antananarivo, 1999]. Le garde des Sceaux de l'époque – Préfacier de l'ouvrage – n'avait d'ailleurs pas manqué de souligner les efforts déployés par son ministère quant aux travaux de compilation des textes existants, notamment ceux du Droit des affaires, et quant à l'identification des textes qu'il qualifie d'« obsolètes » ou de « dépassés » !

[1080] À titre d'illustration, cf. C.S., 27 mai 1997 (arrêt n° 29), Ratoejanahary Maxime c/ BANKIN'NY INDOSTRIA, obs. Ramarolanto-Ratiaray in Université d'Antananarivo –

Législative et Juridique (ou CNLEGIS[1081]), fidèles quant à eux à l'orthodoxie législative, maintiennent toujours la validité de ce texte en l'absence d'une procédure d'abrogation expresse, écartant par là même l'idée d'une abrogation par désuétude[1082]. Sur un plan pratique, nous touchons là à une problématique fondamentale qui pourrait s'inscrire dans le contexte d'un débat d'intérêt général : en effet, la certitude sur la validité de ce texte devrait permettre aux clients consommateurs de crédit d'agir en parfaite connaissance de cause. Sur le plan des principes donc, cette ordonnance demeure toujours applicable. Cependant, au regard de l'évolution de la réalité des faits (économiques), une réponse positive ne s'impose pas avec la vertu de l'évidence. La question se pose alors de savoir si l'économique a eu raison du juridique dans la pratique bancaire actuelle.

28. S'agissant du cas particulier de la détermination du coût du crédit, l'ordonnance sur l'usure de 1962 précitée établit pour le taux d'intérêt légal, des taux plafonds au-delà desquels le délit d'usure est constitué[1083]. Par contre, particulièrement dans le domaine commercial (cas des prêts bancaires), il n'existe pas de plafonnement direct du taux d'intérêt conventionnel mais seulement une limitation maximale (un taux effectif qui est lui-même fonction du taux moyen pratiqué dans le secteur[1084]) qui n'a pu pratiquement être calculée faute d'effort d'élucidation de la part du législateur ou du juge malgache[1085]. Les lacunes de la loi ont très vite été comblées par un usage

---

Faculté de droit, d'économie, de gestion et de sociologie, ministère de la Justice, *Revue de droit et de jurisprudence de Madagascar*, n° 1, Décembre. 1999, p. 72 et s. cf. *infra*, note n° 84.

[1081] Le CNLEGIS est une Direction créée le 2 octobre 1997 au sein du secrétariat général du Gouvernement (Décret n° 97-1201). Celui-ci a pour principale mission d'assurer et de moderniser la collecte, la gestion et la diffusion du Droit malgache dans une perspective nationale, régionale et internationale. L'Ordonnance sur l'usure de 1962 est publiée sur son site web en tant que faisant partie intégrante du droit positif malgache : http://www.cnlegis.gov.mg/page_find_direct_mots/ (consulté le 08/08/2018).

[1082] L'abrogation d'un texte intervient généralement de manière expresse. Celui-ci demeure donc applicable jusqu'à son abrogation. La doctrine s'accorde à dire qu'une loi ne peut être abrogée par désuétude. Yvaine Buffelan-Lanore, Virginie Larribau-Terneyre, *Droit civil Première année – Introduction, Biens, Personnes, Famille*, 15e édition, SIREY, 2007, n° 86, p. 35.

[1083] Le maximum de taux d'intérêt légal prélevable par un prêteur est fixé à 5 % en matière civile et 6 % en matière commerciale (art. 1er, Ordonnance de 1962) ; tandis que le taux d'intérêt conventionnel maximum est fixé à 12 % en matière civile (art. 2, même Ordonnance).

[1084] L'article 3 de la même Ordonnance précise alors qu'« … il est interdit de stipuler un taux d'intérêt [taux effectif] dépassant de plus du quart le taux moyen pratiqué dans les mêmes conditions par des prêteurs de bonne foi pour des opérations de crédit comportant les mêmes risques que le prêt dont il s'agit ». Ces dispositions souffrent un reproche sérieux en ce que ce taux effectif ne pouvant être déterminé, le taux maximum autorisé ne peut l'être non plus.

[1085] Dans la pratique bancaire française, la question est définitivement réglée. Le législateur français a créé un indicateur particulièrement important : le taux effectif global (ou TEG) qui permet de calculer le coût global du crédit, lequel permet à son tour de déterminer le seuil usuraire. La loi française de 1966 sur l'usure avait fait et continue à faire l'objet d'études savantes [cf. par ex. : Henri BLIN, « Le délit d'usure. L'activité de certains intermédiaires

bancaire : c'est la référence au taux directeur de la Banque centrale de Madagascar. À dire vrai, celui-ci a été plus dicté par un impératif d'ordre économique que par la volonté des banques elles-mêmes[1086]. Mais quoi qu'il en soit, à en juger par les dispositions de l'article 1er de l'Ordonnance de 1962, la limitation (générale) maximale de 6 % en matière commerciale demeure toujours applicable aux taux d'intérêts bancaires. On se trouverait donc en présence de deux référentiels différents : l'un « juridique » (la limitation légale maximale de 6 % en matière commerciale), l'autre « économique » (le taux directeur). Si le référentiel réglementaire cherche de manière fondamentale à sauvegarder l'intérêt général (telle, par exemple, la protection des consommateurs de crédit), le référentiel économique se pose comme finalité première de satisfaire les impératifs du commerce. Les pouvoirs publics ont fait prévaloir les impératifs de l'économie sur les intérêts de l'ensemble des consommateurs des services financiers. L'« utile » aurait ainsi pris le pas sur le « juste ». Le taux directeur de la Banque centrale est devenu le taux de référence en matière de détermination des taux d'intérêts bancaires. Les failles de la réglementation sur l'usure seraient alors plus ou moins surmontées, mais à l'évidence, au prix d'une certaine opacité au niveau de la fixation des coûts du crédit, laquelle relèverait désormais de la sphère de discrétion des banques. Il faut dire que la ligne de fracture entre le droit et le

---

intervenant entre prêteurs et emprunteurs ; le démarchage et la publicité en matière de prêts d'argent et de certains placements de fonds et financements de vente à tempérament » : *JCP*. 1967, I, 2084 ; Christian Gavalda, Jean Stoufflet, « La limitation des taux d'intérêts conventionnels par la loi n° 66-1010 du 28 décembre 1966 sur l'usure », SJ/G – I Doctrine (1968), n° 2171 ; Paul-Julien Doll, « L'usure, le démarchage et la publicité en matière de prêts d'argent », *Gazette du Palais. 1967. 99 ;* Geneviève Pignarre, « Prêt », *Recueil Dalloz*, 2016 ; Fabrice Gréau, « Intérêts des sommes d'argent », *Recueil Dalloz*, 2016 ; Stéphane Piedelièvre, « Intérêts des capitaux », *Recueil Dalloz*, 2012 ; Du même auteur, « Usure », *Recueil Dalloz*, 2012]. Étayée par de solides interprétations prétoriennes, elle n'a cessé d'évoluer au rythme de la pratique. Soulignons en particulier « l'aspect moral de la technique du TEG » en ce qu'elle offre une garantie de protection suffisante pour l'emprunteur, et « le mérite économique » de celle-ci en ce qu'elle incite les prêteurs à réduire les frais afférents au commerce de l'argent. Christian Gavalda, Jean Stoufflet, « La limitation des taux d'intérêts conventionnels… », nos 44 et s. S'étant référée à l'état du droit français en matière d'usure lors de son élaboration (notamment le Décret-Loi du 8 août 1935 – cf. Exposé des motifs de l'Ordonnance de 1962 sur l'usure), il est certain que le droit malgache gagnerait à s'inspirer de l'expérience française en matière de limitation des taux d'intérêts conventionnels.

1086 Il faut dire que l intention de se protéger contre les aléas économiques n'est pas en soi illicite. Jean Noirel, « Influence de la dépréciation monétaire sur les contrats de droit privé », *in* Paul Durand (dir.), *Influence de la dépréciation monétaire sur la vie juridique privée*, Coll. « Bibliothèque de droit privé », Tome XXVI, Préf. de Jean Carbonnier, Paris, LGDJ, 1961, p. 69 et s. Ainsi, le taux de référence des banques primaires est devenu pratiquement le taux directeur de la Banque centrale puisque celles-ci se refinancent généralement auprès de cette dernière. Le taux de refinancement (en tant que coût des ressources) constitue de ce fait un déterminant important du taux de base bancaire, et partant du coût du crédit en général. La fixation du taux directeur, et partant des taux d'intérêts bancaires, se trouvant conditionnée par le marché lui-même dont l'élément déterminant est le taux d'inflation.

fait se trouverait franchie. C'est là par contre un débat philosophique classique mettant l'« idéalisme juridique » aux prises avec la versatilité des faits économiques.

29. Ce constat n'est pas nouveau. La question qui émerge dans ce cas est celle de savoir s'il faudrait privilégier le fait ou le droit ? JOSSERAND avait depuis longtemps souligné l'hypothèse de l'anachronisme du droit du fait de l'évolution économique tant la vie juridique est largement conditionnée par la vie économique. Selon lui, les textes de loi changent nécessairement de valeur au gré des phénomènes économiques[1087]. Pour autant, est-ce à dire que le droit doit nécessairement céder face à la « puissance du fait » ? Il faut dire que l'opposition entre le droit et l'économie ne serait plus aussi tranchée qu'auparavant.

30. Le droit et l'économie ont été depuis longtemps présentés comme deux « frères ennemis ». Max WEBER avait mis en évidence l'existence d'une opposition de fond entre ces deux disciplines quant à leur objet ou à leur méthode. Le droit serait « à caractère normatif et logique », tandis que l'économie « se développe uniquement au niveau de la réalité [et] ne serait donc pas saisissable par la norme »[1088]. Toutefois, dès le milieu du XXe siècle, la pression des problèmes contemporains (économiques, sociaux et politiques) avait progressivement réduit le fossé séparant les deux disciplines. Sans aboutir à une absorption de l'un par l'autre ou inversement, on parlait de plus en plus de leur complémentarité – si ce n'est de leur « unité » – dans la compréhension de la réalité sociale, laquelle a pour centre de gravité « l'homme dans sa totalité »[1089]. Le Droit et l'Économie se présentent alors comme « … deux aspects d'une même chose, la vie en société… En tant que tels, ils ne peuvent se séparer ; ils doivent aller de concert, s'harmoniser et s'adapter. De leur contact, le premier, le Droit, se ranime et se vivifie ; la seconde, l'Économie, s'ordonne, s'organise et se moralise »[1090]. Il s'agit ainsi moins d'un rapport de domination que d'une relation de collaboration. C'est que, prosaïquement, les phénomènes humains recouvrent diverses dimensions (sociale, économique, politique, morale, religieuse…) dont ni le droit, ni

---

[1087] L'auteur avait évoqué « … l'extrême variabilité de la règle de droit qui naît, se modifie et disparaît au gré des circonstances économiques dont elle épouse exactement les contours et dont elle suit les destinées éphémères ». Louis Josserand, « Comment les textes de loi changent de valeur au gré des phénomènes économiques ? », *Études de droit civil à la mémoire d'Henri Capitant*, Dalloz, p. 369.

[1088] Cité par Monsieur Colin *in* F. Colin, *Droit public économique*, 6e édition, Gualino éditeur, Lextenso éditions, 2017, n° 1, p. 12.

[1089] Sur cette évolution, cf. Mostapha Mohamad el-Gammal, *L'adaptation du contrat aux circonstances économiques : Étude comparée de droit civil français et de droit civil de la République arabe unie*, Thèse, Paris, Coll. « Bibliothèque de droit privé – Tome LXXXIII », Préf. de André Tunc, LGDJ, 1967, n°s 1 s., p. 2 s.

[1090] Magdi Sobhy Khalil, *Le dirigisme économique et les contrats. Étude de droit comparé France – Égypte – U.R.S.S.*, Thèse, Paris, Coll. « Bibliothèque de droit privé – Tome LXXVII », Préf. de René David, LGDJ, 1967, n° I, p. 1 et s.

l'économie ne peuvent, à eux seuls rendre compte. C'est ainsi que les « faits économiques » ne sont que de simples manifestations des « faits sociaux », il revient au droit – en tant que science normative – d'assurer « l'organisation matérielle de la société en fonction de ces faits »[1091]. Monsieur BERGEL décrit ainsi, avec raison, la règle juridique comme « "une sorte de flacon transparent" répondant à certains critères particuliers, mais qui peut avoir les contenus les plus divers, selon les systèmes et les époques. Le droit peut ainsi s'approprier n'importe quelle autre règle sociale... Mais en l'instituant, en l'énonçant, en la sanctionnant..., il en fait alors une règle de droit, avec la spécificité qui lui est inhérente »[1092]. Dans cette entreprise, le droit n'en reste pas moins animé par des « principes idéels » qui ont vocation à demeurer immuables. « Le rapport, si étroit soit-il, entre le Droit et l'Économie, ne doit pas faire oublier ses liens, plus anciens et plus solides, avec la morale et surtout la justice »[1093].

31. Le débat sur la fixation des taux d'intérêts débiteurs est récurrent s'agissant du secteur bancaire malgache. L'évolution de la réalité des faits a conduit à attribuer une portée assez relative à l'Ordonnance sur l'usure de 1962. Ainsi, eu égard aux contraintes objectives de la profession bancaire (protection des épargnants, rôle d'intermédiation ou monétaire des banques, impératifs de la politique du crédit...), les institutions bancaires malgaches ont, depuis longtemps, souligné l'obsolescence de ce texte de droit commun, dont les dispositions s'avèrent largement dépassées, « trop irréalistes » pour être appliquées. Ce qui explique la grande distorsion existant entre les seuils légaux et les taux d'intérêt pratiqués sur le marché[1094]. Quoi qu'il en soit, il n'est peut-être pas inutile de rappeler que les difficultés d'application de cette vieille Ordonnance ne doivent pas occulter la nécessité de réglementer l'intérêt du prêt (taux d'intérêt légal et taux d'intérêt conventionnel), et de lever la zone d'ombre qui entoure pratiquement la détermination des taux d'intérêt (notamment le taux de base bancaire). Transparence oblige !

[1091] *Ibid.*, Les faits économiques peuvent donc servir à expliquer le phénomène juridique. Il ne faudrait toutefois pas exagérer la portée d'une telle affirmation. Le droit est un phénomène complexe que l'analyse économique, à elle seule, ne saurait rendre compte. À vrai dire, l'analyse économique du droit, tout comme la sociologie ou la philosophie, constitue une simple « source d'inspiration et de réflexion pour le juriste ». Cf. La réponse de l'Association Henri Capitant des amis de la culture juridique française aux critiques formulées par les Rapports *Doing Business* de la Banque mondiale contre le système juridique romaniste. Rapports qui privilégient exagérément l'analyse économique sur la réflexion juridique (*Les droits de tradition civiliste en question. À propos des Rapports Doing Business de la Banque mondiale*, Éditions Société de législation comparée, 2006).

[1092] Jean Louis Bergel, *Méthodologie juridique*, Coll. « Thémis droit », 2e édition mise à jour, PUF, 2001, p. 47 et s.

[1093] Magdi Sobhy Khalil, *op. cit.*, p. 1 et s.

[1094] Cf. Académie malgache, EESDEGS, *Actes du Colloque scientifique international sur LE DROIT DES AFFAIRES – DROIT DE DÉVELOPPEMENT*, Antananarivo : 11-14 décembre 1990, Antananarivo, 1991, spéc. l'intervention de la Banque de Madagascar et de l'Océan Indien (B.M.O.I) intitulé : « Les Banques et l'Entreprise ».

32. EN DÉFINITIVE, on trouve au cœur de ce débat le législateur et son activité de création de normes, ainsi que le juge et son rôle d'interprétation.

Le premier est, selon Monsieur LOUIS-LUCAS[1095] « imbu de deux préoccupations : établir du raisonnable et établir du stable ». Le législateur doit d'abord « établir du raisonnable », c'est-à-dire concevoir des règles conformes à l'ordre social et qui ne heurteraient pas les principes idéels qui le guident dont la morale, la justice, ou encore l'équité. La loi doit ici tenir compte de la réalité. Celui-ci doit ensuite « établir du stable », en ce sens qu'il doit produire des normes à la fois fermes et prévisibles. Encore que cet impératif de stabilité ne doive concerner que les particuliers car le progrès social s'accommode mal d'un immobilisme. En tout état de cause, il ne s'agit pas de faire primer l'un sur l'autre, mais de chercher à trouver un juste équilibre entre ces deux valeurs que sont le droit et le fait, le « juste » et l'« utile ». En effet, le culte de l'idéalisme ne peut qu'entraîner un recul du progrès social[1096]. Faut-il, dès lors, souhaiter l'intervention du législateur pour accorder les textes à la pratique ? Sans doute une telle intervention est-elle souhaitable à Madagascar pour instaurer la transparence – gage de la confiance qui doit caractériser la relation bancaire.

Quant au juge, son rôle ne se limiterait plus désormais à « dire le droit » mais consisterait, de manière active, à « adapter progressivement, par une interprétation évolutive, les textes anciens aux besoins nouveaux que n'ont pu prévoir leurs auteurs »[1097][1098]. La réalité sociale étant extrêmement mouvante, il revient au droit de s'adapter constamment à cette réalité changeante. Le législateur et le juge sont les figures marquantes d'un tel processus d'adaptation.

1095 Pierre Louis-Lucas, « Vérité matérielle et vérité juridique », *Mélanges offerts à René Savatier*, Dalloz, 1965, p. 595 et s.

1096 Paul Roubier, « L'ordre juridique et la théorie des sources du droit », *Le droit privé français au milieu du XXe siècle, Études offertes à Georges Ripert, Tome I – Études générales, Droit de la famille*, LGDJ, 1950, p. 26 et s.

1097 Eugène Gaudemet, *L'interprétation du Code civil en France depuis 1804*, Conférences données à l'Université de Bâle, le 30 novembre, 7, 14 et 21 décembre 1923, Préf. de A. Simonius, 1935. En ligne : http://gallica.bnf.fr (consulté le 4 mars 2019).

1098 Pour un exemple d'occasion manquée de la jurisprudence malgache pour mettre au goût du jour l'Ordonnance de 1962 sur l'usure, cf. arrêté précité : C.S., 27 mai 1997 (arrêt n° 29), Ratoejanahary Maxime c/ BANKIN'NY INDOSTRIA, obs. Ramarolanto-Ratiaray. Il s'agissait en l'espèce de l'application au compte de découvert d'un client d'un taux d'intérêt conventionnel de 18 %, au lieu du taux d'intérêt légal de 6 % prévu par l'Ordonnance de 1962 sur l'usure, alors que celui-ci (le taux de 18 %) n'a pas été formellement indiqué dans la convention de découvert. Unilatéralement déterminé par la banque, le taux appliqué et imposé n'était donc pas porté à la connaissance du client. D'où, le litige. Les termes de l'Ordonnance de 1962 auraient pu – quant à la vérification des modalités de calcul du taux imposé, et donc de sa validité – être salutaires pour la Haute juridiction malgache, laquelle avait toutefois préféré les écarter.

Quatrième partie

Transparence dans l'exercice de la justice

De la transparence dans l'accès aux règles de droit à la transparence de la justice à Madagascar

Faratiana Manassé Esoavelomandroso
Professeur de droit privé – Faculté de droit et science politique
Université d'Antananarivo

Notion particulièrement d'actualité[1099], la transparence correspond à « la qualité de ce qui laisse paraître la réalité tout entière, de ce qui exprime la vérité sans l'altérer »[1100] ; elle est également définie dans le Larousse[1101] comme « la parfaite accessibilité de l'information dans les domaines qui regardent l'opinion publique ». Dans ce second sens, le droit à l'information ou le droit de savoir est un des contours du concept de « transparence », concept qui a intégré le paysage juridique malgache ces dernières années. Certains textes le prévoient expressément dans leurs intitulés[1102], d'autres en consacrent des pans entiers tels le Code de déontologie des magistrats[1103] ou la loi 2016-020 du 1er juillet 2016 sur la lutte contre la corruption[1104]. Le dénominateur commun étant la promotion de la transparence considérée comme « un moyen de servir l'intérêt légitime du public d'être informé »[1105]. Par la transparence, le public accède plus facilement à l'information, droit fondamental prévu par la Constitution malgache[1106], et droit énoncé dans la Charte relative à l'accès à l'information et au partage des connaissances[1107] qui comporte de la part de l'administration une double obligation : d'une part,

1099 À ce propos, « La transparence, un droit fondamental ? », Appel à contribution, *Calenda*, publié le mardi 20 mars 2018, https://calenda.org/436645 ; Yves Laurin, « La transparence en débat », Recueil Dalloz 2018, p. 804 et s. et J.-M. Varaut dans « Secret et transparence », *Gazette du Palais* 14/09/2002, n° 257 qui souligne que « l'air du temps est à la transparence, non au secret ».

1100 Définition issue du Nouveau Petit Le Robert, éd° 1993.

1101 www.larousse.fr, consulté le 9 juillet 2018.

1102 À titre d'exemple la loi 99-025 du 19 août 1999 relative à la transparence des entreprises.

1103 La Section IV du décret n° 2005-710 du 25 octobre 2005 portant Code de déontologie des magistrats s'intitule « **De la transparence** » et vise expressément la transparence dans le cadre de la procédure ainsi que la déclaration de patrimoine, obligation qui pèse sur chaque magistrat.

1104 L'article 2 de la loi 2016-020 dispose « Afin de promouvoir la **transparence** dans l'exercice des fonctions publiques, de garantir l'intégrité des serviteurs de l'État et d'affermir la confiance du public envers les institutions [...] ».

1105 G. Loiseau, « La tyrannie de la transparence », *Recueil Dalloz*, 2015, p. 153.

1106 Article 11 de la Constitution de 2010 : « Tout individu a droit à l'information. L'information sous toutes ses formes n'est soumise à aucune contrainte préalable, sauf celle portant atteinte à l'ordre public et aux bonnes mœurs. [...] ».

1107 Charte adoptée le 12 décembre 2013, accessible sur le site www.csi.gov.mg

« (celle) de publier et de diffuser périodiquement et systématiquement les informations essentielles, sur les activités des organismes publics et les documents officiels et validés » et d'autre part, « (celle) de répondre aux demandes du public et de lui fournir les documents ou l'information qu'il sollicite »[1108]. Informé, le citoyen va pouvoir participer de manière éclairée à la vie publique, comprendre les arcanes de l'administration, connaître ses droits et ses obligations, d'où la nécessité impérieuse pour Madagascar d'avoir un outil suffisamment contraignant qui reconnaisse de manière expresse le droit d'accès aux informations publiques[1109]. Parmi les informations publiques figurent les règles de droit et les décisions de justice, la relation entre les deux découlant du « lien circulaire » entre l'accès à la justice et l'accès au droit[1110]. Si l'accès à la justice est considéré comme le droit de toute personne qui a un intérêt légitime de faire valoir ses droits devant la justice ; l'accès au droit est moins facile à définir puisque « les règles de droit sont toujours (considérées) comme virtuellement actives [...] et perpétuellement disponibles »[1111] et donc logiquement accessibles. Ce n'est pourtant pas toujours le cas.

En 1964, alors que Madagascar venait d'accéder à l'indépendance et était qualifié « d'État moderne, d'État jeune », le garde des Sceaux avait interpellé sur « l'ignorance à peu près complète de la loi (par la population des campagnes) et le législateur (malgache) (qui) devra veiller à permettre à chaque paysan menacé dans ses biens, ses droits familiaux, sa liberté ou sa vie d'avoir accès à la justice »[1112]. Cette situation des années 60 reste malheureusement encore d'actualité et « l'ignorance à peu près complète de la loi » ne touche pas uniquement la population des campagnes mais aussi celle des centres urbains, bien qu'à des degrés divers. L'ignorance de la loi et du droit en général tient à plusieurs raisons : le fort taux d'analphabétisme qui

---

[1108] « Accès à l'information : journée internationale », CSI Madagascar, 29 septembre 2016, http://www.csi.gov.mg/acces-a-linformation-journee-internationale/

[1109] Tel est le cas de la loi française n° 2000-321 du 12 avril 2000 relative aux droits des citoyens dans leurs relations avec les administrations et qui prévoit un titre portant « Dispositions relatives à l'accès aux règles de droit et à la transparence ». Notons qu'en mars 2018, l'ONG Transparency International-Initiative Madagascar, lors d'une conférence sur « l'open data dans les finances publiques », a annoncé que l'un des objectifs de l'ONG au cours de l'année 2018 est de pousser à l'adoption d'une loi sur l'accès à l'information avec en filigrane l'idée de transparence.

[1110] Même si l'accès au droit a été reconnu plus tardivement que l'accès à la justice. V. à ce propos M.-A. Frison-Roche, « Le droit d'accès à la justice et au droit », *in* R. Cabrillac (dir.), *Libertés et droits fondamentaux*, 18e éd°, Dalloz, 2012, p. 535 s., spéc. n° 632 ; M. Mekki, « L'accès au droit et l'accès à la justice », *in* R. Cabrillac (dir.), *Libertés et droits fondamentaux*, 20e éd°, Dalloz, 2014, p. 571 s., spéc. n° 695.

[1111] M.-A. Frison Roche, *op. cit.*, n° 620.

[1112] A. Ramangasoavina, « Les impératifs de la justice dans les pays en voie de développement », *Annales de l'Université de Madagascar*, n° 2, Éd. Cujas, 1965, p. 1-30 et spéc. p. 19.

prévaut à Madagascar[1113], la peur de l'administration qui est décuplée quand il s'agit particulièrement de la justice[1114], les inégalités d'accès aux sources d'informations, les difficultés d'accès aux règles de droit, l'application par intermittence des lois et des sanctions[1115], l'obscurité des textes. Dans un tel contexte, on en vient même à se demander si l'adage du « nul n'est censé ignorer la loi », n'est pas remis en cause d'autant que le droit de manière générale est parfois considéré comme « inaccessible »[1116]. Pour contrecarrer l'opacité qui peut caractériser les règles de droit ainsi que les décisions de justice, et pour favoriser une sécurité juridique, la transparence est de mise. Bien qu'elle ne soit pas la réponse à tous les problèmes, la transparence demeure cependant vecteur de l'accès au droit (I) et gage de confiance en la justice (II).

I. La transparence, vecteur de l'accès au droit

L'exercice des droits devient aisé dès lors que les règles de droit sont accessibles, ce qui suppose qu'elles soient intelligibles et à la disposition du public.

A. La transparence à travers la clarté des règles de droit

Selon le Philosophe Montaigne, « les lois les plus désirables, ce sont les plus rares, plus simples et générales »[1117]. Lorsqu'elles sont simples et claires, les lois sont comprises par la population et obtiennent plus facilement son adhésion. La Haute Cour Constitutionnelle malgache tout en rappelant le principe constitutionnel de clarté de la loi[1118], a – comme son homologue

---

[1113] Voir C. R., « Analphabétisme : Un taux encore élevé à Madagascar », Journal Ma TV, 7 septembre 2016, http://matv.mg/analphabetisme-un-taux-encore-eleve-a-madagascar/, visité le 27 février 2018.

[1114] Selon des auteurs, « la justice étatique fait peur », voir à ce propos P. Karpe, M. Randrianarison, S. Rambinintsaotra et S. Aubert, « La pratique judiciaire dans le domaine foncier à Madagascar », *Droit et cultures* [En ligne], 54 | 2007-2, mis en ligne le 31 mars 2010, consulté le 18 mai 2018. URL : http://journals.openedition.org/droitcultures/1896

[1115] F. Esoavelomandroso, « Il y a les lois et leur application… réflexions sur l'effectivité des lois à Madagascar », *Annales Droit-nouvelle* série, n° 5, p. 47-58 ; S. Urfer dans son ouvrage *Madagascar une culture en péril ?*, aux éditions No comment, novembre. 2016 évoque des lois souvent de qualité avec un État impuissant.

[1116] À ce propos, G. Nicolau, « Inaccessible droit ! », *RRJ*, 1998. 15-49.

[1117] Montaigne, *Essais*, livre III, chapitre 13, éd° Pléiade, Gallimard 2007, p. 1112.

[1118] Dans la décision n° 22-HCC/D3 du 1er avril 2015, la HCC énonce que « si le principe de clarté provient des dispositions de l'article 6 de la Constitution, l'exigence d'accessibilité et d'intelligibilité […] constitue un objectif de valeur constitutionnelle, procède du principe de l'État de droit […] (qui) ne peut supporter des lois ambigües et obscures, d'une portée normative incertaine », cf. http: www.hcc.gov.mg/decisions/d3/decision-n-22-hccd3-du-1er-avril-2015.

français[1119] – également fait de l'accessibilité et de l'intelligibilité de la loi un objectif à valeur constitutionnelle qui doit être respecté par le législateur. Dans certains systèmes juridiques, une loi est considérée comme intelligible quand elle est « acceptable »[1120], qu'elle ne prête guère à confusion. On ne peut en effet songer à une sécurité juridique que lorsque les règles de droit sont claires, donc transparentes. À Madagascar, les règles de droit sont obligatoirement rédigées à la fois en malgache et en français[1121], ce qui pourrait favoriser leur accessibilité et les rendre plus facilement compréhensibles. Les sources de leur obscurité sont ailleurs et relèvent tant de la forme que du fond.

Les règles de droit demeurent éparses et rares sont les textes classés et édités dans des recueils de textes[1122]. À la fin des années 1990, l'insécurité juridique dénoncée par les acteurs du droit[1123] avait déjà pour origine, entre autres, « la profusion vertigineuse de textes »[1124] et « l'éparpillement des textes dispersés un peu partout »[1125]. La codification, dans la mesure où elle permet de regrouper les textes « dans un lieu sinon unique, du moins, le moins dispersé possible »[1126] et avec un plan structuré se présente comme une solution pour un accès plus facile aux règles de droit. Bien que le processus de codification à Madagascar ait commencé par une « codification-compilation » et se poursuit par les « codifications-innovations »[1127], force est cependant de reconnaître que les récents codes ne contribuent pas toujours à

1119 Décision n° 99-421 D.C du 16 décembre 1999, Loi portant habilitation du gouvernement à procéder, par ordonnances, à l'adoption de la partie législative de certains codes. À propos de cette décision, V. M.-A. Frison-roche, W. Baranes, *Le principe constitutionnel de l'accessibilité et de l'intelligibilité de la loi*, D. 2000, chron., 361 s.

1120 P. Garant dans son article « Le contrôle juridictionnel de l'imprécision des textes législatifs et réglementaires au Canada », in *L'État de droit, Mélanges G. Braibant*, Dalloz, 1996, p. 275-280 donne les caractéristiques de la « loi inacceptable (comme étant) celle qui est tellement imprécise et obscure qu'elle permet l'arbitraire de ceux qui l'appliquent ».

1121 À partir du 17 juin 1972, *Journal officiel* n° 841, les textes législatifs et réglementaires sont publiés en version bilingue et l'article 4 de la Constitution malgache de 2010 dispose que « Les langues officielles sont le malagasy et le français ».

1122 Les textes relatifs au droit civil avaient été regroupés dans un ouvrage publié par le ministère de la Justice « Recueil textes fondamentaux et Droit civil » en 2 volumes, mis à jour au 17 février 2001. Depuis, il n'y a pas eu de nouvelle édition bien que des réformes aient eu lieu portant notamment sur le mariage, l'adoption, la protection de l'enfance, les sûretés, la propriété intellectuelle… pour ne citer que ces textes.

1123 V. à ce propos, Ramarolanto-Ratiaray, « La codification : l'expérience malgache », *in* Actes du colloque « La codification dans les pays de l'océan Indien », Université de La Réunion, *Revue Juridique de l'Océan Indien*, n° 4, 2003-2004, p. 95-114, spéc. p. 95.

1124 Expression empruntée à Ramarolanto-Ratiaray, in « Les mutations du droit privé à Madagascar », A.P.O.I, XV, 1997-1998, *Mélanges offerts au Doyen Charles Cadoux*, Presses universitaires d'Aix-Marseille, 1999, p. 69-92, spéc. p. 87.

1125 *Ibid.*

1126 M. Mekki, « L'accès au droit et l'accès à la justice », *in* R. Cabrillac (dir.), *Libertés et droits fondamentaux*, 20e éd°, Dalloz, 2014, p. 571 s., spéc. n° 716.

1127 V. Ramarolanto-Ratiaray, *La codification : l'expérience malgache*, *op. cit.*, V. également Ramarolanto-Ratiaray, *Les mutations du droit privé à Madagascar*, *op. cit.*, p. 88, l'auteur y décrit les déclinaisons de la codification appliquée aux réformes du droit malgache.

la simplification du droit[1128] et ne participent finalement pas à la transparence des règles de droit. Bien souvent, ces codes n'ont pas vocation à éviter l'éparpillement des textes généraux applicables à un secteur bien déterminé[1129].

L'autre source d'obscurité des règles de droit tient à l'absence de version consolidée des textes qui rend les règles encore plus floues. Quand le législateur modifie profondément des chapitres entiers ou plusieurs dispositions d'une loi, les justiciables doivent rassembler eux-mêmes tous les textes – à condition qu'ils y aient eu accès – et en faire la comparaison pour découvrir les dispositions applicables. Les dispositions relatives à la traite des personnes et le tourisme sexuel constituent un exemple patent : en 2008, la loi 2007-038 du 14 janvier 2008[1130] modifie le Code pénal en intégrant des « dispositions à apporter au Code pénal dans la Section IV du Chapitre du Titre II du Livre intitulé Attentats aux mœurs »[1131] composé des articles 331 bis, 333 ter, 333 quater et 333 quinto, 334 ter, 334 quinto, 335.1, 335.2, 335.3, 335.4, 335.5, 335.6, 335.7, 335.8, 335.9, 335 ter, 335 quater[1132]. En 2014, la loi sur la lutte contre la traite des êtres humains[1133] est publiée et révise la loi 2007-038[1134], cependant, les dispositions finales de la loi de 2014 ne contribuent guère à la clarté des lois[1135]. Finalement, au lieu d'avoir un seul texte[1136] « clair, limpide, transparent et compréhensible », on se retrouve face

---

1128 A. Zaradny, « Codification et simplification du droit », *LPA* 24 mai 2007, n° 104, p. 16.

1129 Tel est le cas du Code de la pêche (loi n° 2015-053 portant Code de la pêche) qui comporte 182 articles. Plus tard, des décrets et arrêtés ont été pris, portant application dudit Code. Le texte dénommé « Code de la Pêche » est ainsi loin d'être exhaustif quant à la réglementation relative au secteur.

1130 Loi modifiant et complétant certaines dispositions du Code pénal sur la lutte contre la traite des personnes et le tourisme sexuel.

1131 Exposé des motifs de la loi n° 2007-038 du 14 janvier 2008.

1132 La numérotation fastidieuse des articles ne contribue pas non plus à une facilité de lecture.

1133 Loi n° 2014-040 du 16 décembre 2014.

1134 Selon l'exposé des motifs de la loi n° 2014-040, la loi de 2007 est considérée comme insuffisante et ne couvrant pas l'ensemble de toutes les situations susceptibles de constituer des infractions de la traite.

1135 Article 51 de la loi 2014-040 : « Sont et demeurent abrogées toutes dispositions antérieures contraires à la présente loi notamment :
– celles liées à la traite, à la vente des personnes et à l'adoption illégale, non visées dans le Code pénal prévues dans la loi 2007-038 du 14 janvier 2008 modifiant et complétant certaines dispositions du Code pénal sur la lutte contre la traite des personnes et le tourisme sexuel notamment les articles 1, 2, 4 ;
– celles liées à la traite visées dans les articles 333 quater, 335.5, 335.6, 335.7, 335.8, 335.9, 335 ter du Code pénal ;
– les articles 333 ter.2, 333 ter.3, 333 ter.4, 333 ter.7, 333 quater.1, 333 quater.2, 333 quinto, 334 quater et 335.4 du Code pénal ;
– l'article 24 de la loi n° 2014-005 du 19 juin 2014 contre le terrorisme et la criminalité transnationale organisée ».

1136 La version mise à jour du Code pénal intégrant l'ensemble de toutes ces nouvelles dispositions n'est mise en vente, à l'initiative d'un éditeur privé, que depuis avril 2018, soit 4 ans après les réformes.

à un fatras de dispositions qui ne peut que laisser pantois le simple citoyen à qui il est pourtant demandé de connaître les lois.

Enfin, comme dans d'autres pays, l'inflation de textes ou « frénésie normative »[1137], constitue une particularité du droit malgache. Or, cette profusion de normes contribue à leur obscurité et incohérence. Cela a été démontré notamment dans le cadre d'une étude[1138] qui a mis en exergue le nombre de lois ou décrets en lien avec la question environnementale touchant également d'autres secteurs tels que la Pêche, l'Eau, le Foncier, le Pétrole, les Mines, l'Urbanisme et le Maritime dont le nombre dépasse la centaine de textes, sans compter « les innombrables arrêtés et circulaires internes à chaque entité ministérielle et non portés à la connaissance du grand public »[1139]. Entre la prolifération de textes, les lois qui attendent leurs textes d'application et qui tardent à être appliquées ainsi qu'une « instabilité législative »[1140], il en ressort une confusion et donc une insécurité juridique aussi bien pour les citoyens que pour l'administration, ce qui va à l'encontre de la clarté des règles de droit et donc de leur transparence.

B. La transparence par la diffusion des règles de droit

Pour que l'on puisse accéder facilement aux règles de droit, il revient à l'État de respecter son devoir premier qui est de les mettre à la disposition du public à travers leur publication dans le *Journal officiel*, la source faisant seule foi. Seulement, et le garde des Sceaux en 1964 l'avait déjà précisé, il était présomptueux dans un pays en développement tel que Madagascar de prétendre que la connaissance des lois passerait par leur publication au *Journal officiel* qui n'avait « (qu'une) seule vertu de constituer un point de départ de l'application de la loi et ne peut à elle seule faire connaître leurs droits et leurs obligations aux citoyens »[1141]. En effet, même si la publication au *Journal officiel* rend logiquement le texte accessible au public[1142], cela est loin de suffire pour en tirer véritablement une présomption de connaissance

---

1137 Terme emprunté au Dossier, « La frénésie normative », *Cah. FP*, mars 2006, p. 4.

1138 Étude réalisée par l'Association des Chercheurs du Centre d'Études et de Recherches Juridiques du département Droit de l'Université d'Antananarivo (ADC-CEReJ) dans le cadre du projet COI-Biodiversité portant sur « Mise en cohérence des textes et procédures sur l'environnement », juin 2017 à juin 2018, Rapport préliminaire, 201 p.

1139 Étude réalisée par l'ADC-CEReJ, *op. cit.*, spéc. p. 33, IV-2-3 sur la lisibilité des textes.

1140 À titre d'exemple, la loi n° 2005-020 du 17 octobre 2005 sur la concurrence a été appliquée seulement en 2014 une fois que le décret n° 2014-189 du 8 avril 2014 portant statut du conseil de la concurrence a été publié, et que les membres du Conseil de la concurrence aient prêté serment en décembre 2015. Le 23 août 2018, soit 2 ans après une application effective de la loi 2005-020, la loi 2018-020 portant refonte de la loi sur la concurrence est promulguée.

1141 Alfred Ramangasoavina, « Les impératifs de la justice dans les pays en voie de développement », *Annales de l'Université de Madagascar*, n° 2, éd° Cujas, 1965, p. 1-30, spéc. p. 20.

1142 P. Deumier, « La publication de la loi et le mythe de sa connaissance », *LPA* 6 mars 2000, n° 46.

des règles de droit à Madagascar[1143]. La parution du *Journal officiel* est irrégulière car tributaire du budget de l'Imprimerie nationale, son accès dépend de sa diffusion[1144] et la portée de la publication des lois dans le *Journal officiel* est clairement énoncée dans l'Ordonnance n° 62-041[1145]. S'il ne fait aucun doute que l'entrée en vigueur des lois résulte de leur publication au *Journal officiel*, il n'en demeure pas moins qu'aujourd'hui encore, cette publication ne résout pas le problème de l'accessibilité matérielle des règles de droit d'autant que l'Ordonnance n° 62-041 paraît même désuète à certains égards[1146]. L'article 7 de l'Ordonnance de 1962 dispose qu'« Il pourra toujours être décidé que la loi ou tout acte administratif ou réglementaire ayant une portée générale sera en outre porté à la connaissance du public par d'autres moyens tels qu'émission radiodiffusée, *kabary*, insertion dans la presse ou dans les *dinam-pokonolona* », l'émission radiodiffusée a d'ailleurs été longtemps utilisée comme un canal de diffusion des règles de droit[1147]. Actuellement et de plus en plus, la formule parfois utilisée inconsidérément dans les textes de loi et les textes réglementaires fait référence à l'urgence – conformément aux dispositions des articles 4 et 6 de l'Ordonnance n° 62-041 – qui permet l'entrée en vigueur de la loi à la suite d'une publication par voie

---

1143 Déjà en 1998-1999, Ramarolanto-Ratiaray dans « Les mutations du droit privé à Madagascar », A.P.O.I, XV, 1997-1998, *Mélanges offerts au Doyen Charles Cadoux*, éd° Presses universitaires d'Aix-Marseille – PUAM, p. 69-92, spéc. P. 88, a fait remarquer les difficultés d'accès aux textes officiels du fait de « leur éparpillement, du nombre de tirages limité des recueils officiels, d'une impossible réédition, et ce, pour des raisons budgétaires (et le fait), que pour certaines bibliothèques ce n'est pas une priorité ».

1144 Sans compter les difficultés liées à l'analphabétisme qui prévalent et qui constituent un frein à l'accès aux règles de droit et une limite à la présomption de connaissance des lois.

1145 Article 2 de l'Ordonnance n° 62-041 du 19 septembre 1962 relative aux dispositions générales de droit interne et de droit international privé « La publication des lois résulte de leur insertion au *Journal officiel* de la République » ; Article 3 de la même Ordonnance : « Les lois ne deviennent obligatoires, qu'un jour franc après l'arrivée du *Journal officiel*, constatée à la sous-préfecture par l'apposition d'un timbre à date » ; Article 4 alinéa 1er : « En cas d'urgence déclarée par le président de la République et sans préjudice de sa publication au *Journal officiel*, la loi devient obligatoire dans toute l'étendue du territoire de la République dès son affichage sur le tableau des actes administratifs de la sous-préfecture ».

1146 Il en est ainsi de l'alinéa 2 de l'article 4 de l'Ordonnance 62-041 qui fait référence aux « kabary » comme mode de diffusion des lois. Il s'agit des discours royaux portés sur la place publique, mode de diffusion des lois qui a surtout eu cours sous la période de la Royauté, désormais peu utilisé comme mode de diffusion des lois. Il en est de même de la référence aux « sous-préfectures » qui ne font plus partie de la structure administrative des collectivités décentralisées : l'article 2 de la loi n° 2014-020 relative aux ressources des collectivités territoriales décentralisées, aux modalités d'élections ainsi qu'à l'organisation, au fonctionnement et aux attributions de leurs organes modifiée par la loi n° 2015-008 du 1er avril 2015 rappelle qu'« Aux termes de l'article 143 de la constitution, les collectivités territoriales décentralisées sont les Communes, les Régions et les Provinces ».

1147 C'est le cas de l'émission radiophonique « *Ny didy aman-dalana* » (trad. litt. les lois et les textes réglementaires) diffusée sous la IIe République (1975 à 1992) sur la Radio nationale et qui avait une couverture nationale.

radiodiffusée, télévisée ou par affichage, indépendamment de son insertion au *Journal officiel* de la République[1148].

Puisque l'accès aux règles de droit est un droit pour les citoyens, que la connaissance des règles de droit une obligation pour les citoyens, la mise en œuvre de cette accessibilité[1149] relève quant à elle du devoir de l'État qui remplit là une mission de service public, « au service du public »[1150]. Il revient à l'État de multiplier les procédés pour que les règles de droit soient accessibles matériellement pour les citoyens[1151]. Les nouvelles technologies de l'information et de la communication sont mises à contribution et sont utilisées au service de l'accès au droit, et ce, par le biais du site du Centre national LEGIS ou CN Legis, site officiel rattaché au secrétariat général du Gouvernement[1152]. Malheureusement, plutôt que de faciliter l'accès au droit, le CN Legis crée parfois plus la confusion dans l'esprit du public[1153]. Dans la mesure où l'accès au *Journal officiel* dans sa version physique est difficile et que le *Journal officiel* version électronique tend à devenir de plus en plus la norme, l'État malgache pourrait adopter cette nouvelle forme de diffusion des

---

1148 À titre d'exemple : article 104 de la loi n° 2015-056 portant création de la « chaîne spéciale de lutte contre le trafic de bois de rose et/ou de bois d'ébène » et répression des infractions relatives aux bois de rose et/ou bois d'ébène et article 54 de la loi n° 2015-039 sur le Partenariat public-privé.

1149 T. Randrianarimanana *in* « Cohérence et incohérences : quelles perspectives pour le droit malgache ? », Actes du Colloque « La cohérence en droit », *Annales Droit-nouvelle* série, n° 6, éd° Jurid'ika 2016, p. 105-110, préconise pour l'accessibilité des règles de droit non seulement « la simplicité dans la rédaction de la loi et des instruments du droit à Madagascar (mais aussi) (la disponibilité des textes) en supports papiers et électroniques ».

1150 D. Bourcier, « De la publicité à la connaissance des lois. Un changement de perspective », *in* G. Faure, G. Koubi (dir.), *Le titre préliminaire du Code civil*, Economica, coll. « Études juridiques », n° 16, 2003, p. 81 s.

1151 M. Mekki renvoie à une « démarche plus active aujourd'hui (et non plus) une mise à disposition passive de la loi en assurant sa publicité », cf. M. Mekki, *L'accès au droit et l'accès à la justice*, *op. cit.*, n° 716.

1152 V. décret n° 97-1201 portant création et organisation du Centre national d'Information et de Documentation Législative et Juridique (CN LEGIS) du 2 octobre 1997. Selon l'article 2 du décret n° 97-1201, le CN LEGIS a pour mission « d'assurer la collecte et la gestion de toute information relative aux lois et règlements [...] et assurer la diffusion de ces informations sur le territoire national [...] à travers des supports diversifiés notamment les supports papier et informatiques ».

1153 Cf. notre intervention « Diffusion du droit et accès à la justice dans un contexte de dématérialisation : l'exemple de Madagascar », Colloque « Regards croisés sur les défis générés par la numérisation de la société », École de droit et de science politique, Université de Majunga 30 et 31 octobre 2018 (Actes du Colloque en cours de publication pour le premier semestre 2019). À titre d'exemple, le site du CN Legis indique que la loi n° 2016-029 portant Code de la communication est abrogée par la loi n° 2017-011 portant Politique nationale du cinéma et de l'image animée alors qu'en réalité la loi n° 2017-011 abroge uniquement un titre sur le cinéma dans le Code de la communication.

règles de droit, ce qui par ailleurs répond à l'exigence de dématérialisation[1154]. Cela ne va pour autant pas de soi et nécessite un accès facilité si ce n'est égal de tous à Internet.

II. La transparence, gage de la confiance en la justice

Les difficultés d'accès à la justice[1155] de par la méconnaissance des procédures et l'opacité autour des décisions de justice attisent la méfiance du justiciable quant à la justice de son pays.

A. La transparence des décisions de justice

V. FORTIER *et al.* considèrent comme critères de qualité des décisions de justice la compréhension, la force de conviction, l'opportunité et la clarté de la réponse du juge[1156]. Cette qualité des décisions de justice est perceptible à travers la motivation qui permet de voir en filigrane les raisons pour lesquelles telle décision de justice a été rendue. Ainsi, la motivation « participe d'un souci de transparence »[1157] puisque c'est elle qui convainc les parties au procès, mais également le public, du bien-fondé de la décision rendue. L'article 27 du Code de déontologie des magistrats[1158] fait peser sur le magistrat l'obligation, non seulement de « prononcer sa décision à haute et intelligible voix », mais également « d'énoncer en substance les motifs qui ont servi de base légale à la décision de justice rendue en audience publique ». Prononcer la décision à haute et intelligible voix relève des questions de pure forme en audience publique et écarte toute zone d'ombre dans le prononcé du jugement ; énoncer en substance les motifs qui ont servi de base légale à la décision est une manifestation de l'œuvre pédagogique dont doit faire preuve le juge pour expliquer, convaincre, et ce, exclusivement à partir de base légale et écarter ainsi toute velléité de partialité[1159]. Dès lors, l'obligation de motiver

---

[1154] La loi n° 2014-026 fixant les principes généraux relatifs à la dématérialisation des procédures administratives prône le remplacement des supports d'informations physiques et les procédures matérielles par des fichiers informatiques et des procédures numériques.

[1155] L'accès à la justice dont il est question ici n'est pas celui relatif à l'aide juridictionnelle et de manière générale aux « formes financières » de l'accès à la justice mais sera plus tourné vers les « formes non financières » et plus spécifiquement les « mesures matérielles et immatérielles » qui facilitent l'accès à la justice, V. pour plus de développement à ce propos L. Cadiet, *L'accès à la justice. Réflexions sur la justice à l'épreuve des mutations contemporaines de l'accès à la justice*, Dalloz 2017, p. 522.

[1156] Cf. V. Fortier, D. Gatumel, R. Lachenal, S. Navarro et H. Pujal, « Système de gestion de la qualité et décision judiciaire : applicabilité de la norme ISO 9001 », *IRETIJ*, 2001, p. 2 et s.

[1157] A. Vidal-Naquet, « La transparence », *in* (sous dir.), Jean-Bernard Auby, *L'influence du droit européen sur les catégories du droit public*, coll. Thèmes et commentaires. Études, éd. Dalloz, p. 651.

[1158] Décret n° 2005-710 du 25 octobre 2005, *JO* °3016 du 27 février 2006, p. 1625.

[1159] T. Randrianarimanana dans « Le juge administratif malgache : entre redevabilité et recherche de légitimité », Actes de la Conférence judiciaire de l'océan Indien « La redevabilité

une décision de justice constitue pour les parties au procès une manifestation du « droit de savoir (mais aussi) l'amorce du droit de contester »[1160]. Du côté des justiciables donc, rien ne traduit mieux la transparence que la motivation des décisions de justice ; et puisque les décisions de justice sont des informations publiques, le public peut – à travers la motivation qui se décline dans lesdites décisions – comprendre une décision de justice, être convaincu de sa justesse, juger la qualité de la décision judiciaire et jauger ainsi la qualité de la justice du pays[1161]. Au cours de l'année 2018, lors d'une émission télévisée dans le cadre des activités de sensibilisation et de communication pour regagner la confiance des citoyens au service public de la justice, la garde des Sceaux a rappelé aux juges l'obligation de motiver les décisions de justice[1162] : la justice se doit de fonctionner de manière transparente[1163] pour obtenir l'adhésion des justiciables et partant la confiance en la justice du pays. L'obligation de motivation est dès lors considérée comme un instrument de cette transparence.

Au-delà de la motivation, la publicité des décisions de justice[1164] est une autre manifestation de la transparence de la justice. Cette mise à disposition du public des décisions de justice découle de la combinaison de trois éléments : la publicité des audiences, la publication des débats judiciaires et la publicité des décisions[1165]. C'est la publicité des décisions de justice qui permet d'établir une relation de confiance entre la justice – ainsi que les décisions rendues par elle – et les justiciables. Dans la mesure où la justice est rendue au nom du peuple, la publicité des décisions permet aux citoyens qui composent ce peuple de savoir « par qui (la décision) est rendue, à l'occasion de quel litige [...], à l'égard de quelles parties »[1166] et de déceler une ligne jurisprudentielle claire. De la même manière, les données relatives au contenu de la décision de justice permettront aux citoyens d'accéder aux règles de droit

---

du juge pour un contrôle de la vie publique crédible et effectif » 19 et 20 juin 2014, *Annales Droit-Nouvelle* série n° 3, p. 37-43, met l'accent sur la « lisibilité » à travers des motivations toujours plus claires et prévisibles ainsi que la stabilité des décisions de justice et l'importance de la forme pendant les audiences.

1160 M. Grimaldi, in *La Motivation, Travaux de l'Association Henri Capitant*, LGDJ, 2000, p. 2.

1161 S. Leyenberger, Propos introductifs, *in* Pascal Mbongo, *Études réunies sur la qualité des décisions de justice*, https://rm.coe.int/la-qualite-des-decisions-de-justice...par-pascal-mbongo.../16807882a6, p. 10.

1162 Dans une émission diffusée sur la chaîne de télévision nationale le 5 juillet 2018, la garde des Sceaux a fait appel à tous les magistrats de toutes juridictions de respecter l'obligation de motiver les décisions de justice rendues et de « cesser la pratique des jugements non motivés » (sic).

1163 H. Leclerc, « Transparence et justice », in *Justice, transparence et démocratie*, enquête de C. Samet, L'Archer, 1997, p. 82 et s., spéc. p. 83.

1164 Ramarolanto-Ratiaray, « Dossier : La transparence des décisions de justice : une nécessité ? », revue *ETIKA*, avril-juin 2013, n° 006, p. 4-5.

1165 R. De Bellescize, « Faut-il légiférer sur l'anonymisation des décisions de justice ? », *LPA*, 20 septembre 2006, n° 188, p. 3 et s.

1166 R. De Bellescize, *op. cit.*, spéc. p. 5.

ou du moins de les aider à la compréhension des règles de droit. Pendant des années, la jurisprudence malgache était publiée dans le recueil des arrêts de la Cour suprême[1167], par la suite la publication n'a plus été régulière et au début des années 2000, les arrêts de la Cour suprême des années 2000 à 2008, la jurisprudence de la chambre administrative de 1997 à 2003 et de 2004 à 2007 ont été les rares décisions de justice accessibles facilement au public car avaient fait l'objet de publication[1168]. Pour le reste, elles sont accessibles auprès des greffes des tribunaux et des Cours mais c'est loin d'être une sinécure[1169]. En 2011, le ministère de la Justice a voulu rompre avec le « secret [...] autour du droit malagasy des affaires »[1170] et a « remis » des jugements rendus par le tribunal de commerce d'Antananarivo à la Faculté de droit de l'Université d'Antananarivo pour être commentés par les enseignants-chercheurs. La publicité des décisions de justice, suivies ou non de commentaires, a contribué à une meilleure connaissance du contenu des décisions de justice et finalement à la transparence de la justice. Aujourd'hui, le recours aux nouvelles technologies d'information et de communication permet de mieux œuvrer pour la transparence judiciaire par la diffusion des décisions de justice et leur libre accès. Ainsi, dans le cadre de la réforme de la justice commerciale[1171], depuis le second semestre de l'année 2017, toutes les décisions rendues par le tribunal de commerce d'Antananarivo sont accessibles sur le site web du ministère de la Justice, et depuis le second semestre 2018, les décisions commerciales rendues au sein de la Cour de cassation, de la Cour d'appel et du tribunal de commerce d'Antananarivo au cours des années 2018 et 2017 sont en ligne et accessibles gratuitement et librement sur un site spécifique[1172]. Désormais, les décisions de justice commerciales sont mises à la disposition du public dans leur intégralité[1173] et de manière gratuite. Il est évidemment important, conformément au principe

---

[1167] Jusqu'en 1972.

[1168] Aux éditions Jurid'ika.

[1169] Les décisions ne font pas l'objet de classement clair au greffe des tribunaux et Cours si ce n'est par année, si bien que chercher une décision de justice se rapportant à un domaine particulier du droit relève de la gageure. Une base de données Xo9, disponible à l'École Nationale de la Magistrature et des Greffes depuis quelque 5 années compile les différents arrêts de la Cour suprême de Madagascar, mais exclusivement ceux rendus par les Chambres civiles, commerciales et criminelles.

[1170] M.-S. Razanadrakoto dans la préface de l'ouvrage *Jugements commentés du tribunal de commerce d'Antananarivo*, Année 2008, Tome 1, éd. Jurid'ika, 2011.

[1171] C. Dollmann, « Étude pour l'amélioration de la justice commerciale à Madagascar », rapport préliminaire conjoint – 18 septembre 2015. La chaîne commerciale d'Antananarivo – le RCS d'Antananarivo et le RNCS. PIC.

[1172] www.justice-commerciale.gov.mg

[1173] J. Jourdan-marques dans « Délivrance des décisions de justice et vie privée : quand "ceinture et bretelles" rime avec danger », *Dalloz actualité* 30 mars 2018 fait la distinction entre l'accès (aux décisions de justice) qui « permet à une personne de se faire communiquer une ou plusieurs décisions précises par le service compétent » et la diffusion des décisions de justice qui « conduit à mettre à la disposition du public l'intégralité des décisions de justice ».

de la transparence et à la culture de l'information, que la publicité des décisions de justice ne soit plus limitée à la justice commerciale ; le jugement – qu'il soit commercial ou non – est toujours rendu en audience publique même quand certains débats ne doivent avoir lieu qu'à huis clos.

B. La transparence dans l'accès à la justice

Si la publicité des décisions de justice contribue à la transparence, encore faut-il que la justice soit facile d'accès[1174]. L'accès à la justice comprend « l'accès à un tribunal, l'accès au juge, le droit au recours, le droit d'être entendu ou le droit au contradictoire »[1175], il suppose en tout premier lieu que la justice soit « proche » du citoyen. La carte judiciaire malgache ne permet pas encore cette proximité physique et donc un réel accès matériel au juge[1176]. Cette proximité se décline aussi à travers la mise à disposition au sein des juridictions des services d'informations qui se chargent d'orienter les justiciables dans leurs démarches et qui contribuent à la transparence de la justice. Dans la mesure où le droit est déjà considéré comme complexe[1177], au point que certains évoquent une « confiscation du droit par les juristes »[1178], il est nécessaire que les procédures et les démarches à entamer auprès des palais de justice soient claires et donc transparentes, d'autant que la justice paraît pour certaines personnes comme étant « mystérieuse et lointaine »[1179].

Contribue à cette transparence la mise en place des kiosques d'accueil et d'informations juridiques (KIJ) qui se trouvent généralement à l'entrée de chaque tribunal de première instance et au sein desquels les informations utiles et nécessaires, à savoir dans un palais de justice, sont mises à la disposition des usagers[1180]. Cela contribue à une plus grande facilité d'accès à la justice

---

[1174] Sur les difficultés d'accès à la justice, V. Rédaction Lextenso et M. Benichou, « L'accès à la justice, un droit menacé », *Gazette du Palais*, 13 septembre 2014, n° 256, p. 9 et s.

[1175] M. Mekki, *L'accès au droit et l'accès à la justice*, *op. cit.*, n° 692.

[1176] V. F. Esoavelomandroso et L. Randriatavy, « Vulnérabilité et accès au juge », Rapport Madagascar, Journées internationales de l'Association Henri Capitant sous le thème de « La vulnérabilité », Montréal et Ottawa, mai 2018 sur la question des demandes de reconsidération des affectations de magistrats auprès de ces juridictions des zones reculées entraînant ainsi un dysfonctionnement des juridictions.

[1177] À ce propos, A. Zardany in « Codification et simplification du droit », *LPA* 24 mai 2007, n° 104, p. 9 et s. écrit que « Le droit suppose une étude approfondie des concepts juridiques. Nul ne peut s'improviser juriste grâce à la simple lecture d'un code. Le droit ne peut être simple. C'est une illusion que de croire que le droit puisse l'être ».

[1178] Expression utilisée par V. Lasserre-Klesow, « La compréhensibilité des lois à l'aube du XXIe siècle », Dalloz 2002, n° 14, p. 1160.

[1179] R. Perrot, *Institutions judiciaires*, coll. Domat droit privé, éd° Montchrestien, 13e édition, n° 66.

[1180] Les agents de ces kiosques ont principalement pour rôle d'orienter les justiciables, leur indiquer l'emplacement des bureaux ou des salles d'audience, leur montrer les modèles d'actes affichés, informer les justiciables du montant des provisions en matière civile ou commerciale ainsi que des jours et heures d'audience des différents responsables. Cf. Rapport du ministère

puisque la connaissance des procédures rassure le justiciable quant aux démarches à entreprendre au sein d'une juridiction, et écarte toute confusion dans la compréhension des textes et des procédures. Cependant, les kiosques d'informations juridiques ne peuvent être réellement efficaces et ne peuvent contribuer à la transparence dans l'accès à la justice que s'ils sont effectifs dans toutes les juridictions et que les agents orientent effectivement les justiciables dans leurs démarches mais également vers les services offerts dont les consultations gratuites mises en place par le Barreau[1181].

La transparence dans l'accès à la justice peut également être atteinte par le biais du recours aux technologies d'information et de communication[1182]. L'administration malgache est déjà à l'ère de la dématérialisation[1183] et le secteur de la justice n'est pas en reste[1184]. Au cours de l'année 2018, des logiciels ont été mis en place dans des juridictions pilotes[1185] qui consistent à l'informatisation et la numérisation de toute la procédure au niveau de la juridiction pénale et administrative[1186], et ce, dès l'enregistrement de la requête au service des greffes jusqu'à la notification du jugement auprès des parties. Ces logiciels constituent non seulement un outil de travail pour chaque acteur mais également une interface permettant aux justiciables de suivre en toute transparence[1187] l'avancée du traitement de leurs dossiers et de consulter ou transférer les documents qui s'y rattachent. Cette dématérialisation facilite l'accès à la justice, œuvre pour la transparence et réduit considérablement l'intervention d'éventuels intermédiaires ce qui limite tout risque de

---

de la Justice (MINJUS) et le PNUD sur « l'Étude sur les mécanismes de suivi de l'accès à la justice », décembre 2014, spéc. p. 26.

1181 Rapport ministère de la Justice et PNUD, *op. cit.*, p. 25 et s.

1182 J. Marchand dans « Réflexions sur le principe de transparence », *Revue de droit public*, 1er mai 2014, n° 3, p. 677 énonce que la transparence profite des technologies d'information et de communication.

1183 V. la loi n° 2014-026 du 5 novembre 2014 fixant les principes généraux relatifs à la dématérialisation des procédures administratives.

1184 Le ministère de la Justice a inscrit l'informatisation de ses services parmi ses priorités. À titre d'exemple, le 2 février 2018, un atelier de réflexion sur « l'évaluation juridique et informatique du casier judiciaire » a été initié par le ministère de la Justice grâce à l'appui du Système des Nations Unies, à travers le fonds pour la consolidation de la paix. L'objectif est donc d'informatiser les casiers judiciaires (V. Termes de référence pour le recrutement des consultants nationaux pour l'évaluation juridique et informatique du casier judiciaire, juin 2017, http://procurement-notices.undp.org/view_file.cfm?doc_id=117189, visité le 1er octobre 2018).

1185 Le tribunal de première instance de Vatomandry pour le logiciel portant sur la chaîne pénale (InfoTPI) et le tribunal administratif d'Antananarivo en ce qui concerne la juridiction administrative (ILO).

1186 Il est évident qu'après la phase test, lesdits logiciels seront utilisés dans toutes les juridictions et à terme au-delà de la chaîne pénale prendront en charge également la chaîne civile.

1187 Pour la chaîne commerciale et plus particulièrement sur le site du tribunal de commerce d'Antananarivo, sont accessibles le numéro de dossier, la date de 1er appel, la date de jugement, le numéro du jugement, le délai de traitement du dossier en nombre de jours, la date d'envoi de la grosse au service de notification ainsi que la date de notification.

corruption. Aussi bien dans le cadre de la lutte contre la corruption que par souci de transparence[1188], ces logiciels doivent être déployés dans toutes les juridictions. À l'ère de la révolution numérique et sans forcément aller jusqu'à faire référence à la « justice prédictive »[1189] pour Madagascar, il est indéniable que l'accès à la justice lié au principe de transparence suppose de plus en plus l'utilisation du numérique.

CONCLUSION

Suivant l'article 1er de l'arrêté relatif à la Communication publique auprès des Cours et tribunaux[1190] « dans le respect du principe de la redevabilité des agents publics, pour un souci de transparence dans la gestion des affaires judiciaires et afin de rétablir la confiance des justiciables envers le service public de la justice [...] », sont institués au sein des Cours et tribunaux des magistrats responsables de la communication, référents des organes de presse dans les affaires judiciaires. Le monde judiciaire malgache, longtemps marqué du sceau du secret, adopte aujourd'hui une démarche vers plus de transparence, et ce, non seulement à travers la mise en ligne des décisions de justice mais également par la mise en place au sein des Cours et tribunaux de ces magistrats responsables de la communication. Selon l'article 2 du même arrêté instituant les magistrats responsables de la communication[1191], ces derniers ont pour mission « d'assurer une plus grande transparence et une meilleure visibilité de la justice dans leur ressort ; de diffuser à temps les informations importantes concernant les dossiers sensibles dans le respect du secret des enquêtes ; de diffuser les informations nécessaires à propos d'une affaire pendante devant sa juridiction dans le but d'éviter un trouble à l'ordre public ou la moralité publique ; d'informer le public sur les arrêts et jugements rendus sur les dossiers sensibles ou susceptibles d'intéresser l'ordre public et/ou la moralité publique ; de communiquer au ministère de la Justice toute information importante entrant dans le cadre des missions et attributions du service public de la justice ; d'être le référent des organes de presse ». La publicité des décisions de justice est désormais une réalité même si elle n'en

---

[1188] Étant entendu que la transparence contribue également à la lutte contre la corruption.

[1189] V. à propos de la justice prédictive notamment A. Garapon, « Les enjeux de la justice prédictive », *Revue pratique de la prospective et de l'innovation*, n° 1, octobre 2016, Dossier 4 ; T. Cassuto, « La justice à l'épreuve de sa prédictibilité », *AJ Pénal* 2017, p. 334 et s. ; B. Dondero, « Justice prédictive : la fin de l'aléa judiciaire ? », *Recueil Dalloz*, 2017, p. 532 et s.

[1190] Article 1er de l'arrêté 22 284/2015 du 6 juillet 2015 relatif à la Communication publique auprès des Cours et des tribunaux.

[1191] Ces magistrats sont : le procureur général près la Cour suprême, le procureur général près la Cour de cassation, le Commissaire général de la Loi, le Commissaire général du Trésor public, les procureurs généraux près les Cours d'appel, les Commissaires administratifs, les Commissaires financiers et les procureurs de la République (Article 6 de l'arrêté n° 22284/2015). Ce sont les référents des organes de presse dans des affaires que leurs juridictions connaissent.

est qu'à ses débuts, il n'en est pas de même des missions dévolues aux magistrats responsables de communication. Depuis l'entrée en vigueur de cet arrêté, rares – pour ne pas dire qu'il n'y en a pas eu – sont les dossiers sensibles ou les arrêts et jugements rendus sur les dossiers sensibles et qui ont fait l'objet de communication au public à travers des conférences de presse organisées par les magistrats référents. Jusque-là, les informations portées à la connaissance du public concernant des affaires judiciaires ainsi que leurs issues sont le fait d'investigations des journalistes[1192].

La question de la transparence est désormais récurrente dans le cadre de la justice, elle se doit de l'être aussi quant à l'accès aux règles de droit car de cet accès dépend le respect des droits, de cet accès dépend le droit au droit, de cet accès dépend la sécurité juridique. C'est la transparence en matière d'accès aux règles de droit qui facilite la compréhension des règles de procédure et permet plus facilement l'accès à la justice ainsi qu'une acceptation sereine des décisions de justice dès lors qu'elles sont comprises parce que motivées. C'est la transparence qui va parer à l'insécurité juridique[1193].

Dans tous les cas, la recherche de l'équilibre entre ce qui doit être communiqué au nom de la transparence, et ce, qui doit rester dans le domaine du secret n'est pas chose aisée. À l'heure du numérique, la publicité des décisions de justice oppose deux libertés : la transparence et le droit à l'information d'une part et le respect de la vie privée[1194] d'autre part, c'est la raison pour laquelle l'anonymisation des décisions de justice est parfois réclamée. Puisque les décisions de justice sont rendues en audience publique, elles se doivent dès lors d'être publiées entièrement en tant qu'information publique ; cependant, il reste des décisions sensibles, notamment celles qui portent sur les affaires relatives aux mœurs ou touchant les mineurs, pour

---

[1192] Les conférences de presse données par les magistrats référents ces dernières années portent non pas sur des affaires judiciaires mais sur des « mésaventures » qui les concernent personnellement. Il en est ainsi de la conférence de presse donnée par un procureur général près la Cour suprême après que le Conseil d'État ait annulé un décret pris en conseil des ministres portant son abrogation (V. www.laverite.mg du 13 mars 2018, « Réhabilitation du procureur général – Une gifle pour la ministre de la Justice ») ou de la conférence de presse donnée par le procureur de la République au niveau du tribunal de première instance d'Antananarivo par rapport aux accusations de corruption faites par un évadé de prison (V. www.madagascar-tribune.com du 19 janvier 2018 « le procureur de la République dément »).

[1193] V. Ramarolanto-Ratiaray dans *La codification : l'expérience malgache*, *op. cit.*, à propos de l'insécurité juridique à Madagascar « des textes introuvables sur un support quelconque, des jugements non publiés, des coutumes tenaces, des pratiques débridées, des lois désuètes ne répondant plus aux exigences du monde moderne et aux nécessités du développement économique ».

[1194] V. à ce propos ; F. Pelletier, « Diffusion de la jurisprudence sur Internet au Canada et protection des identités », *LPA* 29 septembre 2005, n° 194, p. 37 et s. ; R. De Bellescize, « Faut-il légiférer sur l'anonymisation des décisions de justice ? », *LPA* 20 septembre 2006, n° 188, p. 3 et s. ; « La transparence de la justice, l'accès électronique aux archives judiciaires et la protection de la vie privée », mai 2003, en ligne sur le site http://www.cjcccm.gc.ca/cmslib/general/OpenCourts-2-FR.pdf

lesquelles la préservation de l'intérêt des parties se doit d'être prise en compte. Une des difficultés à Madagascar vient du fait que la Commission Malagasy sur l'Informatique et des Libertés (CMIL), autorité indépendante chargée notamment de la protection des données à caractère personnel prévue au Chapitre V de la loi relative à la protection des données personnelles[1195], n'est toujours pas mise en place[1196] ce qui ne peut que soulever des inquiétudes quant aux informations touchant la vie privée. En effet, si la transparence est gage de confiance en la justice et vecteur de l'accès au droit, il n'en demeure pas moins qu'elle n'est pas à l'abri des abus et des excès au point d'en devenir « tyrannique »[1197].

[1195] Loi n° 2014-038 du 9 janvier 2015 sur la protection des données à caractère personnel.
[1196] En janvier 2019, ladite commission n'est toujours pas mise en place.
[1197] Expression empruntée à G. Loiseau, « La tyrannie de la transparence », *Recueil Dalloz*, 2015, p. 153.

L'exigence de transparence dans l'exercice de la fonction de juge consulaire

Sylvie BERNIGAUD
Maître de conférences, HDR
Université Lumière Lyon 2
Équipe d'accueil, Droits, Contrats, Territoires

1. L'absence de définition légale de la transparence n'empêche pas de souligner l'intérêt de la question dans le champ juridictionnel et commercial. Du côté des institutions juridictionnelles, l'organisation, le fonctionnement et le champ des compétences attribués aux juridictions consulaires justifient que l'on s'intéresse aux liens que peuvent entretenir l'exigence de transparence avec le fonctionnement de ces juridictions. É. Pierre Menuisier dénonçait déjà, en 1897[1198], « le règne florissant de cette catégorie d'agents d'affaires », dont le « privilège exorbitant et scandaleux » tendrait à créer « un monopole odieux » au profit « d'hommes insatiables ». Le modèle de justice commerciale français actuel, qui ne semble pas connaître d'équivalent dans les autres systèmes de droit, doit remplir de manière satisfaisante sa mission de régulation économique dans un contexte économique ouvert mais confronté à des crises successives. Dans un référé rendu public le 13 mai 2013[1199], la Cour des comptes notait sans outrance les symptômes affectant le bon fonctionnement des juridictions commerciales, à savoir les dysfonctionnements patents dans les greffes publics, des parquets présents qui « contrôleraient trop peu » les greffes, les administrateurs et les mandataires judiciaires, une justice rapide mais qui sanctionnerait peu les dirigeants défaillants, et une déontologie à renforcer. Du côté des juridictions concernées, les critiques formulées à leur encontre[1200] ont mis en lumière l'urgence d'une clarification sur les attributions et prérogatives octroyées aux juges consulaires. La partialité des tribunaux de commerce a constitué le principal reproche adressé au maintien de ces juridictions dans l'architecture des juridictions judiciaires de première instance. Un rapport parlementaire avait mis en avant une réelle carence en la matière, sans établir toutefois une quelconque généralisation[1201]. Le Conseil constitutionnel a même été saisi de

---

[1198] É. Pierre Menuisier, *Traité élémentaire de droit commercial, Réforme des tribunaux de commerce – Création d'un ministère*, Paris, 1897.
[1199] Cour des comptes, référé n° 66605, www.ccomptes.fr
[1200] AN, rapport Colcombet, XIe, n° 2912 ; Rapport AN n° 1038, XIe législature, *Les tribunaux de commerce : une justice en faillite ?*
[1201] S. Pierre-Maurice, Rép. Procédure civile, « Tribunaux de commerce », Dalloz, 2015.

la question en 2012[1202] et il a considéré que les règles du Code de commerce relatives au mandat des juges des tribunaux de commerce étaient conformes à la Constitution[1203]. Indirectement, il laisse entendre que les principes d'indépendance, d'impartialité et de compétences professionnelles ne sont pas remis en cause dans les principes qui régissent le fonctionnement des juridictions consulaires. Mais si ces critères sont déterminants pour contribuer à apprécier l'exigence de transparence devant les tribunaux de commerce, ils ne sont pas suffisants.

2. En effet, le contentieux traité par les tribunaux de commerce ou tout au moins certains dossiers ont un lien direct avec l'exigence de transparence qu'impose, par exemple, la situation des entreprises en difficulté économique. Force est de constater que le traitement inapproprié de certaines situations, voire les scandales financiers qui ont explosé au grand jour, sont de nature à renforcer la thèse d'une plus grande transparence en droit des affaires. Traditionnellement, le secret, et donc une forme d'opacité, a toujours primé sur la transparence dans le champ du droit commercial et celui du droit des affaires. L'objectif de cette branche du droit est de répondre aux exigences du commerce, à l'aulne de ses principes directeurs, qu'il s'agisse de rapidité, de consensualisme[1204] ou du secret. Le principal enjeu de cette transparence en droit des affaires est qu'elle rentre en conflit avec ces principes directeurs et notamment avec le secret sur lequel repose principalement la matière : les affaires vont de pair avec la confidence si bien que celle-ci prime sur une diffusion plus large des informations. Le principe de transparence et donc de publicité constitue l'exception liée aux exigences minimum de publicité légale que l'on retrouve, par exemple, en matière d'immatriculation au registre du commerce et des sociétés depuis 1919, ou celle relative à la publication des comptes annuels. L'objectif recherché est toujours le même : assurer la protection et la sécurité juridique pour tous et notamment pour les tiers et les créanciers à partir de la diffusion d'informations fiables. Les prémisses de cette transparence ont vu le jour avec la publication de plusieurs rapports et notamment le rapport Mariani (1996) ou le rapport Viénot II (1999) concernant le droit des sociétés et la gouvernance de l'entreprise. Comme n'a pas manqué de le rappeler un auteur, « *dans un monde où la quête du quart d'heure de célébrité a conquis l'audimat, la **transparence** fait office de morale contemporaine exhortant à étaler au grand jour les **secrets** d'alcôve, voire à guetter tout un chacun jusque dans ses paradis panaméens, tandis que le **secret** devient maladif*[1205] » ; d'autres feront état du trouble que génère la

1202 Com., QPC, 6 mars 2012, n° 11-40.102.

1203 Cons. const. 4 mai 2012, n° 2012-241 QPC.

1204 Même si le formalisme prend toute sa place en la matière.

1205 M. Dhenne, « La loi n° 2018-670 du 30 juillet 2018 relative à la protection du secret des affaires », *D.* 2018, 1817.

transparence dans l'espace public, ou en la qualifiant de névrotique[1206]. Les enjeux de la transparence dans la vie économique sont pour autant encore d'actualité récente : certaines pratiques propres à la vie des affaires doivent être clairement identifiées. Ainsi en est-il de l'adoption de la loi n° 2016-1691 du 9 décembre 2016[1207] relative à la transparence, à la lutte contre la corruption et à la modernisation de la vie économique qui contient deux dispositions spécifiques relatives à l'amélioration de la transparence et à la modernisation des relations au sein des filières agricoles. La loi consacre le renforcement des astreintes financières pouvant être prononcées par les présidents de tribunaux de commerce à l'encontre des entreprises du secteur alimentaire ne publiant pas leurs comptes dans les délais fixés par la loi. Elle montre par ailleurs les limites de la transparence en garantissant à certains acteurs économiques non pas une certaine opacité dans la vie des affaires, mais une limite à la transparence entendue comme droit au savoir. Ainsi en est-il de la loi n° **2018-670 du 30 juillet 2018**[1208] **relative à la protection du secret des affaires** qui a pour objet de transcrire la directive européenne du 8 juin 2016 sur la protection des savoir-faire et des informations commerciales non divulguées. Le texte adopté définit la notion de secret des affaires au regard de critères précis, et c'est la réunion de ces critères qui justifie que l'information détenue par une personne soit protégée[1209].

3. La transparence, du latin médiéval *transparens, -entis*, du latin classique *trans*, à travers, et *parere*, paraître, doit aussi être comprise comme un fait, un principe qui a « un fonctionnement clair, que l'on ne cherche pas à dissimuler à l'opinion »[1210]. C'est en ce sens que s'est prononcé le groupe d'États contre la corruption (GRECO)[1211] à l'occasion de son quatrième cycle d'évaluation qui concernait à la fois les parlementaires, les juges professionnels et non professionnels, et les procureurs. Cette exigence de transparence dans le fonctionnement des juridictions consulaires, déjà mis en exergue par les rapports parlementaires précités, est inhérente à l'organisation et au fonctionnement des tribunaux de commerce. Bien évidemment, la transparence existe à travers le principe procédural de publicité des débats. Mais c'est bien parce que sont en jeu les risques d'opacité dans le fonctionnement de ces juridictions ou le traitement de certains contentieux

---

[1206] G. Carcassonne, « Le trouble de la **transparence** », *Pouvoirs* 2001/2, p. 17 ; V. égal. G. Loiseau, Rapport de synthèse, *in* Actes du colloque annuel de La Semaine juridique, Le **secret** à l'ère de la **transparence**, *JCP* 2012, suppl. au n° 47, p. 44, qui évoque la « nécessité du **secret** » tout en se félicitant de la « résistance du **secret** aux pulsions de la **transparence** ».

[1207] *JO* du 10 déc.

[1208] *JO* du 31 juill.

[1209] Les critères retenus sont : une information connue par un nombre restreint de personnes une information ayant une valeur commerciale en raison de son caractère secret ; une information qui fait l'objet de mesures particulières de protection.

[1210] Dictionnaire Larousse.

[1211] Rapport du GRECO, quatrième cycle d'évaluation « parlementaire, les juges professionnels et non professionnels et les procureurs », 2014.

soumis à leurs attributions de compétence, qu'il importe de mesurer comment la transparence se décline ou est méconnue. De ce fait, l'analyse qui est la nôtre nous conduira à revisiter sous le prisme de l'exercice de la fonction de juge consulaire, comment sont mis en œuvre les principes éthiques, règles de conduite et conflits d'intérêts, tout comme l'interdiction ou la limitation de certaines activités, la déclaration du patrimoine et des intérêts et l'application qui est faite de ces principes. Il conviendra donc de s'intéresser aux modalités et finalités de la transparence au sein des juridictions consulaires (I) avant d'en apprécier la réalité dans le traitement des contentieux soumis aux juges consulaires (II).

I. Modalités et finalités de la transparence au sein des juridictions consulaires

4. Les différents rapports mentionnés ont mis en lumière les dérives de certains juges consulaires qui n'étaient sanctionnées ni par le suffrage de leurs pairs, ni par des mesures disciplinaires. Il appartenait donc à la loi de remédier aux dysfonctionnements constatés. L'exigence de transparence nécessite que soit conforté le statut des juges des tribunaux de commerce, tout comme leurs compétences juridictionnelles ; cette attente est en lien avec les conditions liées à l'organisation et au fonctionnement de la juridiction consulaire, et de fait, le principe de transparence doit être analysé dans le cadre de l'exercice de la fonction consulaire (A). Les garanties **d'impartialité de la justice commerciale, tout comme** la prévention **des conflits d'intérêts des juges consulaires,** chefs d'entreprise élus par leurs pairs pour juger des litiges entre commerçants et entre sociétés, sont au cœur de l'exigence de transparence souhaitée par le législateur dans le cadre de la réforme de la justice du XXIe siècle. Mais un tel objectif ne peut être atteint qu'avec le renforcement de la déontologie des juges consulaires (B).

A. Le principe de transparence et l'exercice de la fonction de juge consulaire

5. La Conférence générale des tribunaux de commerce présente au titre de l'année 2017, 134 tribunaux de commerce présents sur le territoire, 3 200 juges consulaires, 2 000 salariés dans les 135 greffes associés[1212]. Le système judiciaire français se matérialise par le recours aux juges professionnels et non professionnels. Une étude menée pour le compte de la Commission européenne pour l'efficacité de la justice indique[1213] qu'« *au niveau européen, la professionnalisation des juges se renforce, avec une tendance à la baisse*

[1212] http://www.tribunauxdecommerce.fr/linstitution/chiffres-cles.

[1213] Conseil de l'Europe, Commission européenne pour l'efficacité de la Justice (CEPEJ), Cycle d'évaluation 2016-2018 des systèmes judiciaires, Étude n° 26, 2018.

du nombre d'États qui ont recours à des juges non professionnels. Il semble surtout que ce soit les missions confiées aux juges non professionnels qui aient tendance à évoluer ». Quoi qu'il en soit, la confiance attribuée à la juridiction consulaire ne fait pas abstraction du débat concernant les fondements et les modalités de mise en œuvre du principe de transparence dans le recrutement et la nomination des juges consulaires (1), confiance qui a incontestablement gagné du terrain du fait des principes adoptés en matière de prévention des conflits d'intérêts (2) et de faute disciplinaire (3).

1. Le recrutement et la nomination des juges consulaires

6. Les juges consulaires sont élus avec un mode de scrutin indirect à deux degrés : au premier degré, le corps électoral est composé pour l'essentiel des ressortissants du registre du commerce et des sociétés (RCS), personnes physiques et personnes morales. Il désigne des délégués consulaires qui participent au deuxième degré, avec les membres et anciens membres des tribunaux de commerce, au collège électoral qui élit les membres du tribunal de commerce. Dans le cadre du projet de loi portant application des mesures relatives à la justice du XXIe siècle, les sénateurs ont soutenu un amendement visant à intégrer les artisans au sein de la juridiction consulaire, en les rendant électeurs et éligibles aux fonctions de délégué consulaire et de juge du tribunal de commerce[1214]. La réforme adoptée avait pour objectif de conforter le rôle du tribunal de commerce en tant que juridiction spécialisée chargée des entreprises tout en donnant sa pleine légitimité à la justice commerciale. L'amendement n'a toutefois pas été retenu.

L'intérêt de la réforme se mesurait également à l'aune de la rationalisation des contentieux. Les tribunaux de grande instance ne seraient plus compétents pour les artisans, tout en le demeurant pour les exploitants agricoles, les professionnels libéraux et les personnes morales de droit privé non commerçantes (associations, fondations…). Le regroupement des contentieux concerne tous les types d'entreprises et, de fait, garde sa pertinence. Mais le législateur a fait un choix différent : à compter du 1er janvier 2022 au plus tard, les litiges entre artisans relèveront de la compétence du tribunal de commerce. À cette date, les procédures en cours relatives aux litiges entre artisans seront transférées en l'état aux tribunaux de commerce. La mise en œuvre de la transparence repose ici sur un socle fondamental : la connaissance des modalités de désignation et de recrutement de ces juges élus.

2. La compétence de certains tribunaux de commerce

7. Depuis 2013, la garde des Sceaux réaffirmait son souhait d'engager une réflexion sur « la spécialisation de certains tribunaux de commerce » dans les

---

[1214] **Dans le cadre de l'élection au scrutin indirect des tribunaux de commerce.**

zones où il existe une forte présence de filières en difficulté[1215]. La réforme des procédures collectives, mise en œuvre par l'ordonnance n° 2014-326 du 12 mars 2014 a partiellement réformé le tribunal de commerce. L'importance de l'entreprise, mesurée par rapport à son chiffre d'affaires et/ou son nombre de salariés, a conduit le législateur à attribuer à des tribunaux de commerce spécialisés les affaires concernant les procédures de sauvegarde, de redressement judiciaire et de liquidation judiciaire, et les procédures d'insolvabilité principales ouvertes à l'égard d'un débiteur d'un État membre de l'Union européenne, lorsque ce débiteur exerce une activité commerciale ou artisanale[1216]. Le président du tribunal de commerce dans le ressort duquel l'entreprise a des intérêts ou un juge délégué par lui siège de droit au sein du tribunal de commerce spécialisé compétent. Les résistances subsistent cependant quant à l'idée d'introduire dans le système judiciaire une chambre mixte ayant compétence exclusive pour le contentieux touchant à l'ordre public économique tout en maintenant la compétence de chambres composées uniquement de juges élus pour le contentieux dit « général »[1217].

Au-delà des attributions relatives à la compétence des juridictions consulaires, la complexité des contentieux implique que les juges consulaires soient formés. Cette exigence de formation, initiale et continue, a été instaurée par le législateur de 2016 ; le fait pour un juge consulaire de ne pas y satisfaire dans le délai légal conduit à le considérer comme étant démissionnaire[1218]. Les parlementaires ont par ailleurs mis l'accent sur la nécessité de maintenir le niveau actuel d'exigence des formations assurées par l'ENM, notamment en termes de volume. L'absence de rattachement à un statut professionnel n'occulte pas l'exigence de compétences aux fins de traitement des dossiers transmis à la juridiction consulaire, et c'est là encore une garantie de bonne administration de la justice apportée au justiciable.

8. Les incompatibilités électives et professionnelles. L'exercice de la fonction de juge consulaire est incompatible avec l'exercice de certaines activités professionnelles ou de certains mandats. La loi du 18 novembre 2016 portant modernisation de la justice du XXIe siècle a posé les principes selon lesquels le mandat de juge de tribunal de commerce est incompatible avec l'exercice d'un mandat de conseiller prud'homme ou d'un autre mandat de juge au tribunal de commerce. La confusion des genres, les risques d'influence sur la personne du juge consulaire sont autant d'éléments qui justifient cette incompatibilité des fonctions. Les juges des tribunaux de commerce ne peuvent d'ailleurs ni exercer les professions d'avocat, de notaire, d'huissier

---

1215 Audition de Mme Christiane Taubira par la mission d'information sur le rôle de la justice en matière commerciale de la commission des lois de l'Assemblée nationale, 13 févr. 2013 ; (Magendie [dir.], *Pour une justice commerciale rénovée et réhabilitée*, Commission Justice du Club des juristes, JCP 2013. Doctr. 853).

1216 C. com., art. L. 721-8.

1217 Rapport Colcombet, AN, 2001, préc.

1218 C. com., art. L. 722-17.

de justice, de commissaire-priseur judiciaire, de greffier de tribunal de commerce, d'administrateur judiciaire et de mandataire judiciaire, ni travailler au service d'un membre de ces professions pendant la durée de leur mandat[1219]. L'exercice du mandat d'élu est également proscrit durant le temps d'exercice des fonctions de juge consulaire. La loi fait tout particulièrement référence au mandat de député au Parlement européen, au mandat de conseiller régional, de conseiller départemental, de conseiller municipal, de conseiller d'arrondissement, de conseiller de Paris, de conseiller métropolitain de Lyon, de conseiller à l'Assemblée de Corse, de conseiller à l'assemblée de Guyane ou de conseiller à l'assemblée de Martinique, dans le ressort de la juridiction dans laquelle l'intéressé exerce ses fonctions[1220]. L'incompatibilité ne vise pas seulement le mandat auquel pourrait prétendre celui qui est déjà juge consulaire mais également celui qui est titulaire d'un tel mandat électif et qui est candidat aux fonctions de juge consulaire[1221].

9. Il ne s'agit plus d'évoquer l'incompatibilité lorsqu'en réalité le juge consulaire est directement visé par une procédure de sauvegarde, de redressement ou de liquidation judiciaire. Il doit cesser ses fonctions à compter de la date du jugement d'ouverture et il est alors réputé démissionnaire[1222]. Le même principe s'applique lorsque la société ou l'établissement public auquel il appartient fait l'objet d'une procédure de sauvegarde, de redressement ou de liquidation judiciaire.

Le contentieux des entreprises en difficulté nécessite des compétences renforcées dans le champ du droit des procédures collectives et la maîtrise de l'instance juridictionnelle. De ce fait, la désignation d'un juge consulaire en qualité de juge-commissaire ne peut être envisagée que s'il est établi que le juge consulaire a exercé ses fonctions pendant deux ans au moins dans un tribunal de commerce. La liste des juges pouvant exercer de telles fonctions est fixée chaque année par le tribunal de commerce.

3. La prévention des conflits d'intérêts

10. La loi impose aux juges consulaires de veiller à prévenir ou à faire cesser immédiatement les situations de conflit d'intérêts[1223]. Elle définit ce contexte comme étant une situation d'interférence entre un intérêt public, et des intérêts publics ou privés qui seraient de nature à influencer ou à paraître influencer l'exercice indépendant, impartial et objectif d'une fonction.

Au-delà de ce rappel fondamental, la prévention de tels conflits implique une démarche de clarification des juges consulaires eux-mêmes, assujettis à

[1219] C. com., art. 722-6.
[1220] C. com., art. 722-6-1 et 722-6-2.
[1221] C. com., art. 722-6-3.
[1222] C. com., art. 722-14.
[1223] Art. L. 722-20.

une déclaration et à un entretien déontologique[1224]. Dans les deux mois qui suivent la prise de leurs fonctions, ils sont tenus de remettre une déclaration exhaustive, exacte et sincère de leurs intérêts au président du tribunal, pour les juges des tribunaux de commerce, et au premier président de la Cour d'appel, pour les présidents des tribunaux de commerce du ressort de cette cour[1225]. Le contenu de cette déclaration relève des exigences de transparence attendues du côté de ceux qui exercent l'*imperium* judiciaire. Elle doit en effet faire état des liens et des intérêts détenus de nature à influencer ou à paraître influencer l'exercice indépendant, impartial et objectif des fonctions que le déclarant a ou qu'il a eues pendant les cinq années précédant sa prise de fonctions. Le contenu de cette déclaration est fixé par l'article R. 722-22 du Code de commerce[1226]. Outre l'identité complète du déclarant, le législateur s'est attaché à faire préciser les activités professionnelles donnant lieu à rémunération ou gratification exercées à la date de la prise de fonctions et au cours des cinq dernières années précédentes, les activités de consultant ou la participation aux organes dirigeants d'un organisme public ou privé ou d'une société exercées dans les mêmes conditions de délai, et la dénomination de la société dans laquelle le déclarant détient des participations financières directes dans le capital à la date de sa prise de fonctions. Dans les mêmes conditions de délai sont prises en compte : les fonctions bénévoles susceptibles de faire naître un conflit d'intérêts, les fonctions et mandats électifs exercés à la date de la prise de fonctions par le déclarant, et les activités professionnelles exercées à la date de la prise de fonctions par le conjoint, le partenaire lié par un pacte civil de solidarité ou le concubin[1227]. Il s'agissait tout particulièrement pour le législateur de ne pas opérer une conciliation manifestement déséquilibrée entre l'objectif de probité des juges consulaires et le droit au respect de la vie privée. De toute évidence, la déclaration d'intérêts ne saurait être trop intrusive dans la vie privée et dans la vie économique du chef d'entreprise déclarant, de façon à respecter la jurisprudence du Conseil constitutionnel en la matière[1228] *et l'on se doit d'émettre une certaine réserve sur le fait que le législateur ait mentionné comme élément devant figuré à la déclaration d'intérêts, les «* activités professionnelles exercées à la date de la prise de fonctions par le conjoint, le partenaire lié par un pacte civil de solidarité ou le concubin ». Il paraissait en revanche difficile d'imposer au juge consulaire de déclarer l'ensemble des clients, fournisseurs et autres partenaires bancaires ou commerciaux sauf à

1224 V. aussi, CNTC, Recueil des obligations déontologiques, spéc., p. 14-15, éd. 2018.

1225 C. com., art. L. 722-21.-I.

1226 Art. 2 du décret n° 2017-1163 du 12 juillet 2017 relatif à la déontologie, l'éligibilité et la discipline des juges des tribunaux de commerce, *JO* 14 juill.

1227 V. aussi Circulaire relative à la déclaration d'intérêts des juges des tribunaux de commerce (Min. Justice, 16 févr er 2018, NOR : JUSB1805096C).

1228 V. la décision n° 2013-676 DC du 9 octobre 2013 concernant la loi relative à la transparence de la vie publique.

exiger des déclarations complémentaires quasi permanentes, ce qui serait incontestablement inefficace. En revanche, les parts détenues de façon substantielle dans une société doivent figurer dans la déclaration et elles apparaissent notamment au titre des gratifications obtenues.

11. La remise de la déclaration d'intérêts est complétée par un entretien déontologique du juge consulaire avec le référent juridictionnel auquel la déclaration a été remise[1229]. L'entretien peut être renouvelé à tout moment à la demande du juge ou de l'autorité compétente et à l'issue de cet entretien, la déclaration peut être modifiée par le déclarant. Les situations sont de nature à évoluer, tant du côté du juge consulaire que de ses activités d'entrepreneur, et la loi ne pouvait pas ne pas tenir compte des modifications substantielles des liens et des intérêts détenus. De fait, pour un juge consulaire, une déclaration complémentaire dans les mêmes formes pourrait être déposée dans un délai de deux mois, et elle pourrait donner lieu à un entretien déontologique. L'exigence de transparence connaît elle-même ses limites dans la mesure où la déclaration d'intérêts ne peut pas être communiquée aux tiers. La loi érige par ailleurs en infraction pénale le fait pour une personne tenue de remettre une déclaration d'intérêts, de ne pas le faire, ou de ne pas l'adresser, ou encore d'omettre de déclarer une partie substantielle de ses intérêts. Les peines auxquelles sont exposées leurs auteurs sont une peine d'emprisonnement de trois ans et une amende de 45 000 euros d'amende[1230]. Il faut toutefois réserver le cas où une procédure disciplinaire est engagée, la Commission nationale de discipline et le ministre de la Justice pouvant obtenir communication de la déclaration d'intérêts[1231].

Au-delà de la prévention du conflit d'intérêts, la jurisprudence ne manque pas de rappeler que lorsqu'un tel conflit est latent, le tribunal saisi ne doit plus prendre en charge le dossier litigieux. Ainsi en a décidé une Cour d'appel[1232] dans un cas où une assignation en redressement judiciaire avait été délivrée par une société dont le dirigeant était juge consulaire : la délocalisation de la procédure était pleinement justifiée. Dans une autre affaire traitée par la même Cour d'appel[1233] quelques mois auparavant, c'est le greffier du tribunal de commerce qui avait indiqué au président de la juridiction consulaire qu'il souhaitait une délocalisation de la procédure collective d'une entreprise placée en liquidation judiciaire au motif qu'il était le bailleur de cette société ; là encore, cette situation pouvait constituer un risque de conflit d'intérêts pouvant nuire à l'impartialité des décisions à venir. La crainte légitime, au regard du contexte, pour le demandeur de ne pouvoir être jugé équitablement. De fait, la procédure de délocalisation concerne également les mesures

---

[1229] C. com., art. 722-21 et R. 722-24.

[1230] C. com., art. L. 722-21.-II.

[1231] Ibid.

[1232] Douai, 19 juillet 2018, n° 18/04050, *D.* 2018, 1645.

[1233] CA Douai, ord. 1er prés., 4 déc. 2018, n° 18/06421, note C. Delattre, *BJE* mars 2019, n° 116v0, p. 62.

préventives que sont le mandat ad hoc et la conciliation. La notion des intérêts en présence demeure sous le contrôle du premier président de la Cour d'appel et du premier président de la Cour de cassation.

Le collège de déontologie a aussi été appelé à se prononcer sur les conflits d'intérêts. Il a estimé que l'existence d'un tel cas de conflit relatif à la situation d'un juge consulaire devait s'apprécier de manière distincte pour chaque affaire, *in concreto*[1234]. La vocation de ce collège de déontologie n'est pas de donner des avis sur la conduite générale à adopter ; rien ne lui interdit pour autant d'appeler à une vigilance particulière compte tenu des liens pouvant exister entre un juge consulaire et les personnes mises en cause dans un litige dont ce juge aurait eu à connaître.

12. Tentative avortée de mise en œuvre d'une déclaration de situation patrimoniale pour les présidents des tribunaux de commerce. La nature du contentieux que traitent les juges consulaires peut les confronter à des risques de tentatives d'influence voire de corruption, notamment à l'occasion d'un contentieux commercial avec de lourds enjeux financiers, ou dans le cadre d'une procédure collective, pour le choix d'un éventuel repreneur. *La mise en place d'une déclaration de situation patrimoniale pour les chefs de Cour devait être étendue* aux présidents des tribunaux de commerce, dans les mêmes conditions et sous le contrôle de la Haute Autorité pour la transparence de la vie publique (HATVP). L'amendement présenté en ce sens par le Sénat n'a pas été suivi par l'ensemble des parlementaires. Mais il n'en demeure pas moins que le Conseil constitutionnel a censuré les dispositions de la loi organique du 8 août 2016 relative aux garanties statutaires, aux obligations déontologiques et au recrutement des magistrats ainsi qu'au Conseil supérieur de la magistrature et qui imposaient à certains magistrats *seulement* de remettre à la Haute autorité pour la transparence de la vie publique, une déclaration de leur situation patrimoniale[1235].

4. La faute disciplinaire

13. Les manquements d'un juge consulaire aux devoirs lié à sa fonction, à l'honneur, à la probité ou à la dignité constituent une faute disciplinaire[1236] qui peut l'exposer à un blâme, à l'interdiction d'être désigné dans des fonctions de juge unique pendant une durée maximale de cinq ans ou à une déchéance assortie de l'inéligibilité pour une durée maximale de dix ans[1237]. Au-delà de la sanction qui découle de ce type de comportement, ce qui est en jeu est à la fois l'exigence de détection des faits incriminés et les difficultés rencontrées pour y parvenir. Ne pas être doté des prérogatives nécessaires pour détecter

---

[1234] Collège de déontologie, avis n° 2018/1, 4 avril 2018, 2.

[1235] Cons. const., n° 2016-732 DC du 28 juillet 2016 et art. 7-3 du décret **n° 2017-713 du 2 mai 2017 relatif à la déclaration d'intérêts des magistrats de l'ordre judiciaire.**

[1236] C. com., art. L. 724-1.

[1237] C. com., art. L. 724-3.

ces manquements, *ès qualités* de justiciable, ne peut que conforter l'idée d'une certaine opacité dans le fonctionnement de la juridiction consulaire. En outre, le pouvoir disciplinaire qui a longtemps appartenu à une Commission nationale de discipline (CND), placée auprès de la Cour de cassation, limitait la saisine de cette commission par le garde des Sceaux, après audition de l'intéressé par le président de son tribunal. L'urgence consistait donc à réinvestir les parties impliquées dans l'instance consulaire, et l'autorité supérieure des juges consulaires, dans ce rôle de veilleur de « *probité, d'honneur et de dignité dans l'exercice de la fonction* ». La loi de modernisation de la justice prévoit tout d'abord que ce soient les justiciables appelés à soumettre leurs prétentions, qui peuvent estimer à l'occasion d'une procédure judiciaire les concernant, que le comportement adopté par le juge d'un tribunal de commerce dans l'exercice de ses fonctions, est susceptible de recevoir une qualification disciplinaire. Ils peuvent alors saisir la Commission nationale de discipline des juges des tribunaux de commerce mais cette saisine ne constitue pas une cause de récusation du magistrat[1238].

14. La recevabilité de la plainte et son traitement relèvent de la compétence d'une commission d'admission des requêtes composée de deux membres de la Commission nationale de discipline, l'un magistrat professionnel et l'autre, juge au sein d'un tribunal de commerce. Ils sont désignés chaque année par le président de la Commission nationale de discipline. Pour être déclarée recevable, la plainte ne peut être dirigée contre un juge d'un tribunal de commerce qui demeure saisi de la procédure, et elle ne peut être présentée après l'expiration d'un délai d'un an à compter d'une décision irrévocable mettant fin à la procédure engagée. Elle doit contenir l'indication détaillée des faits et griefs allégués, être signée par le justiciable qui indique son identité, son adresse ainsi que les éléments permettant d'identifier la procédure en cause. Lorsque la commission d'admission des requêtes de la Commission nationale de discipline déclare la plainte recevable, elle en informe le juge mis en cause.

15. La loi n° 2016-1547 du 18 novembre 2016 a aussi précisé les conditions dans lesquelles le premier président de la Cour d'appel peut donner un avertissement à un juge consulaire, en dehors de toute action disciplinaire. Le premier président doit préalablement solliciter l'avis non seulement du président du tribunal de commerce, mais aussi du procureur de la République, car celui-ci intervient devant le tribunal de commerce dans différents cas de figure et doit connaître ses membres. En outre, elle a prévu que le procureur général près la Cour d'appel, autorité hiérarchique du procureur de la République, pouvait également saisir aux fins d'avertissement le premier président de la Cour d'appel. L'intérêt réside également dans le fait que ces autorités ont la mission générale de veiller au bon fonctionnement de la justice dans leur ressort.

[1238] C. com., art. L. 724-3-3.

B. Transparence et renforcement de la déontologie des juges consulaires

L'exercice de la fonction de juge consulaire offre des points de comparaison avec le statut de magistrats professionnels. Quels que soient le mode de recrutement et les fonctions exercées, rendre la justice assujettit leurs auteurs à des obligations déontologiques qu'il convient de renforcer pour les juges consulaires (1) tout en assurant la bonne application de ces principes (2).

1. Le renforcement des obligations déontologiques plus complètes et précises

16. L'idée « d'institutionnaliser » la déontologie des juges consulaires n'est pas récente. Un projet de loi voté par l'Assemblée nationale le 28 mars 2001 avait créé un Conseil national des **juges** élus des tribunaux de commerce chargé de veiller au respect des règles déontologiques, mais il a finalement été abandonné par le Sénat. En 2003, l'idée a été reprise par la Conférence générale des tribunaux de commerce, et au congrès national des tribunaux de commerce, le garde des Sceaux affichait clairement sa volonté de refondre la carte judiciaire, d'améliorer la **déontologie** et l'efficacité des **juges** en instituant un Conseil national des tribunaux de commerce[1239]. D'autres groupes de travail ont été institués et le décret n° 2005-1201 du 23 septembre 2005 portant création du Conseil national des tribunaux de commerce prévoyait dans quelles conditions le ministre de la Justice pouvait consulter le conseil, notamment pour les questions relatives à la formation et à la déontologie des juges des tribunaux de commerce[1240]. Par la suite, le décret n° 2016-514 du 26 avril 2016 relatif à l'organisation judiciaire, aux modes alternatifs de résolution des litiges et à la déontologie des juges consulaires, a inséré dans le Code de commerce un article R. 721-11-1 qui confie au Conseil national des tribunaux de commerce (CNTC) la mission d'élaborer un recueil des obligations déontologiques des tribunaux de commerce, lequel doit être rendu public[1241].

17. Le document, préparé et finalisé par les membres de la commission déontologie du CNTC, a été validé le 5 février 2018 lors de l'assemblée générale du Conseil. Dans son recueil des obligations déontologiques du juge

---

[1239] Rapport au garde des Sceaux sur le projet de création du Conseil national des tribunaux de commerce, Inspection générale des services judiciaires et Direction des services judiciaires, juill. 2004, Annexes ; disponible sur www.justice.gouv.fr

[1240] Texte abrogé par le décret n° 2007-431 du 25 mars 2007 relatif à la partie réglementaire du Code de commerce. L'arrêté du 14 janvier 2009, relatif à la partie « Arrêtés du Code de commerce », abroge l'arrêté du 27 septembre 2005 portant application du décret n° 2005-1201 du 23 septembre 2005 portant création du Conseil national des tribunaux de commerce, il introduit dans le Code du commerce, les articles A 721-1 à A-721-10 du Code de commerce relatif au Conseil national des tribunaux de commerce.

[1241] B. Mallet-Bricout, « Déontologie, morale et droit : un triptyque revivifié », *RTD civ.*, 2016., 694.

du tribunal de commerce, le Conseil National des tribunaux de commerce[1242] rappelle l'importance des règles déontologiques pour les juges consulaires et les justiciables. Elles permettent en effet, comme le mentionne le recueil, de réguler les conduites en fournissant des règles concernant les comportements judiciaires adéquats, tout en clarifiant les dispositions légales de portée générale. Le respect des règles déontologiques est aussi un facteur essentiel de la justice en France. Les principes généraux applicables aux juridictions judiciaires, énoncés aux articles L. 111-1 à L. 111-12 du Code de l'organisation judiciaire, notamment les cas de récusation et l'obligation de déport, sont applicables aux tribunaux de commerce, en vertu de l'article L. 721-1 du Code de commerce. Les juges consulaires sont avant tout des juges même s'ils ne sont pas des magistrats professionnels, et à ce titre, considérer qu'ils *« doivent exercer leurs fonctions en toute indépendance, impartialité, dignité et probité et qu'ils doivent se comporter de façon à prévenir tout doute légitime à cet égard »*. Il a fallu attendre l'adoption de la loi n° 2016-1547 du 18 novembre 2016[1243] pour qu'il soit rappelé aux juges des tribunaux de commerce qu'ils exercent leurs fonctions en toute indépendance, dignité, impartialité, intégrité et probité et se comportent de façon à prévenir tout doute légitime à cet égard[1244]. En outre, sur initiative du Sénat qui s'est appuyé sur l'article 10 de **l'ordonnance n° 58-1270 du 22 décembre 1958 portant loi organique relative au statut de la magistrature, a été ajouté à l'article L. 722-18 du Code de commerce, le principe selon lequel** « *toute manifestation d'hostilité au principe ou à la forme du gouvernement de la République est interdite aux juges des tribunaux de commerce, de même que toute démonstration de nature politique incompatible avec la réserve que leur imposent leurs fonctions* » et pour interdire également, « *toute action concertée de nature à arrêter ou entraver le fonctionnement des juridictions* ».

La contrepartie à cette exigence légale et déontologique a été prévue en faveur des juges consulaires. Ils sont en effet protégés contre les menaces et attaques, de quelque nature que ce soit, dont ils peuvent faire l'objet dans l'exercice ou à l'occasion de leurs fonctions. L'État est tenu de réparer le préjudice direct qui en résulte[1245].

2. La bonne application des principes déontologiques

18. Le législateur s'est intéressé à la déontologie des juges consulaires en prévoyant des instances en déontologie pour les juges des tribunaux de

[1242] Conseil national des tribunaux de commerce, *Recueil des obligations déontologiques du juge du tribunal de commerce*, éd. 2018.
[1243] Article 95 de la loi **de modernisation de la justice du XXIe siècle (*JO* du 19 nov.).**
[1244] C. Com., art. L. 722-18.
[1245] C. Com., art. L. 722-19.

commerce[1246]. C'est un collège de déontologie[1247] placé auprès du Conseil national des tribunaux de commerce qui est chargé de favoriser la bonne application des principes déontologiques inhérents à l'exercice des fonctions des juges des tribunaux de commerce. Il lui appartient de donner des avis sur toute question déontologique concernant personnellement un juge d'un tribunal de commerce, sur saisine de celui-ci, des présidents des tribunaux de commerce ou des premiers présidents des cours d'appel, et d'émettre des recommandations de nature à éclairer les juges des tribunaux de commerce sur les obligations déontologiques et les bonnes pratiques qui s'appliquent à eux dans l'exercice de leurs activités. L'importance de la déontologie et les obligations qu'elle génère justifient que soient rendus publics, sous forme anonyme, les avis et recommandations que ce collège estime de nature à éclairer l'ensemble des juges des tribunaux de commerce.

II. Transparence et traitement du contentieux par les juridictions consulaires

19. La loyauté à l'égard des parties au procès implique la transparence absolue, qu'il s'agisse de préparer la future décision, ou de s'attacher à son contenu. Quoi qu'il en soit, cette exigence procédurale suppose le respect sans restriction de l'égalité des justiciables devant le magistrat. La transparence et l'égalité entre les parties au procès vont de pair avec le principe de la contradiction sur l'ensemble des moyens pris en considération pour trancher le conflit et sur l'obligation de motiver clairement la décision prise[1248].

Dans la diversité des contentieux traités par les tribunaux de commerce, les procédures collectives relèvent d'un enjeu crucial tant les intérêts sont multiples et en la matière, la juridiction consulaire souffrant par ailleurs d'un déficit d'image. Il semble qu'on attribue à ces juges non professionnels[1249] d'avoir imaginé les liquidations judiciaires à côté des faillites, de privilégier la clôture de la procédure pour défaut d'intérêt de la masse des créanciers, de limiter la durée des sanctions applicables aux dirigeants sociaux, ou encore d'accorder des délais de grâce aux débiteurs d'effets de commerce. Le législateur tente de gommer cet état de fait en soulignant l'importance de l'exigence de transparence tant pour les juges consulaires (A) que pour le

---

[1246] **Décret n° 2016-514 du 26 avril 2016 relatif à l'organisation judiciaire, aux modes alternatifs de résolution des litiges et à la déontologie des juges consulaires**, *JO* du 28 avr.

[1247] Le collège de déontologie est composé d'un magistrat de l'ordre judiciaire et de deux juges des tribunaux de commerce. Le magistrat est nommé par un arrêté du garde des Sceaux, ministre de la Justice. Les juges des tribunaux de commerce sont élus par l'assemblée générale du Conseil national des tribunaux de commerce parmi ses membres. Le président du collège est nommé par l'assemblée générale du conseil national. La durée du mandat des membres du collège de déontologie est de deux ans renouvelable une fois. (C. com., art. R. 721-21).

[1248] Allocution de B. Louvel, ENM, 2019.

[1249] **J. Raibaut et J. Krynen, *La légitimité des juges* (IVe partie. Des magistrats non professionnels) PU Toulouse 1, 2004.**

parquet dont le rôle doit être mis en lumière (B), dans les situations donnant lieu à une procédure collective.

A. L'exigence de transparence pour les juges consulaires dans le traitement des entreprises en difficulté

20. La configuration particulière des tribunaux de commerce, composés de dirigeants sociaux et de commerçants, laisse présager un risque de promiscuité entre les juges en charge d'un dossier porté à la connaissance de la juridiction consulaire, et le justiciable confronté à l'attente d'une décision juridictionnelle en sa faveur. Le risque est particulièrement élevé dans le champ des entreprises en difficulté. L'impartialité de certains tribunaux de commerce a été desservie par des affaires comme le redressement judiciaire du célèbre volailler (Doux). Le tribunal de commerce de Quimper, chargé de trancher sur l'avenir du groupe en difficulté, comptait en effet pas moins de sept juges en conflit. La proximité géographique et sociologique peut jeter un trouble sur l'impartialité de leurs décisions et il est donc de l'intérêt du législateur d'être le garant, à travers la règle de droit, de la connaissance nominative des juges susceptibles de connaître le débiteur défaillant, tout en étant en charge du dossier litigieux.

Il appartient au président du tribunal de commerce de s'assurer de la nature des liens éventuels entre les juges de sa juridiction, et les parties, débiteur et créancier(s), et cela depuis l'instant où la juridiction consulaire est saisie d'une demande tendant à faire constater l'état de cessation de paiement du débiteur. Cette vigilance est nécessaire lors de l'instruction des affaires fixées au rôle de la chambre du conseil, ou de la chambre du contentieux. La modification de la formation de jugement, comme le report d'audience pour l'affaire litigieuse, autorisent à penser que le piège du conflit d'intérêts entre juge et parties est écarté. La difficulté supplémentaire réside dans le fait que le risque de conflits d'intérêts pourrait a priori être exclu si le juge consulaire incriminé ne fait pas partie de la formation de jugement. Mais ce risque, aussi minime soit-il, peut exister à l'initiative des juges eux-mêmes qui peuvent se déporter ou être récusés dans les conditions posées par le Code de procédure civile, appelant ainsi à la formation de jugement, des juges consulaires qui n'y participaient pas à l'origine. La même difficulté se présenterait avec la présentation de toute demande liée à la situation juridique du débiteur. L'aléa existe, mais ce sont bien nos règles procédurales tout comme les règles déontologiques qui s'imposent au débiteur qui sont les garantes d'une transparence au service de la prévention des risques de conflit d'intérêts.

La situation est bien différente lorsque des juges élus, désignés pour siéger à des audiences s'abstiendraient d'y participer, avec comme conséquence que toutes les audiences au fond tenues au tribunal de commerce, le seraient sans la présence de juges consulaires, et relèveraient uniquement du juge unique qui se trouve être, au sein du tribunal mixe de commerce, un juge professionnel. Appelé à se prononcer sur la question, le collège de déontologie a pu estimer qu'une telle pratique sans être illégale, puisqu'elle trouve un fondement avec l'article 871 du Code de procédure civile, est de nature à paraître comme contraire à une bonne pratique de la justice consulaire dès lors qu'elle revêt un caractère systématique pour toutes les audiences de fond[1250].

21. Cette impartialité sera d'autant moins remise en cause qu'il s'agit d'éviter toute contrepartie directe ou indirecte à la fonction bénévole de juge consulaire. La question est particulièrement sensible dans le champ des procédures collectives. L'acquisition directe ou indirecte par un juge consulaire de biens dépendant d'une procédure collective à laquelle il a participé, est sanctionnée pénalement et civilement[1251]. Dans un domaine où les risques sont réels, et où l'exigence de transparence présente incontestablement un atout, les obligations doivent être renforcées. L'obligation faite au juge consulaire de faire connaître son intérêt à racheter tout ou partie d'une entreprise en informant le parquet et le président du tribunal, alors même qu'il n'aurait participé à aucun titre à la procédure est de nature à clarifier non seulement son rôle, mais son absence d'intervention dans la procédure ouverte à l'encontre du débiteur défaillant. D'une manière plus générale, ce sont les contreparties de la fonction consulaire qui constituent les garde-fous à l'exigence d'impartialité requise non seulement dans le cadre procédural mais en dehors de la sphère de la juridiction consulaire. Ainsi, l'interdiction faite aux juges consulaires d'exercer des fonctions de gestion, de direction, d'administration ou de surveillance d'une entreprise dont il a eu à connaître dans le cadre d'une procédure collective, pendant un certain délai après la cessation des fonctions, est motivée par les mêmes nécessités. Cette interdiction concerne également l'acquisition des biens, objets d'une procédure collective, mais aussi le fait d'exercer, après la cessation des fonctions et pendant un délai à déterminer, les activités d'expert judiciaire, de commissaire à l'exécution du plan, de mandataire *ad hoc*. Mme Saint-Alary-Houin[1252] rappelle comment au sein des juridictions les plus importantes ont été créées des **chambres de prévention** auprès desquelles les chefs d'entreprise en difficulté peuvent trouver des solutions aux problèmes économiques qu'ils rencontrent, et sous le couvert de la confidentialité. Dans la même série d'idée, la désignation de mandataires *ad hoc* qui ont pour mission de diagnostiquer les causes de la défaillance et de préconiser des remèdes aux entreprises en difficulté conduit le juge consulaire à devenir un interlocuteur privilégié du chef des entreprises en difficulté.

1250 Collège de déontologie, « Recommandation n° 2019/1, 9 avril 2019 », *Dalloz act.*, 17 mai 2019.

1251 C. Civ., art. 1597.

1252 C. Saint-Alary-Houin, « Les juges non professionnels », in *La légitimité des juridictions consulaires*, *op. cit.*, p. 175-183.

B. La contribution du ministère public à la mise en œuvre de la transparence au sein des juridictions consulaires

22. La création d'un ministère public auprès des tribunaux de commerce est une idée ancienne, puisqu'on peut la faire remonter à 1700 et qu'elle figurait dans les cahiers de doléances de 1789[1253]. Mais durant de nombreuses années, le parquet n'était pas représenté devant les juridictions consulaires. C'est la loi du 10 juillet 1970 qui a prévu qu'il puisse exercer ses fonctions devant les juridictions du tribunal de commerce qui fonctionnent dans le ressort du TGI[1254]. Le procureur de la République près le tribunal de grande instance dans le ressort duquel se trouve le tribunal de commerce exerce le ministère public devant cette dernière juridiction[1255] et il est représenté devant le tribunal de commerce par le procureur de la République et ses substituts[1256]. Les décrets des 20 juillet et 28 août 1972 l'autorisent à agir devant les tribunaux de commerce pour la défense de l'ordre public mais c'est la loi du 25 janvier 1985 sur le redressement et la liquidation judiciaires des entreprises qui consacre le rôle du parquet dans la procédure collective. Le contentieux commercial n'échappe plus à la connaissance des services du parquet même si la loi conforte son intervention dans le cadre de missions bien spécifiques. Dans le champ des procédures collectives, le procureur de la République occupe une place fondamentale. Il est un organe de la procédure collective. La loi prévoit qu'il soit informé de chacune de ses situations. Il dispose de pouvoirs spéciaux pour prévenir et traiter de ces difficultés et il peut faire appel de certaines décisions dans les conditions prévues par la loi[1257]. De manière générale, le domaine de la communication légale concerne les affaires qui relèvent de la compétence du tribunal de la faillite, c'est-à-dire celles qui mettent en jeu les règles propres au droit des procédures collectives[1258], ou celles sur lesquelles les règles propres des procédures collectives exercent une influence[1259]. À l'inverse, la communication ne s'impose pas pour des litiges portant sur l'existence d'une créance, son montant ou son caractère privilégié, dans le cadre de la vérification collective des créances[1260]. La participation du

---

[1253] P. Menuisier, *op. cit.*, 75.
[1254] C. com., art. R. 722-5.
[1255] COJ, art. L. 122-2.
[1256] C. com., art. R. 722-5 – COJ, art. L. 122-2 et R. 311-34 à R. 311-37.
[1257] Rôle renforcé depuis la loi n° 81-927 du 15 octobre 1981 et le décret n° 82-327 du 9 avril 1982.
[1258] Com. 1er oct. 1991, n° 88-14.692, *Bull. civ. IV*, n° 275.
[1259] Com. 11 janv. 1994, n° 91-20.847, *Bull. civ. IV*, n° 20. ; V ; aussi, M.-A. Lafortune, « Le **ministère public** et l'**entreprise** en **difficulté** », *LPA* 12 janv. 1994, p. 20. ; P. Cagnoletti, Rép. Dalloz « Sociétés », « Entreprises en difficultés, procédures et organes » act. 2019 ; B. Soinne, « L'intervention du ministère public dans les procédures collectives de redressement et de liquidation », *D. 1983, chron. 11.*
[1260] Com. 4 févr. 1986, n° 85-11.521, *Bull. civ.* IV, n° 4, Soc. 25 janv. 1989, n° 86-40.705 et n° 86-41.325, *ibid.* V, n° 61.

ministère public aux procédures concernant les entreprises en difficulté témoigne d'un équilibre nécessaire, sur le terrain juridictionnel, entre les juges consulaires qui ont une bonne connaissance du monde de l'entreprise et le parquet, qui tout en apportant son expertise juridique, est également investi de son rôle de gardien de l'ordre public économique et du respect du principe d'impartialité. C'est bien son intervention qui a été de nature à mettre un terme à une situation qualifiée d'anormale par le président de la Cour d'appel de Rennes, dans une décision rendue aux fins de délocalisation d'une procédure collective alors même que des manquements et des comportements inappropriés étaient constatés au regard des principes déontologiques, du principe d'impartialité et de la question du conflit d'intérêts. En l'espèce, une société était visée par une procédure de redressement judiciaire et trois actionnaires minoritaires étaient juges consulaires au sein du tribunal de la procédure collective. Pour éviter le doute, la suspicion sur l'ensemble de la juridiction et les décisions à venir, le renvoi de l'affaire devant une autre juridiction compétente dans le ressort de la Cour s'imposait[1261]. L'impartialité objective est la seule ligne de conduite attendue[1262]. L'intervention du parquet est donc de nature à garantir une sécurité juridique plus forte : la préservation du tissu économique et de l'emploi n'est pas réalisée au mépris de la règle de droit. L'écoute accordée aux dirigeants, la lecture d'un bilan comptable, la mise en valeur des atouts de l'entreprise et l'analyse objective de la situation financière sont autant d'éléments nécessaires à une connaissance aussi objective que possible de la situation. Le décret n° 2014-695 du 25 juin 2014 a renforcé le rôle du ministère public. Sa présence est justifiée à différentes étapes de la procédure, qu'il s'agisse pour le parquet d'être informé par une note du président du tribunal de commerce, ou d'agir à la place du débiteur dans les conditions prévues par la loi, comme le fait de déclencher l'ouverture d'une procédure collective face aux difficultés irrémédiablement compromises de l'entreprise. Tant du côté des juges consulaires que des justiciables, cette intervention du parquet est appréciée et met en exergue la contradiction nécessaire à l'exigence de transparence dans le traitement de ces dossiers, y compris sur le terrain pénal. L'audience peut faciliter le repérage par le parquet des infractions commises par le dirigeant comme, par exemple, un abus de bien social ou encore un comportement frauduleux. Le ministère public exerce également une mission de surveillance des mandataires de justice[1263] et il contrôle aussi l'activité du greffier du tribunal de commerce, et leurs émoluments. À l'égard de ce dernier, il peut aussi être amené à intervenir dans le cadre de la procédure disciplinaire[1264].

1261 C. com, art. L. 662-2 et R662-7.

1262 C. Delattre, « Justice consulaire et impartialité objective » note sous CA Rennes, ord. 1er prés., 19 mars 2019, RG, n° 2019/00545/A515, *JCP E*, 2019, 1192, p. 25.

1263 C. com., art. L. 811-11.

1264 C. com., art. R. 743-22 et s.

Au début du XXIe siècle, la présence du parquet auprès des tribunaux de commerce est acquise en son principe, requise par l'ensemble des juges consulaires, mais, encore trop peu réalisée dans le traitement quotidien des affaires, car le parquet n'a pas été doté des effectifs suffisants pour assurer une présence efficace auprès de tous les tribunaux de commerce.

Conclusion

23. Au fil de l'histoire, la juridiction consulaire a été sans cesse menacée et elle a toujours triomphé de ses détracteurs. La légitimité des tribunaux de commerce réside avant tout dans la compétence de ses juges mais également dans les exigences de transparence relatives à l'organisation et au fonctionnement de la juridiction, et aux principes qui régissent le quotidien du juge consulaire. La transparence ne manquera pas de se poser aussi pour ce qui relève de la diffusion des décisions de justice rendues, y compris en matière commerciale. Un accès facilité aux décisions de justice doit contribuer au renforcement de la confiance des citoyens en leur justice et elle est aussi nécessaire au principe d'effectivité de la publicité de la justice[1265]. Cette responsabilité inclut celle de procéder, en lien avec la Commission nationale de l'informatique et des libertés, à l'analyse du risque associé à la diffusion de ces décisions. Il s'agit de prendre toutes mesures appropriées pour concilier, les finalités poursuivies (l'accès à la connaissance) avec la protection des droits des personnes. La question de la transparence se pose déjà à l'heure actuelle pour les traitements algorithmiques, qu'ils soient développés ou non à des fins de justice « prédictive » dans la mesure où, selon L. Cadiet, les outils de justice « prédictive » ne restituent pas, en l'état, le raisonnement juridique, et de fait, les solutions développées n'offrent pas de fiabilité satisfaisante. Mais le Conseil constitutionnel a encore validé, à une réserve technique près, la publicité des décisions de justice prévue par les dispositions de la loi n° 2016-1321 sur le numérique, votée en 2016, et de l'*open data*. Les tiers ne pourront donc pas exploiter le nom des magistrats à des fins de profilage[1266].

[1265] L. Cadiet, L'open data des décisions de justice – Mission d'étude et de préfiguration sur l'ouverture au public des décisions de justice, ministère de la Justice, janvier 2018, p. 23.
[1266] Cons. const. 21 mars 2019, décis. n° 2019-778 DC.

La transparence dans la pratique décisionnelle de la Cour de cassation

Cathie-Sophie PINAT
Maître de conférences à l'Université de Lyon (Lumière)

« Qui veut pouvoir tout ne doit pas tout oser »[1267].

1. Climat de réforme à la Cour de cassation – Depuis quelques années, encouragée par un président audacieux, la Cour de cassation s'est engagée dans un mouvement de réformes qui attire l'attention d'une grande partie de la doctrine. Certains se réjouissent de ces récentes évolutions, convaincus que la pratique de la Cour était anachronique et contre-productive. D'autres pensent au contraire que, ce faisant, la juridiction se soumet devant les sirènes d'une modernité dont les nouveaux schèmes n'ont pas démontré leur supériorité. Tous admettent néanmoins que la Cour de cassation n'a pas réussi, malgré des réformes en ce sens, a endigué le flux des pourvois traitant chaque année plus de 30 000 recours[1268] et qu'elle est au demeurant amenée à dialoguer avec des juridictions dont les pratiques décisionnelles sont très différentes. Qu'il s'agisse de la Cour de justice de l'Union européenne, à travers le mécanisme des questions préjudicielles ou encore de la Cour européenne des droits de l'homme, à travers le mécanisme de réexamen d'un pourvoi et tout récemment de la procédure de demande d'avis[1269], la Cour de cassation évolue désormais de concert avec d'autres institutions juridictionnelles qui font preuve davantage de transparence dans leur pratique décisionnelle. C'est pour répondre à ces deux préoccupations, une meilleure sélection des pourvois et une plus grande accessibilité de la motivation de ses arrêts que la Cour a initié une importante réflexion, associant professionnels et universitaires, dès 2015[1270]. Il y aurait beaucoup à dire sur le premier sujet, qui interroge sur le rôle à donner à la Haute juridiction puisque celle-ci pourrait bien être amenée à choisir elle-même les pourvois en fonction de la nouveauté et de la difficulté de la question posée. Sa puissance normative

---

1267 P. Corneille, *Don Sanche d'Aragon, comédie héroïque*, 1649, Acte II, scène première, rééd., Paris, Ch. Degrave, 1896.

1268 Là où son homonyme, le Conseil d'État, en reçoit dix fois moins.

1269 V. Ass. plén., 5 oct. 2018, n° 10-19.053, P. Deumier, H. Fulchiron, « *Première demande d'avis de la CEDH, vers une jurisprudence augmentée ?* », D. 2019, p. 228 et s.

1270 V. les actes de la conférence du 24 nov. 2015, « Regards d'universitaires sur la réforme de la Cour de cassation », *JCP G.*, supplément aux n°s 1-2, 11 janvier 2016.

serait alors encore plus visible même si quoi qu'en disent ceux qui sont attachés à une idéologie légaliste ce pouvoir créateur n'a pour limites que celles posées par le débat en cassation depuis la suppression du référé législatif. Mais c'est le deuxième sujet qui nous occupera dans cette étude.

2. La transparence, un enjeu contemporain – Dans un climat de crise des légitimités, la transparence est devenue une réponse politique appropriée, un garde-fou contre des systèmes taxés d'opacité. D'ailleurs, on ne compte plus les lois affichant la transparence comme objectif prioritaire[1271]. Définie comme « *la qualité de ce qui est facilement compréhensible, intelligible* », la transparence est un outil permettant au citoyen ou au justiciable de comprendre les choix du législateur ou du juge. La justice, « *en tant qu'elle est un service public, donc placée au service du public, justice se doit elle aussi de fonctionner de manière transparente. Investi du pouvoir de trancher les litiges et de dire le droit, le juge est, dans un régime démocratique, tenu de rendre compte de la manière dont il use de ce pouvoir à travers la motivation* »[1272]. Ce devoir de transparence est prévu par la loi[1273] mais s'est considérablement intensifié sous l'influence de la jurisprudence de la Cour européenne des droits de l'homme[1274]. Le juge doit proposer une motivation qui permette à son destinataire de comprendre les raisons qui ont guidé son interprétation. La nécessité de faire évoluer la motivation de la Cour de cassation est ainsi devenue une préoccupation majeure de la politique institutionnelle de la Cour de cassation. Cette préoccupation est d'autant plus légitime qu'elle trouve une assise théorique solide dans le dépassement du modèle légaliste.

3. La transparence et le dépassement du modèle légaliste – La conception légaliste de l'activité décisionnelle de la Cour de cassation est une héritière de la Révolution française, c'est-à-dire d'une époque où l'on nourrissait l'espoir d'un législateur tout-puissant à même d'éviter une intervention trop importante de l'organe judiciaire. L'œuvre législative y est en effet considérable, c'est le temps des grandes codifications qui font de la France un modèle pour de nombreux autres pays. Parallèlement, et presque conséquemment, se développe une méfiance à l'égard du système judiciaire. L'interdiction des arrêts de règlement, encore prévue aujourd'hui à l'article 5

1271 En 5 ans, et uniquement pour ce qui est des lois, 6 textes sont entrés en vigueur et contiennent dans leurs titres, le mot transparence (statistique obtenue à partir d'une recherche sur le site Légifrance), v. par ex. la loi n° 2013-907 du 11 octobre 2013 relative à la transparence de la vie publique ou la loi °2016-1691 du 9 décembre 2016 relative à la transparence, à la lutte contre la corruption et à la modernisation de la vie économique.

1272 S. Gjidara, « La motivation des décisions de justice : impératifs anciens et exigences nouvelles », *LPA*, 26 mai 2004, n° 105, p. 3 et s., en part. n° 56.

1273 Art. 455 du Code de procédure civile et art. 485 du Code de procédure pénale.

1274 V. not. à propos d'un revirement de jurisprudence : CEDH, 30 août 2011, Boumaraf c./ France, n° 32820/08 : « *la juridiction suprême a l'obligation de donner des raisons substantielles pour expliquer son revirement de jurisprudence, sauf à violer les droits du justiciable d'obtenir une décision suffisamment motivée* ».

du Code civil, associé au mécanisme du référé législatif obligeant les magistrats à s'adresser au législateur *« toutes les fois qu'ils croiront nécessaire, soit d'interpréter une loi, soit d'en faire une nouvelle »*[1275] sont des exemples particulièrement révélateurs du rôle que l'on a tenté d'assigner au juge. La mission savante d'exploration et de compréhension de l'œuvre législative que s'attribue alors la doctrine, et en particulier l'École de l'Exégèse[1276] va se répercuter sur la perception de la jurisprudence. Pour les auteurs se réclamant de ce mouvement, le juge doit honorer la loi et l'appliquer avec déférence. Mourlon écrivait qu'*« un bon magistrat humilie sa raison devant celle de la loi : car il est institué pour juger selon elle, et non pour la juger »*[1277]. Cette prescription n'est pas sans effet sur la construction des méthodes rédactionnelles de la Cour de cassation qui a très rapidement paré sa motivation du voile syllogistique[1278]. Elle agit alors comme un organe d'application mécanique de la loi, en visant la règle législative sur la base de laquelle elle propose une motivation. Pourtant, depuis l'abandon du référé législatif[1279] et face à des situations contentieuses inédites, la Cour de cassation

[1275] La procédure du « *référé législatif* » a été initiée en 1667 (art. 7 et 8, Titre I de l'Ordonnance de 1667 *in* Isambert, *Recueil général des anciennes lois françaises, depuis l'an 40 jusqu'à la Révolution de 1789*, t. XVIII, p. 165-166 : « *Si dans les jugements des procès qui seront pendant en nos cours, il survient aucun doute ou difficulté sur l'exécution de nos Ordonnances, Édits, Déclarations et lettres patentes, Nous leur défendons de les interpréter, mais nous voulons qu'en ce cas, elles aillent se retirer par-devers Nous, pour apprendre ce qui sera de notre attention* »). Sa méconnaissance était sanctionnée par la nullité de la décision et la condamnation des juges l'ayant prononcée au versement de dommages-intérêts. Elle a été réhabilitée par l'article 12 du Titre II de la loi des 16-24 août 1790 *sur l'organisation judiciaire :* Les tribunaux « *ne pourront point faire de règlement, mais ils s'adresseront au Corps législatif toutes les fois qu'ils croiront nécessaire, soit d'interpréter une loi, soit d'en faire une nouvelle* », *in* J.-B. Duvergier, *Collection complète des Lois, Décrets, Ordonnances, Règlements, avis du Conseil d'État*, tome 1, A. Guyot et Scribe, 1834, p. 311.

[1276] Ce culte de la loi se retrouve dans des formules particulièrement évocatrices comme celle de Bugnet : « *Je ne connais pas le droit civil, je n'enseigne que le Code Napoléon* ». V. égal. Ch. Demolombe, *Cours de Code Napoléon*, t. I, Paris, Imprimerie générale, A. Lahure Éditeur, 1880, p. 136 : La doctrine doit « *expliquer la loi ;* élucider *le sens exact et véritable de la loi. Interpréter ce n'est pas changer, modifier, innover ; c'est déclarer, c'est reconnaître.* […] *il faut qu'elle* [l'interprétation] *n'ait pas la prétention d'avoir* inventé ».

[1277] F. Mourlon, *Répétitions écrites sur le premier examen du Code Napoléon*, t. I, 8e éd., Paris, A. Marescq Aîné, Libraire-Éditeur, 1869, p. 58.

[1278] Sur ce point, v. F. Malhiere, *La brièveté des décisions de justice (Conseil constitutionnel, Conseil d'État, Cour de cassation)*, Paris, Dalloz. L'auteure démontre que la Cour de cassation a mobilisé des motivations plus longues notamment lorsqu'elle risquait une intrusion du pouvoir législatif avec le référé législatif mais qu'elle a ensuite, et sans interruption, opté pour des motifs de type déclaratoire.

[1279] Le Tribunal de cassation interprète d'abord la loi de 1790 comme interdisant aux juges du fond d'en faire usage, et la loi du 1er avril 1837 (art. 1er et s.) abroge ensuite le recours au référé au stade de la cassation et institue pour remplacer ce mécanisme les Chambres réunies, ancêtre de l'Assemblée plénière. V. sur ce point l'étude très complète de Y.-L. Hufteau, *Le référé législatif, les pouvoirs du juge dans le silence de la loi*, Thèse, Paris, PUF, 1965, spéc. p. 131 et sa conclusion p. 145 : à partir de 1838, la « *Cour de cassation recevait la plénitude du*

n'a pas eu d'autre possibilité que de créer des règles dont les liens avec les textes ou les principes sur lesquels elle prétend se fonder sont plus ou moins étroits. Ainsi, dès 1900, Planiol observe qu'*« on n'a pas pu s'en tenir à la servile application des textes par voie déductive et que la jurisprudence et la doctrine ont été entraînées, malgré elles, dans une voie d'activité créatrice »*[1280]. Cette activité de création ne s'est pourtant pas accompagnée d'une motivation plus étoffée des décisions ou d'une remise en cause du modèle doctrinal légaliste[1281]. Encore aujourd'hui, la motivation des décisions reste lapidaire, concise et insatisfaisante car incomplète. La Cour de cassation continue de viser, systématiquement dans ses arrêts de cassation et régulièrement dans ses arrêts de rejet, des textes ou des principes qui fonderaient sa motivation sans y adjoindre la jurisprudence venue les enrichir. L'article 1134 alinéa 3, devenu l'article 1104 du Code civil, qui disposait que les conventions « *doivent être exécutées de bonne foi* » s'est à cet égard trouvé être bien malgré lui la justification textuelle à de nombreuses règles de droit nouvelles. De même, en l'absence de textes pouvant être utilement invoqués au soutien d'une motivation novatrice, la Cour de cassation a développé la pratique de l'énoncé de principes lesquels peuvent même être, pour reprendre ses termes, préexistants à la loi[1282]. Qu'importe que les attentes des juristes aient été maintes fois surprises par des créations et des revirements audacieux, qu'importe également que le justiciable peine à comprendre le lien qui existe entre les fondements textuels et la motivation d'un arrêt, qu'importe enfin que la doctrine se divise même lorsqu'il s'agit d'interpréter les interprétations de la Cour de cassation[1283], seule compte la préservation d'un raisonnement apparemment fondé sur la loi. Il en résulte des décisions laconiques, débarrassées du contexte jurisprudentiel susceptible de les expliquer. Selon Bertrand Louvel, l'actuel Premier président de la Haute juridiction, « *la Cour de cassation, habituée aux formules lapidaires du légalisme, est restée, de l'avis de beaucoup de commentateurs, dans le mode de l'affirmation, disant le droit plus qu'elle ne le justifie en expliquant la légitimité des solutions qui en découlent. La Cour est ainsi logiquement soumise à une demande de motivation plus développée des arrêts et des avis qu'elle rend ».* C'est en

---

pouvoir d'unifier la jurisprudence, le pouvoir créateur de la jurisprudence se trouvait en quelque manière, concentré et centralisé ».

[1280] M. Planiol, *Traité élémentaire de droit civil : conforme au programme officiel*, Paris, LGDJ, 1900, tome 1, p. 85.

[1281] V. sur ce point Ch. Jamin, « Le rendez-vous manqué des civilistes français avec le réalisme juridique. Un exercice de lecture comparée », *Droits, Revue française de théorie, de philosophie et de cultures juridiques*, PUF, 2011, p. 137-159.

[1282] Civ. 1re, 29 oct. 2014, n° 13-19.729, *Bull. civ.* I, n° 178, et le commentaire de D. Mainguy : « À propos d'un principe préexistant à une loi », *D.* 2015, p. 246 et s. La consultation du rapport révèle à cet égard que c'est une jurisprudence du Conseil d'État qui a probablement inspiré l'arrêt en cause.

[1283] D. Mainguy, « L'interprétation de l'interprétation – Variations normatives II », *JCP G.*, 2011, p. 603 et s., spéc. n° 1.

réponse à cette demande du justiciable et afin de s'affranchir de ce modèle légaliste que la Cour de cassation est désireuse de rendre plus transparente son activité décisionnelle.

4. Les techniques d'explicitation d'une décision – L'institution propose depuis plusieurs années maintenant différentes techniques d'explicitation de ses décisions. La plus ancienne de ses méthodes consiste à publier les travaux préparatoires aux arrêts. Cette publication a d'abord été laissée à la discrétion de la Cour puis s'est progressivement généralisée aux décisions rendues en formation extraordinaire. S'est ensuite développée une communication institutionnelle qui a permis à la juridiction de fournir aux lecteurs des éléments extérieurs à l'arrêt permettant de l'expliquer. Cette doctrine de la Cour de cassation épouse deux formes : le communiqué de presse et l'avis et se trouve réservée à des arrêts à fort retentissement. Parallèlement, la Cour de cassation annexe systématiquement à ses arrêts les moyens de l'auteur du pourvoi afin que le lecteur ait une compréhension des limites de la saisine de la Cour. Nous étudierons l'ensemble de ces outils qui participent à une transparence *« extra décisionnelle »* et qui ont vocation à être perfectionnés avec la mise en œuvre de la réforme[1284] **(I)**. D'autres techniques sont également à l'étude. Simplement expérimentées, elles pourraient permettre une explicitation de la décision par des éléments qui sont lui propres et devenir source d'une transparence *« intra décisionnelle »* **(II)**.

I. Le développement important de la transparence « extra décisionnelle »

5. La décision éclairée par la mise à disposition d'écritures antérieures à l'arrêt – De nombreux éléments extérieurs à la décision permettent de comprendre les cheminements interprétatifs du juge. Ces éléments sont depuis plusieurs années publiés sur le site internet de la Cour de cassation qui met à la disposition du public, tout en les maîtrisant, des informations utiles à la compréhension de ses décisions.

6. La publication systématique des moyens de cassation – Depuis 2008, La Cour de cassation rend accessibles les moyens de cassation soulevés à l'appui du pourvoi[1285]. Généralement présenté comme une raison de droit qui

---

[1284] Rapport de la Commission de réflexion sur la réforme de la Cour de cassation, avril 2017, www.courdecassation.fr

[1285] V. sur ce point, J.-F. Weber, « Comprendre un arrêt de la Cour de cassation rendu en matière civile », *Cycle droit et technique de cassation, BICC*, n° 702, 2009, p. 1 : « *Les moyens des pourvois auxquels répondent les arrêts, qui n'étaient publiés que dans les arrêts de rejet car ils font alors partie intégrante de l'arrêt, sont, depuis décembre 2008, accessibles sur Jurinet lorsqu'ils sont annexés à la décision. À travers le développement des sites intranet et internet de la Cour de cassation, de très nombreux documents relatifs aux arrêts rendus sont désormais accessibles en ligne* », v. en ce sens l'accès facilité aux moyens depuis quelques années sur le site *Légifrance* et *Lamyline*.

justifie la cassation de la décision déférée[1286], le moyen contient une interprétation législative concurrente de l'interprétation retenue par les juges du fond. Matériau d'étude souvent inexploité par les universitaires, le moyen de cassation constitue pourtant selon les praticiens un outil indispensable à la compréhension du « *sens et de la portée des arrêts de la Cour de cassation* »[1287]. Du point de vue de sa structuration, le moyen en cassation se présente en effet comme « *un arrêt rédigé à l'envers* »[1288]. Il commence avec la retranscription de la partie critiquée de la décision des juges du fond et se poursuit avec l'énoncé de la critique qui justifie la cassation. Or, dans la mesure où « *la Cour de cassation ne statue jamais que sur les questions qui lui sont soumises par le pourvoi* »[1289], l'étude des moyens de cassation apparaît incontournable pour comprendre la portée d'une décision. Un ancien magistrat à la Cour de cassation, M. Charruault précise à cet égard que « *c'est d'abord et avant tout le moyen qui donne naissance à la jurisprudence créatrice. On pourrait même soutenir que, finalement, tout arrêt innovant n'est jamais qu'un copier/coller, une contrefaçon de l'œuvre intellectuelle de l'avocat aux Conseils* »[1290].

7. Des évolutions nécessaires dans la rédaction des moyens de cassation – Si la publicité des moyens de cassation est utile à la compréhension des arrêts, le moyen de cassation s'expose aux mêmes critiques que celles formulées à l'encontre des décisions de la Cour de cassation : il manque de transparence quant à l'origine des solutions sur lesquelles il se fonde. Les moyens visent encore systématiquement la « loi », prise en son sens formel, sur laquelle ils prétendent s'appuyer alors même qu'ils proposent des solutions qui sont en réalité fondées non sur la législation, mais sur la jurisprudence antérieure au pourvoi[1291]. Afin d'échapper au grief d'irrecevabilité, le moyen doit effectivement viser le texte de loi ou le principe

---

[1286] V. par ex. : G. Cornu, *Vocabulaire juridique*, *op. cit.*, *Moyen de cassation.

[1287] V. M.-N. Jobard-Bachellier, X. Bachellier, J. Buk Lament, *La technique de cassation : pourvois et arrêts en matière civile*, 8e éd., Paris, Dalloz, 2013, et spéc. l'avant-propos de A. Ponsard, p. VII.

[1288] Selon la formule du président Labbé, citée in *Rép. pr. civ.*, *Pourvoi en cassation*, par J. Boré et L. Boré, n° 563, p. 87.

[1289] J. Boré, L. Boré, *La cassation en matière civile*, 5e éd., Paris, Dalloz, 2015, n° 01.22.

[1290] Ch. Charruault, « Du moyen à l'arrêt : la technique de cassation au service du droit », *Cycle droit et technique de cassation 2010*, 15 mars 2010, [en ligne] www.courdecassation.fr. Le moyen au pourvoi est ici envisagé *stricto sensu* et non *lato sensu*, sur cette distinction essentielle, cf. *supra* n° 280.

[1291] Il faut préciser que les moyens sont parfois accompagnés dans le mémoire, d'une discussion qui expose les éléments jurisprudentiels au soutien du pourvoi. Mais cette discussion, dont l'accès est limité aux acteurs de la cassation, est facultative et ne saisit pas la Cour de cassation, seuls les moyens la saisissent.

prétendument violé par la décision critiquée[1292] et ne peut se fonder uniquement sur « la violation de la jurisprudence »[1293]. Il en résulte en conséquence, à quelques exceptions près[1294], un sentiment d'incompréhension, lorsque confronté à la lecture d'une solution comprise dans un moyen, le lecteur non avisé peine à en déterminer le lien avec la loi ou le principe visé. Mais il est très probable que la technique de cassation évolue concomitamment à l'évolution des techniques rédactionnelles de la Cour de cassation. La piste d'une amélioration de la rédaction des moyens a déjà été lancée même si elle semble davantage cibler la diminution et la hiérarchisation des moyens soulevés plutôt que le contenu des moyens[1295]. Toutefois, dans la mesure où, comme nous le verrons, la Cour de cassation expérimente notamment la référence à ses précédents dans ses arrêts, les avocats aux conseils vont à l'évidence mobiliser plus directement des solutions jurisprudentielles antérieures (de la Cour de cassation ou de juridictions concurrentes) dans les moyens présentés à la juridiction. Ces changements permettront alors de mieux comprendre les arguments du demandeur au pourvoi et partant, la décision de rejet ou de cassation qui s'ensuit.

8. La publication des travaux préparatoires – La possibilité d'accéder aux travaux préparatoires est également un autre outil de transparence *extra décisionnelle*. Ils ont vocation à aider la formation de jugement à se décider. Au sein de chaque formation de jugement, un conseiller rapporteur est désigné pour effectuer le travail préparatoire de l'arrêt et participer au délibéré[1296]. Par ailleurs, même s'ils ne participent plus au délibéré[1297], les avocats généraux

---

1292 Civ. 1re, 17 juill. 1996, n° 92-19.017, *Bull. civ.* I, n° 323 : « Attendu que le moyen, qui se borne à alléguer que la décision attaquée manque de base légale sans préciser au regard de quel texte, ne répond pas aux exigences de l'article 978, alinéa 2, du nouveau Code de procédure civile et doit être déclaré irrecevable », cf. *supra* n° 296.

1293 V. Req., 21 déc. 1891, *DP* 1892, I, p. 543 et Soc., 17 mai 1958, *Bull. civ.* v. n° 595. On notera toutefois l'ancienneté de ces décisions et l'absence totale d'évolution sur ce point.

1294 Pourvoi n° 13-27.919 (Civ. 2e, 8 janv. 2015). Pour une étude détaillée sur la question, v. C.-S. Pinat, *Le discours de l'avocat devant la Cour de cassation, Pour une théorie réaliste de la cohérence jurisprudentielle*, LGDJ, 2017, nos 399 et s.

1295 Rapport de la Commission de réflexion sur la réforme de la Cour de cassation, avril 2017, www.courdecassation.fr, p. 151.

1296 Art. 1012 du C. de proc. Civ. : « *Le président de la formation à laquelle l'affaire est distribuée désigne un conseiller ou un conseiller référendaire de cette formation en qualité de rapporteur* » ; v. égal. D. Tricot, « Élaboration d'un arrêt de la Cour de cassation », in *La Cour de cassation, l'Université et le Droit : André Ponsard, un professeur de droit à la Cour de cassation. Mélanges en l'honneur du président André Ponsard*, Paris, Litec, 2003, p. 263 et s.

1297 V. Ph. Malaurie, « La Cour de cassation, son parquet général et la CEDH », *LPA*, mars 2003, n° 48, p. 5 : Après avoir été condamné par la CEDH (CEDH, 31 mars 1998, Reinhardt et Slimane Kaïd c/ France, n° 23043/93 et 22921/93), « *le bureau de la Cour a décidé le 18 juin 2001 que les membres du parquet général n'assisteraient plus à la conférence préparatoire et au délibéré et que le conseiller-rapporteur ne leur communiquerait plus son opinion personnelle sur la solution du pourvoi* ».

près la Cour de cassation émettent un avis présenté à la juridiction[1298]. Ces écritures qui interviennent postérieurement au pourvoi sont transmises aux représentants des parties, c'est-à-dire aux avocats à la Cour de cassation. Tous les magistrats de l'ordre judiciaire y ont également accès en *intranet*. Les juges du fond les consultent très régulièrement à l'occasion de litige ultérieur pour mieux comprendre une décision de la Cour de cassation sur laquelle ils pourraient fonder leur propre motivation. D'un point de vue substantiel, les rapports et les avis mobilisent des arguments juridiques mais également extra-juridiques. La recherche sur les travaux préparatoires dirigée par Pascale Deumier témoigne de cette diversité[1299]. Parmi les arguments juridiques, les règles de droit jouent un rôle prépondérant. Les énoncés textuels et la jurisprudence de la Cour de cassation sont constamment présentés et s'accompagnent régulièrement d'une présentation de celle des autres juridictions nationales (Conseil d'État, Conseil constitutionnel) et des juridictions communautaires et européennes. Une place importante est également accordée aux positions de la doctrine universitaire, du législateur[1300] et des juridictions[1301] concernés par les questions soulevées par le pourvoi. Par ailleurs, les avis et les rapports sont susceptibles de contenir des développements extra-juridiques d'ordre historique, économique, social ou moral[1302]. À cet égard, certains des travaux préparatoires contiennent des études d'impacts afin que la formation de jugement soit en mesure d'apprécier les conséquences juridiques, sociales et économiques de sa décision. L'étude d'impact est clairement un élément qui permet au juge de prendre la mesure de la décision qu'il s'apprête à rendre. Le rapport de la Commission de réflexion sur la réforme préconise à ce titre une utilisation plus fréquente de ces études d'impacts[1303].

9. Les avis – Les avis témoignent sans ambages de la solution défendue par le parquet général. Même si les avocats généraux interviennent pour

---

[1298] V. art. 1019 du CPC.

[1299] P. Deumier (dir.), *Le raisonnement juridique : recherche sur les travaux préparatoires des arrêts*, Paris, Dalloz, 2013.

[1300] Les rapporteurs et les avocats généraux font parfois référence aux travaux préparatoires des législations en présentant, par exemple, les réponses aux questions parlementaires sur la législation soumise à interprétation dans le litige.

[1301] V. par ex. les communiqués de la Cour de cassation accompagnant certains arrêts.

[1302] V. E. Rubi-Cavagna, « Les arguments d'opportunité », in *Le raisonnement juridique : recherche sur les travaux préparatoires des arrêts*, P. Deumier (dir.), *op. cit.*, p. 219 à 247.

[1303] Ces études d'impact proviennent de la « légistique » et se trouvent déjà dans quelques écritures préparatoires. Elles peuvent également résulter de l'intervention d'un tiers, par le recours à l'*amicus curiae*. Le rapport préconise que ces études d'impact réalisées soit par les avocats généraux soit par des consultants externes soient favorisées et enregistrées dans un document autonome versé au dossier notamment pour les affaires importantes, v. Rapport de la Commission de réflexion sur la réforme de la Cour de cassation, avril 2017, www.courdecassation.fr, p. 207, proposition 21 et 22.

défendre l'intérêt général[1304], l'interprétation contenue dans leurs avis est parfois orientée en fonction de l'influence hiérarchique, une influence impossible à déterminer. Par exemple, si dans l'affaire « *Baby-loup* », le procureur général de la Cour de cassation s'est prononcé en faveur du licenciement de la salariée d'une crèche qui avait refusé d'ôter son voile islamique pendant ses horaires de travail[1305], il est impossible de savoir si cette orientation a été librement choisie par l'auteur de l'avis ou si elle a été recommandée par la hiérarchie[1306]. D'un point formel, l'étude des avis rendus ces dernières années révèle une grande disparité dans la structuration de ces écritures[1307]. S'ils s'articulent généralement autour de deux éléments récurrents (l'étude des faits et de la procédure et une discussion), ils sont présentés selon une méthode propre à leurs auteurs et sont plus ou moins concis[1308] de sorte qu'il est difficile d'en extraire un modèle type. Certains avocats généraux rédigent un avis sans avoir recours à un plan apparent[1309] alors que d'autres proposent jusqu'à une table des rubriques très détaillée[1310].

10. Les rapports – Contrairement aux avis, les rapports présentent objectivement la question posée à la Cour de cassation. Les conseillers rapporteurs peuvent produire des développements sans structure apparente[1311], les faire reposer sur une articulation très personnelle[1312] ou déterminée à partir

---

[1304] V. en ce sens J. Charbonnier, « Ministère public et Cour suprême », *JCP G.* 1991, I, n° 3532, p. 316 et s. L'auteur, lui-même avocat général, explique que l'institution d'avocats généraux près de la Cour de cassation doit être sauvegardée car elle sert, à bien des égards, l'intérêt de la société.

[1305] Avis J.-C. Marin, sur Ass. plén., 25 juin 2014, n° 13-28.369.

[1306] Aucun élément de l'avis ne permet de le savoir. Seuls des articles de presse relatent les oppositions entre le premier ministre, M. Valls, et une proche conseillère de la garde des Sceaux, Ch. Taubira, sur le bien-fondé du licenciement. V. par ex. : L. Borredon, « L'éphémère tribune anti-Valls d'une proche de Mme Taubira », *Le Monde.fr*, 20 juin 2013. Rien n'est toutefois rapporté sur la position du ministre de la Justice et de son éventuelle influence sur le procureur général.

[1307] L'étude porte sur les 82 avis publiés sur le site de la Cour de cassation dans la rubrique « Jurisprudence » et la sous-rubrique « Assemblée plénière ».

[1308] Si, en moyenne, les avis tiennent en une vingtaine de pages, certains tiennent en trois pages : v. l'avis de M. Feuillard, sur Ass. plén., 21 février 2003, n° 01-16.450, alors que d'autres font jusqu'à une quarantaine de pages : v. par ex. l'avis de M. Marin sur Ass. plén., 25 juin 2014, n° 13-28.369.

[1309] V. par ex. les avis de M. Azibert sur Ass. plén., 22 avril 2011, n° 09-69.052 et sur Ass. plén., 3 juin 2011, n° 09-71.352 et n° 09-69.052.

[1310] V. par ex. les avis de M. Lafortune sur Ass. plén., 9 oct. 2006, n° 06-14.975, n° 06-15.377 : Après une partie « faits et procédure » (I), la discussion (II) s'articule autour de trois sections (elles-mêmes subdivisées en paragraphes puis en A et B) et s'ouvre sur une conclusion (III).

[1311] V. par ex. le rapport de M. Paloque, sur Ass. plén., 4 mars 2005, n° 03-11.725.

[1312] V. par ex. le rapport de M. Charruault sur Ass. plén., 7 juill. 2006, n° 04-10.672 : le conseiller adopte un plan original qu'on ne retrouve pas dans les autres rapports : I. Les composantes du choix, II. Les conséquences du choix.

des questions de fond suscitées par l'affaire[1313]. Il faut toutefois relever que depuis 2006, la grande majorité des rapports est présentée selon une structuration commune[1314]. En effet, les faits et la procédure y sont plus développés et répertoriés de manière chronologique, les moyens en cassation et les moyens du mémoire en défense sont repris *in extenso* avec les arrêts de la Cour de cassation ou des juridictions concurrentes (CEDH, CJUE, CE, etc.) sur lesquels ils se fondent. Des éléments de discussion permettent ensuite d'inscrire la problématique posée par le pourvoi dans le contexte jurisprudentiel et doctrinal pertinent. Tous ces éléments permettent à l'évidence de rendre plus transparente la décision finale puisqu'ils révèlent « *tous les chemins interprétatifs que le juge a ou non suivis* »[1315]. Les rapports sont d'autant plus décisifs qu'ils sont accompagnés d'un ou deux projets d'arrêts, couverts par le secret du délibéré, susceptibles de devenir la version finale de la décision. Autrement dit, lorsque le projet d'arrêt est adopté par la formation de jugement, l'arrêt aura été intellectuellement conçu par l'auteur du rapport, en sorte que le rapport constitue le passage nécessaire ayant conduit à la décision.

11. La publication élargie des travaux préparatoires – Depuis quelques décennies, la Cour de cassation rend accessibles les rapports et les avis afférents à des décisions d'importance pour faciliter leur compréhension. Cette publication a été systématisée depuis quelques années pour les arrêts d'importance rendus en formation extraordinaire (chambre mixte et Assemblée plénière)[1316]. Si cette publicité est source de transparence puisqu'elle permet d'accéder aux mêmes éléments que ceux de la formation de jugement qui a eu la mission de délibérer, elle est toutefois limitée puisqu'il est encore impossible d'accéder à ces travaux préparatoires pour les arrêts rendus en formation ordinaire ou restreinte alors même que ces formations continuent de rendre des arrêts, importants, concis et difficilement accessibles à la compréhension. Cette limitation est regrettée en doctrine[1317] et l'une des propositions de la Commission de réflexion de la Cour de cassation consiste

---

[1313] V. par ex. le rapport de Mme Chagny, sur Ass. plén., 6 févr. 2004, n° 01-21.435, n° 03-30.070, n° 03-30.086, n° 03-30.305. Le plan adopté est lié au fond de l'affaire : v. **I – La société nationale G.I.A.T. – Industries et les** *ouvriers sous décret* **de cette entreprise et III – Les pourvois – L'affiliation des** *ouvriers sous décret* **de la société G.I.A.T. – Industries au régime général d'assurances sociales – Le taux des cotisations par la société.**

[1314] Sur les 29 rapports rédigés à partir de 2006 et présentés à l'Assemblée plénière, 27 reproduisaient le plan suivant : *I. Rappel des faits et de la procédure, II. Analyse succincte des moyens, III. Identification du ou des problèmes de droit faisant difficulté à juger, IV. Discussion citant les références de jurisprudence ou de doctrine*.

[1315] D. Salas, « L'arrêt Perruche, un scandale qui n'a pas eu lieu », *Justices*, Hors-Série, 2001, p. 19.

[1316] V. par ex. le rapport et l'avis publiés suite à l'arrêt Ass. plén., 29 juin 2007, n° 06-18.141, *Bull. Ass. plén.*, n° 7, à propos de la responsabilité des associations sportives.

[1317] P. Deumier, « Les "motifs des motifs" des arrêts de la Cour de cassation », in *Mélanges en l'honneur de Jean-François Burgelin*, Dalloz, 2008, p. 180.

justement à étendre la publication des travaux préparatoires aux « *arrêts issus d'un circuit approfondi* » (proposition n° 40), c'est-à-dire des arrêts qui ont été dès l'origine signalés comme des affaires importantes par les avocats généraux, les avocats aux conseils, ou la juridiction elle-même qu'ils aient ou non donné lieu à l'intervention d'une formation extraordinaire[1318].

12. La décision éclairée par des écritures postérieures à l'arrêt – La doctrine organique de la Cour de cassation connaît un fort développement, en particulier sous la présidence de Bertrand Louvel.

13. Les communiqués de presse – Depuis qu'elle a vu le jour en 2007, la pratique du communiqué est employée avec parcimonie. Un peu plus de deux cents communiqués ont été jusque-là portés à la connaissance du public. Notons à cet égard qu'environ 40 % des communiqués portent sur des arrêts ou des séries d'arrêts rendus en formation extraordinaires (chambres mixtes, Assemblée plénière), 35 % concernent des arrêts de la chambre sociale, 10 % visent des arrêts de la première chambre civile et 7 % des arrêts de chambre criminelle[1319]. Beaucoup plus rarement, les communiqués portent sur des décisions de transmission de QPC[1320], des décisions de réexamen d'un arrêt suite à une décision de la CEDH[1321] (v.) ou des avis[1322].

L'objet principal du communiqué[1323] est d'expliciter une décision modifiant substantiellement l'état du droit positif ou posant une question susceptible d'intéresser un public élargi[1324]. L'explication de l'arrêt s'articule autour d'un plan, de plus en plus souvent explicite : un rappel des faits, l'énoncé de la question posée à la Cour et la réponse apportée. Si des repères juridiques (rubrique également nommée « *contexte juridique* ») sont parfois proposés, le communiqué débarrasse souvent l'arrêt qu'il éclaire de ses références juridiques et semble à cet égard se destiner au grand public afin

---

[1318] Par opposition aux circuits courts, v. rapport de la Commission de réflexion sur la réforme de la Cour de cassation, avril 2017, www.courdecassation.fr, p. 176 et s.

[1319] Les données ont été obtenues au moyen d'une analyse statistique fondée sur les informations accessible sur le site de la Cour de cassation : www.courdecassation.fr.

[1320] V. le communiqué du premier président du 11 juin 2010.

[1321] V. le communiqué intitulé « *GPA faite à l'étranger et transcription d'actes de naissance en France* », associé aux arrêts du 5 octobre 2018 rendus par l'Assemblée plénière procédant au réexamen d'une décision (Ass. plén., 5 oct. 2018, n° 12-30.138) et à une demande d'avis à la CEDH (Ass. plén., 5 oct. 2018, n° 10-19.053).

[1322] V. le communique intitulé « *AMP à l'étranger par insémination artificielle avec donneur anonyme et adoption par l'épouse de la mère de l'enfant* » du 22 septembre 2014 associé à l'avis de la même date.

[1323] Récemment, le communiqué a été employé par le Premier président pour répondre à l'actualité notamment lorsque l'institution est publiquement mise en cause (v. par ex. les deux communiqués du 18 avril 2018 « *suite à la mise en cause de l'impartialité de trois magistrats de la Cour de cassation* » et « *suite à la mise en cause de la gestion du patrimoine de la Cour de cassation* ») par *Le Canard enchaîné.*

[1324] On peut citer ici les nombreuses affaires portant sur la reconnaissance à l'état civil d'un enfant né à l'étranger par le recours à la gestation pour autrui ou encore celle portant sur l'arbitrage dans le dossier Adidas ou celles des salariés de l'entreprise AZF.

qu'il en comprenne les enjeux et les limites. Il arrive que l'auteur du communiqué explique la décision par référence explicite à des précédents[1325] ou signaler qu'elle s'intègre à une jurisprudence constante[1326] alors même que les arrêts faisant l'objet du communiqué ne se réfèrent pas explicitement à la jurisprudence antérieure. À cet égard, le communiqué est incontestablement une source de transparence puisqu'il offre au lecteur des clés de compréhension des décisions. La reformulation de l'arrêt et sa présentation au sein d'un plan clair (faits, problème de droit, solution) sont des éléments de simplification d'autant plus utiles qu'ils n'apparaissent pas dans le texte même de la décision éclairée.

Reste toutefois que les communiqués sont rares comparativement à l'activité contentieuse de la haute juridiction et qu'ils ne sont pas aussi complets que les notes explicatives. Des auteurs soulignent à cet égard que « *le communiqué fournit l'information "telle quelle" tandis que la note explicative la délivre traitée – juridiquement contextualisée, analysée, détaillée – ce qui lui donne la plus-value de constituer un complément de la décision elle-même [qui] va au-delà de l'arrêt dont elle ne se borne pas à rendre compte* »[1327].

14. Les notes explicatives – On trouve environ soixante-dix notes explicatives depuis 2015, probablement sous l'impulsion du premier président de la Cour de cassation, Bertrand Louvel, qui est entré en fonction à la même date. Les notes explicatives sont particulièrement utilisées en matière sociale (environ 50 %), et pour les arrêts rendus en chambre mixte ou en Assemblée plénière (environ 30 %). Elles sont bien plus renseignées que les communiqués de presse. Par exemple, à propos d'un arrêt du 12 juillet 2017[1328], rendu par la Chambre sociale de la Cour de cassation, qui rejette le moyen d'un salarié qui arguait avoir subi une inégalité de traitement par rapport aux salariés femmes de son entreprise qui bénéficiait, en application d'un accord collectif, d'une demi-journée de repos à l'occasion de la journée de la femme, le communiqué qui lui est afférent est très court se limitant en quelques lignes à la synthèse des faits, de la question posée à la Cour de cassation et de la réponse apportée alors que la note explicative est bien plus longue. Dans cette dernière, la Cour de cassation explique sa décision au regard de l'évolution de la jurisprudence de la Cour de justice de l'Union

---

[1325] V. Le communiqué du 13 décembre 2006 associé l'arrêt de la même date (Soc, 13 déc. 2006, pourvoi n° 05-43.617, 05-43.651, 05-43.664) qui signale que les juges du fond ont à tort appliqué la solution dégagée par les arrêts du 4 juin 2012.

[1326] V. le communiqué intitulé « *Arbitrage dans l'affaire Adidas* » du 30 juin 2016 : « *La Cour de cassation a rappelé une jurisprudence constante selon laquelle le secret de l'instruction n'est opposable ni aux parties civiles ni au ministère public…* » alors que l'arrêt ne précise pas que ce principe est issu d'une jurisprudence constante.

[1327] G. Loiseau, A. Martinon, « La note explicative », *Les cahiers sociaux* n° 292, janvier 2017, p. 3 et s.

[1328] Soc., 17 juill. 2017, n° 15-26.262.

européenne « *plus ouverte aux discriminations positives* » références jurisprudentielles à l'appui, et la place en cohérence avec ses précédents qui tendent à « *restituer aux partenaires sociaux dans les entreprises une large marge d'appréciation quant à la définition de la norme collective qui régira les relations de travail* ». Ainsi, la note explicative remplit une fonction pédagogique et inscrit l'arrêt dans un contexte jurisprudentiel souvent absent du communiqué. Il constitue probablement la source la plus utile d'explicitation d'une décision mais il reste réservé à des arrêts d'importance.

15. Les limites de la transparence *« extra décisionnelle »* – Qu'elles la précèdent (moyens au pourvoi, rapports et avis) ou qu'elles lui succèdent (communiqués et notes explicatives), les techniques d'explicitation d'une décision par des éléments qui lui sont extérieurs ne sont pas pleinement satisfaisantes. Concernant d'abord les éléments qui précèdent la décision, il est des cas où ils ne déterminent pas le sens de la décision finale. Les avis des avocats généraux ne sont pas toujours suivis, les rapports éclairent mais les projets d'arrêts qui les accompagnent sont parfois écartés et il arrive enfin que moyens de cassation soient rejetés (arrêt de rejet) ou exclus au profit d'un moyen relevé d'office (arrêt de cassation) lequel, par définition, n'a été proposé ni dans les écritures du demandeur, ni dans celles du défendeur au pourvoi. Concernant ensuite les écritures qui succèdent la décision, rien ne permet de se prémunir contre un contenu qui relève plus de la légitimation d'une décision nouvelle et importante que de son explication. En toutes hypothèses, l'utilisation de ces supports pour expliquer une décision entraîne un effet de dispersion de l'information peu propice à une compréhension uniforme de la décision[1329] ainsi qu'une impression de dédouanement de la Cour de cassation qui trouve dans ces procédés un moyen d'externaliser la motivation de ses arrêts. Ce développement des techniques externes ne doit pas empêcher le développement d'une transparence interne à l'arrêt qui doit alors déployer une motivation enrichie, la seule susceptible d'agir comme une contrainte sur l'œuvre décisionnelle future[1330]. Comme le préconise Pascale Deumier, « *l'arrêt doit porter en lui sa propre compréhension* »[1331].

[1329] P. Deumier, « Les communiqués de la Cour de cassation : d'une source d'information à une source d'interprétation », *RTD civ.* 2006, p. 510 et s. : « *la démultiplication des supports utilisés gêne. [...] on imagine déjà le commentateur qui, pour comprendre l'arrêt de la Cour de cassation, devra lire en parallèle l'arrêt, le communiqué, le rapport, l'avis – le tout dépassant largement en volume un arrêt soigneusement motivé, sans en avoir la fiabilité faute de certitude quant aux informations délivrées hors l'arrêt* ».

[1330] V. sur ce point F. Descorps Declère : *Les motivations exogènes des décisions de la Cour de cassation*, D., 2007, p. 2822 : l'auteur identifie dans ces écritures externes « *des justifications non proprement juridiques à la* ***décision*** *adoptée qui pourraient susciter des réticences, voire de vives protestations, et qu'il est plus prudent de laisser hors l'arrêt* ».

[1331] P. Deumier, *« Repenser la motivation des arrêts de la Cour de cassation ? Raisons, identification, réalisation », Conférence à la Cour de cassation, sept. 2015, www.Courdecassation.fr.*

II. Le développement discret de la transparence *intra décisionnelle*

16. Des techniques au stade de l'expérimentation – Dans son rapport, la Commission de réflexion identifie deux pistes pour améliorer la transparence interne des décisions de la Cour de cassation sur lesquelles nous allons revenir successivement : l'évolution formelle des décisions et la référence aux sources jurisprudentielles[1332]. Ces pistes ont déjà été expérimentées par le président de Chambre, Alain Lacabarats, qui a proposé une motivation enrichie d'arrêts déjà rendus pour en mesurer le bénéfice apporté. Il a par ailleurs été proposé aux magistrats des différentes chambres de recourir à ces nouvelles méthodes à l'occasion des derniers mois.

17. L'expérimentation d'une motivation enrichie – Le désir d'une motivation enrichie des arrêts de la Cour de cassation n'est pas nouveau[1333]. Si cet enrichissement suppose de développer davantage la partie consacrée à la motivation de l'arrêt, il pose avec une particulière acuité la question du rapport de l'institution avec son activité décisionnelle passée.

18. La référence aux précédents, point de crispation – La mention de précédents issus de la jurisprudence de la Cour de cassation ou de juridiction concurrente est, avec la question du filtrage des recours, un point de crispation majeur de la réforme en cours car il réanime l'opposition historique incarnée par le modèle légaliste. Pour les tenants du premier mouvement, si la Cour de cassation développe la pratique de la référence explicite à ces précédents, elle leur octroie *de facto* une force obligatoire. Or, une telle pratique est étrangère à la tradition du système juridique français qui, prenant appui sur l'article 5 du Code civil qui prohibe les arrêts de règlement, refuse d'identifier dans une décision, fut-elle rendue par la Cour de cassation, une norme juridique autonome[1334]. En conséquence de cette tradition, « *le juge français doit disparaître du temps, être atemporel en se projetant, à l'occasion de chaque espèce, dans un univers clos, n'existant qu'en soi, sans aucune temporalité. [...] Si le juge français croit devoir trouver [...] dans ses propres précédents, la source de la décision à rendre, alors il doit faire preuve d'une discrétion*

[1332] Rapport de la Commission de réflexion sur la réforme de la Cour de cassation, avril 2017, www.courdecassation.fr, p. 144 et s.

[1333] A. Touffait, A. Tunc, « Pour une motivation plus explicite des décisions de justice notamment de celles de la Cour de cassation », *RTD civ.* 1974, p. 487 : *« La Cour de cassation procède par affirmation de principes dont elle ne fait même rien pour éclairer la portée ».*

[1334] Par opposition au système de la *Common law* qui reconnaît le précédent. V. sur ce point : R. David et C. Jauffret-Spinosi, *Les grands systèmes de droit contemporains*, 11e éd., Paris, France, Dalloz, 2002, p. 246 et s. ; Al Goodhart, « Le précédent en droit anglais et continental », *Annuaire de l'Institut international de philosophie du droit*, 1934, p. 37 et s. ; J. Blondel, « La Common Law et le droit civil », *RIDC*, vol. 3, 1951, p. 585 et s.

totale »[1335]. Pourtant, la mention du précédent est non seulement un moyen de comprendre une décision qui viendrait le confirmer, le préciser ou l'infirmer mais elle est également un outil permettant de lutter contre les divergences jurisprudentielles sources d'insécurité juridique. Autrement dit, la référence plus systématique au précédent serait un moyen de rationaliser l'œuvre jurisprudentielle de la Cour de cassation, qui pourrait aussi être mise en perspective avec celle des juridictions concurrentes. Dans sa synthèse sur le sujet, le président de Chambre, Alain Lacabarats, identifie ainsi trois causes à l'enrichissement de la motivation : l'impertinence du modèle légaliste, l'émergence des droits fondamentaux et le développement du dialogue des juges[1336].

19. La référence aux précédents, des tentatives discrètes – Malgré les sollicitations, il n'existe pas beaucoup de décisions qui proposent une motivation enrichie. En novembre 2016, Alain Lacabarats précise que toutes les chambres se sont prêtées au jeu et cite quelques exemples de cette pratique. L'étude des exemples cités révèle des pratiques très divergentes : la référence explicite aux précédents[1337] est notable pour les décisions de transmission d'une question prioritaire de constitutionnalité, les arrêts rendus suite à une première cassation ou opérant un revirement de jurisprudence. C'est ainsi que dans son arrêt du 6 avril 2016, par exemple, la Cour de cassation se réfère sans filtre à plusieurs arrêts antérieurs pour opérer un revirement de jurisprudence[1338]. Les illustrations ne sont toutefois pas si nombreuses probablement parce que certains magistrats de la Cour de cassation n'adhèrent pas à cette pratique ou plus prosaïquement car ils n'ont pas suffisamment de temps pour se prêter au jeu de la motivation enrichie. À cet égard, il est proposé d'élaborer « *une doctrine de l'usage des précédents* » afin que ceux-ci soient mobilisés « *en cas de revirement de jurisprudence ou de non-respect par la Cour d'appel d'une jurisprudence constante de la Cour de cassation* » (Proposition n° 34).

[1335] L.-X. Simonel, « Le juge et son précédent », *GP,* 10/11 décembre 1999, p. 2s et s., v. égal. à ce propos l'étude d'Évelyne Serverin qui démontre que la Cour de cassation transforme les données d'un litige en particulier en jurisprudence, par l'objectivation de son travail interprétatif : É. Serverin, *De la jurisprudence en droit privé : théorie d'une pratique*, Thèse, Lyon, Presses universitaires de Lyon, 1985, p. 390 : « *la jurisprudence se trouve amenée à produire d'elle-même une image de neutralité et de rigueur [...]* ». Il faut toutefois préciser, qu'exceptionnellement, dans les procédures avec renvoi devant l'Assemblée plénière, les moyens au pourvoi et l'arrêt rendu par la formation spéciale peuvent se référer à la doctrine de la Cour de cassation, c'est-à-dire à la solution formulée dans le premier arrêt de cassation. Sur cette pratique, v. N. Molfessis, « Doctrine de la Cour de cassation et reconnaissance des précédents », *RTD civ.*, 2003 p. 567 et s., cf. égal. *supra* n° 217 et *infra* n° 401.

[1336] A. Lacabarats, « Synthèse sur la motivation des arrêts de la Cour de cassation », novembre 2016, www.courdecassation.fr.

[1337] Même si c'est à titre résiduel, la Cour de cassation a déjà mobilisé des précédents antérieurement à la réforme dans des contentieux qui l'y obligeaient (notamment en matière de responsabilité de l'avocat qui aurait dû solliciter le bénéfice d'une jurisprudence utile).

[1338] Civ. 1re, 6 avril 2016, n° 15-10.552.

20. L'évolution formelle des arrêts – Les arrêts de la Cour de cassation sont amenés à évoluer dans le sens d'une grande accessibilité rédactionnelle. Sur la forme, plusieurs propositions ont été faites et pourraient donc à terme devenir la nouvelle norme de rédaction des décisions. Il s'agit principalement de l'abandon des attendus, de la division de l'arrêt selon des parties clairement annoncées (rappel des faits et de la procédure, énoncé des moyens, exposé des motifs) et de la numérotation des paragraphes. En l'état actuel, les arrêts n'ont pas encore beaucoup évolué, l'énoncé sous forme d'« attendus » est globalement conservé, la formalisation de la décision en trois parties et la numérotation des paragraphes des décisions ne sont appliquées que très ponctuellement en particulier lorsque la Cour de cassation est saisie d'une demande d'avis[1339]. C'est pourquoi le rapport préconise que ces modifications formelles soient généralisées à tous les arrêts sauf ceux pour lesquels le procédé apparaît inutile (arrêt de non-admission, d'irrecevabilité du pourvoi, etc.)[1340]. La modification stylistique des arrêts sert à l'évidence l'objectif de transparence. Certes, en abandonnant la technique de l'attendu qui alourdit inutilement le propos, la Cour de cassation aligne sa plume sur celle de ses homologues juridictionnels et évite de décourager le lecteur non spécialiste. Mais cette proposition n'est pas la plus utile. La distinction entre l'énoncé des moyens et des motifs semble incontestablement aller dans le sens d'une meilleure accessibilité de la décision. Le justiciable, et parfois même le juriste, peut effectivement confondre l'argumentation de l'avocat avec la solution de la Cour de cassation ce qui constitue incontestablement un frein à l'intelligibilité de la solution.

21. Vers une évolution notoire de la transparence *intra décisionnelle ?* – Le rapport de la Commission de réflexion sur la réforme de la Cour de cassation a été remis au gouvernement. Le 19 décembre 2018, la garde des Sceaux, ministre de la Justice, Nicole Beloubet a installé un groupe de travail sur le mode de traitement des pourvois. Or, il apparaît clairement, notamment au regard du seul projet de réforme rédigé par la Cour de cassation[1341], et des différentes prises de position du Premier président[1342] que la priorité est donnée à la question du filtrage au détriment de la transparence décisionnelle. Pourtant, missionné pour proposer avant la fin du second semestre 2018 un projet de dispositif opérationnel sur la question de la motivation plus enrichie, Bruno Pyreire, directeur du service de documentation, des études et du rapport de la Cour de cassation (SDEC), n'a toujours pas formulé de propositions

---

[1339] On citera à cet égard un arrêt inédit de renvoi d'une question préjudicielle à la CJUE de la chambre commerciale du 26 septembre 2018 (n° 16-28.281), structuré en trois parties, dont les paragraphes sont numérotés et qui ne contient pas d'attendus.

[1340] Rapport de la Commission de réflexion sur la réforme de la Cour de cassation, avril 2017, www.courdecassation.fr, propositions 30, 31 et 32.

[1341] Disponible en ligne : www.courdecassation.fr

[1342] V. not. Tribune de B. B. Louvel, « La réforme du traitement des pourvois », Disponible en ligne : www.courdecassation.fr

visibles sur le site de l'institution. L'idée est sans doute d'aboutir rapidement à une réforme sur le filtrage car elle est la condition pour permettre aux magistrats de rendre des décisions de qualité répondant à l'exigence d'une plus grande transparence[1343]. C'est d'ailleurs à propos des décisions qui seront vouées à un circuit long ou élargi, c'est-à-dire des décisions qui auront nécessairement passé l'étape du filtrage, que sont proposées la plupart des évolutions liées à l'amélioration de la transparence interne aux décisions.

22. La mise en œuvre des propositions d'amélioration – Le dispositif opérationnel que proposera le SDEC ne prendra sûrement pas la forme d'une révision des textes portant sur la motivation. D'abord parce que la plupart de ces textes ne sont pas spécifiques à la Cour de cassation, ensuite parce que les techniques rédactionnelles et en particulier la technique de cassation ont été façonnées par la jurisprudence et il apparaît encore légitime que ce soit cette source qui fixe, si nécessaire, les modalités d'une motivation plus enrichie. Là où la réforme des textes apparaît donc inutile, l'évolution des usages et des mentalités est, elle, indispensable. Faudrait-il que le SDEC transmette en interne un nouveau guide de rédaction des arrêts de rejet et de cassation ? Nous le pensons, car les expérimentations des nouvelles techniques rédactionnelles sont certes encourageantes, mais leur caractère très ponctuel ne garantit pas encore une amélioration significative de l'intelligibilité des décisions de la Haute juridiction.

[1343] Tribune de B. Louvel, « La réforme du travail des pourvois » : « *Par son objectif de discernement qualitatif, le filtrage des pourvois participe à ce vaste mouvement d'ouverture de l'accès au droit qui est en cours, et qui est appelé à connaître un développement considérable* ».

Table des matières

Première partie
Transparence dans la vie publique et administrative

Deuxième partie
Transparence dans la vie privée

Structures éditoriales du groupe L'Harmattan

L'Harmattan Italie
Via degli Artisti, 15
10124 Torino
harmattan.italia@gmail.com

L'Harmattan Hongrie
Kossuth l. u. 14-16.
1053 Budapest
harmattan@harmattan.hu

L'Harmattan Sénégal
10 VDN en face Mermoz
BP 45034 Dakar-Fann
senharmattan@gmail.com

L'Harmattan Cameroun
TSINGA/FECAFOOT
BP 11486 Yaoundé
inkoukam@gmail.com

L'Harmattan Burkina Faso
Achille Somé – tengnule@hotmail.fr

L'Harmattan Guinée
Almamya, rue KA 028 OKB Agency
BP 3470 Conakry
harmattanguinee@yahoo.fr

L'Harmattan RDC
185, avenue Nyangwe
Commune de Lingwala – Kinshasa
matangilamusadila@yahoo.fr

L'Harmattan Congo
67, boulevard Denis-Sassou-N'Guesso
BP 2874 Brazzaville
harmattan.congo@yahoo.fr

L'Harmattan Mali
Sirakoro-Meguetana V31
Bamako
syllaka@yahoo.fr

L'Harmattan Togo
Djidjole – Lomé
Maison Amela
face EPP BATOME
ddamela@aol.com

L'Harmattan Côte d'Ivoire
Résidence Karl – Cité des Arts
Abidjan-Cocody
03 BP 1588 Abidjan
espace_harmattan.ci@hotmail.fr

L'Harmattan Algérie
22, rue Moulay-Mohamed
31000 Oran
info2@harmattan-algerie.com

L'Harmattan Maroc
5, rue Ferrane-Kouicha, Talaâ-Elkbira
Chrableyine, Fès-Médine
30000 Fès
harmattan.maroc@gmail.com

Nos librairies en France

Librairie internationale
16, rue des Écoles – 75005 Paris
librairie.internationale@harmattan.fr
01 40 46 79 11
www.librairieharmattan.com

Lib. sciences humaines & histoire
21, rue des Écoles – 75005 Paris
librairie.sh@harmattan.fr
01 46 34 13 71
www.librairieharmattansh.com

Librairie l'Espace Harmattan
21 bis, rue des Écoles – 75005 Paris
librairie.espace@harmattan.fr
01 43 29 49 42

Lib. Méditerranée & Moyen-Orient
7, rue des Carmes – 75005 Paris
librairie.mediterranee@harmattan.fr
01 43 29 71 15

Librairie Le Lucernaire
53, rue Notre-Dame-des-Champs – 75006 Paris
librairie@lucernaire.fr
01 42 22 67 13

www.ingramcontent.com/pod-product-compliance
Lightning Source LLC
LaVergne TN
LVHW011438061026
849535LV00004BA/856